你一定爱读的中国战争史

秦朝

始安公士或 著

台海出版社

图书在版编目（CIP）数据

你一定爱读的中国战争史．秦朝 / 始安公士或著
．— 北京：台海出版社，2021.6
ISBN 978-7-5168-2988-2

Ⅰ．①你… Ⅱ．①始… Ⅲ．①战争史－中国－秦代－
通俗读物 Ⅳ．① E291-49

中国版本图书馆 CIP 数据核字（2021）第 078130 号

你一定爱读的中国战争史．秦朝

著　者：始安公士或

出 版 人：蔡　旭　　　　　　　　责任编辑：戴　晨
装帧设计：王　星　　　　　　　　策划编辑：丁秀群

出版发行：台海出版社
地　　址：北京市东城区景山东街 20 号　　　邮政编码：100009
电　　话：010－64041652（发行，邮购）
传　　真：010－84045799（总编室）
网　　址：www.taimeng.org.cn/thcbs/default.htm
E－mail：thcbs@126.com

经　　销：全国各地新华书店
印　　刷：重庆长虹印务有限公司
本书如有破损、缺页、装订错误，请与本社联系调换

开　　本：787mm×1092mm　　　　　1/16
字　　数：309千　　　　　　　　　印　　张：22
版　　次：2021年6月第1版　　　　　印　　次：2021年6月第1次印刷
书　　号：ISBN 978-7-5168-2988-2

定　　价：99.80元

序

展开中华上下五千年的历史画卷，许多个朝代，无数个政权，其间分分合合，聚散无常。战争便是这一切的背后推手。

上古时代炎黄与蚩尤决胜的涿鹿之战，奠定了中华文化的道统；夏商周之间嬗代的"汤武革命"，论证了"天道有常"的历史周期律；春秋战国周代分封制的崩盘，喻示着没有任何一个特权阶级是可以永恒不变的。

秦皇廓清六合，为封建王朝之滥觞；群雄竞逐秦鹿，开将相无种之先河；汉武帝通西域、击匈奴，成就了"汉武盛世"；东汉末分三国、争正统，首开天下三分之格局。

西晋之际的八王相争、北方游牧民族内迁、永嘉南渡，刷新了三个历史第一：西晋成为第一个国祚不足百年的大一统王朝，北方游牧民族第一次在中原地区建立政权，东晋成为第一个具备前朝正统的偏安政权。

南北分裂三百余年，最终在隋朝手中复归统一，中华沉寂近四百载，得以在唐朝之际扬威异域。

五代承唐末藩镇之遗祸，割据分裂五十余载。宋祖思唐末五代之殷鉴，启"以文驭武"之国策，结果武备不振，两宋亡而元朝始。

及至元末，红巾之军首倡义帜，群雄豪杰乘势而起。明太祖朱元璋龙飞淮甸，定鼎应天，一十五年而肇纪立极，遣将北伐，直捣黄龙，恢复汉家故地。

逮及明末，烽烟四起，清立明亡。清朝成了中国历史上最后一个封建王朝。

以上种种历史事件，多因战争而起，亦因战争而终。战争吞噬着一切，又在创造新的辉煌。无论是中原农耕文明圈与北方游牧文明圈之间的持久冲突，还是历代王朝内部的压迫与反抗，在不断引发新战争的同时，又促使中华文明在血与火的考验中发展壮大，一步一步演变成今天的模样。

在史书以及形形色色的小说笔记的渲染下，战争故事看起来极具戏剧性和观赏性，或让人血脉偾张，或让人拍案叫绝。但本质上，它残酷而暴虐，既不风光，也不浪漫，因为战争总是伴随着血流成河、尸横遍野、瘟疫横生，"白骨露于野，千里无鸡鸣"。

随着人类历史逐渐迈进一个个新阶段，战争的规模也在不断扩大，从数千人、数万人的战斗升级为牵涉数十万、数百万人的大决战。尤其古代交战，除了战场上的死伤，还伴随攻城之后的烧杀抢掠。每次浩劫之后，最显而易见的恶果便是人口的大幅度减少。东汉鼎盛时期人口 6500 万，经过汉末的各种战乱，到了三国时期仅存 800 多万。唐朝天宝十四年的人口为 8050 万，一场"安史之乱"，短短几年下来，人口就锐减至 1700 多万。明朝万历年间，中国的人口过亿，但经过明末清初的战乱，到顺治九年，全国人口仅存 1448 万，可谓是十不存一。其中尤以四川最为惨烈，到康熙三十六年发布《招民填川诏》时，全省人口仅剩 9 万，成都的大街上尽是老虎出没。

战争不因胜败结局不同而改变嗜血的本质。汉武时期穷兵黩武远征匈奴，在极大压迫了匈奴人的生存空间的同时，也给当时的汉人百姓带来了沉重的负担，引起了社会的极大不满。战争的破坏性巨大，以至于人们会发出"宁为太平犬，莫作乱离人"的辛酸感慨。

但悲哀的是，人类社会始终无法回避战争。普鲁士著名军事理论家克劳塞维茨曾在他的著作《战争论》中说过："战争，无非是政治通过另一种手段的延续。"中国古代最著名的军事著作《孙子兵法》则说："兵者，国之大事，死生之地，存亡之道，不可不察也。"《中国军事百科全书》对"战争"一词进行了更详细的释义："战争是用以解决民族和民族、国家和国家、阶级和阶级、政治集团和政治集团之间矛盾的最高斗争形式，是政治通过暴力手段的继续。"

一切战争的背后，都不过是政治的角逐和较量，当政治遇到不能解决的问题时，往往以战争来达到目的。通常来看，战争的起因反映了政治、经济等方面的矛盾发展，而战争的结果则反映了一个势力乃至一个时代的综合实力。

有人的地方就有江湖，战争的种子在人的私欲中萌芽。战争确实能让一些人获得他们想要的东西，然而，一旦战争爆发，它只会朝着一个极端的方向发展，不到无仗可打时，并不会自动停下来。秦始皇灭六国，为的就是结束中原各国之间无休止的征伐。可是六国既灭，他又将战争的触角深入了南方的丛林与北方的大漠。最终，更大的战乱在他死后的短短几年内爆发，曾经强大到不可一世的秦王朝轰然倒下。

早在两千多年前，我们的祖先就看清了战争与和平的辩证关系。先秦兵家经典《司马法·仁本第一》有言："故国虽大，好战必亡。天下虽安，忘战必危。"

想要预防战争、遏制战争，首先得了解战争。固然，现代战争无论在技术水平上还是规模上都是古代战争无法比拟的，但这并不意味着古代战争已经失去了研究探索的价值——在时间的验证下，它更便于我们提纲挈领地总结历史发展的基本规律。有赖于中华民族对历史虔诚而谦恭的态度，自古及今的各段历史多被完美地记录了下来，后人们才能将这些点滴尽数披阅。这是文化自信的内核，是无价的瑰宝。神州大地上的长达数千年的战争史，用前人的胜败兴亡为后人留下了无数政治智慧和血的教训。

从远古的石峁古城开始，我们的先民修筑了非常复杂的防御工事。中华大地上星罗散布的文明雏形，经过战争的不断兼并和壮大，形成了夏商周这样的广域王权政治核心。周王朝向各地派遣军事集团，在诸侯的带领下修筑城堡、控制战略要地，逐渐实现对周边荒野之地的军事控制，形成诸侯国的雏形，这种模式被后世称为"分封制"。

分封制虽然扩大了周王朝的统治疆域，同时也给诸侯纷争埋下隐患。车战是这个时代的主要战争模式，兵车也成为衡量大国实力的硬指标。增强国力、开展外交、发展生产，列国的政治家们对这些问题由朦胧的感觉到清晰的认知，并将其作为政策长期贯彻。

从秦始皇时代开始，中央集权社会俨然成形，但对于地方的设置到底是实行分封制还是郡县制产生了无数复杂的争论。与此同时，四方边疆出现扰动，内部贫富不均、天灾人祸愈演愈烈。

秦汉两朝北击匈奴，南征百越，西通西域，东并朝鲜，初步奠定了中国的基本疆域，卫霍封狼居胥，窦宪燕然勒石，成为后世开疆拓土的标杆。虽然中途历经三国鼎立、北方游牧民族内迁、南北对峙这长达三百年的乱世，然而一个新的高峰又在大一统的隋唐帝国升起，煌煌巨唐，赫赫功业，直至近现代，海外仍有不少地区将中国人称为"唐人"。

大唐相继灭掉突厥、高昌等势力，控制西域，对外扩张也在天宝年间达到鼎盛，可随之而来的八年"安史之乱"，又拉开了其后两个多世纪藩镇动乱和五代乱世的序幕。赵氏宋朝有鉴于武人尾大不掉的经验教训，采取了矫枉过正式的"以文抑武"，终致在敌人来犯时往往抬不起头来，伴随着屡战屡败及其带来的恶果，民族的精神内核逐渐转为内在。

而闭关锁国带来的更大的灾难，你我已经都知道了。

越熟读历史，你越能从中领略，历代中国人为了赢得战争和平息战乱付出了多么巨大的代价，也越发能明白中华民族对太平盛世的强烈执念从何而来。

战争当然是残酷的、反人类的，但战争历史却可以是精彩的、引人深思的。《孙子兵法》有云："兵者，诡道也。"意思就是说，用兵的人要讲谋略。纵观中国历史上的诸多战争，其中不乏奇谋妙计，后人在回顾的时候，往往也会回避战场上真刀真枪的厮杀，而对战场之外精彩的谋略对决津津乐道。

古代史书的编纂模式，一般是以年代为顺序的"编年体"，或者是以人物传记为中心的"纪传体"。还有一种以事件为中心的写法称为"本末体"。本末体虽然是以事件为中心，但对战争的描写还是相对简单的。

现代人如何通过几千年的文字与古人产生共情呢?《你一定爱读的中国战争史》给出的答案是：在保证原意不变的基础上，以当代最流行的文风和笔法将文字、情节再加工，使冰冷的条款式记载变得鲜活，这也是我们编撰这套丛书的初衷。就譬如汉赋、唐诗、宋词、元曲、明清小说，随着历史进程的滚滚向前，中华民族的文学体裁经历了由简至繁、由"雅"至"俗"的转变，这种转变无疑是积极正面的，因为它顺应了时代，使越来越多的人能够无障碍地了解中华文化。同理，做到绝大多数人喜闻乐见，大俗即大雅，这也是编撰者们斗胆提笔写这套书的信心所在。

本系列图书涉及春秋、战国、秦朝、西汉、东汉、三国、两晋、南北朝、隋朝、唐朝、五代十国、北宋、南宋、元朝、明朝和清朝等不同时期的重要战争事件。一方面，选取最具有代表性的各场战役，记述那些在残酷战争中涌现出来的英雄、枭雄和"狗熊"们，把那些政治家们的雄才大略、经天纬地，军事家们的战略战术、狠心仁心，野心家们的阴险毒辣、丧心病狂，以及战乱之苦，统统剖析出来。另一方面，在笔法上尽量采取一种相对轻松的方式，力求通过精妙笔力的裁剪，用轻快而不失风趣的语言，如同"蒙太奇"手法那般，拼贴出一幅幅精华战争集锦，以并不沉重的方式向各位读者呈现厚重的战争主题。

丛书的每一卷都有其独立性，脉络清晰，可以从第一卷先秦时代看起，也可以从其他任意朝代切入，每一卷都相对独立又相互关联。虽然所有战役都有史料来源，所有观点都是以史为据，但本系列图书并不追求大而全，只想通过作者们通俗风趣的语言，将一场场精彩绝伦、酣畅淋漓的战役，将各个朝代在战场上绽放光芒的名将一一展现。读者们如果看完能了解一些旧事，认识一些故人，并因此激起对历史的兴趣，就再好不过了。

周书灿①

2020 年 12 月

---

① 周书灿：1967 年生，河南省新密市人，1992—1998 年先后在河南大学、南开大学师从著名历史学家唐嘉弘、朱凤瀚教授攻读历史学硕士、博士学位，先后供职于河北师范大学、河南大学、湘潭大学，2004 年被破格聘为教授，2006 年 8 月至苏州大学工作，现为苏州大学社会学院教授，苏州大学第三批东吴学者，博士生导师。

目录

目录

第一章

决战前的较量

主少国疑边患四起，托孤老将蒙骜力挽狂澜

公元前 247 年五月，只当了三年国君的秦庄襄王嬴子楚英年早逝，享年三十五岁。年仅十三岁的太子嬴政登基为王，他就是后来赫赫有名的千古一帝秦始皇。考虑到儿子年纪还小，无力承担国家大事，秦庄襄王在临终前按照秦国政治传统，委托嬴政的生母王后赵姬为摄政太后（史称"帝太后"），让相邦文信侯吕不韦总领国政，丞相昌平君和昌文君协助吕相邦执政，同时又让蒙骜、王龁、麃（biāo）公等秦昭王时代的老将主持军事。

尽管秦王政即位时，秦国已经是天下第一强国，但其面临的形势依然很严峻。

古代社会有个现象叫"主少国疑"，说的是心智还没发育成熟的少年君主即位，全国上下都怀疑他的能力和品行能不能胜任这个位置。经验丰富的老臣们若是有野心，很容易把年少无知的君主变成一个木偶。就算老臣们没有野心，少年君主也可能因为能力低下而出现严重的冲动决策。

除了这些内忧，还有外患。在战国时代，无论哪个国家出现主少国疑的局面都会招致诸侯的攻击，就连自带主角光环的秦王政也不例外。他之所以会即位，正是因为秦国输掉了一场战争，令他的父亲嬴子楚在忧惧中病情恶化。这场战争就是秦国与山东五国联军打的河外之战。

让少年秦王临危即位的河外之战

河外之战的"河外"，指的是黄河中游的南岸地区，西岳华山以东至河

南省濮阳市以西都属于河外之地，囊括了今天大半个河南省。这里四通八达，是联系天下诸侯的腹心地带，秦、周、韩、魏等国各占据了河外之地的一部分。著名的函谷关、伊阙塞（今龙门石窟一带）、洛阳王城、中岳嵩山、虎牢关都位于河外地界。由于战略价值非凡，河外之地自古以来就是兵家必争之地。因此，嬴政的父亲秦庄襄王嬴子楚一上台，秦国就针对河外地区发动了一连串战争。

别看嬴子楚在位仅三年，给人一种弱势家长的印象，正是这短短三年，秦国走出了邯郸之战惨败以来的低谷，国力重新回到了巅峰。他为儿子安排的托孤大臣吕不韦、蒙骜和王龁，个个都是狠角色，把秦国的文治武功推向了一个新的高度。

相邦吕不韦不但文能治国，也立过军功，正是他带兵消灭了与诸侯合谋攻秦的东周国，彻底结束了东周时代。吕不韦灭东周之战，也拉开了秦国大举东征的序幕。将军蒙骜以吕不韦打下的东周地为跳板，痛打韩国在河外的边防军，攻占了荥阳（今河南省郑州市西北的荥阳故城）。他还迫使韩王君臣把成皋（今河南省荥阳市汜水镇西北一带）和巩（今河南省巩义市）两座重镇进献给秦国。于是秦国的疆域跨过了中岳嵩山，与魏国首都大梁地界接壤。秦国把自己占据的河外之地整合在一起，设置了三川郡。三川郡后来成为秦灭六国战争的一大进军基地。

东周国被灭，韩国丢了大片土地，其他诸侯依然没什么动静。因为山东六国在邯郸之战击败秦国后也伤亡惨重，都在休养生息，不愿跟最先恢复元气的强秦动武。假如秦国就此收手，也不至于引发后来的河外之战。但秦国早已将一统天下定为总方针，不可能只满足于增加几座城池。于是，蒙骜和王龁两位秦军老将分别朝不同的战略方向出击。他们的意图是恢复秦国在长平之战后、邯郸之战前的胜利果实。当年的战败显然给了两位老将很大的刺激，他们对赵国和魏国两个老冤家出手极狠。

蒙骜北伐赵国，把赵太原郡军打得落花流水，一口气攻占了赵国三十七座城池，整个太原盆地都被秦国占领，赵太原郡也改为秦太原郡。他又转兵攻魏，切断了魏国河内郡与上党之地的联系。此举是为了配合秦将王龁发兵进攻上党。

秦国赢得长平大战后从赵国手中夺得上党，但诸侯联军在邯郸保卫战击败秦军后，上党郡又被韩国趁机拿下。这一年的四月，天上出现了让古人视为不祥的日食，地上有秦国虎狼之师向上党挺进。秦将王龁是长平之战的功臣、邯郸之战的败将，对自己当年丢失武安君白起打下的地盘耿耿于怀。他再次来到熟悉的战场，想要出一口恶气。他打得韩上党守军毫无还手之力，上党落入秦国之手只是时间问题。

经过这些战争，秦国基本上夺回了邯郸之战后丢失的地盘，控制了今天河南省西部和山西省中南部，现有疆域比秦昭王统治时的巅峰期还要辽阔，但是蒙骜还没停止进攻的步伐。他再次率兵攻魏，沿着新占领的汲县（今河南省卫辉市的汲县故城）继续东进，企图吞并魏国河内郡剩下的地盘。魏河内与韩上党之间只隔着一条太行山脉，整体上是连在一起的。如果蒙骜的意图能够实现，秦国就能把太行山以西、黄河以北的大部分土地纳入版图。秦兵从此可以畅通无阻地进入华北平原。

魏国难以抵挡秦军的攻势，损兵折将不少。魏安釐王心急如焚，不得不派出一个又一个使者去赵国首都邯郸，请弟弟信陵君魏无忌出山，拉自己一把，再救魏国一次。

信陵君在当时可谓无人不知、无人不晓。他是战国四大公子之一，与齐国孟尝君、赵国平原君、楚国春申君齐名。信陵君因魏国王族出身又被称为魏公子，他一生中做了三件闻名青史的大事。

第一件事是到处向列国搜求人才做自己的门客，养士数千人。这些门客大多身怀绝技，对礼贤下士的信陵君十分忠诚。就连魏安釐王的情报网都不如魏公子的情报网消息灵通。

第二件事是脍炙人口的"窃符救赵"事件。秦国发兵围攻邯郸，赵国向列国求援。信陵君在老门客侯嬴、大力士朱亥与魏安釐王最宠爱的夫人如姬的帮助下窃取虎符，杀死畏战不前的将军晋鄙，夺得了十万魏军的指挥权，协同赵军、楚军合力大破秦师，打赢了邯郸之战。从此以后，信陵君在山东六国中拥有了无可比拟的威望，说是一呼百应也不为过。

第三件事就是指挥河外之战。不过此时的信陵君还在闹脾气，死活不愿回魏国。他还对门客下令说："谁敢替魏王使者说情，我就弄死他。"因为"窃符救赵"一事，他在战争胜利后逃到了赵国，客居邯郸十年。魏安釐王也猜忌这个功高震主的弟弟，就一直没有让他回国。十年下来，兄弟二人之间的积怨自然不可能相逢一笑泯恩仇。

然而，信陵君终究还是在门客毛公、薛公的劝说下回了大梁。回国后，哥哥魏安釐王任命他为上将军。信陵君开始谋划对秦战事，并意识到这一仗非常难打。

秦国的实力已经超过了十年前邯郸之战时，魏国的实力却不比十年前强多少，甚至有些衰退，而且魏军刚被蒙骜的秦军打败两次，丢了高都（今山西省晋城市一带）和汲县两座城池，全军上下的士气低落得很。单凭魏国的力量是无法抵挡秦兵的。于是，信陵君决定发起新一轮合纵，联合诸侯之力一同抗秦。

在信陵君的主持下，魏国秘密向列国派遣使者商谈合作。首先是近来被秦国打惨了的韩国和赵国。

魏、韩、赵三国都是由春秋第一大国晋国分裂而来的，故而被当时的人们合称"三晋"。三晋在战国七雄中自成一个小圈子，时而打得不可开交，时而抱团对抗西方的秦国、南方的楚国和东方的齐国。战国时代的合纵与连横斗争，往往因三晋的立场反转而变得风云莫测。但这次不同，韩赵两国都有不得不加盟的理由。

自从割让巩与成皋两地之后，韩国首都新郑以北的屏障一下子少了很多。韩军攻打秦国三川郡时，不得不面对位于成皋的著名雄关——虎牢关，打起来很费劲。反观秦军，出虎牢关后就可进入广阔的平原地带，无论是攻打魏都大梁还是韩都新郑，交通都十分便利。不要问为什么韩桓惠王会蠢到把如此重要的军事要地献给秦国，他那是被迫丢车保帅。

所以说，从秦国三川郡出发的伐魏之师仿佛悬在新郑头上的达摩克利斯之剑，韩王君臣极度恐惧秦师突然调过头来灭韩，而且上党眼下告急，当年长平之战的危局又将重演，韩国朝野不能不激发求生欲做点什么。

赵国被秦将蒙骜和王龁打得更惨，折损了赵军的老牌劲旅晋阳（今山西省太原市）军，失去了太原郡。接下来，秦军可以从太原郡出发，进一步攻打赵国西北的雁门郡、云中郡和九原郡。更糟糕的是，秦军正在猛攻韩国的上党，一旦得手的话，就能居高临下进逼赵都邯郸（这也是当年秦国战神白起不惜代价争上党的原因）。为此，赵王君臣急需找战略合作伙伴一同抗击秦人的疯狂进攻。

信陵君对赵国有救命之恩，又在邯郸客居十年，连赵国权臣平原君的门客都纷纷改投他的门下。如今平原君已经去世，赵孝成王一直想重用信陵君，对他非常厚待。所以信陵君发出的邀请，赵孝成王君臣很爽快就答应了。韩桓惠王君臣正愁守不住上党，舍不得丢掉这片相当于全国一半的领土，也紧紧抓住这根救命稻草。

三晋同盟形成了，但信陵君觉得力量还不够。在他的积极斡旋下，南方的楚国和东北的燕国也加入进来了。楚国此时是春申君独揽大权，他与信陵君是共同经历过邯郸之战的老战友，自然不会放过这个击败楚国头号劲敌秦国的机会。燕国的情况比较特殊，在前些年跟赵国爆发了战争。蒙骜攻打赵国太原郡的时候，赵国正在猛攻燕国。若没有秦国拖住赵国，燕国可能就完蛋了。不过，燕国在这一年已经跟赵国达成交换领土的协议，看在信陵君的面子上也加入了合纵。

只有东方的齐国回绝了信陵君的请求。秦国从长平之战前就通过远交近攻的战略跟齐国结为了盟友。齐国自从复国后，对曾经参与瓜分齐地的诸侯都不太信任。大多数时间，齐国只是借助秦国这个最强盟友的威慑力来避开诸侯纷争，关起门享受自己的和平生活。但这已经不重要了。因为信陵君很清楚，一味追求偏安的齐国既不会参与合纵，也不会在合纵联军背后插刀。

在信陵君的部署下，魏、赵、韩、楚、燕五国联军在一个月内秘密完成了集结。信陵君深知五国之师多年不胜秦，缺乏打胜仗的信心，只是因为自己曾经打败过秦军才抱有一线希望。秦军兵强马壮，又因屡战屡胜而士气正旺，正面迎战难以抗衡，必须使用正确的计谋。就在此时，前线传来消息，在韩、赵、秦三国之间几次易手的上党郡最终还是落入秦国手中。五国的将军们都觉得这是一个坏消息，信陵君却认为这是一个好消息。

信陵君发现蒙骜和王龁率领的秦军都有两个致命的弱点——轻敌和疲劳。秦军从秦庄襄王元年开始东征，连续三年都没有停止军事行动。王龁部秦军一口气吞并整个上党郡，蒙骜部秦军更是从山西中部辗转数百里打到河南北部，同时跟赵、韩、魏三国的军队开战。他们的进展过于神速，但也因此变得骄傲自大，鄙视三晋军队的战斗力。这导致秦军上下急于扩大战果，没有在一场战役结束后得到充分休整，士兵们普遍很疲劳。

针对秦军的这两个弱点，信陵君采取了避实击虚的计谋。他把五国之师屯驻在河外之地，既不去救沦陷的上党，也不去夺回黄河北岸的汲县，而是派兵直接佯攻黄河南岸的秦三川郡。他的作战意图是把秦军吸引到黄河南岸，五国之师以逸待劳，在河外战场寻机决战。为了更好地隐藏自己的意图，信陵君故意让联军表现出不堪一击的样子，只用老弱之兵亮相，让精锐部队埋伏下来。

果然，蒙骜部秦军闻讯后没有继续攻打魏河内郡，急忙从黄河北岸向南岸开进，要给三川郡解围。王龁部秦军也从上党发兵南下，先急行军到河内，再沿着蒙骜渡河的路线赶往河外。两路秦军都被信陵君调动起来，多跑了上百里路，体能消耗更大了。而且，他们相信合纵联军还是各怀鬼胎的乌合之众，只要凭实力猛攻，那些斗志不坚的诸侯就会擅自逃离战场，其他诸侯也会因丧失战心而崩溃。

轻敌之心使秦军老将们满脑子只想着如何一举击破诸侯联军，威震天下。他们浑然不觉己方的战斗力正快速下降，更没料到合纵联军的实际兵力比他们想的更多，战斗力更强。秦军将士急于寻找联军的主力决战，被敌军的老弱之兵一步一步吸引到不利地形。信陵君判断时机成熟，就让五国伏兵杀出。双方数十万人分为几部依次展开，在方圆几十里的广阔战场上大打出手……

历来山东列国合纵都有一个死穴，那就是"各怀鬼胎"。各国将领都希望他国军队先跟敌军交战，自己在后面渔翁得利，于是很多战术配合就打不起来，互相拆台的事情反而屡见不鲜。秦军能屡屡击退合纵联军，正是利用了对手这个弱点。可是，信陵君指挥的两次合纵有所不同，联军能够比较坚决地执行他的号令，打出秦军意想不到的战术配合。河外之战就是如此。

蒙骜与王龁虽是一代悍将，但完全错判敌情了。秦军主将蒙骜在战前并不知道，河外战场上已经悄悄集结了五国兵马。他在开战后才发现自己手头的后备兵力不如敌联军多，过早将主力部队投入了决战。更糟糕的是，秦军将士普遍因连续作战而缺乏体力，一鼓作气冲锋陷阵还是锐不可当，可若是不能速战速决，后续体能就跟不上了。

信陵君充分利用了五国之兵的兵力和体力优势，依次投入各国的生力军，不断消耗秦军的体力。双方激战了一段时间后，秦军各部的攻势都软下来了，信陵君趁机发起总攻，五国之兵合力打得秦军阵线全面崩溃。

蒙骜与王龁见大事不好，赶紧下令撤退，疲惫不堪的秦军各部再也没法维持战场纪律，潮水一般地溃退。信陵君果断命令五国之兵乘胜追击，一路上斩虏了许多掉队的秦兵。蒙骜本来是想先撤退到一个安全的地方，等被击溃的散兵游勇重新收拢后再与联军交战，可惜信陵君穷追猛打，根本没有给秦军喘息的机会。蒙骜只得带兵一路狂奔，越过秦三川郡，好不容易躲进了函谷关。

五国之师在信陵君的指挥下也追到了函谷关下。秦兵不敢出击，但信陵君也没有下令乘胜攻关。他很清楚，这是合纵联军现在能做到的极限了。函谷关极难从正面突破，如果发动进攻，战况必然会陷入僵局。

五国之兵原先屯驻的地方离魏韩两国的首都很近，粮草、武器装备和兵员的补充相当便利。而眼下合纵联军的后勤补给线都在秦三川郡地界，各城邑并没有顺势投降，而是闭门坚守不出。战事拖久了，五国之兵的凝聚力就会直线下降，不再像战前那样同仇敌忾，势必会散伙。而主场作战的秦军会抓住合纵联军后撤的机会出函谷关反攻，像过去那样打得各国军队狼狈逃窜。

于是，信陵君在函谷关前示威了一阵就组织联军有序撤退，很好地把握了进退的节奏。蒙骜等人尚未从战败的慌乱中恢复过来，不敢轻易出关追击，河外之战至此结束。就这样，信陵君完成了自己最后的高光时刻，这也是战国史上最漂亮的一次合纵抗秦。

秦国三川郡还在，上党郡也握在手中，但函谷关外的秦军主力部队损失惨重，河东、河内、三川等郡的形势都不稳定。若是五国之师趁机大兵压境，秦国一时半会儿很难招架得过来。秦庄襄王嬴子楚也因为这场惨败而陷入忧惧，早早地离开了人世。年少的秦王政不得不提前登上王位。

晋阳反秦投赵，老将蒙骜奉命戴罪立功

河外之战大败意外地促成了秦国国君提前更替。假如在以前，信陵君一定会继续组织合纵攻秦。但山东列国不是铁板一块，如果不是蒙骜过于咄咄逼人带来的危机感，就连三晋都不大愿意联手。攻秦难度高又获利少，所以诸侯都不想干。信陵君明白这点，只求能威慑秦国不出函谷关。不过，这个机会有人不想错过。这不，太原郡治所晋阳的吏民就举兵反叛，击败了镇守当地的秦军，重新回到了赵国怀抱。

晋阳的反叛在秦国君臣意料之外，却又在情理之中。因为这座重镇对赵国有着非凡的意义，当地人对赵国的感情说不定比邯郸人还深。赵国源自晋国六卿中的赵氏世家，赵氏家主赵简子派自己最信任的家臣董安于修建了晋

阳城。虽然离三家分晋还早，但赵氏封地已经达到了诸侯国的规模，晋阳就是赵氏都城。也就是说，晋阳曾经是赵国最早的首都。

虽说赵国后来把首都迁到了太行山以东的邯郸，但晋阳作为赵人的老根据地仍然有与其他重镇不一样的神圣地位。赵国在太行山以西各郡，实际上是以太原郡的晋阳城为中心的。晋阳第一次被秦军攻陷，是在长平大战惨败后，但晋阳军民很快趁着合纵联军在邯郸大破秦师的机会脱离秦国。蒙骜在河外之战前主要在太原方向打仗，再次攻占晋阳。如今秦军新败，许多能征善战的老兵死在河外，新王主少国疑，指不定要问罪于一班老将，引发朝局动荡。晋阳此时不反更待何时？

天下诸侯都在观望秦国会做出什么反应。结果出人意料，败将蒙骜、王龁等人并未被问罪。秦国朝野反而同仇敌忾，决定让蒙骜继续带兵，北上扫平晋阳之乱。说到底，还是因为晋阳之乱干系重大，而且秦国此时也找不出比老蒙骜更善战的宿将了。

坐落于今山西省太原市的晋阳城，是连接太原盆地和忻州盆地的交通枢纽。与大家想象中不同，晋阳不在太原盆地的中心，而是扼守着太原盆地的北出口。晋阳归赵意味着赵军可以由这里长驱直入太原盆地，夺回被蒙骜攻克的三十七座城。晋阳一反，整个太原郡都要动荡。哪怕困难再多，秦国也不得不火速堵上这个缺口。最熟悉太原战场的蒙骜确实是最佳人选。

蒙骜是齐国人，不知为何没有投靠以善于养士用人著称的齐国丞相孟尝君，而是西入咸阳做了秦昭王麾下的武将，官至上卿。他曾经率兵攻打鼎盛期的齐国，拿下九座城池，是一个极其擅长攻城略地的良将。由于当时秦国有灭蜀名将司马错和战神白起坐镇，蒙骜没什么独立统兵出征的机会。直到秦庄襄王嬴子楚上台，他才跃升为首席大将，成为加班打仗的劳模。

相邦吕不韦不会放弃这位合作默契的四朝元老。年少的秦王政也想效法秦穆公帮助败将一雪前耻的旧例，在秦军众将中树立自己的明君威望。老将蒙骜因战败而羞愧难当，面对这份信任，他唯有加倍努力战斗，把河外战败造成的危局彻底扭转过来。

蒙骜率领关中子弟兵日夜兼程急行军，经河东郡北上，沿着汾水进军晋阳。他在行军途中派斥候前出侦察，根据传回的情报反复分析战局。

太原盆地很大，可以划分为南北两半。南半部分的几座重镇一直处于秦赵交战的第一线，曾经是赵国的城池，吏民的上一辈多为赵人。但蒙骜一点儿都不担心他们会跟着晋阳反水，因为早在几十年前就入秦了，已经彻底习惯了虽然严厉却更加公平清明的秦法秦政。真正值得担心的是蒙骜去年攻略的三十七城，它们是成立才一年的秦太原郡最大的不安定因素。

蒙骜以前攻下的狼孟（今山西省太原市阳曲县东北）、榆次（今山西省晋中市榆次区西北）等城，对晋阳构成了一个关门打狗的天然包围圈。假如这些城邑也纷纷响应晋阳叛军，这一仗就难打了。

好在目前晋阳的反叛还没引发另外三十七城的集体叛变。只要秦军顺利攻下晋阳就能稳住局面。于是，蒙骜打算分兵越过晋阳，抢先一步据守狼孟，阻止赵军南下救援；自己则亲率主力控制晋阳地外的所有据点和有利地形，把叛军全部困在晋阳城中。此战的关键在于，秦国的北伐大军与赵国的增援部队谁先一步抵达晋阳战场。结果，更善于长途奔袭的秦军抢得这个先手。

晋阳背靠吕梁山脉，地势西北高、东南低，又有汾水与晋水为屏障，自建城以来就以易守难攻著称。春秋时，晋阳被强敌围攻过两次。第一次是下令筑城的赵简子被政敌范氏、中行氏（都是晋国六卿的成员）的私家军队围攻。第二次是赵简子的儿子赵襄子被政敌智伯组织的三家联军围攻。两次晋阳保卫战都赢了，特别是后一次，智伯因久攻不下采取了水攻战法，晋阳城被洪水淹了，城中百姓要蹚水走路，灶台上都有青蛙蹦跶。即使艰苦到这个地步，晋阳军民也没投降，一直坚持到赵襄子反攻取胜。

秦国前两次能夺取晋阳，主要是因为战机抓得好。第一次拿下晋阳时，赵军主力十之七八死于长平之战，其中就包括晋阳之师。再坚固的城，若是缺乏足够的守备力量，也是不堪一击的。晋阳上次被蒙骜拿下，也跟赵国调集举国精兵讨伐燕国有关，还是因为守备力量有所削弱。

这一次，晋阳刚刚反叛，就跟赵国取得了联系，但赵国还没有派出大军进驻晋阳。蒙骜马不停蹄地北伐，也是为了赶在赵军集结重兵南下之前镇压叛军。晋阳附近各城的赵军在此前被蒙骜打怕了，双方实力的差距还是很明显的，他们对蒙骜十分畏惧。哪怕得知蒙骜在河外之地被信陵君打得狼狈逃窜，他们也不敢轻敌，他们唯一能做的就是固守待援，把希望寄托在战斗力更强的援兵上。

由于秦国攻占了上党，邯郸赵军无法直接经上党地进入太原盆地，不得不翻更多的山、绕更远的路。最利于驰援晋阳的是赵国的雁门郡军和代郡军。这些边防军和赵国的云中郡军、九原郡军都是赵武灵王推行"胡服骑射"后涌现出的精锐，事实上已经超过了镇守邯郸"首都圈"的京师军。但是，这些边防军既要监视对赵国称臣的各个北方游牧民族，又要在南线跟秦国的几个边郡对峙，任务比较繁重，也是很辛苦。因此，赵国西北各郡真正能投入救援的兵马是有限的。

秦军以重兵据守狼孟，卡死了赵国西北诸郡军南下的必经之路。除了狼孟之外，蒙骜还向榆次增派兵力。如果赵国从邯郸派援兵打过来，走出太行山脉的崇山峻岭后，正好出现在榆次城把守的出山通道上。秦国这次为了把晋阳重新拿下来，可是下了很大的决心，绝对不允许再出现河外之战那样的失败，否则朝野的士气将会更加低落，很难说山东列国不会因此产生更多西征秦国的动力。到头来，晋阳叛军还是落单了。

晋阳城遗址在今山西省太原市晋源区的古城营村、东城角村、南城角村、南北瓦窑村、罗城村以及附近区域一带。汾水从城东和城南流过，护城河与之连在一起。城西有大山高陵，海拔较高。再加上晋阳的城墙本身很坚固，所以秦军进攻的难度不小。

不过，对蒙骜来说，这不是什么问题。他上一回来这里打仗面对的是更多的赵国城池和军队，那样都能赢，此次以众击寡就更不在话下了。蒙骜虽然不擅长打那种大量斩杀敌军的歼灭战，但论攻城能力，他不亚于秦军战神白起。击败他的信陵君在这方面也逊色于他。

蒙骜根据晋阳城的规模和城墙的厚度确定了几个主攻方向，分出几路兵马各负责进攻一个方向，并约定好攻下每个方向的期限。按照秦国军法，最先攻入敌城的部队记头功，最后攻入敌城的部队会因为垫底而遭到严厉斥责。如果哪支部队连续两次战绩在全军垫底，指挥该部的将领就要被废职。在大秦律令中，废职就是永不叙用，谁敢启用被废职的官吏重新为官，将会遭到国法的惩罚。

攻打晋阳的秦军将士跟蒙骜一样，一心想要洗刷河外之战大败的耻辱。他们攻城时异常卖力，希望回报年少的秦王政对他们的期待。晋阳叛军自然是拼命抵抗，动用了各种守城器械来对抗秦军的攻城器械，弓弩、檑木、石头全都用上了。他们好不容易抓住机会了重新回归赵国，怎能就此功亏一篑？

双方激战正酣，但胜利的天平不断向秦国一方倾斜。秦军的兵力在源源不断地增加，晋阳叛军的消耗在持续加剧且得不到有效补充。晋阳城中的伤兵越来越多，连头发花白的老头和身高五尺以上的少儿也被征发入军。由于上一年刚被秦国征服，晋阳还没从战争破坏中恢复元气，晋阳军能调动的资源非常有限。

赵军援兵此时正在猛攻位于晋阳北边的狼孟县，性情刚烈好斗的赵军将士们打得两眼直冒火。狼孟既是太原盆地的北面屏障，也是忻州盆地的南面门户。蒙骜部秦军若是没有抢先到这里，赵国西北各郡的援军就会不断进入太原盆地，出现在晋阳城的北郊。眼下赵国援军无法越过狼孟直扑晋阳。既然已经落了后手，就只能不惜代价地攻克狼孟，把晋阳救下来。

这些援军不像赵太原郡军那样长期跟秦军作战，对匈奴、东胡等游牧民族的压倒性胜利让他们充满骄傲，还没患上"恐秦症"。晋阳是赵国最初的首都，现在的三大政治中心之一。对赵军将士而言，能从天下诸侯谈之色变的虎狼之师手中守住刚回归的晋阳，是莫大的荣誉。与此同时，信陵君在河外之战的胜利大大鼓舞了赵国边军，他们想要比参与合纵攻秦的邯郸军立下更大的功劳。

狼孟坐落在连接太原盆地和忻州盆地的一个小盆地中，进出通道都比较狭窄。该城虽然不如晋阳城那么大，但夹在河流与山地丘陵之间，附近多为土山、石山或者丘陵，平原面积较少，易守难攻。秦军阻援部队可以借助有利地形以少抗多，赵军增援部队很难充分发挥兵力优势。这为攻打晋阳的秦军主力部队争取了很多宝贵的时间。

在这场与时间赛跑的较量中，据守狼孟的秦军阻援部队比晋阳叛军坚持得更久。晋阳城墙上的防线先是被打开了一个缺口，守城士兵未能及时堵住，秦军由此攻入，逐渐占据了一段城墙。蒙骜派出更多精兵强将赶往那里扩大战果，其他秦军攻城部队见状也各自加强攻势。晋阳城内的叛军抵挡不住，由城墙和城门退往城内，与涌进来的秦兵反复争夺每一条街道……过了许久，喊杀声渐渐止息。城头上的赵军旗帜全部换成了秦军旗帜，晋阳再次被秦国占领，赵国直到灭亡都未能将其夺回去。

蒙骜攻占晋阳，但狼孟还是被赵国援军攻陷了。晋阳是个大都会，狼孟比晋阳的规模小很多。相比之下，赵国损失远远大于秦国。赵国援军见晋阳已然沦陷，再打下去也没有意义，便在狼孟屯驻重兵，阻止秦军继续北上。蒙骜这次没有再轻敌冒进，只是加强了晋阳、榆次等城的守备力量就班师回朝。秦赵在这个方向再次开战，要等到十四年后了。

秦军众将反攻河外，魏韩两国接连受挫

攻占晋阳是秦王政即位第一年爆发的第一场战争。首战告捷让秦国朝野从河外之战惨败的阴影中走出来，恢复了一统天下的信心。老将蒙骜用这场胜利挽回了颜面，重新获得了朝野的支持与军民的拥戴，但他还是对河外之败带来的一连串负面影响感到耿耿于怀，又向朝廷提出了新的用兵方略。

由于河外之败与晋阳反叛，秦国一些新占领的地盘被诸侯重新夺回。比

如，河外有一些城邑被韩军夺回，河内的汲县被魏军收复。黄河南北两岸地区又变成秦、韩、魏三国势力犬牙交错的状态。不过，秦三川郡还控制着巩县—成皋（虎牢关）—荥阳这条黄河南岸的交通主干道，随时可以东出讨伐魏、韩。

蒙骜提议接下来几年以魏、韩两国为主要打击对象，主要目标是扩大秦国在河外的根据地，由三川郡继续向东扩张，沿着黄河把赵国和魏国、楚国之间的联系全部切断。如此一来，魏、赵、楚发动合纵同盟的难度就会大大增加，三国之师没法越过秦军占领区会合到一起。

经过讨论，蒙骜的计策成为秦国新的战略方针。由于士兵们连续作战比较疲劳，秦国在这一年再没有发动新的战争。代表秦王政执政的最高决策层把注意力放在安定朝局、恢复生产、整顿兵马等工作上。其中最重要的一项决策是，根据韩王送来的水利工程师郑国的建议，在关中修建一条长达数百里的水渠。这项工程需要大量劳动力，使得秦国无法把更多关中卒派到关东打仗。

关外的秦军在河外之战中损失惨重，秦国从关中和其他各郡县抽调军吏和老兵作为骨干，充实了三川、河内等郡边防军的实力，以备今后的东出大计。比如，睡虎地秦墓墓主人喜就是从长江中游的南郡安陆市到中原战区从军的。大量粮草、武器装备、衣物、药品、器具等也源源不断地输入到前线。经过一年备战，秦国在关外的军事力量才恢复完毕。新一轮战争又将开启。

首战的结果对双方影响都很大，所以历代兵家名将都对第一回合的战斗比较慎重。这一回，秦军众将吸取上一次战败的教训，不在两个方向同时开战，也不再一口气横扫敌国一郡之地，而是踏踏实实地集中兵力攻取一个目标。秦国这次让同为托孤大臣的麃公指挥反攻河外的第一仗。

麃公的名气不如蒙骜、王龁那么大，但能被秦庄襄王嬴子楚托孤，足以说明他的实力不俗。秦国派麃公出战，就是想降低诸侯的警惕性。天下人皆知蒙骜是秦国当前最能打的将军，他一出手，列国必定会一级警戒。麃公给列国的压迫感没那么大，较好地麻痹了对手。

秦军本次进攻目标是魏国的卷县。卷县在今河南省原阳县一带，今天的原阳县位于黄河北岸。战国时代的黄河跟今天的河道不一样，整条河流的位置更靠北，当时的卷县位于黄河南岸。卷县之所以重要，是因为它是连通大梁与河内的主要中转站之一。卷县一旦落入他国手中，就意味着魏都大梁无法与河内各城保持直接联系，只能绕远去下游的宿胥口和白马津渡河。魏河内郡将因此陷入秦、赵、韩等国领土的包围之中，更加不利于防守。

秦军以数万之师突然兵临城下，卷县守军立刻向大梁告急，大梁派出精兵去救援。不知是什么原因，魏安釐王居然没有派信陵君出击。可能是他不想再让这个能干的弟弟出风头。不管怎样，此举正中秦将麃公的下怀。秦魏两军在卷城之外大打出手。

魏军跟秦军有个很大的差异——军队中的战斗兵分为武士、奋击、苍头三大类。武士即战国前期盛极一时的重装步兵魏武卒，武器装备最为精良，是魏军中的头号王牌。奋击又称奋戟之士，近战突击十分勇猛，装备和战斗力仅次于武士。苍头是用青巾裹头的轻装士兵，多为奴隶出身，地位低贱，装备和战斗力最差。由于魏武卒训练成本很高，魏国在战国晚期的武卒数量越来越少，战事更多由奋击和苍头来承担。

战国有句军事谚语叫"魏氏武卒不敌秦之锐士"。秦国锐士是军中百里挑一的精锐，以善于"陷阵"（能突破敌军阵型）闻名天下，其战斗力超过了包括魏武卒在内的六国精兵。这也是山东列国与秦军正面交战时讨不到便宜的一个重要原因。

结果没有悬念，秦将麃公击破大梁援魏的士兵，随即攻克了卷城。魏军在此战中有三万名官兵死亡，受伤者人数更多。麃公没有继续进军，只是以重兵固守卷县。令人奇怪的是，魏国没有兴兵再战，硬生生地吃下了这个哑巴亏。信陵君也没有要领兵复仇的迹象，其中隐情，容后再表。如果我们把目光转到魏赵边境，就会发现魏国此时不仅在西线要抗秦，在北线还要抗赵。

赵孝成王在生命中最后一年发动的最后一场战争，打的就是前不久才一起合作抗秦的魏国。以负荆请罪闻名于世，哦不，是以勇气闻达于诸侯的赵国名将廉颇，此时已被封为信平君，职务是相邦。他率领赵军渡过黄河，攻打魏国东北部的边城繁阳（今河南省内黄县西北）。

论名气，位居战国四大名将的赵将廉颇远比秦将麃公要大得多。要知道，廉颇曾经差点儿攻灭燕国。他夺取繁阳之后若要继续南下攻打大梁，魏国就会陷入秦赵双雄的夹攻之中，局面将更不可收拾。所以，魏国把防御重心转移到了北边。

幸亏魏国的运气很好，秦将麃公打完卷县就收兵了。而赵将廉颇占领繁阳后，不巧碰上赵孝成王去世，太子赵悼襄王即位。赵悼襄王主张与魏国讲和，于是派另一名大将乐乘取代廉颇指挥伐魏之师。这让心高气傲、脾气暴躁的廉颇非常不满，一言不合就率军攻打接替自己的乐乘。好在乐乘跑得快，没有人头落地。廉颇冷静下来后发现自己闯了大祸，就逃入魏国大梁避难。魏国的危机就这样意外解除了。而诸侯之间的摩擦也导致魏国无法组织合纵，报复秦国的入侵行为。

总之，秦国首战告捷，完成了反攻战略的第一步。魏国损失不小，但在其他国家看来，卷县之战规模不算大，在大争之世里年年都会发生，见怪不怪。秦国打一仗就收手，比起以前收敛多了，让诸侯生不出唇亡齿寒之心，提不起合纵抗秦的兴趣。

到了第二年春，蒙骜又率军攻韩。这回诸侯公敌出来了，山东列国该同仇敌忾了吧？不好意思，并没有。去年大家如何坐观秦魏打架，今年就怎样看韩国被虎狼秦国打。蒙骜这次的胃口很大，他要把秦和韩交界的韩国城邑打下一串来。不只是为了报复河外战败之耻，也是想进一步构建对韩国的包围圈。

秦国去年派麃公攻打魏国的卷县，也起到了吸引诸侯注意力的作用。谁也没料到秦军会突然改变进攻方向。秦军大举来袭，韩国惊慌失措。蒙骜为将的消息更是让韩王君臣感到不妙，他们还以为秦国朝廷会严惩蒙骜战败之罪。蒙骜的攻势犹如切瓜砍菜一般，韩国各边城纷纷陷落。韩国特使急匆匆向诸侯求助，但没有谁积极回应。毕竟韩国朝廷缺少信陵君这种对诸侯有号召力的政坛人物。

最方便救援韩国的是魏国和楚国。但是，魏国才在卷县之战丧失了三万兵马，信陵君都没有积极请战，又怎么会出手援韩。楚国权相春申君是个没有形成合纵就绝不跟强秦冲突的人，更热衷于向淮北扩张地盘，自然也对韩国被攻一事坐视不理。

其实，蒙骜已经算计好了。他选择的战场避开了四通八达的华北平原，不利于五国之师隐秘集结。燕、赵两国要南渡黄河，大军需向韩、魏两国借道，浩浩荡荡地从新郑和大梁旁边经过。韩、魏二王自然不敢答应。就算韩、魏、楚能结成三国同盟，在汝水流域交战时势必要面对秦三川郡军和南阳郡军的两面夹击。

总之，孤立无援的韩国叫天天不应，叫地地不灵，只能硬着头皮跟秦国打，实在顶不住了就求和。等蒙骜收手的时候，韩国已被夺了十三座城池。汝水防线的韩军残部被迫退守到颍水与汾陉塞一线。经此一战，韩国的地盘又一次大幅度缩水。若不是手中还握着嵩山地区的东半段，秦军就能从虎牢关与嵩山通道两路出击，从南北两个方向夹攻韩都新郑了。蒙骜很清楚，此时还不是一举灭韩的时机，就停止了春季攻势。

秦国大获全胜，咄咄逼人，但诸侯还是没有组织起合纵。因为这一年天下发生了严重的旱灾，战国七雄的农业生产都受到了巨大破坏。各国都发生了饥荒，除了韩国，其他国都无暇顾及抗秦之事。无数人没有死于战争，而是倒在了饥荒中，史书上特意记录了"岁大饥"。

秦国的粮食同样减产了，但靠着雄厚的战略储备粮，日子过得还是比山东列国要好一些。所以，将军蒙骜不肯放过列国实力被天灾削弱的好机会，在同年冬十月农闲之时发动了新的战争。他亲自率兵攻打魏国的篸、有诡。

守城的魏将不是信陵君，但不知是因为魏军抵抗很顽强，还是别的什么原因，这一仗打得反而比前两仗更费劲。秦军从这年十月一直打到次年才占领这两座城。秦国的军事传统是正月结束大规模战争，但这次直到三月才罢兵。征战长达六个月的将士们终于得以解甲归田。

时间已经到了秦王政四年。经过蒙骜等人的努力，秦王政即位之初的危机完全化解。河外之战大败带来的损失被一连串的胜利补偿了，秦国重新树立起对山东六国的军事优势。托孤大臣蒙骜老将军南征北战，东奔西走，盘活了全局。相邦吕不韦的内政改革与蒙骜的军事行动配合得当，把秦国彻底从邯郸之战惨败的低谷带了出来。秦王政虽未亲政，但这位少年已在朝中站住了脚跟。这与老将蒙骜等军方大佬的带头拥护是分不开的。

眼下同为托孤大臣的将军王龁已经去世，麃公也因年迈淡出了历史舞台，朝中老将仅剩下蒙骜一人。他知道自己年事已高，于是想要在生命的最后几年完成一个更宏大的作战目标。他内心期盼着再跟诸侯联军打一仗，报一箭之仇，为自己的戎马生涯画上一个完美的句号。但在此之前，秦国还有很多大麻烦要处理，不能不暂停一切大型军事行动。

蝗灾、疫病、信陵君之死与秦设东郡之战

战争是把双刃剑，征服扩张可以增加土地、人口、财富，也会带来巨大的破坏。我们光从史书中看战争故事，会误以为战争很简单，秦国这些军事胜利很容易获得。这是个错觉。

现实中的战争跟电脑上的战争游戏存在很大的区别。在游戏中输掉不会流血也不死人，这是其一。其二，真正行军打仗的时候，你会发现自己要考虑的东西不光是战阵之间的杀敌之术，还有许多看似与战争无关的枯燥的善后工作。假如不重视这些，是无法获得持续胜利的。秦国也不例外。

　　道家创始人老子曾经说过："军队经过的地方会变得荆棘丛生，战争结束之后必定会遇到处处饥荒的凶年。"这话讲的就是战争带来的巨大破坏力。秦王政才即位短短四年，就经历了多场规模浩大的战争。伴随着辉煌的军事胜利，新的危机如约而至。

　　此时的天下进入了先秦时代自然灾害爆发最密集的时期。按照社会发展规律，每到这种时候，更大的战乱呼之欲出。无论打不打仗，都会有大量人死亡。况且，越是生存资源紧张，列国越可能采取战争手段来转移国内经济危机。发动战争最多的秦国这次会怎样做呢？

大范围自然灾害带来的新战机

　　公元前243年，秦王政即位的第四个年头，秦军打了个跨年之战。三月之后，秦军再无军事行动。连续四年打仗，秦国自身的消耗很大。蒙骜和麃公一共打下韩国和魏国十几座城池，不好好"消化"一下新地盘可不行，何况三月罢兵已经错过了秦国农业生产的播种时期，大量支援前线的成年男子未能在春耕前回乡种田，今年粮食要减产了。

　　理论上，有些军队可以采用以战养战的办法来解决后勤补给问题。但是，秦国此时已经占据了差不多半个天下，雄踞西北和西南地区，从中华大地的第二级阶梯扩张到了第三级阶梯，这种大体量的国家不可能依赖掠夺敌国物资来养兵。此时的韩国只是秦国一个郡的体量，魏国则相当于秦国两个半郡。而且，秦国不像游牧民族，抢完了就走，而是要把敌国的土地变成自己的生产基地，把敌国人口变成自家的编户民。竭泽而渔的话，这些新地盘以后就做不了秦国在关外的进军基地了。

　　这一年最大规模的战争并非秦将蒙骜攻魏，而是赵将李牧攻燕。李牧是战国四大名将之一，堪称赵军战神。他曾经威震赵国北疆，匈奴、东胡等实力强劲的游牧民族畏李牧如虎，不敢靠近他所在的边城。我们后面会讲到，此人是秦军的头号劲敌。

　　刚即位两年的赵悼襄王对将军李牧很器重，一度任命他为相邦。这位赵王采取与魏国亲善，与秦国讲和的外交方针。赵国因此派了太子春平君去秦国咸阳做人质，秦国也按照外交礼仪往邯郸派了个王族人士做人质，达成临时的互不侵犯条约。同时，赵悼襄王还记着他父亲赵孝成王派兵包围燕国首都的事迹，于是伐燕拓边成了赵悼襄王最看重的事。李牧就是他眼中最好的伐燕主帅人选。

　　秦国朝廷对老冤家赵国的动向一直高度关注。李牧挥师北上攻燕，给予燕军沉重的打击，拿下了武遂和方城两座重镇。武遂在今河北省保定市徐水区西北的遂城镇，位于著名的南易水以南，跟燕国长城紧挨着。方城在今河北省固安县南，北上不远就是今北京市大兴区。也就是说，李牧部赵军攻陷了燕国南部防守最严密的长城防线，一直打到离燕国首都蓟城不远的地方。预告一下，武遂到方城这方圆几百里土地，包含了后来燕国特使兼战国最著名的刺客荆轲假装要献给秦王政的"督亢之地"。

　　李牧打得比蒙骜攻魏还轻松，扩张速度一度超过了秦国。这让秦国朝廷生出了戒心。原本秦国是想跟燕国结盟的，后来转为跟赵国达成协议，放任其进攻燕国。如今赵国攻燕进展太快，秦国朝廷就感到不舒服了。

　　于是，秦王政就让赵太子春平君长留咸阳，以此制衡赵国。赵悼襄王不愿看到这个局面。秦王政年少，还没太子，派出的人质身份再高也不算秦国的命脉。相比之下，赵国以未来的储君为人质，就是投鼠忌器。况且，当年秦王政他父亲秦庄襄王嬴子楚去邯郸做人质，秦昭王照样发动对赵战争，根本不管人质的死活。所以，赵国不希望将来跟秦国开战时被拿捏软肋，就派刚打完胜仗的相邦李牧去跟秦国交涉此事。

　　李牧使团中的使者泄钧游说秦相吕不韦，希望秦国能放太子春平君回赵国，留下平都侯做人质。作为交换，赵国不仅归还秦国人质，还许诺由太子春平君回国说服父亲赵悼襄王割让土地来换回平都侯。吕不韦同意了，并向秦王政进言陈述利害，秦王政准许了赵国的提议，跟赵相李牧立了新的盟约，把太子春平君送回赵国。赵国最终没有真割地来赎回平都侯，秦国君臣虽然不高兴，却也只是把这件事搁置在一边，因为还不到跟赵国全面开战的时候。

其实，秦国和赵国在本阶段的战略目标不同，彼此之间暂时没什么严重的利益冲突。赵国想吞并燕国，把华北平原的北半部分纳入自己的版图。秦国的计划是主攻魏国，争取让秦土跟齐国的边疆直接接壤，让南北诸侯不能跨过秦郡县通连。这还是老将蒙骜的计谋。

两国都不希望被对方阻挠，都希望结束晋阳之乱造成的对抗状态。无论是先前派出人质还是此时归还人质，本质上都是为了达成休战协议，互不干涉对方的征服行动。赵国明显是赚了，秦国也不亏。全凭自身本事做征服者，就看谁比谁扩张得更快。原本秦赵都铆足了劲，想等到动员能力最强的秋冬农闲时节再发动大战，不料几场席卷海内的大灾难打乱了所有人的战略布局。

这一年的下半年充满了不祥，天下比平时更加动荡，各种灾异集中爆发。大多数诸侯都未能幸免，就连最富强的秦国也感到头痛。要不是在三月份结束了攻魏战争，很难说秦国朝野会不会陷入更加困难的局面。

首先，受去年旱灾的影响，战国七雄在今年纷纷爆发了饥荒。诸侯相互攻伐了数百年，早已经养成了囤积粟米、小麦、稻米、大豆的习惯。有些国家号称粮仓里的粟米足够吃十年，有些国家则号称粟米堆积得像山丘那么高。秦国属于后一类。但是，连年的战争是个无底洞，会让粮草的消耗大大加剧。再碰上粮食减产的灾荒之年，一不小心就要发生足以让江山社稷倾覆的经济危机和社会危机。毕竟，人饿极了就什么事都做得出来。战胜国还能从敌国的粮仓和田野里夺走粮草补充自己，损兵折将又流失大量物资的战败国就不行了。秦国一直边打仗边修大型水利工程，就是希望能实现旱涝保收。

紧跟着旱灾的是大面积的蝗灾。这一年七月，蔽日遮天的蝗群先在黄河中下游的山东列国横行。我国历史上的蝗灾主要是由俗称蚂蚱、蝗虫的东亚飞蝗造成的。干旱的环境有利于飞蝗的繁殖、生长和存活，极易形成蝗灾。这种蝗虫一年会生出两代，第一代称为夏蝗，第二代为秋蝗。这次肆虐东方各诸侯国的正是秋蝗。

秋蝗善于飞翔，有很强的迁徙能力。蝗群过境时会很快把当地的禾稼草木啃得一干二净，然后再迁徙到下一个目的地觅食。以古代的生产力水平和技术条件，几乎无法扑灭。凡是闹过蝗灾的地方，饥荒会变得更加严重，随之而来的往往是饿殍遍地的人间惨景。后世王朝纷纷修建蝗神庙祈求蝗灾平息（当然，这没什么用）。蝗灾对农业的摧毁力惊人，一直与旱灾和水灾并列为古代中国三大天灾。

到了十月的庚寅日，祸害完山东列国的蝗群向黄河上游迁徙。十七岁的秦王政与关中军民目睹了漫天飞舞的蝗群。秦国史官心怀恐惧地在国史中记录下了这样一行字："蝗虫从东方来，蔽天。"

如果你以为蝗灾过去，天灾就结束了，那就错了。就在秦人为蔽天飞蝗头痛的时候，瘟疫又从东方列国那里开始蔓延，并且传染给了全天下。按照战国人的信仰，人死后魂魄会飞往东岳泰山。这个冬季的各种亡难者是如此之多，泰山府君怕是要嫌空间装不下吧。

相对而言，秦国受灾情况比山东列国要好一些。秦国的政令是八月开始种冬小麦，九月收齐赋税（包括各种谷物）。蝗群十月飞来时，田野里的冬小麦未能幸免，但大多数谷物已经收割入库了。山东列国七月开始闹灾，庄稼还没来得及收割入库，损失更惨一些。而且，秦国战备物资储备更雄厚，法律严厉，政令畅通，救灾治灾的效率也更高一些。

秦国的医疗与防疫水平在战国时代算是"头块招牌"，"病入膏肓"这个典故就来自秦国医生的故事。说起来讽刺，这是因为秦国发动的战争最多，战场上有大量官兵伤亡，促使医学飞速发展。早在春秋晚期，秦国就已成为医学最发达的华夏诸侯之一。据《左传》记载，春秋时期堪称第一强国的晋国国君晋景公和晋平公生大病时都曾经派人去秦国求医。

秦人重视防疫，也跟战争有关。秦军士兵热衷于斩首立功，以战神白起为代表的秦将一抓到机会就成千上万地消灭敌军。战场上留下的大量尸体会腐烂发臭，成为病毒的传染源，若是不及时处理，会引发传染性极强的瘟疫。秦军攻城略地后非常重视打扫战场。否则以秦国年年打仗的频率，瘟疫会爆发个没完没了。这次"天下疫"，与旱灾、蝗灾双重打击造成的饥荒有关。各国饥民因为没东西吃而成批饿死，大量尸体没有得到及时有效的处理，才引发了这场先秦时代最严重的瘟疫。

秦医在当时已有预防医学的思想。诸侯国的宾客入秦时，守关的官吏和士兵会用火把来熏马车。这是为了杀灭动物携带的可能引发疾病的寄生虫，跟今天的高温杀菌消毒相比显得粗糙，但原理相通。秦国的医疗水平还不足以治愈麻风病（当时叫"疠病"）之类的烈性传染病，但每次发现病人就会将其迁到"疠迁所"隔离。面对本次瘟疫，秦人也使用了严格隔离的手段，尽可能地减少传染范围。

与此同时，为了解决饥荒，秦王政还特意向全国下了一道命令——凡是能向国家缴纳一千石粟米的百姓，都能晋升一级军功爵。按照秦国法律，砍下敌军士兵一颗脑袋可以晋爵一级。家中存粮能达到千石以上的，都是富裕人家了。纳粟千石才晋爵一级，这个门槛并不低。秦人重视爵位，富户纷纷以粮换爵位。秦国官府从民间获得了大量粮食，为完成这次救灾防疫工作提供了物资保障。

这一年的秋冬，全天下都不好过，各诸侯国损失了不少人口，辛辛苦苦积攒多年用来打仗的战备物资也消耗很大。谁也没有力气再像平时那样，借着秋冬农闲的机会大量征发百姓从军，去攻打其他国家。今年的收成被干旱和蝗虫给毁了，只能来年奋力耕耘，从头开始积攒粮草物资。各国朝廷都很清楚，谁能先恢复国家的元气，谁就能赢得下一轮战争的主动权。

论生产力恢复速度，秦国称第二，其他六国没谁敢称第一。在秦国变法的政治家商鞅提出了耕战立国的国策，说白了，就是为了让国家拥有足够的实力去应对全面饥荒和全面战争。这种战时体制若是放在和平年代，人们或许难以体会到它的作用，但在动乱和灾荒连绵不绝的战国大争之世，它最有利于确保国家的生存安全与战争能力。秦国正是凭借这项优势从弱国变成了强国，再从强国晋升为独霸，最终完成一统天下的历史任务。这又是后话了。

战国七雄就这样默默治疗自己的伤口，想尽办法保障农业生产。运气好的话，粮食花个几年就能重新积攒起来。可是锐减的人口，就需要十几年的时间慢慢恢复了。然而，那些地广人众的强国依然有充足的成年男子做后备兵员，不像地狭人少的诸侯国那么脆弱。

经过将近一年的休养生息，秦国和赵国最先从旱灾、蝗灾、瘟疫中"爬起来"。这不奇怪，秦国是天下第一强，赵国仅次于秦国，在山东六国中是首强。双雄的综合实力在对抗大灾大难方面有明显的优势。这决定了秦赵两国会成为新一轮战争的发起者。魏国和燕国又要倒霉了。

特别是魏国，这些年一共被秦国和赵国打败了三次，军事实力在下降。信陵君自从河外之战胜利后因功高震主而遭到哥哥魏安釐王的猜忌，再有才能也无力施展。

加上此前签订的协议，秦国高层不担心赵国搞出什么事，因此，伐魏的主观和客观条件基本成熟，秦国的备战工作也在有序进行。蒙骜力主趁着对方国力虚弱的机会进军。他的作战计划得到了秦国高层的批准，但他有一个愿望未能实现——跟老冤家信陵君再较量一次，因为信陵君已经死了。

秦国铺垫了四年的隐蔽战线"坑了"信陵君

蒙骜制定反攻河外的战略，总是看准诸侯难以组织合纵的时机才出手，进攻方向和节奏也有所调整，但他并不是想回避跟宿敌信陵君的战斗。出于名将的自尊心，蒙骜想要在战场上找信陵君报仇，堂堂正正地一决高下。秦国每次伐魏，蒙骜都盼着能把精通兵法的魏公子信陵君逼出来。不打赢信陵君，他心里的"疙瘩"解不开。

但是吕不韦和秦王政都不想再冒这么大的风险了。自从武安君白起死后，其他秦将都出现过严重的败绩。蒙骜再战信陵君，赢了自然是好，万一再次输掉，对他个人的自信心和军队的士气打击太大。更重要的是，战争很"烧钱"，会死人，关系到千家万户的切身利益。要知道，秦军士兵都渴望获得的军功爵，只有打胜仗的时候才会有。像河外之战那种败仗意味着全军上下都白流血、白牺牲、白战斗了。

战争是关乎生死存亡的大事。所有关于战争的决策，万不可意气行事。当初河外之战失败，就是因为蒙骜和王龁打得太顺不顾士兵疲劳进行连番作战。秦王政和吕相邦还怕蒙骜仇人见面后分外眼红、气血冲头，失去平时的冷静，所以在秦军再次出兵之前，反复劝蒙骜再等等，不要急于求战。

蒙骜还不知道，早在河外之战结束后，吕相邦和刚即位的秦王政就已经针对信陵君这个狠角色做出了部署。秦王政拨款万斤金（这个"金"不是黄金，是黄铜）作为间谍活动经费，由首席执政大臣吕相邦安排人手，在魏国铺设了一条隐蔽战线。"不差钱"的秦国间谍们在魏国四处活动，悄悄寻找将军晋鄙的门客，出资请他们陷害信陵君。

晋鄙就是十多年前被窃符救赵的信陵君派人杀死的那个魏国将军。邯郸之战的胜利让信陵君成了世人眼中不世出的大英雄；晋鄙在人们口口相传的故事中是畏敌如虎的胆小鬼，是反面角色，活该被杀……当时天下多数人是这么看的，唯有晋鄙的门客跟大众的认知相反。

战国的门客与主君之间不是简单的雇佣关系。尽管战国门客大多比较有市场经济头脑，主君得势就来投靠，主君失势就"良禽择木而栖"，但与此同时，战国门客也讲究忠于职守，替主君排忧解难。晋鄙将军死后，他的门客散落在魏国各地讨生活。无论世人怎么赞美信陵君，他们都替晋鄙叫屈，无时无刻不想扳倒这个害死自己主君的仇人。秦国间谍此时向他们投来橄榄枝，岂有不把握复仇机会的道理？

晋鄙的门客为了给主君复仇，自愿成为秦国在魏国的"第五纵队"。自从信陵君从河外战场上凯旋，他们就一直在朝野散布各种陷害信陵君的言论。大梁从秦王政即位的第一年起就成了秦魏间谍交锋的主战场。

战国时代的间谍战十分激烈。许多著名战役背后都有潜伏人员立下的功劳。每个国家都向他国派了大量间谍，而出使外国的使者往往也会掌握本国在该国的部分间谍网。论间谍战水平，最高的还是军事实力最强的秦国。秦国不是没中过六国间谍的诡计，比如河外之战居然连五国之师秘密集结的消息都没搞清楚，但六国间谍总体上败多胜少，一输还往往是令人痛心的惨败。

魏国的间谍水平也很高，其谍战之王不是别人，恰恰是信陵君本人。在"窃符救赵"事件还没发生之前，信陵君就凭借自己的门客替魏国编织了一张无孔不入的情报网。

信陵君和魏安釐王年轻的时候喜欢下六博棋。有一天，两人正在棋盘上打得不亦乐乎。突然，北方边境传来烽火，边报称"赵军来犯，已经进入我国边界"。此时的赵国在阏与之战中大败秦军，正处于巅峰期。邯郸比咸阳离大梁近多了，而且沿途除了黄河天险之外都是一马平川，利于战车和骑兵突驰。赵军若真南下攻魏，只怕比当年魏军围攻邯郸还轻松。

魏安釐王急忙推开棋盘，准备召集群臣开紧急作战会议。信陵君却制止他说："这只是赵王在边境打猎而已，并非真要入侵我们魏国。"于是两人继续玩六博棋，但魏安釐王心不在焉，还是害怕赵王率领大军打过来。过了一阵子，又有新边报传来，赵王果然只是带着卫队在打猎，没有入侵魏国的企图。

魏安釐王很惊讶，便问弟弟为什么知道赵王只是来魏赵边境打猎。原来，信陵君有个门客有办法打探到赵王的隐秘活动，但凡赵王有什么动作，他都会立即报告信陵君。也就是说，赵王这次秘而不宣的打猎活动早已被信陵君知悉。魏军情报部门反而因为缺乏可靠的情报来源而后知后觉。

当时的赵国可是连秦国都视为劲敌的强国，居然被魏国间谍渗透到了最高层。信陵君的势力令人生畏。从魏国的角度来说，这是一张非常有价值的情报网，可以帮朝廷解决许多麻烦。魏安釐王直到那时才知道弟弟信陵君有这等无孔不入的能力。

从此以后，魏安釐王对信陵君有所忌惮，再也不敢把国政全托付给弟弟。他任命跟信陵君关系很差的魏齐为相邦，让军事才能不如信陵君的晋鄙当将军。魏安釐王认为，信陵君虽贤，也为国家殚精竭虑，但他的三千门客以及境外情报网太可怕了，自己没有驾驭这等能臣的魄力与自信。

在后来的邯郸之战中，平原君多次写信向魏安釐王与信陵君求援。魏安釐王宁可派将军晋鄙率兵十万救赵，也不愿派信陵君。后来，他又因畏惧秦国使者的警告而下令让晋鄙按兵不动。信陵君力主救赵，魏安釐王不听。于是，信陵君在侯嬴、如姬、朱亥等人的帮助下完成了"窃符救赵"的壮举。这又触犯了魏安釐王的忌讳。所以，信陵君才客居赵国十年，刚开始还不想出山帮助魏国抵御众人畏惧的秦将蒙骜。

两兄弟重逢时的眼泪未必是假的，但魏安釐王的心病也是真的，并且从未消除。魏安釐王刚开始对河外之战的胜利感到喜出望外。他对信陵君大加褒奖，也乐于看到魏国在诸侯国中的地位因信陵君大大提升。

各诸侯国的宾客为了抓住这块对东方群雄有号召力的招牌，纷纷来大梁拜会信陵君。信陵君对诸侯宾客来者不拒。有人向他呈献兵法，他便把这些兵法合订在一起。这批兵法被人称为《魏公子兵法》。

信陵君爱交朋友，举手投足都是名士风流。他可以不顾贵族们的非议去市井拜访大隐于市的布衣之士，甚至纡尊降贵跟出身低微而有本事的人打成一片，这使得他在列国君臣、百家学者、三军将士、市井小民、乡野村夫中的人气越来越高。时间一长，魏安釐王就感到越来越不舒服。

他意识到，列国宾客对信陵君比对自己这个魏王更加尊敬。要不是信陵君，诸侯恐怕依然不太看得起老是被秦国打的魏国。一想到这点，他的心情便由羡慕转为嫉妒，又由嫉妒转为恨。

晋鄙的门客们对魏安釐王的心态洞若观火，逮着机会就放出流言蜚语。譬如，信陵君在外流亡已经十年了，如今做了魏国上将军，山东列国的将领都愿意听他的号令；诸侯只知道魏国有个信陵君魏无忌，不知道还有个魏王；

信陵君也想趁此机会称王，将大王取而代之；诸侯害怕信陵君的声威和军事才能，正在谋划共同出面拥立他为新的魏王等。

说来说去就是想污蔑信陵君要谋反。魏安釐王不傻，刚开始是不信的。他心里明白，弟弟能力比自己强太多了，是能在赵王身边安插眼线的谍战之王，若真想造反只怕早就得手了。因此起初魏安釐王只是羡慕嫉妒恨，还没有对信陵君失去信任。

但是，秦国又多次施展反间计。访问魏国的秦国使者故意带着贺礼询问被收买的魏国大臣和社会名流，魏公子信陵君是不是已经确定要做魏王了。秦国间谍这一手里应外合非常狠辣，就连信陵君也无可奈何。信陵君的门客情报网也许可以查到秦国间谍们的身份和活动地点，但即使铲除潜伏在大梁的秦国间谍和给秦人做内应的晋鄙门客，他也无法消除反间计的负面影响。因为魏安釐王不是一个意志坚定者，他到底还是中计了。

诸如此类的事件经过秦国潜伏的特工和晋鄙的门客渲染，不断经由魏国情报部门传入魏安釐王的耳朵里。魏安釐王见秦国使者私底下居然不止一次有这样的小动作，再加上自己天天听到的流言蜚语，就信以为真了。兄弟俩之间的裂痕再也无法修补。

当然，魏安釐王还是不敢以叛国谋逆的名义逮捕信陵君及其门客，生怕引发魏国内战。他只是找了个由头解除了信陵君的上将军职位，另外找人接替。在魏安釐王看来，这个做法非常有理有节。可是在信陵君看来，这是天又塌了。信陵君虽然有很大的权势和威望，但对魏国满腔赤诚，对兄长也一片忠心。无论他做什么，都只是想振兴魏国，可魏安釐王还是对他心存猜忌，他便心灰意冷了。

从此以后，信陵君对外宣称自己有病，再也不参与朝会。他不想再去赵国或者其他愿意担起抗秦大业的国家，也不想再呕心沥血地替魏国搜求四方人才。他觉得自己多年来的辛苦付出毫无意义，便把余生用来醉生梦死。信陵君宅在自己府上，与门客通宵达旦地喝最醇的酒，日日夜夜找女人寻欢作乐。

秦将麃公攻打卷县，消灭三万魏军；信陵君的手下败将蒙骜来攻打魏国，夺取两座城池。即便如此，魏安釐王还是不肯找信陵君出来救急，宁可输掉战争，对秦国俯首称臣。信陵君也不愿再替魏国收拾残局了，府邸之外的天下事，他无心再管。就这样过了整整四年，魏国在蝗灾和瘟疫中变得残破时，信陵君也因长期饮酒无度发病身亡。

战国四大公子中最有魅力的政坛"明星"，魏国的谍报之王，汉高祖刘邦最佩服的两个人之一，秦国伐魏的最大绊脚石，在魏国内忧外患最严重的时候黯然落幕。他的三千门客也散了。秦国和魏国之间的间谍战，以魏国一方完败告终。失去了顶梁柱的魏国从此朝着灭亡之道狂奔。

不知是否冥冥之中自有天意，魏安釐王也在这一年去世，跟信陵君前后脚走。魏国大臣们派特使去了咸阳，秦王政放魏太子增回国即位。新魏王就是魏景湣王。当初，秦国在河外之战惨败，秦庄襄王不久后去世，年少的秦王政非常愤怒，想把来咸阳做人质的魏太子增当成罪犯囚禁起来。有人进谏此举会激怒魏安釐王命令指挥五国之师的信陵君猛攻秦国，秦王政这才冷静下来，没有囚禁魏太子增。

魏国和韩国派太子入秦做人质，也算是多年来的政治传统，但秦国并不会因此放弃攻打魏、韩两国。不过，秦国为了在列国扶持亲秦派势力，一般会支持来秦国做人质的魏、韩太子为下一任国君，帮助他们在王位争夺战中战胜在别国做人质的其他王子。得到秦兵护送的太子增顺利回国即位。然而，秦国对他的帮助到此为止，接下来就要趁着魏国王位更替的空当打一仗。

蒙骜横扫魏国二十城，秦国初置东郡

公元前242年，秦将蒙骜率领伐魏之师由三川郡出发，再次踏上了东征之路。他也许会为没能跟信陵君打最后一仗感到惋惜，但这已经不重要了，重要的是他要去完成当年秦相穰侯魏冉没能做到的事——把陶邑（今山东省菏泽市定陶区）跟秦国本土连在一起。

早在几十年前，秦王政的曾祖父秦昭王嬴稷从与秦结盟的宋国那里得到了陶邑，将其封给了自己的舅舅穰侯魏冉。那时的秦国领土位于洛阳以西，跟陶邑隔着西周国、东周国、韩国、魏国。陶邑实际上就是一块飞地。

蒙骜以前率军攻齐时打下的九座城，就是围绕陶邑扩展的。魏冉执政时多次兴兵伐魏，就是想把自己的封地跟秦国本土连成一片，他晚年老是舍近求远地打齐国也是为了扩大封地面积。一代权相魏冉被秦昭王免职后离开了咸阳，最终老死在陶邑，秦国顺势将这块飞地收为郡县。

自从魏冉下台后，秦国采取远交近攻的战略，与远方的齐国修好，主要在相邻的三晋攻城略地。打着打着，秦国打出了三川郡、上党郡、河内郡等地盘，离陶邑这块飞地越来越近。若能征服黄河以南、魏都大梁以北的那一串城邑，陶邑到咸阳的道路就彻底打通了。不仅如此，楚、赵两个最有资格成为秦国大敌的诸侯国将被秦齐联盟彻底切断交往。东西双雄合作断阻南北两强，从根子上断绝山东列国的交往，这是秦国高层想出来的对付合纵的宏伟计划。

眼下信陵君死了，魏安釐王也死了，刚上台的魏景湣王执政经验不足，在咸阳时并没显示出什么明君资质，存在类似主少国疑的危机，秦国自然没有错失良机之理。

蒙骜这次投入了很多军队和粮草辎重，以便占领更多魏国城池。此战的关键在于攻城，秦军携带了足够多的大型攻城器械。魏军若是出城迎战，野战能力极强的秦军正好发挥强项；魏军若是闭门不出，蒙骜就凭借器械之力强攻。

秦军以洛阳、成皋为后援基地，出虎牢关，包围了离卷县和魏长城不远的酸枣（今河南省延津县西南）。此地位于今黄河北岸，在战国时位于黄河南岸。它和附近的其他城池，都算是拱卫大梁"首都圈"的卫星城。

魏军在卷县之战中被消灭了三万人，这个重创让魏国的将帅们记忆犹新。朝中唯一能压制秦将蒙骜的信陵君已死，其他武将没有与秦军正面交手的勇气。魏景湣王只好派出多个使团向列国求援，期盼那些曾经跟叔叔信陵君合作的诸侯能拉自己一把。

韩国自从被蒙骜攻取十三城后更加软弱，唯恐侍奉秦国不周到，更不敢把所剩无几的精锐京师军浪费在胜算极小的抗秦运动上。据楚国权臣春申君黄歇透露，秦国派了一名叫盛桥的大臣去韩国执政，久经沧桑的韩桓惠王不得不夹紧尾巴做王。

赵悼襄王刚即位时就想跟魏国搞好关系，希望能打通平邑（今河南省南乐县东北）、中牟（今河南濮阳市清丰县、南乐县以东，范县以西，据朱本军《战国诸侯疆域形势图考绘》第 243 页）之间的道路。这两座城本是赵城，后来被魏国占领，离廉颇攻取的繁阳非常近，但魏安釐王回绝了赵国的提议。如今魏景湣王告急，赵悼襄王认为这是个跟魏国结交的好机会，就派相邦出使魏国。赵相邦与魏丞相在今河南省内黄县东北一带举行了鲁柯之盟。

赵国虽然综合实力不如秦国，但军队能征善战，又有李牧等良将，流亡在外的老将廉颇也说不定什么时候会回到赵国领兵。然而，蒙骜一点儿都不担心赵国会来救魏，因为赵国正在与燕国打得不可开交，不可能分出一路兵马南下救魏。

自从燕王喜上台后，燕赵两国交恶多年。燕王喜听到使者回报赵国因长平、邯郸两场战争变得虚弱，就萌发了灭赵的野心，想实现燕赵一体化。谁知燕军实力不济，以多打少还被赵军杀得丢盔弃甲。这又反过来激发了赵孝成王、赵悼襄王灭燕的念头。两国在燕赵一体化上达成了共识，至于谁兼并谁，则另当别论。

去年李牧打下燕国大片土地，燕王喜咽不下这口气，就派将军剧辛讨伐赵国，夺回失地。赵国派出老将庞煖迎击剧辛。剧辛本是赵人，曾与庞煖是好朋友，来到燕国后，他先后被燕昭王、燕惠王、燕武成王、燕孝王、燕王喜重用，是战国时代少见的五朝元老。他自认为能轻而易举地拿下老朋友庞煖，替燕国扳回一局。

剧辛万万没想到，庞煖比他印象中要厉害得多。这一仗最终结果是赵国又赢了，燕军被消灭了两万人，燕将剧辛死于这场战争。赵将庞煖以中山之地为后援基地，顺着李牧去年打下的武遂—方城之地，直扑燕国首都，燕军屡战屡败，江山岌岌可危。轻率发动对赵战争的燕王喜这下怕了，不得不向赵国求和。赵国将军庞煖兼有兵家和纵横家的才能，能力跟信陵君有点像。此人是主张合纵抗秦的，在不久的将来会给秦国制造一个大麻烦。

言归正传，由于内无良将、外缺援手，魏国的酸枣城毫无悬念地被秦军攻陷了。蒙骜从赵国手中一次打下三十七城，从韩国手中一口气打下十三城，这次他也想刷新个人拔城最高纪录，打下魏国几十座城来。大梁的北边有一道济水作为其天然屏障，而在济水之北、黄河之南，魏国还有一片密集的城邑群。这些都是蒙骜要攻略的对象。

秦军的下一个目标是酸枣城附近的燕（今河南省延津县东北）。这个"燕"不是燕国，而是魏国的燕县。燕县的附近还有虚（今河南封丘县北）、桃人（今河南省长垣市）等城。这三座城往北不远就是黄河上的著名渡口宿胥口和白马津。魏国在这里集中修筑城池，就是为了控制住这两个连接黄河南北两岸的渡口要津，保持大梁与河内联系畅通。

上回赵军响应信陵君的号召赶赴河外战场，就是由这里南渡黄河，与信陵君指挥的大梁魏军会合。如果丢失这两个渡口和三座城池，魏赵联盟想要保持密切联系就更难了。这对组织合纵联军非常不利。

蒙骜留下部分人马镇守酸枣城，同时又分兵封锁了大梁通往燕、虚、桃人三城的道路。秦军阻援部队沿着济水与濮水布防，假如大梁魏军北上救援，至少要渡过济水。《孙子兵法》里的一条基本作战原则是"半渡而击"，意思就是趁着敌军一半人已上岸、一半人还在渡河的时候发起攻击。因为渡河作战容易造成行军次序混乱，上岸的一半军队如果不能尽快展开阵型，就容易遭到对方的攻击。而还在渡河的另一半军队不能踏浪而来，无法增援上岸的同袍。两部人马首尾不能相顾，容易被打得全军覆灭。

由于忌惮秦军的兵威，魏景湣王派出的援军不敢正面应战，只是在大梁附近重兵戒备，防止秦军突然调头南下包围大梁。这种现象已经发生过许多次。魏景湣王他父亲魏安釐王即位的第一年就遇到秦军战神白起攻城，第二年又被秦相穰侯率军兵临大梁城下，增援大梁的韩军被打得屁滚尿流，魏国不得不割地求和。信陵君也是因为受到这些刺激才愤而搜求人才、学习兵法的。魏景湣王的恐惧比当年父亲和叔叔的只多不少。

好在这一次蒙骜对大梁没兴趣，只是想夺取黄河沿岸的城池。酸枣和燕、虚、桃人等城池原本可以互为掎角，通过节节抵抗来消耗秦军实力。可是魏国各城的守将畏敌如虎，又缺乏信陵君这样的军事家统一指挥调度，就变成了各自为战的局面，结果被兵力雄厚的秦军各个击破。秦军把魏赵之间的几个主要渡口提前控制住了，即使赵国现在出兵南下，赵军想要打到黄河南岸也有较大难度。

其实，魏景湣王手上也不是没有良将可用。从赵国流亡到大梁的老将廉颇具有丰富的对秦作战经验，跟蒙骜对决未必会败。可是魏王君臣并不信任他，廉颇主动请缨不被准许，提的建议也不被采纳，只能干着急，生闷气。廉颇越来越希望重返赵国政坛，可是只有赵悼襄王亲自召唤他回去才有转圜的余地。当然，魏国人不关心这个，他们此刻都在为谁能拯救魏国而烦恼。

蒙骜在黄河南岸一口气攻占了十几座城池。他见魏军不堪一击，便率主力部队北渡黄河，攻打魏河内郡的山阳城（今河南省沁阳市至嘉获县一带）。秦军的进攻重心开始向黄河北岸转移，新得的黄河渡口大大提高了秦军的运输效率。在攻取山阳城后，蒙骜还筹划着把魏国夺回的汲县重新打下来，若是条件成熟就顺势把整个魏河内郡都吞并，让秦河内郡直接跟赵国邯郸南边的赵长城接壤。

不过，这个作战构想没能实现。因为战局发生了新的变化，让蒙骜不得不再次把主力部队带回黄河南岸。齐国、韩国不愿意救，赵国抽不出手，战局对魏国越发不利。魏国唯一能求助的只剩下南方的楚国。楚国应邀加入战团，给魏景湣王君臣带来了一线希望。

自从被秦国打得迁都淮北后，楚国几乎再没有跟秦国单独交锋过。每次交手必是楚国看准时机加入合纵。这是楚相春申君黄歇的计谋。春申君在邯郸之战与河外之战中带兵参与攻秦，取得了两战两捷的成绩。依照他的策略，楚军只能是合纵联军的主力之一，而不能成为带头跟秦军死磕的主导者。

春申君刚开始看到老友信陵君因沉溺酒色而终，赵将廉颇不被魏国重用，就判断诸侯难以齐心协力抗秦，楚国不能冒头跟秦国争锋。但是他看清蒙骜的战略意图后，不愿楚国与赵国等山东强国的联系中断。更重要的是，秦国夺取这一大片土地后，对位于淮北的楚国首都威胁一下子变大了。楚国不能不有所应对，于是集结兵马北上，想要跟魏国联手阻止秦军继续扩大战果。

蒙骜听闻楚军北上，便调头向南疾行，抢在楚军之前来到了魏都大梁东南的重镇雍丘（河南省开封市杞县的雍丘故城）下。雍丘曾经是春秋时杞国的国都，"杞人忧天"的笑话就发生在这个地方。雍丘是一座周长四千五百米的大城，堪称大梁东南方向的门户。秦军包围雍丘城，正好卡住了大梁魏军和楚军会师的最佳地点。这就尴尬了！

准备与楚军会合的大梁魏军吓得赶紧缩回了城中。楚军不想跟秦军正面交锋，只是远远地构筑壁垒看着蒙骜大军猛攻雍丘。这些年魏国打的窝囊仗太多了，全军上下的士气都很低落，各城池之间很少积极救援友军，生怕自己招惹秦兵来攻。倒霉的雍丘守军觉得死扛下去也不会得到有效救援，就没什么心思抵抗了。雍丘的投降让秦军在魏国腹地更加横行无阻。

楚军见救援无望，便向国内撤退。蒙骜乘胜追击，想给楚国一个教训。眼看秦军逼近楚魏边境，春申君急忙调集重兵层层保卫楚国旧都陈县（今河南省周口市淮阳区）。蒙骜当然没有头昏到直接发兵击楚。他很清楚，楚军在主场作战，兵力和物力占据绝对优势，再加上楚人对原先的首都有特殊感情，肯定会殊死抵抗。

于是，蒙骜在即将靠近陈县时突然兵锋一转，包围了离楚国最近的魏国边城长平。这个"长平"不是秦赵长平大战的那个长平（今山西省高平市西北），而在今河南省周口市西华县东北。从这里往东走几十里就是郢陈。大梁反而离这座边城很远。秦军在攻打魏长平时故意搞得声势浩大，楚国淮北军民被吓得不轻，眼睁睁地看着秦军破城后北返才松了一口气。

长平的陷落为蒙骜这次攻势画上了句号。秦军在黄河南北两岸转战了数百里，已经很疲劳了。蒙骜审时度势，决定结束这场战争。秦军在此战中一共攻克魏国二十城，在此基础上设置了东郡，伐魏之师屯驻在此，准备来年渡过濮水，打通去陶邑的路。蒙骜当初向秦王政提出的大战略就快完成，只差一点儿就能把陶邑和东郡连成一片了。只要秦国能保住这四年来的征战成果，山东诸侯就无法再组建五国之师或六国之师合纵攻秦了。

可是这一年冬天打起了雷，这种正常的天气现象在古人眼中是个不祥的预兆。有句俗语是："冬雷震动，万物不成，虫不藏，常兵起。"从结果来看，这场冬雷还真应验在了战乱上。秦国拔魏二十城的战争结束了，但赵国想发动的战争才刚刚开始。

诸侯最后一次合纵攻秦，齐卫两国倒大霉

自秦王政即位以来，战国七雄互相攻伐，疆域和实力此消彼长。位列冠军的还是秦国，第二是同样积极对外扩张的赵国，第三是平时不生事但关键时刻会咬北方诸侯一口的楚国。其中，秦国先后击败了赵、魏、韩等国，胜率最高。赵国击败了燕、魏两国，胜率次之。所以，秦赵双雄的矛盾还是不可避免地激化了。

赵国打赢了伐燕之战，消灭了燕军精锐，扩张了领土，打得燕王喜连连求饶，收获非常大。可是，赵悼襄王和满朝文武一对比秦国的战果，觉得还是亏了。秦国有二十座城进账，增加了一个郡的地盘，韩、魏对秦俯首称臣，

齐国跟秦国是多年盟友。也就是说，秦国已经初步控制了韩、魏、齐三国。这对山东列国阵营整体不利，也不是赵国想看到的局面。

为了扭转不利形势，赵国积极开展外交，对燕国施以武力威慑，对实力较强的楚国积极示好，同时利用齐国朝野普遍厌战的情绪设法使其保持谁都不帮的中立姿态。光是这样还不够，伐燕功臣庞煖认为，必须在秦国巩固东郡地盘之前重启合纵，借诸侯之力收复被秦国夺取的失地，甚至完成信陵君未能实现的心愿——攻入函谷关。

最后一次合纵，诸侯各怀心思

赵悼襄王思考再三，终于采纳了庞煖的计谋。赵国跟秦国有血海深仇，但他即位以来跟秦国的关系还不错。秦国本来是要联燕攻赵的，后来突然转变了立场，默许赵国攻燕。秦赵各打各的，本来皆大欢喜，可赵国这些年太顺了，赵悼襄王的内心不免开始膨胀，产生了取代秦国做天下第一强的念头。他因此疏远了亲秦派大臣，选择支持以庞煖为代表的抗秦派大臣。

于是，赵将庞煖发挥其纵横家的才能，四处游说诸侯。各国听了他的计划后都反复权衡其中利弊。唯一能让东方诸侯心悦诚服团结起来的信陵君已经去世，这个赵将庞煖是否可靠，各国君臣不是没有疑问。可是秦兵这些年越打越凶，许多诸侯都深感不安。

自秦王政即位以来，魏国和韩国的损失最为惨痛，土地、人口和财富大幅度缩水，良将锐卒消耗殆尽。韩国的实力仅相当于秦国的一个郡。魏国在黄河沿岸被硬生生撕下一大块肉，与赵国接壤的地方一下子少了许多。秦国初设的东郡，对魏都大梁和韩都新郑形成了泰山压顶的威慑力。谁也不确定秦国下一次会不会出兵直接包围两国首都，发动灭国之战。

魏景湣王在咸阳做过人质，对秦国的富强有直观的感受，对秦王政君臣的作风和能力也颇为熟悉。在秦国的扶持下，他战胜了有诸侯做后盾的其他王子，顺利登上王位。可秦国翻脸无情，在他刚即位就夺走了二十座城。对一个国王来说，秦军在大梁周边随意来去的景象实在太可怕了。

鲁柯之盟为赵魏合作打下了良好的基础。庞煖充分利用了魏景湣王的恐惧情绪，让魏国上下决心跟着赵国赌一次国运。魏景湣王知道自己手下没有良将，又不敢任用客居大梁的赵国老将廉颇，这次只能给赵人打下手，没法像前两次那样争当合纵的主心骨。他咬咬牙，集中了国内不少魏武卒，听赵将庞煖的号令行事。

合纵联军想要越过秦三川郡打到函谷关，必须解决后勤问题。函谷关与最近的韩魏国都相距七八百里。诸侯每次合纵都要集结数十万大军，粮草物资消耗远超十万之师。如果韩国不加入合纵的话，诸侯之师不得不从更远的地方准备后勤运输。为此，赵国使团又去新郑拜会韩桓惠王。

生存在列强夹缝中的韩国以反复无常著称，时而加入合纵做抗秦的马前卒，时而反水加入连横成为秦攻诸侯的急先锋。在韩人自己看来，这是无可厚非的，因为天堂太远，虎狼秦国太近。每次秦师东征无论打谁，几乎都要经过韩国的地盘，韩国的官道上常能见到秦军战车的车辙和马蹄印。每次秦师借韩道进军大梁，韩国的物价就会飞涨。当然，诸侯联军借韩道也会造成这种局面。此事一直让韩桓惠王君臣很头痛。

韩桓惠王在位三十二年，见证了秦赵双雄几十年的争霸历程。先是赵国在阏与之战大破秦师，后是秦国在华阳之战、长平之战痛歼赵师，还见过两次合纵联军败秦。他发现韩国独自对秦国时只能装可怜，丢失的地盘太多了，给秦国当"小弟"也赚不回本。秦国吃肉，韩国只能喝点稀汤。倒是每次依附赵魏联盟合纵攻秦取胜时都会大有收获，连丢掉的地盘都有望收回一部分。所以，韩桓惠王见赵魏结为合纵同盟，便由秦国的"小弟"倒戈为赵国的"小弟"。他就盼着再来一场几年前那样的胜利，趁机夺回被蒙骜攻占的十三座城和得而复失的上党郡。

除了魏、韩两国外，秦国新设的东郡还让一个小诸侯国坐立不安，它就是卫国。这卫国在春秋时也是一个大国，后来不断衰弱，在战国时代由"卫公"

贬为"卫侯",再由"卫侯"贬为"卫君"。此时的卫国地盘小得可怜,只剩下国都濮阳(今河南省濮阳市)。卫国长期作为魏国的附庸,经常被天下人遗忘,但秦国不会忘记。因为曾经打得秦国束手无策的兵家亚圣吴起、变法强秦的商鞅和文信侯吕不韦都是卫国人。濮阳是吕不韦的老家,吕相邦权倾朝野,秦国高层自然对卫国抱有一定的尊重,但卫元君并不是亲秦派。

卫元君是卫嗣君之子、卫怀君之弟。卫怀君去朝见魏安釐王时不知为何得罪了魏国,被囚禁后遭到杀害。魏安釐王就把卫怀君的弟弟更立为卫国国君。若非如此,只怕卫元君一辈子都坐不上这个位置。这使得卫元君成为魏国的死忠粉,唯魏王马首是瞻,魏景湣王要参与攻秦,他也派兵跟着去。

眼下卫都濮阳与赵、魏和秦东郡都接壤,恰好处于北方诸侯进入魏国境内的必经之路。卫国追随魏国加入合纵,对庞煖的合纵大计自然是非常有利的。但庞煖和其他参与合纵的国家都不太看得起这个小诸侯。赵国后来对这场战争的记录中丝毫没提到卫国,反倒是秦国方面把卫国军队参战当回事记了下来。唉,小国在战乱之世就是没地位。

比起小小的卫国,赵将庞煖更看重楚国、燕国和齐国的力量。在这三个国家中,最难缠的是燕国,最好搞定的也是燕国。

赵国上下几乎没有人不讨厌燕国现在的国君燕王喜:正是此人打破了燕赵长久以来的盟友关系,屡次给赵国找麻烦。尽管每次都会被赵国打一顿,但只要看到秦赵双雄相争,燕国就会在赵国背后寻衅插刀。赵国君臣对此十分恼火,你说志在兼并天下的强秦搞远交近攻战略就算了,一个经不起打的弱国怎么也来这套?赵悼襄王君臣宁可暂时放下血仇跟秦国讲和,也要把燕国往死里打。一是为了夺取土地、人口、财富,二是不把燕王喜打服,赵国没法专心开拓中原霸业。

燕国被赵国打得毫无还手之力,朝野上下颇有怨气。庞煖在去年的战争中杀死燕将剧辛,给燕王喜造成了很大的打击。燕王喜当年伐赵是因为听了出使邯郸的大将栗腹的建议,这次是听了剧辛的建议,两场战争都偷鸡不成蚀把米。事实证明，燕军虽然有精良的钢铁兵器和东胡骏马，但完全不是赵军的对手。

燕王喜曾经想通过跟秦国结盟来顶住赵国犀利的进攻。做过秦丞相的纲成君蔡泽是燕人，基于这层关系，他替秦王政出使燕国，积极促成秦燕联盟。燕王喜还用河间地的城池收买秦国权相吕不韦。吕不韦答应派秦将张唐来燕国做丞相，燕王喜一度还很高兴。张唐是秦昭王后期的悍将，曾经多次攻赵。赵人与他不共戴天，还放话说能抓获张唐的人奖赏一百里封地。所以，张唐一定会全力帮助燕国对抗赵国。

可是燕王喜万万没想到，张唐不想入燕，吕相邦去劝也劝不动。当时才十二岁的少年谋士甘罗为了替将军张唐解围便拆散了秦燕同盟，说服吕相邦把燕国派来的人质退回去，又跟刚刚即位的赵悼襄王串通起来合伙欺负燕国。到头来，燕王喜不仅失去了秦国外援，白送吕不韦城池，还被赵、秦瓜分了上谷郡三十城。

既然秦国不救燕，燕国又抵挡不住赵军的铁蹄，那么就只剩下投降一途了。战败国被战胜国要求做这做那，也是没办法的事。庞煖要求燕国派出精锐之师一同参与伐秦，燕王喜当然不敢不答应。庞煖知道燕国虽不像韩国那样反复无常，但对赵国并不真的心服，只是迫于形势。燕王喜君臣骨子里还是想找机会依附最强的秦国。

仔细想想，燕国跟秦国本土没接壤，实际的利益冲突不多，燕赵之间的历史恩怨比燕秦之间的多。最重要的是，燕国在其他方向的扩张已经到了极限，唯有朝赵国和齐国的方向夺取地盘。齐国是秦国的盟友，而且当年燕齐大战给燕国留下了沉重的心理阴影，不想再重蹈覆辙。赵国虽强，但在燕王喜看来，燕国跟着秦国夹击赵国还是有胜算的。所以，燕军这次按照赵将庞煖的要求出兵了，与赵军一同南下进入魏国境内。假如诸侯真能打垮秦国，燕国就分一杯羹；若是合纵联军作战不利，燕国就顺势跟秦国重新结盟。

庞煖并非不清楚燕人的小心思。他把燕军拉下水，也是想避免燕王喜在联军攻秦时突然在赵国背后插一刀。庞煖认为，前两次合纵成功的关键是三晋与楚国同心协力，对战斗力较弱的燕军不能抱太大希望。如他所料，赵国使团跟楚国权相春申君的谈判很顺利。

春申君黄歇在楚国已经做了二十二年权臣。当初楚考烈王到秦国做人质，是他陪着一起在咸阳生活。先王病危时，又是他说服秦昭王君臣放太子回国，否则楚考烈王未必能顺利登基。所以，楚考烈王一上台就把国政托付给他。春申君出将入相，掌握着楚国的军政大权，又凭借三千门客把权势延伸到了各个地方。楚国各大贵族世家没人能与他争权。

在春申君的领导下，楚国灵活地与其他六国交往，不到非合纵不可时，就跟秦国保持面上和睦。别看楚国几次帮助魏、韩、赵，实际上对中原腹地也有自己的野心。早在春秋时代，身为南方诸侯之首的楚国就多次北伐中原，跟以晋、齐为代表的北方诸侯多次发生大战。这种由来已久的南北矛盾直到秦国崛起之前都是战国七雄斗争的主旋律。

在合纵连横的斗争中，魏、韩两国攻秦的时候往往保存实力，伐楚则常常下狠手。这主要是因为占据江淮平原的楚国想北进，而位居华北平原南部的魏、韩两国想夺取江淮平原。双方最想得到的地盘都在对方那里。于是，楚与魏、韩两国在战国时代的交锋非常频繁。后来，楚国被秦国打败，楚顷襄王把首都从江汉平原迁徙到了淮北。如此一来，楚、魏、韩三国的"首都圈"挤在了一个区位。楚国向中原扩张的动力更迫切了，只不过强秦东出打乱了其节奏。

秦国初置东郡，把楚国梦寐以求的黄河南岸地盘给夺走大半，又在攻魏时对楚国淮北边城施加军事威慑，这让楚国君臣的危机感空前加深。春申君和楚考烈王都感到位于淮北的首都不安全，没什么大山大河的天险做屏障。秦军若是迫使魏、韩投降，从东郡发兵南下击楚国的淮北地，后果不堪设想。想当初，楚国丢失南阳盆地，就是秦、韩、魏三国夹攻的结果。春申君自然不希望重蹈覆辙。

信陵君虽死，但本次合纵不得不为。春申君意识到山东列国这次要是不合作，以后就再也合作不起来了。趁着秦国在东郡立足未稳，把秦军压回函谷关内，帮助魏、韩夺回失地，才能让秦国兵锋离楚国"首都圈"更远。至于楚国与魏、韩的潜在矛盾，以后再说。

赵将庞煖知道楚人一贯自视甚高，觉得自己跟北方诸侯不一样，便提议让楚考烈王担任这次合纵的纵约长（同盟盟主）。这让楚考烈王和春申君感到大楚在北方各国面前很有面子。于是，楚国加入了庞煖组织的合纵同盟，并且投入了大量精兵强将。

庞煖还尝试说服齐国一同攻秦。可是齐国多年不打仗，齐王建做惯了太平天子，很讨厌打打杀杀。齐国丞相后胜是个亲秦派，多次建议齐王建率领使团去朝见秦王政。赵国特使的提议，自然不被采纳。不过从表面上看，参与这次对秦战争的力量已经够强大了。庞煖组织起赵、魏、韩、楚、燕五国联军，理论上可动员的兵力总数是秦国的好几倍。卫国由于地小兵少，派出的部队没被庞煖放在单独的序列。

五国加入合纵联盟，不日将派出精锐之师赶赴河外集结。这个消息早就在庞煖四处奔走时传入咸阳。秦国派驻各国的外交官和间谍们未能以外交手段挫败赵将庞煖的计划，这场危机只能以军事手段来解决。老将蒙骜报一箭之仇的机会终于来了。

秦军诱敌深入，五国之师功败垂成

楚考烈王是纵约长，但实际指挥五国之师的还是本次合纵的发起人庞煖。历次合纵的难度首先在于集结兵力。楚、魏、韩三国的"首都圈"都在黄河以南，三方兵马会合比较容易。燕、赵首都在黄河以北，赵国首都邯郸还算近，但燕国首都差不多在华北平原的北端，燕军南下路程最远，沿途消耗的物资最多。好在本次合纵的主心骨是赵军和楚军，两者分别是战国晚期的第二强和第三强，燕军弱一点儿也没什么关系。

南方的楚军也从淮北大举北上，途中经过长平城与雍丘城。楚国即使丢失了长江中游的半壁江山，依然是个万乘大国，和秦赵双雄一样有征发数十万大军的能力。守城的秦将看着首尾连绵几十里的楚军从城外经过，不禁倒吸一口冷气，立即下令全城高度警戒。

北方的燕赵之师绕开了秦军把守的黄河渡口，在渡过黄河后取道卫国濮阳进入魏国边境。卫国为燕赵之师提供了补给。濮阳的西南方不远就是秦国东郡的桃人、燕、虚三城，这里驻扎了由一部分伐魏之师转化而来的秦东郡军。刚成立不久的东郡还不到后来秦朝东郡的一半大，秦东郡军的数万人马跟燕赵之师相比处于劣势。

魏、韩两国各地的兵马陆续向大梁集结，魏韩之师与濮阳方向的燕赵之师对秦东郡形成了南北夹击的局面。再加上数量庞大的楚军，五国之师的兵力达数十万人，已经超过了秦国在函谷关以东所有军队的总和。秦东郡军意识到敌众我寡，就趁着诸侯联军还没会合往西撤退到三川郡，想和三川郡军一同凭借成皋、荥阳和虎牢关据守。秦河内郡军也提防着敌联军突然北渡黄河，以河东郡军与上党郡军为后援准备应战。

由于参战的国家多，协调、管理起来复杂，五国之师在会合后花了较长的时间整顿兵马。各军将领召开作战会议，庞煖的想法是：像信陵君一样在河外战场与秦军交战，用优势兵力击退秦军，然后追击到函谷关。魏、卫、韩、楚会最大限度地为联军提供后勤保障，争取把函谷关外的秦军击溃，吞并秦三川郡和东郡，把秦军彻底封锁在关内不得东出。

三川郡和东郡原本是韩、魏两国的地盘，所以韩国和魏国对本次联合作战抱有很高的热情。假如这个作战意图能顺利实现，联军还可以帮楚国攻取秦国的南阳郡，也就是原先的楚国宛郡。总之，五国之师的目标是要迫使秦国把这些年吞下去的地盘都吐出来。

六年前河外之战的局面眼看着将要重演了，但与上次不同的是，这一次的秦军不是那个轻敌冒进的疲惫之师，合纵联军也不是仓促之间集合起来的救亡之师。五国之师的数量占据明显优势，但秦军的战斗力强于任何一国军队，正面交战的胜负结果难料。庞煖原以为此战注定是一场硬碰硬的较量。谁知秦国这次没按套路出牌，比平时胆怯了许多。

秦军总指挥还是劳模老将蒙骜，他以风卷残云的凌厉攻势著称。可是五国之师在河外摆开架势时，蒙骜没有像往常一样对攻，反而以守势待敌。庞煖知道，数十万兵马的吃喝拉撒非常耗费财力，韩、魏两国的物价正在飞涨。合纵联军长时间暴师于外，很可能会因为后勤供应困难而变得四分五裂，必须速战速决才能保持联军的凝聚力。他选择主动进攻，指挥大军杀向虎牢关。

五国之师初战时士气正盛，攻势十分猛烈。各国军队的技战术各有千秋，赵军以"胡服骑射"见长，楚军轻锐劲健进退如风，燕军长于防守而短于进攻，魏军与韩军以重装步兵为战术核心。庞煖以韩军和魏军的重装步兵为攻打要塞的先锋。这两个国家的士兵为了夺回以前丢掉的地盘，非常卖力。经过连番激战，以耐苦战闻名天下的秦军竟然渐渐露出了败象，最终让联军破关而入。

秦军主力部队且战且退，联军步步进逼，双方多次交手，一路上尸横遍野，到处是秦军丢弃的物资。沿途各县的秦国守军都闭门不出，唯恐激怒五国之师以重兵围城。联军偶尔分兵攻城，会遭到顽强的抵抗，无法速战速决，但各城之外的官道、田野、山林都处于联军的控制下。秦三川郡各县被数十万联军分割包围了！秦东郡军和三川郡军合兵后依然处于劣势，只得继续往函谷关撤退。

有些将领让手下的士兵抢夺秦军丢弃的财物，有些将领急于攻城抢地盘，但都被赵将庞煖制止了。他下令不要跟秦人争夺一城一地，继续追击败退的秦军。各军在追击时不得一味求快，务必派出斥候、尖兵反复探查前方道路是否有伏兵，以免遭到秦军伏击。

庞煖知道此战的关键不在于攻克多少城，而在于能消灭多少关外秦军。若能斩首二三万人，秦东郡军或三川郡军将受到重创；若能击杀及俘虏七八万人，秦国关外主力军就所剩无几了。到那时，秦三川郡和东郡各城都会望风投降，这样才能真正把秦国封锁在函谷关内。关外秦军一路退，联军一路追。双方像上次一样来到函谷关前。

函谷关是连接关中与中原的咽喉之地。秦函谷关设于秦孝公时，位于崤山涧谷的出口，因其深险如函而被称为函谷。汇入黄河的弘农涧河从函谷关东边流过，是一个天然的屏障。中原方向来的军队必须渡过当时水量远大于今天的弘农涧河，才能够得着函谷关。函谷关的关城东西长十五里，城墙背后的崤函古道仅能容下一辆马车通行。由于函谷关地势险要，拥有优势兵力的一方会受到限制。故而六国之兵在这里吃过多次败仗。

这座雄关固然很难攻克，却也不是不可战胜。当年四大公子之一的齐国权臣孟尝君，曾经率领齐、韩、魏三国联军攻入函谷关，与秦国鏖战三年，迫使秦昭王割地求和。不过，当时秦国还没有三川郡，河外之地大多属于韩国、魏国、西周国、东周国。孟尝君的三国之师主要靠两周国的粮草供养，后勤补给线比较短，故而能长期屯兵、持久攻关。两周国也因三年战争被榨干，很久都没恢复过来。

这一次，两周国之地早已成为秦三川郡的地盘，五国之师没法由此征粮，主要靠韩、魏"首都圈"向西边长途运输物资。合纵联军没法像孟尝君那样花三年时间打仗。但庞煖不愿像上次信陵君那样放弃攻打函谷关，还是下令强攻。如果合纵联军在这里停下脚步，实际上没什么成果。

函谷关的攻防战打得很血腥。五国之师在庞煖的指挥下轮流出击，用车轮战消耗函谷关秦军的体力。由于崤函古道仅能容一车通行，关中秦军增援函谷关要塞的时候也无法一次投入太多兵力。攻守双方真正能正面接战的人数相对有限，所以战斗通常会打得费时费力。谁家士兵的单兵战力和小团队战力强，谁就有更多取胜的可能。

庞煖让五国将军各自挑选勇武之士，以丰厚的奖赏激励他们舍生忘死地战斗。数十万五国之师百里挑一，也能选拔出数千精兵。这一回，秦军居然被压制住了，函谷关城失陷了，从东郡和三川郡撤下来的秦军不得不退守关中。这次胜利大大鼓舞了合纵联军，五国将军对战事感到前所未有的乐观，巴不得早一点儿杀入关中，打秦国一顿。

由于崤函古道狭窄，五国之师花了较长时间才全部通过崤函古道，踏入关中平原。为了确保联军退路的安全，经验老到的庞煖一路上留下不少兵马控制交通要道和监视沿途的秦城。数十万大军分布在近千里的战线上，真正深入秦国腹地的兵力大大减少。作为联军主帅，庞煖还是保持了足够的清醒，努力确保战争的主动权抓在自己手中。

五国之师沿着渭水南岸西行，越过了西岳华山和一些城池，企图寻找秦军主力进行决战。各城的秦军也没有怎么抵抗，以至于联军的先锋部队竟然一口气冲到了骊山附近。这可是连当年孟尝君都没有做到的盛举。在咸阳秦军的接应下，关外秦军终于不再西逃了，凭借渭水的支流灞水与五国之师对峙。关中各地的兵马也正在陆续向咸阳集结，战争的阴影笼罩着渭水南岸。

从表面上看，庞煖指挥五国之师从河外攻入关中平原东部，是山东列国少有的成绩，但是合纵联军已经不知不觉中了蒙骜的诱敌深入之计。

蒙骜的意图就是把五国之师放进来打，不再只是将敌人挡在国门之外。如果把战场放在河外，秦国就得从关中不断向三川郡和东郡前线千里运粮。此番退守关中，秦军的后勤补给线大大缩短，在"首都圈"就近征发兵员也更为便利。而五国之师的后勤补给线一下子延长了上千里。双方实力此消彼长，对秦军越来越有利。合纵联军若是不能速战速决，赶在粮草物资吃紧之前击败秦军主力，将陷入进退维谷的困境。

为了吸引秦军主力决战，庞煖命令联军中的韩、魏（包括依附于魏的卫军）、赵、楚之师攻占了秦国的寿陵（今陕西省西安市临潼区东北骊山）。燕军没有参与进攻，只负责替诸侯之师警戒秦军动向。寿陵是秦王政的爷爷秦孝文王的陵寝，后来华阳太后也葬在那里。这个消息让秦国宗室贵戚炸毛了，纷纷要求领兵的将军们必须把合纵联军杀个片甲不留。前线的秦军将士们自然也是愤愤不平，但在严明的号令下只能忍住擅自行动的冲动。

联军士兵们感到扬眉吐气，庞煖却有些不安。别人以为蒙骜是被上次合纵打怕了，这些年都是欺软怕硬。但庞煖身为赵国老将，还记得秦军在长平大战时也是一度连连败退，表现出不敢再战的样子，结果大家都知道，四十多万赵军中了埋伏，最终全军覆灭，赵国差点儿被灭国。他开始担心蒙骜采用了和白起同样的计谋。可是联军已经打到了这里，只能奋勇向前，至少要迫使秦国主动求和。

庞煖见攻取寿陵未能激怒秦军来战，又指挥赵、楚、魏、燕四国的精锐部队攻打蕞城，韩军接替燕军负责阻援。蕞城在今陕西省西安市临潼区新丰街道一带，跟寿陵相邻。多年之后，西楚霸王项羽的四十万诸侯联军也驻扎在这一带，跟还没称帝的汉高祖刘邦唱了一出鸿门宴。这是后话了。

只要能拿下蕞城，数十万合纵联军就没有了后顾之忧，可以继续向咸阳方向挺进。庞煖让众将士拿出此前突破函谷关的气魄来。可是，结果出乎联军众将的预料，背靠骊山的蕞城抵抗异常激烈。虽然蕞城秦军付出了不小的伤亡，但合纵联军硬是久攻不下，原本昂扬饱满的士气也变得急躁。时间一点一点过去，赵、楚、魏、燕的主攻部队越打越没脾气。

蒙骜判断决战的时机到了。他指挥以逸待劳的秦军主力发起反击，负责阻援的韩军先溃败了，围城的四国之师也被打得措手不及，只得往函谷关方向后撤。庞煖本来想收拢败兵稳住阵脚，可惜来不及了。

合纵联军一贯是只能打顺风仗，一旦失利就会树倒猢狲散。庞煖亲自率领的赵军还想跟秦军决一死战，可是韩军、魏军害怕再被蒙骜全歼，发挥了自己善于跑路的特长。卫军跟着魏军一起逃亡了，燕军则选择跟秦军讲和。楚军见诸侯溃败，只好赶紧撤退，力争要比三晋跑得快，才不会沦为秦军首要的追杀对象。庞煖见合纵联军兵败如山倒，只得率领赵军奋力突围。

蒙骜指挥秦军趁势掩杀，取得了大量战果。为了避免敌军做困兽斗，他只是稳健地追击，咬住敌军的尾巴。各国士兵为了争夺出关的道路而自相残杀，好不容易才逃出函谷关。庞煖还想再尝试收拢残兵再战，可惜各军已丧失斗志，仓皇往自家国境逃亡。咸阳秦军出关追击，秦三川郡和东郡的城池纷纷响应，消灭了无数合纵联军的残兵败将。此战最终以秦军大胜告终，蒙骜终于完成了自己击败合纵联军复仇的夙愿。

赵秦双雄各寻出气筒，齐卫两国遭受兵灾

山东列国的最后一次合纵彻底失败。韩、魏两国非但没有实现收复失地的愿望，军力反而更加衰弱。秦、燕两国在战后重新恢复盟友关系，在各自的国史中不再提这次军事冲突，一起对付赵国。秦国此后屡次从太原郡派兵穿越太行山，攻打靠近燕国的赵国边城。楚军做了一次赔本买卖，楚考烈王气急败坏，把战败的责任归咎于春申君。春申君在门客的建议下，把楚国首都从钜阳（今安徽省太和县宫集镇钜阳村）迁到了寿春（今安徽省淮南市寿县），新首都按照楚国习惯依然叫"郢"。一度被楚考烈王疏远的春申君重新获得重用，继续保持着权臣地位。

在庞煖的努力下，赵军的损失虽然不小，但主力还是保全下来了。赵国只是败了一局，没有伤元气，也没丢失土地，不像其他诸侯国那么糟糕，依然保持着天下第二强的地位。赵国这些年本来跟秦国维持着表面上的和睦，在庞煖力主之下才牵头组织合纵攻秦。庞煖将这场失败视为奇耻大辱，他越想越气，感到愧对赵悼襄王，于是又谋划起了新的战争，讨伐对象是不肯加入合纵的齐国。

齐国曾经差点儿灭亡，在奇迹般地复国后，这个国家从上到下都特别厌战。齐国由主和派执政，对远方的秦国态度恭顺却又不失尊严，对其他诸侯国也是尽可能搞好关系。只要不打仗，一切都好商量，特别是做生意。然而，战国大争之世就是不讲理。你想偏安一隅，听听稷下学宫的百家争鸣，倒是可以实现，但要完全跟战争绝缘，是根本不可能的。你不想打别人，别人想打你。齐国离最好战的秦国很远，但是离第二好战的赵国很近，也是个悲剧。

赵将庞煖重新整顿兵马，并从赵悼襄王那里要来了更多军队。他率军渡过黄河，直扑齐国北部的重镇饶安（今河北省沧州市盐山县西南的千童镇）。"饶安"这个名字取的是"其地丰饶，可以安人"的意思。这片平坦肥沃的土地，位于河北省与山东省的交界处，又是河北省沧州市、山东省德州市、山东省滨州市的中心地带，故而被后世称为"冀鲁枢纽"和"京津门户"。

饶安在当时是齐、燕两国之间的一大交通枢纽，对齐国北部边疆的稳定十分重要。赵军若是攻克饶安，不仅仅是得到了一座城，以饶安城为中心，可以控制从黄河到渤海之间的大片平原。庞煖打饶安的深层用意是切断燕国和齐国的联系，进一步将燕国孤立起来，为今后兼并燕地做充分的准备。

这场战争的胜负从赵军发兵时就已经注定了。齐国理论上有动员数十万人参战的能力，具备打造大量坚甲利兵的财力，也不缺供养大军的粮草。可是，齐国承平日久，军队多年不打仗，上至将军下至士兵都空有武艺而缺少实战经验。论单兵格斗能力，推崇格斗技击之术的齐军士兵还是挺能打的。可大规模战争依靠的是集体协同作战，个人武艺再高强也起不了决定性作用。

在以平原地形为主的饶安战场上，赵军充分发挥了胡服骑兵的机动优势，打得齐军战车兵和骑兵毫无还手之力。赵军步兵攻城时声势浩大，动作凌厉，把多年不打仗见血的齐军士兵吓住了。庞煖及其部下们正因为合纵攻秦失败而一肚子火，于是把这股怨气都撒在了齐人身上。恐惧情绪像瘟疫一样在齐军中传播。直到饶安城被攻破，齐军都未能从恐惧中振作起来……

如果从实际收益来看，赵国的领土增加了，也算有收获，但这次合纵失败对山东列国造成了巨大的负面影响，加剧了诸侯之间的矛盾。赵国放弃了当东方诸侯领袖的念头，转而加大了对燕、齐、魏等国的攻击力度。魏国在秦、赵两国的压力下，逐渐倒向了秦国。楚国对北方诸侯失去了信任。韩国在战败后只好向秦国屈服，齐、燕两国更加依赖秦国来牵制赵国的攻势。从此以后，六国直到全部灭亡都没能再组织一次合纵攻秦。

说完赵国，我们再说秦国。赵国吃了败仗要找出气筒，秦国打了胜仗同样要找出气筒。诱敌深入的战法固然有效，但也让秦三川郡和东郡遭到了不小的破坏。最生气的还是秦相吕不韦。自从吕不韦入秦为官以来，一直对卫国老家有特殊照顾，如今卫元君竟然跟着合纵联军一起攻打秦国，真是不识抬举！

此外，秦庄襄王嬴子楚一即位就给吕不韦封了洛阳十万户做食邑，让他过上了战国四大公子都难以匹敌的富贵生活。洛阳正是秦国三川郡的治所，合纵联军攻秦的时候没少祸害这里。大商人出身的吕相邦爱惜财富，于是被选为出气筒的卫国遭殃了。

秦将蒙骜和吕不韦都是在秦国身居高位的外邦人，一个执掌军事，一个总领国政，一直相互支持、相互成就。吕相邦一发狠，蒙骜便跟着发狠。他率领众军反攻河外，打得五国之师狼狈逃窜，一举收复了三川郡和东郡之地。他意识到东郡的地盘还不够大，不足以屯驻一支更庞大的边防军，秦国接下来有必要扩大东郡的疆域。卫国首都濮阳是个好地方，历史悠久，百业兴旺，北连赵土，东通齐地，非常适合给东郡做治所。

于是，蒙骜率领大军出东郡，把濮阳围了个水泄不通。五国之师都打不过秦国的虎狼之师，只有区区一城的卫国又怎么能自保？山东列国新败，不会有人拯救卫国。卫元君只得率领文武百官向秦军投降，濮阳从此归秦，后为秦东郡的治所，屯驻着秦东郡军的主力部队。

消息传到秦国朝廷的时候，吕不韦还是念旧情的，想给卫国最后一丝体面。经秦王政和摄政的太后同意，在吕相邦的安排下，将军蒙骜派兵把卫元君等人迁徙到了河内郡的野王县（今河南省沁阳市）。

野王原为韩国领土，后来被秦军战神白起攻取。此地连着太行八陉中的太行陉，当年秦国河内十五岁以上的男子，就是经由野王和太行陉赶往长平前线，把被秦军包围的赵军彻底困死，确保了长平之战的胜利。秦国把卫国迁到野王，保存了其宗庙社稷，让卫国继续存在。这相当于是用野王交换濮阳，让整个卫国搬家。当然，卫国也从此由魏国附庸转成了秦国附庸。

在完成迁徙卫国的任务后，秦军又盯上了卫国最初的首都朝歌（今河南省淇县东北的朝歌故城）。朝歌曾经是殷商王朝的首都，周朝灭商后成为卫康叔的封地，卫从此成为诸侯国。后来戎狄人入侵中原，攻灭了卫国一次。卫国复国后把首都迁到了帝丘，也就是后来的濮阳。朝歌几经辗转，被纳入魏国河内郡的版图。

朝歌城呈长方形，东西长一千七百五十米、南北长两千五百米，是一座规模宏大的城邑。城东有淇水为险阻，西有巍峨的太行山为屏障，也算是形胜之地。朝歌南连曾经被秦军攻占过的汲县，北接后世南宋军事家岳飞的老家汤阴县（战国时的名字叫"荡阴"），与秦东郡的燕、虚、桃人三城隔着黄河相望。攻占此地意味着秦国将彻底控制宿胥口和白马津两个渡口。秦东郡军渡河后可以把朝歌作为中转站，南下攻取魏国的汲县，或者北上攻打荡阴、安阳，直逼魏赵边境。

在统一的调度下，濮阳的秦东郡军西渡黄河、淇水，从东面和北面包围朝歌。秦河内郡军则越过汲县，从南面进攻朝歌。两路秦军控制了朝歌周边的官道和码头，所有通往其他县或者躲进太行山区的路都被封死了。在城外远处还屯驻着战车和骑兵混编部队，巡逻警戒方圆几十里的动向。即使有魏军或赵军来驰援朝歌，秦军也做好了阻击援兵的准备。在平坦的地形上打野战，秦军求之不得，可惜未能如愿。守城的魏军知道秦军野战能力很强，抱定了坚守不出的决心。

由于秦东郡切断了魏河内郡和首都大梁之间的联系，朝歌魏军派出的求援使者连黄河都过不去。河内其他魏军不敢与秦军争锋，无力提供人手。朝歌离赵都邯郸不算太远，但赵悼襄王正为合纵失败而沮丧，不愿再招惹秦国这个大麻烦。一心抗秦的赵将庞煖又远在北边攻打齐国的饶安，也飞不过来。

朝歌魏军陷入孤立，但这座大城的城墙坚固，此时的兵员和粮草也不少，好好坚守或许能等来新的援军。于是，朝歌城中的魏军用各种守城装备，一次又一次击退了秦军的进攻。然而秦国不断向这里增兵，参与攻城的部队越来越多，进攻力度也更大了。

　　魏景湣王非常后悔加入这次合纵攻秦，本想借诸侯之力夺回去年丢的二十座城，结果却让魏军最后的精锐元气大伤。他眼睁睁地看着秦军从容不迫地围攻朝歌，却调不出一支敢跟秦兵正面交战的部队去救援。憋屈！

　　如今秦赵双雄的矛盾日益激化，各国迟早要被卷入其中选择一边站队。本次合纵表明赵国人靠不住。于是，魏景湣王开始考虑，要不要彻底对秦国俯首称臣。不过，真正做出这个决定是在几年以后了。

　　秦军最终还是攻克了孤立无援的朝歌城。这一下，汲县就被秦国在河内的多个据点包围了，重新被秦军兼并只是个时间问题。

　　秦军各部连续作战，从关中到河外再到河内，辗转千里，需要好好休整一番。蒙骜在刚占领的朝歌留下重兵，又让其他各军屯驻黄河两岸。他计划在明年兵分两路作战，开辟新的局面。

　　一个战场仍在河内，驻扎在朝歌的秦军负责进攻汲县，把从野王到朝歌之间的土地连成一片。到那时，秦河内郡军将会扩充兵力，准备将来讨伐赵国。另一个战场在原中山国地区，如今是赵国和燕国的交界处。秦国将扩充太原郡军的实力，令其翻越太行山，不断攻取赵国边城，直到打通秦燕之间的通道。

　　到了第二年，秦军按计划两路出击，太原郡军与河内郡军都取得了预期的战果。自秦王政即位以来，秦国从一个胜利走向另一个胜利。击败五国联军标志着战国晚期形势进入了新阶段，秦国将把主要精力集中在对赵战事上。但谁也没想到，内战的种子已经悄然发芽，秦国将面临新的考验。

让秦王政对家人绝望的两场秦国内战

　　五国合纵攻秦失利，让秦国朝野大为振奋。老将蒙骜也不辞辛苦地乘胜追击，努力巩固已有的战果。诸侯连连败退，形势一片大好。可是这一年突然天生异象，东方、北方的天空先后出现了彗星，五月时又有彗星从西方的天空划过。现代人不会觉得这是什么了不得的事，但在先秦人眼中，彗星的出现是不祥之兆，象征着兵灾大起、大臣谋害君主、君主杀害大臣、诸侯发动叛乱之类的灾祸即将发生。这些封建迷信往往会影响古人的决策，并且刺激某种不安分的欲望。

就在秦国朝野人心惶惶时，蒙骜老将军病故的消息传入了咸阳宫。东征大军不得不停止作战，留下一部分人马坐镇新地盘，大部队班师回朝。不巧的是，大将身故后，彗星又在西方天空出现了整整十六日。秦王政的亲奶奶夏太后也去世了。这一连串的坏消息让年轻的秦王政心头一凛。

自从秦王政即位以来，蒙骜一直到处打仗，哪里有战事就赶往哪里，真劳模也。他的去世标志着秦庄襄王托孤的三位老将军全都退出了历史舞台，秦国没了能跟相邦吕不韦抗衡的军方大佬。秦王政此时大概和所有人一样，以为彗星预示的灾祸应验在了蒙骜和夏太后去世上。他还没有意识到这两个人的死亡将给秦国带了什么样的隐患，更没料到即将爆发的两场内战将会给他带来多大的心理阴影。

伐赵之师的少年统帅谋反了

尽管大将突然去世，但无论是总领国事的相邦吕不韦还是尚未亲政的秦王政，都没打算停止东征诸侯。他们把下一个进攻对象定为组织合纵攻秦的赵国。

赵国近些年不是跟魏国结盟，就是致力于吞并燕国。燕国目前跟秦国是盟友关系，秦国不能不理。秦国已经夺取了大半个河内之地，只要再打下魏国的邺地（今河南省安阳市北、河北省邯郸市临漳县西），从秦军的边防哨所就可以望见漳水北岸的赵都邯郸城了。邺地和魏都大梁之间的通道已被蒙骜打下的秦东郡分割开来，邺地官吏想要把赋税送到首都都得问秦国借路。此时的邺地成为夹在秦赵疆域之间的魏国飞地。魏国见自己无力守住邺地，干脆给了赵国一个顺水人情，既是为了巩固魏赵同盟，也是为了甩掉这个消耗军费的包袱，让赵国跟秦国对着干。

赵国得到平坦而肥沃的邺地，不仅经济收入有所增长，邯郸南面的战略纵深也有所拓展。若是不及时遏制，让赵国进一步一统辽阔的华北平原，秦国帝业就遥遥无期了。为了报复和遏制赵国，秦国君臣决定再次发兵攻赵。秦王政这次选择的统兵大将是自己同父异母的弟弟——长安君嬴成蟜。

嬴政的兄弟很少，在史书上留名的就这一个。这一年，秦王政二十一岁。王弟成蟜生年不详，但结合秦庄襄王回咸阳的时间来看，他至少比哥哥小三岁，当时最多只有十八岁。秦国男子十七岁开始登记名籍，服徭役，十八岁服兵役。王族子弟从军通常也不会一来就给很高的职务。能做到将军这个位置的人，最少也要二三十岁。嬴成蟜年纪不大，领兵打仗的经历并不太多，但嬴政还是相信他能够完成这项使命。

因为嬴成蟜接受过秦国王族全套文武教育，了解格斗和兵法。更重要的是，秦王政五年时，还不到十五岁的嬴成蟜出使韩国谈判，不费一兵一卒就让韩国君臣向秦国进献了百里土地。他能得到"长安君"这个封爵，与这次功劳是分不开的。由此可见，嬴成蟜具备不俗的个人能力。

嬴政大概想着学习自己的祖先秦惠文王。秦惠文王重用同父异母的弟弟樗里疾，两人关系很好。樗里疾是中国史上第一个被称为"智囊"的人，立下无数战功，在战神武安君白起出道之前保持着最高的歼敌纪录。如果没有这个能干而忠诚的弟弟，秦惠文王的军事扩张成果起码减少一半。

秦王政对长安君成蟜委以重任应该是抱有同样的期待，希望弟弟能立下真正的战功，帮助自己掌控军队，在秦国史上留下一段新的佳话。可是他万万没想到，长安君嬴成蟜一到前线就举兵造反了。

据历史学家李开元先生考证，嬴成蟜的母亲是出身韩国王族的韩夫人。这个韩夫人正是夏太后为儿子秦庄襄王嬴子楚挑选的儿媳妇。已故的夏太后、韩夫人以及韩系外戚势力是嬴成蟜的政治后盾。若非秦庄襄王坚持要把嬴政母子接回秦国并立嬴政为太子，继承王位的就是嬴成蟜了。这一点让嬴成蟜及韩系外戚一直耿耿于怀。

嬴成蟜生在咸阳、长在咸阳，对从赵国回来的大哥并不心服，只是父王健在时没表现出来，甚至连嬴政都对弟弟缺乏足够的警惕性。嬴成蟜听到过秦王政是吕不韦私生子的流言，又把彗星异象视为要变天的征兆，野心膨胀了。在他看来，忠于秦王的老将蒙骜去世，朝中无名将坐镇，此次赶往伐赵前线就是举兵推翻兄长的最佳时机。而祖母夏太后的去世让韩系外戚在朝中的势力急剧衰退，也迫使野心勃勃的他不得不尽快动手。

嬴成蟜很好地掩饰了自己的意图，以忠臣的姿态带着兵马出咸阳，渡过黄河，经河东郡进入离赵国首都邯郸最近的上党郡，与上党郡的边防军在一个叫"屯留"的地方顺利会师。屯留在今天的山西省长治市屯留区一带。屯留自古以来就是上党盆地的一大重镇，驻扎着上党郡军的主力，囤积了大量粮草和武器装备。韩国和赵国曾经为争夺此城大打出手。可以说，谁控制了屯留，谁就掌握了上党郡的腹心地带。

秦国自从得到太原郡和上党郡后，已经控制了今天山西省的大部分地区，其中上党郡跟赵国首都邯郸只隔了一座号称"天下脊梁"的太行山脉。已经完成集结的伐赵之师只等长安君成蟜一声令下就出发，顺着太行山著名的滏口陉通道东下，就能直逼赵国首都邯郸城。谁知成蟜命令这些兵马调转矛头，以屯留为基地割据上党，再以上党郡为后援反攻秦都咸阳。

都说秦法严酷、令行禁止，那也要看是什么地方。秦国老郡县政令通达，确实有这样的执行力。但上党郡入秦才八年，吏民对咸阳的忠诚度没那么高。更糟糕的是，上党军民对秦国怀有很深的恨意，这是秦国其他郡县所没有的特殊情况。

战国时代最血腥、最惨烈的秦赵长平大战就发生在上党之地。这场战争的起因是原本投降秦国的韩上党郡在秦军撤退后又转而投降赵国。秦国上党郡吏民的上一代不是韩人就是赵人，父辈多与秦人有长平杀降的血仇。秦军在邯郸之战惨败后，上党郡吏民趁机脱离秦国，被韩国拿回，直到后来被秦将王龁平定才重为秦土。

秦长安君嬴成蟜作乱，让屯留吏民意识到这是个闹分裂的好机会，便热情满满地与嬴成蟜合作。无论是做韩民也好，做赵民也罢，反正就是不做秦民（此时上党与韩国已经不接壤了，他们只能去向更强的赵国寻求帮助）。伐赵之师由多支部队组成，其中以屯留、蒲鹤两地兵马为骨干的上党郡军集体反水，帮助嬴成蟜攻打那些忠于秦王政的部队。各军将卒猝不及防，死伤无数，活着的也四处逃散，屯留顿时血流成河……

就这样，嬴成蟜清洗了不愿谋反的军官和士兵，牢牢掌握住了这支叛军。屯留等城邑的吏民响应长安君成蟜的号召，嚷嚷着要反攻关中。叛军不断攻城略地，上党郡的形势岌岌可危。上党盆地的地势很高，对周边的几个郡有居高临下的优势，背后还能得到赵国的支持。如果嬴成蟜能攻入河东郡，再西渡黄河，就能挺进关中平原，兵指咸阳了。

嬴成蟜仓促发动叛乱，固然让秦王政措手不及，但他没给自己准备太多的后手。事实上，嬴成蟜指挥大军作战的能力有限，而且战略头脑也比哥哥秦王政差了一大截。战国时代成功的兵变，无不是京师有内应，边疆有诸侯做外援。叛军唯一能联系上的外援，有且只有赵国，其他诸侯都被秦国的地盘分隔开来了。虽然赵国乐见秦国内乱，但在这一年并没有派兵参战。毕竟五国联军都没打赢，赵军犯不着为了一个叛国的王子得罪秦王政。嬴成蟜没有外援，虽在咸阳有韩系外戚的势力做靠山，但在军政要职上缺少真正的实权派。

权倾朝野的相邦吕不韦是秦王政的仲父，跟华阳太后（秦孝文王的王后）与嬴政的生母帝太后赵姬都是盟友关系。其中，华阳太后是秦国史上著名的秦宣太后芈八子的族人，是楚系外戚集团的代言人。秦国丞相昌平君是她的族人，还是秦王政的表叔。帝太后赵姬是赵国人，是赵系外戚的首脑。这些人都是秦王政的坚强后盾。

况且，除了上党郡军外，秦国其他军队都站在秦王政这边。四朝元老蒙骜去世了，但王翦、桓齮、杨端和、蒙骜的儿子蒙武等实力派中坚武将都忠于嬴政。未来赫赫有名的秦朝第一大将王翦更是嬴政尊以师礼的军事教官，他怎么可能不替自己的君主兼爱徒保住江山社稷？

就在嬴成蟜率军攻城略地时，秦王政与群臣迅速做好了平叛部署。他得知弟弟叛变后暴跳如雷，赶紧从关中和各郡调集重兵平叛，还让各个边关的守军严密监视诸侯动向，以防山东列国趁火打劫。嬴政很清楚，如果嬴成蟜跟赵国合作，上党郡再次回到赵国手中，秦国东部的几个郡都将不得安宁。在统一部署下，叛军附近的几路秦军火速驰援上党，从不同的方向与叛军展开激战。

在上党郡周围，秦国设有河东、河内、太原三郡。这三郡的驻军恰恰是秦国在函谷关以外的几支主力军。河东郡军与河内郡军是长平之战的功勋部队，曾经在白起、王龁等名将的指挥下几次跟昔日的韩国上党军和赵国上党军大打出手。两军都是秦国讨伐山东诸侯的一线主力军，可以说与赵国的上党郡叛军水火不容。太原郡军则是蒙骜平定晋阳之叛后重组的边防军，与赵国的雁门、代郡边防军是死对头。这三郡之师无论是战斗力还是忠诚度都高于嬴成蟜的叛军，攻打上党也称得上是轻车熟路。

三郡之师分别封住了叛军西进、南下、北上的通道，使他们无法从上党盆地杀出来。退一万步说，即使这三支军队都被叛军打败，嬴成蟜还要面对黄河南岸的三川郡军和东郡军以及秦国最精锐的京师中尉军。此战的大局一开始就对嬴成蟜不利。按照秦国传统，平定重大谋反者有封侯的机会。参与平叛的将士们跃跃欲试，攻打叛军时一个比一个卖力。

秦河东郡军以平阳（今山西省临汾市）为跳板，从西面逼近屯留。河内郡军从当年支援长平战场的太行陉北上，紧逼屯留以南地区，并且分兵扼守白陉以防叛军由这个通道流窜到河内平原。太原郡军从北面南下，切断了叛军与赵国北方边防军的联系。此前被击溃的败兵被三路大军逐渐收拢。

　　嬴成蟜虽然得到了上党郡吏民的支持，但无力应对三面夹击。若是换个老谋深算的智将，会先集中兵力击溃一个方向的敌人，避免两线作战。但这对指挥官的能力提出了很高的要求，也只有纪律严明、训练有素的军队才能执行这样的作战计划。显然，嬴成蟜的战场指挥才能不如外交才能，上党郡叛军跟老牌秦军劲旅的军事素养也有较大差距，打不出这么漂亮的机动作战，只能分兵迎击各方向的平叛大军。

　　在三路大军的夹击下，叛军寡不敌众，节节败退，连从滏口陉东逃到赵国邯郸的退路都被平叛大军及时堵住了，逃无可逃。嬴成蟜只得下令叛军固守屯留，急匆匆地修筑壁垒，加强城防，试图依靠城中积蓄的粮草物资固守待援。若能拖到诸侯生变，秦王政就不能不撤回主力大军阻击合纵。到那时，嬴成蟜就有机会突破重围，逃入赵国或其他国家避难，甚至可以跟诸侯里应外合，一起击败秦王政。但这只是他的一厢情愿，诸侯始终没有针对秦国的行动，只是坐视秦国兄弟相残。赵国也把心思放在加强邺地防务上，不愿协助嬴成蟜割据上党，免得再跟秦国为上党打一次长平之战。嬴成蟜彻底陷入了孤立无援的困境。

　　屯留的地势西北高、东南低，西部多为连绵山地，东部平坦开阔，号称三晋通衢。早在商周时代，这里就是兵家必争之地。嬴成蟜站在屯留城头上眺望，发现秦国平叛大军将屯留城包围得水泄不通。不仅有会师的河东、河内、太原三郡之兵，关中兵马也正在陆续赶来。双方的实力对比将变得更加悬殊，形势对他越来越不利。

　　但是，嬴成蟜已经没有退路了。这是他最后一次争夺王位，哪怕有万分之一的机会，都不能放弃。就算取胜无望，也要一条道走到底。追随他谋反的屯留、蒲鹤之兵都是死硬分子，拒绝劝降。一场恶斗终究不可避免。

　　进攻屯留的战斗打得非常惨烈。防守的一方怀着困兽斗的心态殊死抵抗，就算死也要拉两个垫背的。进攻的一方迫切想立下平叛的首功，争夺一战封侯的荣耀。双方都杀红了眼，奋不顾身，你死我活。久攻不下让秦将们愈加暴躁，不断换下伤亡较大的疲惫之兵，让齐装满员的生力军顶上去，直到彼此筋疲力尽才收兵休整，第二天继续新一轮的恶斗……

随着时间的推移，失去主动权的叛军渐渐不支，活着的人的体力和意志力都到了极限，壁垒之内、城墙上下遍地尸体。平叛的秦军士卒踩着血水前赴后继，叛军的壁垒逐个被攻克。绝望的情绪在屯留军民中像瘟疫一样蔓延，吞噬了他们最后一丝以死搏命的勇气。嬴成蟜心知大势已去，不想被抓回咸阳受审，在一个壁垒中自杀了。叛军残部失去了领头人，战心也彻底瓦解，纷纷放下武器沦为俘虏。这场叛乱被平息了，但上党郡还没恢复安宁。

上党这个攻打赵国的前方基地居然出现了整城整县的叛乱，秦国朝廷对此感到十分震惊。秦王政对弟弟的背叛大为光火，前线的平叛将士也因为有太多伤亡而恼羞成怒，一系列报复措施在所难免。

所有跟着嬴成蟜谋反的军吏全部被斩，那些已经死在屯留、蒲鹤二城的士兵被判处"戮尸"之刑，即他们的尸体被枭首示众。投降的屯留之民全部被强制迁徙到陇西郡临洮县。秦国的临洮县不在今甘肃省定西市的临洮县，而在今甘肃省岷县。此地是秦万里长城的最西端，距离屯留有数千里之遥，可见屯留之民遭受的处罚有多重。

始皇帝没料到，平叛功臣中会出现一个新的叛臣，比嬴成蟜的破坏性强太多。参与平定成蟜之乱的人很多，涉及所有要打击韩系外戚集团的朝廷势力，其中也包括帝太后赵姬的心腹。在帝太后的运作下，那个人借助这次机会一跃而起，被封为长信侯，他就是嫪毐。

长信侯的疯狂作死之路

嫪毐原本只是相邦文信侯吕不韦送给帝太后的男宠。不料，帝太后特别宠爱嫪毐，不仅经常私通，还与其悄悄生了两个孩子。当初帝太后在怀孕时害怕事情败露，就搬到了今陕西省凤翔县南的秦国旧都雍城。嫪毐因此在雍城发展起了自己的势力，拥有童仆几千人、门客千余人。他紧紧依靠以帝太后为首的赵系外戚集团，不断扩张权势。

嫪毐先后得到了河内郡的山阳地（当年蒙骜攻魏二十城的战果）与河西太原郡为封国。封国内大小事务都由他决断，他还可以使用秦国王室的宫室、车马、衣服、苑囿和狩猎场，这在商鞅变法后的秦国十分罕见。堂堂秦军战神武安君白起积累了十几年军功，才得到同等的高爵，且没有自己的封国。即使是以洛阳十万户为封邑的文信侯吕不韦，也只是享受封邑的赋税收入，对自己的封地没有治权。由此可见，帝太后对嫪毐有多么纵容。

骤然获得高官重爵让嫪毐的野心愈加膨胀，他在朝中拉帮结派、培植党羽，搞得朝野一片乌烟瘴气。在他的经营下，赵系外戚集团的扩张势头比韩系外戚更为迅猛。别说秦国朝野了，就连魏国人都知道，秦国官民已经分裂为两派，一派是以文信侯吕不韦为首的吕党，一派是以长信侯嫪毐为首的嫪党。魏国君臣想割地贿赂秦国时，都打算通过嫪毐这条路子，巴结摄政的帝太后及其赵系外戚集团。

支持秦王政镇压成蟜之乱的政治同盟彻底瓦解。吕不韦原本是华阳太后的楚系外戚集团与帝太后的赵系外戚集团之间的纽带，深得秦王政和军方众将的信任。如今帝太后扶持自己的情夫嫪毐上位，处处跟吕相邦争权夺利，显然已经不再念自己与吕不韦的旧情了。楚系外戚集团对赵系外戚集团扶持嫪毐的举动感到不满，希望通过支持秦王政亲政来安定朝局。吕不韦担心嬴政会责怪自己，但除了支持秦王亲政外，他也没别的选择。新的内战隐患就此埋下。

嫪毐仗着帝太后赵姬的宠幸日益骄横。有一回，他与宫中的侍臣饮酒作乐玩博弈，玩着玩着就吵起来了。他酒劲一上头就开骂道："老子是秦王的干爹（原话是'假父'），你这穷光蛋也敢跟老子争？"被他骂的人赶紧溜了，并将此事告发。

秦国上下其实早就知道嫪毐是帝太后赵姬的面首，但从秦昭王的母亲宣太后开始，太后养面首就不是稀罕事，大家都睁一只眼闭一只眼。如今长信侯嫪毐在公开场合嚷嚷此事，秦国王族、楚系外戚和吕党大臣都认为秦王政的声誉被诋毁了。其他各派势力开始追查嫪毐的种种违礼或不法之举，只是因为摄政的帝太后赵姬不以为意，嫪毐才安然无事。发生这件事之后，嫪毐自己也意识到好日子快要到头了。

公元前238年，即位九年的秦王政二十二岁，按照秦人的习俗，他即将加冠，正式成年。摄政的帝太后和相邦吕不韦必须遵守秦国的法律和政治传统把大政还给他。到那一天，秦王政才会真正成为至高无上的实权王者。帝太后赵姬扶持的嫪党看似盘根错节，但嫪毐深知只要秦王政亲政，自己从帝太后那里拿到的一切特权都无法保住。他决定铤而走险，发动政变替自己的儿子夺取秦国王位。

秦王的成人礼定在四月己酉日，嬴政要去旧都雍城，在宗庙里祭祀列祖列宗，行加冠大典，他离亲政只有一步之遥。由于帝太后久居雍城，嫪毐的党羽基本上控制了这里。秦王随行的卫队规模不大，正是发动政变弑君的最好时机。此外，宗室王族大臣、以华阳太后为首的楚系外戚大臣和相邦吕不韦等文武重臣都会来雍城的蕲年宫参加秦王的加冠大典。到那时，咸阳城内缺少柱石人物坐镇，更容易被嫪毐的党羽夺取。

先攻蕲年宫，再夺咸阳城。嫪毐的谋反构想很宏大，但操作起来很难。别看嫪毐的党羽遍布朝野，能跟相邦吕不韦分庭抗礼，但他缺少了所有谋反者最需要的东西——武装力量。任何政变最终都是由军队完成的。只有足够强大的军队才能消灭守卫王宫的禁卫军，把君王斩落马下。可是嫪毐有封国和高爵，却不是武将。他面临的最大问题，恰恰是手中没有一支军队。

秦国军队大致可以划分为京师军、郡县地方军和边防军三大类。

京师军屯驻在秦国最核心的关中"首都圈"，军队数量庞大且分为多个序列。郎中令指挥的郎官卫队、卫尉指挥的卫尉军、中尉指挥的中尉军共同构成了秦国禁卫军。另有镇守关中各个重镇和要塞的守军，也是朝廷直属的京师军。京师军的兵员被称为"卫卒"，是全国各郡县挑选出来轮番宿卫的精壮士卒，统兵之将都是秩级两千石的大员。故而京师军拥有最强的战斗力，在秦国对外征伐诸侯时也是主力军。

郡县地方军的士兵通常被称为"县卒"，由服正卒之役的秦人组成。这些县卒的训练时间短于卫卒，战斗力相对较弱。此类部队的数量不多，主要负责维持本地治安，巩固城防，追剿山盗，在对外战争中跟着主力军出征。

秦边防军不仅有屯戍四方边疆要塞的守军，还有驻扎在各郡治所由郡尉指挥的郡尉军。秦郡尉的性质跟地方长官郡守不同，是中央派驻地方的"都官"，所以继承秦制的汉朝把郡尉改称都尉。因此，秦边防军虽然跟郡县地方军一起驻扎在各个边郡，但和京师军一样属于中央直属部队。边防军的士兵被称为"戍卒"。秦国有多种戍役制度，各类戍卒的地位和待遇存在差异，所以秦边防军的构成往往很复杂。不过，这并不妨碍他们成为秦与六国大战的主要力量。

以上三类兵马，没有一支在嫪毐的手中。自从商鞅变法后，秦国朝廷逐渐统一了原先分散的兵权。上述各军的指挥官，比如郎中令、卫尉、中尉、郡尉、备塞都尉等，都只有统兵权而无调兵权。各军平时只能在各自的辖区内行动，跨郡行动是不被允许的。除非拥有调兵权的秦王赐予虎符，将尉们才能兴兵离境。

太原郡虽然被朝廷划为嫪毐的封国，他能抓住太原郡和河内郡山阳县的行政权、财政权和人事权，但秦太原郡军并不受他控制，依然要靠秦王诏命和兵符才能调动。退一万步说，就算嫪毐能策反数万太原郡军将士，也无法在神不知鬼不觉的情况下将其从黄河东岸运送到黄河西岸，如此大规模的调兵行动肯定会引起朝廷及嫪毐封国周边的上郡、河东郡守军警惕。

嫪毐想要谋反的话，只有自己的千余名门客、舍人是现成兵力。在陈凯歌导演的电影《荆轲刺秦王》里，王志文饰演的嫪毐正是依靠自己的门客来作乱。但在真实历史中，嫪毐叛军的构成比电影中要复杂得多。他通过自己的党羽，在朝中找到了其他可以利用的兵马，在秦国京师军系统里开了作弊器。

此时的秦国京师军正处于一个微妙的阶段。蒙骜、王龁、麃公等老将去世，王翦、桓齮、杨端和、王贲、蒙恬、李信、辛胜、屠睢、任嚣、赵佗等统一战争时期的秦军名将尚未进入最高决策层。失去了元老坐镇的秦京师军，也因吕不韦和嫪毐两个侯爵的政治斗争而出现分化，形成了不同的派系。嫪毐趁机间接拉拢了一些武装力量。

在嫪毐党羽中有四个人掌握着秦国的一部分兵马，他们是：卫尉竭、内史肆、佐弋竭、中大夫令齐。

卫尉竭，职务是卫尉，名字叫"竭"，姓氏不详，因为在秦国的法律、公文中习惯只用一个人的爵位、官衔加名字来记事，不提姓氏。曾经担任廷尉的李斯，在公文里也只是被称为"廷尉斯"，他手下的士兵就是卫尉军的卫卒。

按照秦国禁卫军的分工，卫尉军负责殿门外到宫门内的防务，所部兵马称为卫士，也叫卫卒。卫尉军规模在三万左右，但分别屯戍在各个宫殿的多个宫门，力量非常分散，只要千余兵马就能各个击破。不过，想要在王宫外集结千余军队，势必会惊动负责守卫王宫以外整个京畿之地的中尉军。因此，只要卫尉军不叛变，反叛势力很难攻入秦王宫殿。卫尉竭的反水意味着咸阳宫不再安全。这些卫卒是嫪毐叛军中最精锐的步兵。

内史肆，职务是内史，名字叫肆，姓氏不详。内史是秦国京师行政长官，同时掌管全国财政上计。其职能大致相当于今天的北京市市长、北京卫戍区司令员、国务院财政部部长、审计署等枢要职位的混合体。这个职务拥有很大的实权，关系着京师安危与王朝的稳定，不是朝廷心腹重臣不可能担任此职。内史肆因嫪毐的缘故得到帝太后赵姬信任，所以能掌握这个要害部门的权力。

内史的辖区是覆盖整个关中的京师地区，也被称作"内史"。内史跟郡是并列的行政单位，但因为是京畿重地，实际地位略高。内史肆虽有维持京师治安的职责，但他并不统领禁卫军，而是统领从京畿属县征发的地方部队——

县卒。县卒的战斗素质无法跟卫尉竭的卫卒相比，也不是其他禁卫军的对手，但内史的属官里有负责监造兵器的各种工官。这就为嫪毐叛军提供了重要的武器。

佐弋竭，职务是佐弋，名字也叫竭，姓氏不详。佐弋是少府的属官，不属于禁卫军。但该职位的特殊之处在于，他统领了一支弓弩部队，并且有铸造兵器的权限，还掌握了弓弩武库。由于佐弋竭的叛变，嫪毐叛军得到了精锐的弩兵队。

中大夫令齐，职务是中大夫令，名字叫齐，姓氏不详。中大夫令是统领官骑的武职官吏。汉初头号骑将灌婴就是以中大夫令的职位掌管汉军中最精锐的郎中骑兵的。嫪毐叛军的官骑是秦国中央直属骑兵部队之一。在关中平原上，轻车锐骑打步兵有很大优势。战国兵法有"百骑走千人"的说法，正是因为中大夫令齐倒向嫪毐，叛军才拥有了一支精锐官骑。

由此可知，嫪毐叛军的成员来自秦国多个系统，构成十分复杂。除了卫尉军的卫卒、内史所辖的县卒、佐弋所辖的弩兵和中大夫令的官骑外，还有戎翟君公的戎狄骑兵加入，再加上嫪毐的一千多名门客，叛军理论上能集结的力量可以超过一万步骑，直接突袭咸阳王宫都有一定的胜算。

但这也只是理论，实际上各路叛军很难做到隐秘集结。因为除了嫪毐的门客外，其他叛军想要离开驻地前往雍城蕲年宫，会受到秦王的虎符制约。没有一个合理的由头，叛军的力量无法摆脱分散状态。无法集结成大军，这一仗就没法打赢。嫪毐党羽此时还不知道，正在他们苦思如何把虎符骗到手时，年轻的秦王政已经从情报部门那里得知了他们的阴谋。

其实，秦王政对嫪毐的野心早有警惕，他早就对这个镇压成蟜之乱起家的长信侯不满，也对母亲帝太后赵姬感到失望。双方的矛盾不可调和，都在暗中准备着一场谁也输不起的战争。秦王政打算将计就计设下伏兵，只要嫪毐叛军一冒头就往死里痛打。

咸阳从秦孝公时期成为秦国首都，因地处关中四塞之地，极少经历战火。

自孝公以来，咸阳只在秦昭襄王二年爆发的季君之乱中遭过兵灾，其他时候可以说是战国时代难得的安宁之地。可如今，一场对秦国命运至关重要的内战，正在悄悄拉开序幕。

有惊无险的咸阳保卫战

四月己酉日，秦王政与文武百官在雍城蕲年宫举行加冠大典。明眼人发现，长信侯嫪毐和文信侯吕不韦没有出席，楚系外戚集团的核心人物丞相昌平君与昌文君也不在。秦王政加冠带剑，接过了国君御玺，从此开启亲政生涯。

就在群臣向他道贺时，突然传来急报：嫪毐用伪造的王御玺和太后玺假传圣旨，说是秦王身边有奸臣，要发兵"勤王"，准备攻打蕲年宫。内史正在大量征发咸阳附近的县卒。卫尉军和中大夫令的官骑也有成建制的调动，戎翟君公也发私兵与之会合。

嫪毐实在搞不到调兵用的虎符，只好用这种方式来强行兴兵。按照大秦律令，兴兵披甲五十人以上，必须跟国君勘验兵符。但遇到紧急战事时可以事急从权，只需要及时向中央"自劾奏"，否则事后会被御史弹劾严惩。叛军企图伪装紧急情况来越过虎符这道手续。

咸阳与雍城相距三百多里，骑兵急行军要一天多，步兵日夜兼程急行军要三天才能到达。也就是说，当消息传到蕲年宫时，叛军已经完成了集结，正朝雍城赶来。

群臣皆大吃一惊，冷汗直流。因为此时秦王身边的卫队不多，只有紧随嬴政左右的近侍宦者、郎中令率领的郎卫和蕲年宫的卫士（也是卫尉军的一部分），这些只是秦国京师宿卫体系的一部分。

秦国京师宿卫体系由内到外分为四个层次。最里层的是侍奉秦王左右的宦者。这些宦者虽然不像晚唐和明朝的公公们那样执掌军队，但本身也有一定的武力值。他们的人数不多，并非精壮勇士，是秦王身边的最后一道防线。

不过，嬴政此时身边战斗力最强的卫士，是处于京师四重宿卫体系的第二层的郎官卫队。郎官卫队，简称郎卫，我们不妨称之为郎官警卫团，这支部队的首长是九卿中的郎中令。卫尉军的卫士只是把守王宫的宫门，不负责殿中的安保工作；郎官警卫团入则把守殿中，出则充当国君的随行车骑。秦王出行时，必定会带上这支部队。我们在影视剧中看到的秦始皇车队旁边的车骑甲士，其实就是郎官警卫团。

秦国的郎官不是官宦勋臣子弟，就是勇武非凡的良家子，忠诚度很高。他们不仅是秦禁卫军中的高级侍卫，也是国家高级储备干部。无论是秦还是汉，出身郎官的名臣比比皆是，甚至有一些学者认为，兵马俑的原型就是秦帝国的郎官警卫团。郎卫大多出身较好，营养有保障，又有军功贵族家庭背景，文武素质都比一般部队的士兵更强。毫不夸张地说，郎卫人人都有做军官的能力，以一当十不在话下。

处于四重宿卫体系中第三层的正是守卫各个王宫的卫尉军。卫尉军分散驻守各个宫殿，难以迅速完成集结。况且卫尉竭没有虎符，无法调动整支卫尉军，只能把投靠嫪毐的部分卫卒调出来。蕲年宫的卫尉军士卒还忠于秦王政，可以一战。

参与加冠大典的大臣们惶恐不安，年轻的秦王政却镇定自若。他察觉到嫪毐的意图时就已经命令相邦吕不韦、丞相昌平君和昌文君暗中调兵平叛。

嫪毐率领众叛将急匆匆地扑向蕲年宫。他参与过镇压成蟜之乱，又常常在王室的禁苑和猎场率部众田猎，战斗经验比年少的嬴成蟜丰富得多。他知道开弓没有回头箭，若是不能以迅雷不及掩耳之势对秦王政来个斩首行动，就会满盘皆输。但他压根儿没料到，吕不韦、昌平君、昌文君已经在咸阳附近选好有利地形，摆开阵势等着他上钩。

这三位重臣凭借真正的秦王御玺和虎符调动了秦国禁卫军中规模最大的部队——四重宿卫体系最外层的中尉军。

尽管中尉与卫尉、内史的秩级都是两千石，但其掌握的军事力量是三者中最强大的。中尉的防守区域跟内史的辖区重合，但两者分工不一样，正因为此，在京师禁卫军中，中尉军的数量最为庞大。中尉军有"内卫京师，外征诸侯"的职能，所部兵马集中驻扎在京畿重地，以便随时可以拉出去打仗。

中尉的属官很多，中骑司马、中轻车、中发弩等兵种指挥官，包含车、骑、步、弩等兵种。值得一提的是，秦郡尉的属官与中尉一样。镇压嬴成蟜叛军的河东郡军、河内郡军、太原郡军在组织结构上相当于中尉军的翻版。无论是兵种齐全程度，还是战斗力，中尉军实际上都比卫尉军高一截。论单兵素质，中尉军的卫卒不如郎卫，但郎官警卫团的规模不能跟中尉军相提并论。说中尉军是秦国综合实力最强的部队也不为过。

嫪毐看到吕不韦等人率领中尉军拦截，心知阴谋已经败露，只能硬着头皮打下去。他很清楚自己无路可退，如果错过这次机会，就没有下次了，绝对不能让秦王政平安地回到咸阳。

平叛大军的战阵由战车、骑兵、步兵混编而成。步兵列成方阵，方阵最前列的三行、两翼与后卫都是弩兵，他们拱卫着方阵中大量使用长短兵器进行白刃战的甲士。在步兵方阵的侧翼，数十乘轻车组成了战车编队，随时准备冲锋陷阵。战车编队的外侧是秦军的骑兵队，他们常用的战法是，根据战场形势攻打敌军军阵的侧翼。

叛军也是秦军，战术体系相同，列阵也一个模样，只是军队构成完全不同。佐弋的弩兵居前，卫卒和县卒在后，三者共同组成步兵军阵；中大夫令的官骑和戎翟君公的胡骑居于两翼；嫪毐坐镇中军指挥，他的门客护卫在左右。

俗话说："人比人，气死人。"同样的战法，两军高下立判。秦中尉军的阵容严整，左、中、右三军浑然一体，没有什么明显的破绽，流露出一种凛然不可侵犯的威武气势。反观嫪毐叛军，是由多支不同系统的部队临时拼凑而成，阵容就不那么整齐了。

在古代战争中，谁能在战斗中保持阵型完整，谁就能取得胜利。阵型崩溃的一方，往往会造成惊人的伤亡率。阵容严整的军队训练有素，作战纪律严明，越是大规模战斗，优势越明显。素来骄狂的长信侯嫪毐此刻也明白中尉军不好惹，叛军的纪律和战斗力都逊色许多。但他没有退路，只能抱着侥幸心理，企图通过不要命的猛攻来打垮对方的士气，求得一线生机。

叛军的佐弋弩兵倾泻箭雨，掩护卫卒和县卒冲锋，官骑和胡骑则迂回攻击两翼，试图动摇中尉军的阵型。中尉军有条不紊地组织防守：先是以大盾阻挡敌军的箭雨，再用弩阵还以颜色。叛军骑兵冲到中尉军战阵侧翼时不断射箭，但中尉军侧翼的弩阵火力并不亚于正面，步兵的弩比骑兵的弓射程更远，且马下立射比在马背上骑射的难度更低，准确度更高。叛军骑兵铩羽而归。

无论嫪毐如何气急败坏，中尉军都岿然不动。叛军久攻不下，伤亡增加，士气越打越低落。吕不韦、昌平君和昌文君见叛军已露出疲态，便发起了反击。

中尉军的轻车锐骑从两翼迂回，重点打击叛军侧翼的骑兵；步兵也以严密的阵型进攻。叛军的佐弋弩兵数量较少，被中尉军弩兵彻底压制。卫卒和县卒跟中尉军的步兵甲士随之展开了硬碰硬的较量。

秦县卒的武器主要是弩和戟，也配有剑和盾。这些装备利于散兵格斗，但中尉军除了这些兵器外，还有长矛和长铍。矛和铍两种兵器都比戟长出一大截，而且比戟更利于结成密集队形作战。叛军的卫卒装备跟中尉军类似，但数量少于县卒，而且不像中尉军有专门用来打野战的长铍兵编队。这导致由卫卒和县卒混编而成的叛军步兵在白刃格斗中落了下风。

中尉军步兵以密集的长铍阵在叛军的队形上打开了缺口。矛、戟、弩、剑混编的以什伍为单位的近战小分队顺着缺口涌入，默契地以协同战术击杀敌兵。叛军的兵员构成复杂，没有经过集训合练，作战配合生疏，各级军吏指挥起来也手忙脚乱，完全不能形成合力。战场形势呈现出一边倒的状态，叛军最后的疯狂，被白刃战击得粉碎。

叛军才被斩首数百人，嫪毐就丧失了继续顽抗的底气。他深知再打下去就会全军覆灭，于是丢下数百具尸体仓皇撤军，那些跟着他叛乱的各方势力也作鸟兽散。渭水拦住了他们南逃之路，咸阳北坂增加了他们北逃的难度。他们只好沿着原路向西逃窜，想返回老巢。

相邦吕不韦、昌平君和昌文君没有穷追猛打。他们击退叛军后，一面分兵继续保护咸阳，避免乱兵流入；一面赶紧带人去跟蕲年宫的秦王政会合。这两件事比全歼叛军更为紧急。何况中尉军的人马屯驻在关中各个要地，叛军残部根本逃不出关中盆地。

秦王政一回咸阳就下令，给平叛有功的将士拜爵，就连参与战斗的宦者都拜爵一级。他还向全国发出特级通缉令，能生擒嫪毐的人赐一百万钱，能杀死嫪毐的人赏五十万钱。尚武的关中军民纷纷踊跃参与追剿叛军残部，最终嫪毐及其党羽全部落网，被处以极刑。把嫪毐送给帝太后赵姬的吕不韦也因此事被查出而遭到革职，后来在自己的封邑自尽。

这两场内战让秦王政杀死了一个同父异母弟、两个同母异父弟，跟母亲帝太后关系恶化，与仲父吕不韦决裂。秦王政此后变得越来越多疑，很难相信他人，越老越独断。看来秦国内战给他造成的心理创伤实在不轻。

随着嫪毐之乱的平定，秦国在统一天下前的最后一次内战宣告结束。秦王政在这场惊心动魄的成人礼中显示出了雄主风范。他此后再没有亲自部署过一线战斗，都是交由统兵大将全权处置，但他已经初步学会如何准备一场战争，为将来发动统一战争积累了宝贵的经验。

秦将王翦最省钱的一次大胜仗

秦王政在平定嫪毐之乱后，免去了吕不韦的相位，几经波折后建立起了新的决策层。左右丞相分别是昌平君和隗状，楚国上蔡人李斯做了执掌秦国最高司法机关的廷尉，魏国大梁人尉缭被任命为邦尉。负责统兵出征的将军也全面换血，其中有三位战将颇受秦王重用，他们是王翦、桓齮、杨端和。值得一提的是，王翦是被秦王尊以师礼的军事老师，比其他武将更得信任。

熟悉秦朝历史的朋友都知道，王翦是秦统一战争的头号功臣。他打仗喜欢跟对手长期对峙，耗到敌军撑不住了再一击必杀。这种战法需要投入大量人力、物力、财力，多到负责筹集和运输物资的后勤官员们想骂人。换作其他国家，可能还没等到决战自己就先把经济搞衰退了。

其实，王翦也并不是每次打仗都要花掉巨额军费，他总是根据实战需要来选择合理的战略战术。费钱的仗有必须费钱的道理，省钱的仗他也不是没打过。王翦第一次被秦王政任命为三军统帅时，就与桓齮、杨端和联手打了一次省钱的大胜仗。这场战争发生在秦王政即位的第十一个年头，交战对象正是在战国末期扩张最积极的赵国。

赵国螳螂捕蝉，秦国黄雀在后

王弟嬴成蟜之乱和长信侯嫪毒之乱，打乱了秦国原先攻打邺地的作战计划。秦王政对朝局进行一系列的大整顿，无暇腾出手来继续伐赵。他只让将军杨端和再率东郡军攻魏，真正把原为穰侯魏冉封地的陶邑跟东郡连成一片。还没等他下令发兵攻赵，天下形势又发生了一些变化。

楚国政局大洗牌，一代权相春申君被自己的门客李园刺杀。李园是赵人，他的妹妹是楚考烈王的王后，他是楚幽王的舅舅。为了夺权，李园养了一批死士，在春申君进城给楚考烈王治丧的途中将他杀害，灭其满门。

楚幽王即位，赵人李园暂时得揽大权，但楚国贵族政治传统浓厚，李园的根基不稳，军政实权最终又回到了世袭贵族集团手中。自从春申君去世后，楚国的发展战略变得模糊不清。秦国君臣觉得这是个攻楚的好机会，并且可以趁机拆散魏赵联盟，为今后的对赵战争做好铺垫。

秦王派人出使魏国，表示希望跟魏景湣王达成军事合作协议：秦国将出动四郡之兵帮助魏国击楚，打下淮北的楚城再一起分。这四郡是东郡、三川郡、南阳郡和南郡，其中前三郡对韩国和魏国形成了个"C"型包围圈。东郡和三川郡的军队可随着魏军从北面压迫淮北各城邑。秦国南阳郡和南郡跟楚国淮北之间分别隔着桐柏山和大别山，两郡之兵可从南面夹击淮北楚军。

这个提议对魏景湣王很有诱惑力。秦国从魏国手中夺取的地盘肯定要不回来了，与秦国合伙打劫诸侯，总比被秦国打劫好。何况楚国淮北地区是魏国垂涎已久的肥肉。魏国缺乏独自战胜楚国的实力，想要实现心愿就只有借助强国的力量。魏景湣王觉得这样更划算，就倒向秦国了。他许诺秦赵交战时保持"中立"，不再跟赵国提唇亡齿寒。至于什么时候对楚国动手，全看秦国盟友的意思，魏国等得起。

魏国叛赵投秦，不光是因为秦国的威逼利诱，也是心疼此前割让给赵国的土地。就在秦王政派兵镇压嬴成蟜叛军的同时，赵国派傅抵、庆舍两位将军率兵来到赵魏边境。傅抵镇守平邑城，庆舍更是调来屯驻赵国东阳地（今河南省淇县以北至河北省正定县一带的太行山以东地区）的河外之师控制了黄河上的桥梁。赵军河外之师摆出一副气势汹汹的样子，兵锋直指邺地。魏景湣王不敢不把邺地献给赵国。

跟着赵国攻秦不仅得不到好处，还先割了一块地；但跟着秦国伐楚不但有实惠，说不定还能补回损失。魏国高层的决定不难理解。赵国已察觉到秦魏结盟对自己不利，但再以合纵攻秦的理由劝魏国跳反是不可能的了。赵悼襄王君臣不愿坐以待毙，他们发现嫪毐之乱给赵国一个新的契机，于是拉上齐王建一同去咸阳访问。

秦王政因为嫪毐之乱的缘故，对母亲帝太后赵姬充满怨恨，她麾下的赵系外戚大臣也因此失势。赵系外戚与赵国渊源深，往往是秦赵外交关系的突破口。于是，赵悼襄王率领赵国使团来到咸阳，与他同行的还有齐王建率领的齐国使团。秦王政在咸阳置办国宴，请两位国王及使团众人一起吃酒。在宴席上，齐国使者茅焦成功说服秦王政把母亲从雍城迎回咸阳。

进言的是齐国使者，但实际上是赵悼襄王使团在背后运作。齐国在饶安之战中丢失了大片土地，对赵国十分畏惧。赵国的东阳河外之师多年来让齐军如芒在背。赵悼襄王主动抛出橄榄枝，让齐国帮自己替秦国的赵系外戚领袖帝太后说话。齐国君臣为了跟赵国达成互不侵犯协议，就顺势卖了个人情。

咸阳的三国首脑聚会看上去其乐融融，实则暗藏机锋。秦国见赵、齐两国一个鼻孔出气，就暂时冻结了伐赵计划，摆出一副友好的面孔。在确保齐国置身事外之前，不轻易跟三晋开战。远交近攻，这是秦国多年来的习惯。三方会谈各取所需，齐国跟秦、赵两国都做了朋友，不用再担心自己被赵国迁怒了；赵国帮了秦国的赵系外戚一把，赵悼襄王相信秦国今后会有一批亲赵派参与决策，提出对赵国有利的方针。

赵悼襄王君臣一回国，就开始部署对燕战争，在春夏时分大举发兵北上。若非秦国当初扩张过快，赵国也不至于去组织五国合纵来遏制。如今秦、赵国达成"和解"，搁置数年的伐燕大计可以重新启动。赵国君臣根据历史经验判断，每次秦、赵国讲和之后，赵国攻打诸侯的行动，秦国都不会阻拦。赵悼襄王不惜冒险亲自率领使团远赴咸阳，说到底还是为了斡旋出吞并燕国的战机。

自从五国攻秦失败，燕、赵两国几年没有再打仗，边疆人民在乱世中稍微喘了口气，不至于年年要做好当难民的心理准备。燕国通过依附强秦换取国家安全的策略看似成功，实则不然。赵国眼下不能打刚结盟的齐国，不能越过秦东郡打魏国和韩国，不愿跟强秦正面冲突，又跟南方的楚国不接壤，剩下的选择就是征服幽燕之地。

燕国大致可以分为两大板块。一个是以平原为主的腹心地带——燕山以南、易水与黄河以北的京津冀之地（当时黄河有几个入海口，其中一个就在现在的天津一带）；另一个板块是从燕山到朝鲜半岛北部的边疆地带。

燕昭王派大将秦开讨伐东胡，开拓了千余里土地，依据山川险阻修筑燕长城（后来成为秦朝万里长城的东段）。为了更好地控制这一大片与游牧民族东胡人接壤的新领土，燕国设置了上谷、渔阳、右北平、辽西、辽东五个边郡。

秦国特使甘罗唆使赵悼襄王攻打的上谷三十城就是燕上谷郡的地盘。

当年在阏与之战中大败秦军的赵国名将马服君赵奢，曾经在燕国做过上谷郡守，非常熟悉那里的地形，这也是赵国能顺利拿下燕上谷郡的一个重要原因。如今赵国再起大军，想要尽可能地攻下更多燕国地盘，赵国高层这次选择的目标就是紧挨着上谷郡的燕渔阳郡。

渔阳郡辖区大致包括今天内蒙古自治区赤峰市以南，北京市通州区、怀柔区以东，天津市以北的地区。渔阳郡的治所在渔阳（今北京市密云区西南），因其位于渔水之阳（渔水是今天的白河，河流北岸为"阳地"）而得名。渔阳郡的北半部分是燕山山脉，南半部分是平原，该郡的城邑主要集中在燕山以南的平原地区。我们要记住"渔阳"这个名字，此地未来跟秦朝的灭亡有微妙的联系。

言归正传，赵军的作战意图是动用国内大部分主力部队，从两个方向夹攻燕国，直到把渔阳都（"都"是燕国的地方行政区划，相当于其他国家的县）和渔阳郡都收入囊中。

当年燕国灭赵是两路出兵，一路打赵国北方的代郡，一路直扑赵都邯郸。赵国攻燕渔阳郡的路线大致相同，只不过进攻方向反过来了。赵国北方边防军从代郡和上谷郡出发，沿着太行八陉的第八陉——军都陉行军，准备攻打燕长城的居庸塞（即居庸关）。另一路赵军以李牧在几年前攻下的燕国南部地盘为跳板，向渔阳挺进。南北两路大军夹击，让燕王喜首尾难以相顾。

北路赵军是李牧多年来训练的精锐之师，这支部队的历史可以上溯到赵国一代雄主赵武灵王"胡服骑射"时组建的新军，威震包括匈奴、东胡在内的各个北方游牧民族。赵国北方边防军既有精锐的胡服骑兵，也有善于山地战的步兵，还有不少忠于赵国的胡人勇士，实际战斗力位居赵军各部之冠，这使燕国上谷郡军在与赵国边防军的作战中完全处于下风，否则上谷三十城也不会被人家一下子就打下来了。

位于军都陉要害处的居庸塞是先秦九大要塞之一，历朝历代都是北京地区的重要门户。一旦敌军突破此地，就会进入无险可守的开阔平原。燕国首都蓟城在今北京城西南。倘若居庸塞不保，燕王宫中迟早能听到城外赵军的喊杀声。燕王喜自然要派兵增援居庸塞，可是南路赵军带来的威胁一点儿不比北路赵军小。

越过燕长城的南路赵军一路旅途平坦，除了蓟城西南的几座重镇外，唯一称得上阻碍的只有蓟城南边的治水（今永定河），但这条河流并不是什么天险。南路赵军此次的目标也不是包围蓟城，而是深入燕国腹地，攻打蓟城"首都圈"东边的渔阳郡。

光靠燕国京师军显然无法两线作战。燕军整体战斗力不仅远远低于赵军，全国动员能力也低于赵国。鉴于这些年来血的教训，燕王喜不敢派兵出城救援渔阳郡的燕军，生怕把自己最后的禁卫军精锐都搭进去。自从他即位以来，燕国在对赵战争中先后折损的兵马累计有数十万了，他不敢再赌胜负，于是收缩兵力拱卫王城，任由赵军横行燕国腹地。他把救援渔阳的希望放在了其他几个边郡的守军身上。

渔阳郡是右北平郡、辽西郡、辽东郡到燕都蓟城的中转站。赵军要是吞并整个渔阳郡，燕国将被分为两半，蓟城"首都圈"就会被赵军困住。燕国的辽东郡军是在与东胡骑兵的长期较量中锤炼出来的燕军精锐，可是辽西郡与右北平郡多山，道路狭窄，所以辽东的燕军到达渔阳郡的速度比较慢。辽西郡军一半靠近辽东，一半在与右北平郡相邻的滨海平原地带，只有半数兵力可以及时赶到。右北平郡驻军离渔阳郡最近，先一步与渔阳郡的燕军会合。

就这样，赵燕大战形成了两个战场。燕国京师军主要在居庸塞抵御北路赵军的猛攻，燕渔阳郡军与其他边郡兵马合力抗击南路赵军的进犯。居庸塞地势险要，很难攻破，燕军拼命护住了蓟城的北面门户，没让北路赵军攻入平原地带。可是渔阳战场的形势不容乐观。

南路赵军和燕军在渔阳郡地界进行会战。燕人性情实在，持重谨慎，好勇尚义，但不擅长运用计谋，战术比较单一。燕军善于固守而不善于机动作战，赵军经过"胡服骑射"改革后则以机动作战称雄于山东诸侯。赵军车骑部队的战斗力连秦军都要感到头痛。渔阳战场恰恰利于赵军发挥技战术特长。

燕军结阵固守，想先保证不被赵军击败，再寻找反攻的机会，但是赵军骑兵灵活地游走于燕军战阵的侧翼与后方，打一下就撤走，引诱燕军出阵追击。如果燕军不追击，赵军胡服骑兵就去而复返，凭借机动性优势不断寻找燕军战阵的破绽。经过反复的试探和佯攻，沉不住气的燕军还是露出了破绽。南路赵军的指挥官不失时机地发起猛攻，打得燕军阵脚大乱，纷纷溃退。

赵军一路掩杀，并派出车骑部队进行超越追击，绕到燕军步兵撤退的前方设伏。燕军死伤惨重，剩下的人四处逃散，难以再重新聚拢成军。南路赵军大举北上，包围了渔阳郡治所渔阳都。渔阳都的城池规模不大，东西长四百七十九米、南北宽四百三十五米，能屯驻的兵马不多。渔阳都的燕军倒是想顽抗，可南路赵军兵强马壮，军歌嘹亮，雄武奋扬，经过激烈的战斗后还是破城而入。

居庸塞尚在燕军手中，但渔阳郡基本上已被赵军控制，尚未投降的城池也岌岌可危。燕国东北各郡不敢与南路赵军叫板，蓟城京师军又被北路赵军牵制。赵国一直在向燕地增兵，想要在寒冬降临之前夺取更多土地和人口。赵军横行无忌，燕国危在旦夕。

就在赵军众将打算再立新功时，接到了从邯郸传来了坏消息：赵悼襄王病危！导致赵悼襄王病危的原因是秦国正在大举进犯。

秦国三将军分进合击

其实秦国早就知道赵国兴兵伐燕的消息。赵国上谷郡目前有十一座城受秦国控制，而且在燕、赵之间还有几座边城已被秦军占领。这些城池在燕国和秦国太原郡之间建立起了一条断断续续的通道。赵国在北方的一举一动，都会通过这条通道传入秦国高层耳中。传消息的不是秦国间谍就是燕国使者，所以秦国对赵国的动向了如指掌。

秦国君臣不是不救燕国，而是学习当年施展围魏救赵之计的齐国著名军事家孙膑，先让燕、赵两国多打一下，等赵国把大批军队都投入渔阳战场再出手。北路赵军和南路赵军跟燕军激战正酣时，秦王政派出了王翦、桓齮、杨端和三位将军，以救援燕国盟友的名义讨伐赵国。

在老将蒙骜执掌兵权时期，这三位将军都没有独立担任过统兵大将，但蒙老将军的每一次胜利都少不了他们这样的良将辅佐。

王翦的大局观好，对战况变化具有很强的判断力，能够从敌方将帅意想不到的地方出击。桓齮作风剽悍，继承了秦国将军擅长打歼灭战的军事传统，是三位将军中杀气最重的人。杨端和善于攻城略地，有蒙骜老将军的遗风。他在朝廷平定嫪毐之乱后被派去领兵伐魏，指挥秦东郡军攻取了魏国的首垣（今河南省长垣市东北）、蒲阳（今河南省长垣市）和衍氏（今郑州市北）等城，实现了蒙骜老将军生前未能完成的目标——把东郡和陶邑连成一片。

秦王政这次一口气打出这三张王牌，就是希望能确保此战必胜。他也想借此机会考察谁更有做全军统帅的资质。秦国这次投入战争的是经过重组和扩充的河内郡军。

河内本为韩、魏两国的地盘。秦昭王手下的名将司马错、白起和相邦魏冉多次出兵攻打河内，把秦国的势力扩张至此。在秦赵长平之战前夕，秦国控制了半个河内。秦昭王在长平之战的紧要关头亲自前往人口密集的河内，赐给所有河内百姓一级军功爵，征发他们去增援长平前线。河内十五岁以上男子全部参战，帮助秦军战神白起打赢了这场决定战国七雄未来命运的硬仗。河内郡军也因此成为秦国在关外地区的王牌功勋部队之一。

后来，秦军在邯郸之战中被诸侯联军打得丢盔弃甲，河内郡一度被联军攻陷，后来被秦军众将收复。蒙骜几次挥师攻打魏河内郡的重镇，旨在让秦国得到整个河内之地，把边境一举推进到赵都邯郸之南。从河内到邯郸都是平原，这是最利于征伐赵国"首都圈"的进攻路线。秦国为此组建了河内郡军，从各地调集精兵强将，将河内郡军扩建成一支数量较为庞大的方面军。

王翦把河内郡军分为左、中、右三军。王翦这次先被任命为上将军，有节制众将的大权，战力最强的中军由他亲自指挥。桓齮、杨端和二人为副将，分别指挥左军和右军。三军的目标一致，都是扩张秦河内郡的地盘，把秦军的战旗插到赵长城跟前。换句话说，就是要夺取太行山以东、黄河以西、朝歌以北、赵长城以南的大片土地。

这片土地位于魏赵边城，是犬牙交错的格局。秦国在长平之战后曾经一度打下这里，后来又失去了。赵国现在完全控制了这一带，扩大了邯郸南面的防御纵深。魏国在三年前进献给赵国的邺县（今河南省安阳市北、河北省邯郸市临漳县西），是本次作战的主要目标。但是秦军想打下邺县，还得面对以下几个敌军重镇。

位于邺县西边的伯阳（在今河南省安阳市安阳县北），原本是魏国边城，后来被兼任赵相邦的乐毅夺取。乐毅的另一个身份是燕国上将军，跟秦军战神武安君白起同为武庙的"兵家十哲"之一。

邺县南边的安阳（今河南省安阳市南）是这个地区最大的军事重镇。安阳原本的名字叫宁新中，也是魏国的城池。赵国名将廉颇在年轻时攻打魏国的防陵城（今河南省安阳市西南），顺便又将防陵附近的宁新中也收入了赵国的版图。

邯郸之战期间，秦将张唐与王龁联手拔赵国的宁新中，取名安阳，但赵国联合诸侯之师又夺回安阳，在此布下重兵。安阳的东边是黄城（今河南省安阳市内黄县），黄城靠近黄河，赵、魏两国多次争夺此城，赵国最终胜出。在黄城的对岸是廉颇离开赵国前攻下的魏国繁阳城。安阳的南面是荡阴（今河南省安阳市汤阴县西南），位于秦军北上安阳、邺县的必经之路。

这一带另有几座城池，安阳和邺县是该区域的防御重心。从某种意义上说，安阳是秦国军人的伤心地。已经去世或者退休的老一辈秦将提起赵国安阳无不咬牙切齿。王翦、桓齮、杨端和在邯郸之战时还是人微言轻的青年军官，如今作为统兵的将军再来此地，别有一番滋味在心头。他们在战前祭旗时发誓此战一定要攻克安阳。

秦军先拿下了朝歌北面的荡阴，打通了通往安阳、邺地的通道。安阳的赵军一面组织防御，一面向邯郸告急。前线的一道道急报传入赵国朝廷，但赵悼襄王很无奈，秦国这个战机抓得太好了。赵悼襄王没料到秦王实际上并没把赵系外戚集团的意见当回事，而是铁了心要跟赵国一决高下。此时，赵军主力大多北上伐燕，派不出太多人马支援安阳，只能让安阳、邺地等九座城池的守军联合起来对抗秦河内郡军的进攻，坚持到伐燕之师回撤或者赵国外交官说服秦王退兵。

安阳等城的赵军只好坚守待援。九城兵马仅有数万人，加上全城男子总动员，勉强能拉起十万人马。但这些兵分散在各城，而且老弱之兵占了相当大的比例，没法跟年年打仗具有丰富战斗经验的秦河内郡军战士相比。这导致战争呈现出一边倒的局势。

秦国三将军的作战方针是三军分进合击，先清理安阳和邺县外围的其他城池，把这两座重镇孤立起来，最后再集中兵力将其攻克。三人分好工后，各自按计划行事。桓齮与杨端和各领一部人马，左军沿着太行山麓前进，攻打安阳西边的防陵等城池；右军沿着黄河北上进攻安阳东边的黄城等城池。把守这些城池的赵将纷纷迎战，赵军斥候发现王翦亲自指挥的秦中军并不在这里，心中不禁充满了疑惑和焦虑。

安阳的赵军和赵悼襄王君臣都没料到，秦将王翦此时已经离开了河内战场。他悄悄地绕了一个大圈子，从河内郡取道上党郡，日夜兼程来到了赵国的橑杨（今山西省晋中市左权县）附近。橑杨位于太行山山脊的中段，是赵都邯郸与太原郡之间的交通枢纽之一。无论是从邯郸到晋阳，还是从晋阳到邯郸，在当时走这条路最接近直线。

橑杨坐落在群山中，地理位置相对封闭，民户和驻军都不太多。此城原本属于赵国上党郡，有赵上党军在旁边策应，军事安全有保障。自从上党被秦国夺取后，橑杨失去了有力的后盾，只是因为不在秦国攻赵的主要方向才没遭到攻击。谁也没想到，远在河内的王翦部秦军会突然出现。这让橑杨的赵军顿时乱了阵脚，来不及组织有效的抵抗。

王翦凭借兵力优势没费多大力气就攻克了橑杨城。他让士兵们稍做休整，然后奔向下一个目标——阏与（今山西省和顺县西北）。

阏与也是秦军的伤心地，当年赵军名将赵奢在这里击败秦将胡阳，被赵惠文王封为马服君，留下了"狭路相逢勇者胜"的千古美谈。由于赵奢在长平之战前就去世了，秦军众将没有找到复仇的机会。王翦率军踏上此地，倒不是为了给几十年前的败仗雪恨，主要是因为阏与这座要塞位于另一条邯郸与晋阳之间最接近直线的通道。

阏与赵军的处境与橑杨赵军差不多，任何方向的援兵都要翻山越岭一段时日才能赶到。求援的使者已经派出去好几拨，可是眼下赵国的北方边防军和邯郸京师军中的大部分兵马远在燕地，根本来不及回师。镇守赵齐边境的东阳河外之师也要收缩到邯郸南郊，加强赵长城防线的守备力量，准备随时顶住来自桓齮、杨端和部秦军的冲击。阏与守军不坚守一个多月，根本等不到其他赵军的救援。

阏与要塞依山傍水，群山之间的道路险要狭窄。难怪当年赵奢形容在此地作战好比是两只老鼠钻进了洞穴中，双方都没有施展奇谋妙计的余地，唯有硬碰硬地杀出一条血路，比的就是战斗意志和军事素养。

王翦吸取了当年秦将胡阳的教训，先派兵占据了阏与周边山头的制高点，不给赵军反击的机会。他在行军打仗上还有个绝活：善于让士兵在各种艰苦的作战环境下保持充沛的体力和高昂的斗志。王翦麾下的秦军锐士们个个都想做第一个攻上阏与要塞的人，立下"先登"之功，从秦王那里获得高爵重赏，成为家乡父老引以为傲的军功爵新贵族。

阏与的赵军竭力防守，但架不住秦锐士视死如归的进攻，最终全军覆灭。

阏与和橑杨的陷落意味着，秦国太原郡军可以经由这两座城把守的通道进攻太行山以东的赵国腹地。王翦有意将自己拔城的消息散布出去，派出少量人马冒充大军进行佯动，以便把敌国统帅的注意力吸引过来，诱使其分兵把守，削弱河内方向的兵力。

果然，赵悼襄王君臣误以为秦太原郡军真要从这个方向出击，连忙从南线抽调兵马，警戒可能从邯郸西边出现的敌人。殊不知王翦已经率中军主力悄然南下，再次返回河内战场。

话说在王翦长途奔袭橑杨和阏与时，桓齮与杨端和已取得很大进展。左军多次击败赵军，攻克了安阳以西的各个城池；右军也顺利拿下黄河沿岸的城池、亭障、渡口。胆敢出城迎击的赵军在野战中完全不是桓齮的对手，往往会丢下多具尸体后落荒而逃。杨端和组织攻城有条不紊，总能在试探性进攻中找出敌城防备的薄弱环节。两位秦将合力攻克了包括邺县在内的多座城池，安阳即将沦为一座孤城。

赵悼襄王害怕失去安阳这个邯郸的南大门。由于此前抽调部分军队去警戒橑杨、阏与方向，邯郸现有的兵力很紧张。尽管如此，他还是咬着牙派出了所有能派的军队去进攻占领邺地的秦河内郡军。桓齮、杨端和合兵一处，与赵军救援之师展开激战。两军在漳水岸边打得你死我活，安阳赵军也杀出城来接应援兵。秦军连续作战，士兵们有些疲劳。赵军是救亡之师，心急火燎，锐气正盛。双方一时打得难解难分，伤亡人数争相上涨，体力和意志急剧消耗，谁能笑到最后仍是个未知数。

在秦赵两军战至白热化阶段时，王翦带着中军赶回了邺地。突然出现的王翦部秦军彻底打乱了赵军的部署。桓齮与杨端和士气大振，立即组织自己的部队发起反击。赵军援兵被击溃，向邯郸和赵长城仓皇逃窜。安阳赵军损兵折将，残部急忙退回城中。

秦军赢得了这场战争的主动权。王翦把三军合并为一军，准备集中全部兵力围攻安阳。他下令全军将士们吃饱喝足，安心休整几日就发动最后的总攻。秦河内郡军离胜利不远了，可是新的问题也不期而至。

王翦祭出了节省军费的大招

只剩下安阳一座孤城了。邯郸的兵力仅够保卫首都,暂时无兵可调。赵军伐燕之师还不能抽身回师,否则燕军趁机反攻,此前的战果就前功尽弃了。赵国君臣只好舍小就大,继续支持对燕战争,放弃安阳,退保邯郸。秦河内郡军胜利在望,唯一的问题是粮草支撑不了几天了。敌城不肯投降,不知还要花多少天才能攻克安阳重镇,总不能让将士们空着肚子攻城吧!

秦国三将军这次带了十几万兵马出征,否则也攻不下这么多城。行军打仗每多投入一万兵马,人吃的粮食、马吃的草料、冬夏被服、战车、盔甲兵器、武器装备原材料、间谍斥候的活动经费等开支也会随之猛增。十万大军日费千金并非夸张之言,只怕这还是往少了算。十万以上规模的军队,后勤压力就更大了。

三位将军清点了从赵军那里缴获的军需物资,又从河内郡各县再度征用了一批粮草,也只是多增加了数日之食。桓齮与杨端和打算暂停进攻,先派人回咸阳向秦王政申请加派军粮和兵员。等粮草到位再放手一搏,再多打一个月仗都不在话下。王翦却不同意这么做,他很清楚秦国现在的家底不够雄厚,钱粮最好省着用。

从秦庄襄王元年至秦王政十一年,秦国几乎年年支出军费,岁岁都有征伐。打输了战争,不仅花掉了财政预算,还不能通过战争掠夺和战败国的赔款来平衡收支;就算打了胜仗,有时候也因为用兵时间太长而影响了生产。旱灾、蝗灾、大疫病集中爆发那一年,秦国没少吃苦头。秦王政以铁腕平息了嬴成蟜和嫪毐掀起的内战,可这种在自家土地上爆发的战争,赢了也没有什么收益,由此造成的破坏又使直接或者间接的财政支出增多了。

此外,新占领的地盘划定为新郡县,不可能只是一味榨取,如果此前战争破坏得太厉害,国库又少不了要拨款来"输血"。这些都使秦国这十几年的财政状况一直处于比较紧张的状态。

从秦王政元年开始在关中修建的郑国渠计划要修三百余里,由于该渠的工程量浩大，关中民力基本上被套牢了。关中地区可征发的预备役军人和民夫大大减少。韩桓惠王献给秦国的水利工程师郑国暴露了间谍身份，但嬴政还是特赦他继续主持修渠。说到底还是因为秦国朝野迫切需要这样一个大型水利工程来改良渭水北岸的盐碱地，确保关中农业不受旱涝灾害的影响。

郑国渠工程还没收尾，改良的土地也需要几年才能丰收，所以秦国这些年来更多依靠边郡军民的力量来打仗，这对边郡经济的影响很大。比如，河内郡和三川郡连年征战，压力日益增长。王翦等人不惜投入重兵攻取邺地，也是为了解决这个问题。

魏国名臣西门豹曾经大修河渠引漳水灌溉邺地，河内郡因此大富，由此可见邺地对河内郡经济增长的重要性。王翦夺得此地，意味着秦国获得了离伐赵前线最近的粮食生产基地，积攒几年粮草，将来供养数十万大军北伐邯郸都不成问题。不过，这也是未来才能看到的景象，解不了此时的燃眉之急。

王翦不是一个满脑子只有打仗的将军，他还有着政治家的头脑和战略家的眼光。他要求自己指挥的每一场战役必须获得胜利，必须避免国家财政被战争拖垮，必须让战争为国家带来红利。王翦的想法是，以尽可能小的代价和尽可能短的时间结束这场战争，秦河内郡军没有对孤城安阳实施长围久困的物力财力。向咸阳申请调拨粮草，一来一回要耗费不少时日。战争如果拖得旷日持久，军队的士气就会衰退，国家财政开支压力会与日俱增。

另一方面，赵国伐燕大军迟早会在平定燕地后南下救援。届时安阳赵军跟赵军援兵里应外合，围城的秦军会因为实力下降而很容易被击败。考虑到燕国渔阳郡遥远，赵军发动战争的规模又很大，秦军若能在二十天内攻克安阳，就可以赶在赵军主力南下之前结束战斗，比敌军更早进入休整状态。即使赵国大军千里迢迢赶来，也不会愿意拖着疲惫的身躯重新攻打秦军镇守的十座城池。

既然加法难做，那就做减法。王翦没法在短时间内搞到大量军粮，但可以减少吃饭的嘴。他在包围安阳后不久就下了一道特殊的军令：俸禄等级在

"斗食"以下的人全部回国，全军按照十抽二的比例进行缩编。

秦国官民都要服兵役，没有爵位的平民一般担任普通士兵，官吏按照俸禄等级成为对应级别的军官。斗食就是全年俸禄不足一百石米的最低级别的小吏，在秦军中的地位相当于伍长、什长。秦军的编制是五人编为一个伍，设一名伍长；十人编为一个什，设一名什长。百人队、千人队、万人军团都是以什伍为基础组建的。所以，从十人中挑选两人留在军中，实际上就是让普通士兵回到后方老家，把军官重新整编成一支精干军队。

经过缩编后，包围安阳的秦军只剩下原先的五分之一，兵力为两三万人。吃饭的嘴一下子减少了五分之四，原本军粮紧张的情况得到缓解，留在前线的部队可以再多打几十天仗。王翦用这个办法大幅度压缩军费开支，但并没有削弱秦军的战斗力。否则，他也不敢托大，用原先五分之一的兵力去攻打安阳重镇。

现在这支秦军，堪称河内郡军的"军官教导团"。普通士兵都由身经百战的伍长、什长来充当，基层战队多为指挥五十人的敦长与指挥百人的卒长等各级军官。毫不夸张地说，秦河内郡军的精华尽在王翦缩编的这支部队里。

古代军事家常说，兵不贵多而贵精。这是因为古代军队中战斗骨干通常只占全军三分之一甚至更少，还有相当一部分士兵承担后勤杂役，战斗力相对较弱。如果这些战斗骨干被击败，全军都会散架溃逃。很多军队看着数量庞大，但真有战斗力的精锐未必多，大部分人可能只是来凑数的。所有以少胜多的著名战例，奥妙就在于打击敌军最有战斗力的部分，让其他敌军丧失斗志不战自溃。

别看包围安阳的秦军人数锐减，但从上到下个个精锐，实际战斗力并未下降。反而由于规模精减，更方便王翦等三位将军进行更加细致、灵活的指挥。

当然，如果敌军人多势众，单凭少量精锐打仗还是容易顾此失彼、后继乏力，所以任何名将只要条件允许，都希望尽可能多带一些兵马，保持对敌军的数量优势。

王翦敢于大搞缩编裁军的另一个原因是看穿了安阳赵军的虚弱。安阳赵军在此前的战斗中遭到重创，周边九城的陷落和王翦部秦军的突然出现让他们震惊，邯郸援兵的败退让他们绝望。虽然安阳城内储备了不少粮草，但想要长期坚守一座孤城，只有粮草也是不够的。守城将领要智勇双全、能够服众，士兵要训练有素、装备齐全、士气高昂，城中的男女老少要能听从号令积极支援前线，能从城外找到救兵……遗憾的是，其中大部分条件安阳赵军都不具备。

看到秦军撤走大部分围城兵马，安阳赵军又燃起了突围的信心。他们挑选敢死之士组成突击队，打开城门攻了出去。谁知这两三万秦军的军事素养很高，普通士兵能以一当十，许多军官有百夫莫敌之勇。安阳赵军几次突围，都被秦军打退。

王翦很有耐心地观察安阳城附近的地形，寻找城防的弱点。他让将士们时不时攻一下城，从心理上打击敌军的士气。他还派出间谍在城中散布各种流言，让守将和军民相互猜忌，不断分化瓦解他们。

时间一长，偷溜出安阳城的人越来越多，不是被巡逻的秦军抓住，就是来主动投降。十多天后，城中的情况渐渐被王翦摸清了。他判断发起最后总攻的时机到了。

王翦站在高高的木台上，与秦王政派来的监军御史等人一同观战。桓齮与杨端和在前线排兵布阵，组织各部人马攻城。

按照秦军的作战传统，将军会在开战之前划分好各军负责攻打的城墙地段，然后各军在突击队的带领下冲锋。突击队由十八名"陷队之士"组成，通常是那些渴望立下功勋换取官职爵位的人。需要注意的是，入选陷队之士的人必须勇往直前、浴血杀敌，后退者将面临严厉的惩罚。

秦军再次凭借各种大小攻城器械猛攻安阳城。守城的赵军已经撑到了极限，不断有城墙被秦国军官教导团突破，剩下的军民最终成了秦军的俘虏。

孤城安阳再次改姓秦，此后一直作为秦军灭赵的进攻跳板。

从三军合并为一军到缩编精兵，再到攻克安阳，王翦一共做了十八天上将军就结束了这场黄雀在后的军事行动。他的一连串动作很快，直到秦河内郡军全面休整时，赵国伐燕大军都还没跟燕国打完仗。

这场战争对秦赵双雄未来的国运大决斗产生了深远的影响。

首先，赵国政局陡然生变。赵国虽然从燕国那里得到了渔阳郡的大部分地盘，但又被秦国夺走了共计十二座城。十二座城听起来似乎没有一个郡大，但邺地比燕国渔阳郡要富庶许多。此外，这场败仗让赵悼襄王的身心健康受到了严重的创伤，最后在这一年去世。他临终前的心情也许跟嬴政他父亲秦庄襄王在河外之战大败后的心情差不多。

其次，秦国河内郡增加了一片天下闻名的富庶之地。河内秦军的各级军吏在攻克安阳的战斗中得到了很好的锤炼，为秦国接下来扩充数十万伐赵大军做好了军官的人才储备。河内郡军后来成为秦灭赵功勋部队之一。

回过头来看，假如秦国攻打邺地的战争失利，财政就会更加困难。后来秦国的一系列战争的进度都会被打乱，秦灭六国之路将变得更加漫长曲折。王翦在战争后期非但没有要求朝廷加派兵马钱粮，反而大幅度裁减军队，以最少的军费开支高效达成目标，此举也间接帮助了关中军民早一步完成郑国渠工程。

郑国渠为秦国增加了四万余顷高产田（这些田的亩产量达到了战国时期秦国的巅峰水平），关中地区的粮食生产及储备能力有了质的飞跃，从此不再有凶年。秦国南有都江堰、北有郑国渠，在长江上游和黄河上游各有一个旱涝保收的天府之国。有了这样的经济基础，秦国才能在灾异频发的战国晚期率先摆脱困境，具备统一天下的综合实力。

自从秦国变得"不差钱"以后，王翦再也没有打过像这样的省钱仗，而是成了中国战争史上著名的"烧钱"将军。王翦在攻克安阳后就离开前线回咸阳复命，把自己整编的军官教导团的指挥权移交给了桓齮。在本次战斗中消灭赵军最多的秦将桓齮继续坐镇邺地，奉秦王政之命全权负责下一轮对赵战事。当时谁也没想到，秦赵大战的过程会如此曲折反复，桓齮即将遭遇秦国最难对付的头号劲敌。

两次先胜后败，悍将桓齮遭遇秦军克星

秦国三将军攻取赵国邺地的第二年，旱灾又一次席卷全天下。整个春季滴雨未下，河流干涸，土地龟裂，庄稼枯死。宝贵的雨水直到夏六月才从天而降。战国七雄中水利不够发达的国家，都面临粮食大减产和饥荒的困扰。秦国有都江堰和郑国渠撑着，新得的邺地也有西门豹水渠灌溉，日子过得比其他六国宽裕得多。

这一年，文信侯吕不韦在自己的封地喝毒酒自杀了，他的数千宾客合力将其葬于洛阳北邙山。秦王政大怒，几次下令整顿嫪毒和吕不韦余党，没工夫跟赵国继续打仗。不过，他履行了跟魏景湣王之间的盟约，派出四郡之兵协助魏国击楚，把刚即位三年的楚幽王吓得不轻。

由于秦国当前的丞相是楚外戚集团的昌平君，秦王没对楚国下死手，还是把重心放在对赵战事上。他出生在赵都邯郸，在那里度过了一个被周围人敌视的童年。他的母亲帝太后赵姬虽是赵国富家女，但在邯郸有不少仇家，所以伐赵对秦王政有着特殊的意义，是一定要做的，只不过是时机和手段的问题。

统领秦河内郡军的将军桓齮正在邺地积极备战，前面就是赵长城和邯郸周边的几座重镇。赵悼襄王的儿子赵王迁即位后在赵长城防线一带布下了重兵。当时天下大旱，打大仗比较吃力。桓齮打算再多积攒一年军粮，扩充更多军队再出击，不战则已，战则必求大破敌军。秦、赵两国之间四个回合的惨烈大战即将在邺地爆发。

平阳之战，秦军最后一次发起大规模斩首行动

秦王政二十五岁那年的冬十月，镇守邺地的秦将桓齮对赵国发起新一轮攻势。他在河内郡大兴兵，原先参与攻邺之战的秦军将士，无论现役军人还是预备役士兵都悉数到位。前年攻克安阳的有功军官们摩拳擦掌，迫切希望这次出征能再立新功，头功可不能让其他郡的军队抢去了。

朝廷对本次北伐高度重视，把关外的几大主力军都调去了河内前线。秦国目前跟赵国接壤的主要是太原郡、河内郡、上党郡、东郡。太原郡的主要作战对象是赵国北方各郡边防军，河内郡与上党郡的主要作战对象是赵国邯郸及周边的守军，东郡的主要作战对象是赵国东阳地区的河外之师。由于河内郡同时挨着河东、上党、三川、东郡四郡，又是人口稠密、土地肥沃、民生殷实的平原地带，最利于集结大兵团，所以，河内取代上党和太原，成为秦赵争雄的主战场，关外各军陆续赶赴邺地，一路上辎重车队往返不绝。

在秦国关外众军中，三川郡军和东郡军主要跟魏韩之师交锋，在击退五国合纵联军时同赵军交过手。河东郡已经不再与赵国边防线接壤，所以河东郡军跟赵军交手机会不多，但该军是秦国老牌劲旅。现在的上党郡军是在嬴成蟜之乱后重建的部队，比较年轻，缺乏战役洗礼，战斗力相对弱一些。与赵军作战经验最丰富的还是要数河内郡军，所以，河内郡军的将士一点儿都不想把灭赵第一功勋部队的荣誉拱手让人。

桓齮为了保证进攻的突然性，让各路兵马务必隐秘行军，悄悄进入邺县、伯阳、防陵和安阳等军事据点。陆续来到邺地前线的河内郡及周边四郡的边防军逐渐增加到了近二十万人。桓齮很清楚，此战所需兵力必然要超过上回攻邺之战，因为秦军越打越靠近邯郸。邯郸是赵国首都，具备动员三十万以上的人参战的能力。他这次的作战目标是，在赵国这只"老虎"口中拔掉两颗"门牙"，一颗"门牙"叫平阳，另一颗"门牙"叫武城。

战国有好几个叫平阳和武城的地方。比如，今山西省临汾市在当时叫平阳，原为韩地，曾经做过一段时间韩国首都，此刻已是秦国河东郡下辖的一

个县。桓齮要打的这个平阳在今河北省磁县东南。赵国有两个武城，一个在今山东武城县西北。桓齮盯上的武城在今河北省磁县西南，跟平阳只有一河之隔，守护着漳河两岸的赵国领土。

平阳与武城背靠赵国南长城，连同滔滔漳河一起拱卫着首都邯郸的南郊。这两座城互为掎角，分别从东、西两面夹着秦军占领的邺县。邺县恰好位于平阳和武城之间，随时可以切断两城的交通线。三城分别是秦赵边境的桥头堡，每天都关注对方有何新动向。邺县秦军与平阳、武城赵军，都视对方为眼中钉、肉中刺。秦赵双方在这些边城屯驻的人马都不在少数，只凭几万人的军队是拿不下来的。若无万全准备，谁也不敢轻启战端，要打就肯定会演变成规模不断升级的大战。

因此，桓齮才要动用如此多的兵力。他之所以等到十月才开战，是因为秦国每年九月会把全国各郡县的粮食、金钱、布帛全部入库，物力和财力达到全年的峰值。而且十月农闲时节用兵，不会影响农业生产，可以征发参战的人也是一年中最多的。这样一来，秦国就能在对经济影响最小的情况下动员二十万大军进攻赵国边城。

河内本身是个富庶的郡，位于伐赵第一线的邺地又是河内第一的粮仓。这大大减少了秦国从后方千里运粮的后勤负担，使得秦国可以把数十万大军长期驻扎在此地，始终对赵国保持强大的军事压力。这决定了秦赵两国大决战在未来几年的基本走向。

桓齮上回给王翦做副将，这回被任命为主帅，表现欲望极其强烈。秦王政让桓齮而不是老师王翦做这次攻赵的主帅，有多重考虑。一方面，他作为秦国君主要给众位武将一个比较公平的立功机会，让大家轮流做主帅，考察每个人的军事才能，确定未来指挥全军打统一战争的最佳人选；另一方面，桓齮和王翦分别继承了秦国两种不同的军事思想，秦王在对比两种思想的优劣。

商鞅变法创立的军功爵制，主要是按敌军人头来奖励爵位，攻城另有计功标准。这种激励制度促使秦军士兵热衷于多杀人，多斩首。秦军有不少名将追求提升斩首数，喜欢打赶尽杀绝的歼灭战，全军上下常化身为杀戮机器。桓齮继承了这一派的兵学主张。

长平之战胜利后，秦军屠杀几十万赵军降卒，结果招致山东列国在邯郸之战中罕见地同仇敌忾，让秦国元气大伤。下令杀降的武安君白起开始反思屠杀恶果，坚决反对攻打邯郸，还提出了停止进攻赵国、养息民力，安抚诸侯恐惧情绪的新方略。邯郸之战的惨败，促使秦国高层重新审视原先的战法。减少杀戮逐渐成为秦军的新方针。吕不韦主政时提倡义兵说，老将蒙骜统兵也是多拔城而少斩首。王翦继承了这一派秦将的军事思想，只求胜利而不再追求多杀伤。但脾气暴躁、作风强硬的秦王政并不完全接受，仍想让桓齮多斩首敌兵。

桓齮在战前仔细分析了平阳和武城的军情。秦代时，漳河下游的河道跟今天有些不同。武城在漳河北岸，西边靠着太行山麓，离赵长城更近。进攻武城的这一路秦军得先渡过漳河才能兵临城下。平阳和邺县一样在漳河南岸，周围地势平坦开阔，交通便利，适合大兵团打野战。桓齮决定把真正的进攻重心放在平阳，想要来个围城打援，发挥自己擅长野战歼敌的优势。

秦军又一次对赵国不宣而战，以一军大张旗鼓地驱逐了平阳城外的赵军据点，包围平阳城时虚留一条生路，让平阳赵军能出去求援，吸引附近的赵军来增援平阳。桓齮同时还派出了几支军队守在赵军援兵的必经之路上，准备在野战中将其击破。

平阳周边的城邑，距离最近的是秦国控制的邺县，在漳河对岸有紧靠赵国南长城的武城，武城北面还有一座叫番吾（今河北省邯郸市磁县境内）的城。武城和番吾赵军离平阳的直线距离近，但必须渡过漳河。桓齮已经部署了一路秦军在河边设伏严阵以待。

此外，位于武城西南方的伯阳秦军埋伏在靠近漳河上游的丘陵山地，虎视眈眈地盯着武城赵军的动向。只等桓齮一声令下，伯阳秦军就会迅速通过上游的渡口过漳河，迂回穿插到武城赵军身后，争取在赵长城上撕开一个缺口。当年武安君白起就喜欢这种出奇兵迂回穿插到敌军身后的战术，目的是把敌军的退路切断，扎好围歼敌军的口袋。包括王翦在内的秦军众将都深受武安君作战风格的影响，唯有桓齮还像武安君那样喜欢把敌人杀个片甲不留。

在赵国南长城以南和漳河东岸，还有棘沟（今河北省邯郸市魏县南）和兔台（今河北省邯郸市成安县）二城的赵军。两城与平阳之间路途平坦，没什么险阻，但是两地相距较远。简单地说，安阳秦军和棘沟、兔台赵军同时以日行百里的速度赶赴平阳，前者会比后者先一步抵达战场。由于该方向的赵军援兵不如武城赵军来得快，桓齮在平阳战场不会同时遭遇所有的敌军。秦军正是要利用两路赵军援兵先后赶到的时间差做文章。

桓齮让各部人马轮流进攻平阳，守城的赵军抵抗非常坚决。平阳曾经是赵惠文王的亲弟弟平阳君赵豹的封地，不仅关系到国家安全，也牵扯到赵国王族的脸面。城中的赵军军官不乏赵豹一系的赵国王族子弟，他们怀着慷慨热血杀敌报国，要跟诸侯闻风丧胆的虎狼之师一决高下。

两军官兵互不相让，攻城的秦锐士前赴后继，守城的赵武士抱着与敌兵同归于尽的决心，谁都不是孬种。平阳赵军知道，秦军包围圈上的口子是个陷阱，如果他们突围出城，会被藏在前方必经之路的秦军伏击，虽然秦军攻势一波猛过一波，他们还是坚持固守待援，力争拖到包括邯郸赵军在内的所有援兵到来。

正如桓齮所料，附近各路赵军得知平阳告急的消息就赶紧集合人马救援友军。离平阳最近的武城赵军在过漳河时被桓齮事先设下的伏兵半渡而击之，其后撤回城的退路又被突然袭击的伯阳秦军切断，遭遇了灭顶之灾。

这一路秦军以少量兵力留守武城，大队人马再次渡过漳河与围攻平阳的秦军主力会合。桓齮集中兵力击败了从棘沟、兔台来的赵军援兵。至此，平阳周边的赵军几乎都被打残，能守住自己的城池就谢天谢地了，无力再为平阳提供支援。桓齮已经消灭了数万赵军，但他知道赵国不会轻易放弃平阳和武城的，邯郸正在组织更多援军南下。

于是，桓齮下令封锁武城已经被秦军攻陷的消息，同时让漳河南岸的秦军对平阳围而不打，把动静弄得越大越好。他让全军将士抓紧时间休整补充，准备迎接更大规模的战斗。就在这时，秦军斥候传来消息，赵王迁派了一个叫扈辄的将军驰援平阳，此人统率的兵力达十万以上。

桓齮不明白赵王迁为何没派伐燕功劳最大的李牧或者组织五国合纵攻秦的庞煖。他从间谍那里听说过，这个赵王曾经想把客居魏国的老将廉颇招回来重用，结果他派去魏国的使者被廉颇的政敌收买，回来报告说廉颇老矣，赵王迁于是放弃了这个想法。桓齮心想也许是赵王迁不太信任老将，想扶持自己的党羽吧。反正这对秦军不重要，无论赵军由谁领兵，他都会一视同仁地予以痛击。

虽然赵王迁君臣早就得到了平阳告急的消息，但是秦军兵力雄厚，不集结十万以上的人马是无法与之正面抗衡的。集结如此庞大的军队，需要很长时间。扈辄率领仓促集结的大军急忙赶赴平阳，其余后援部队还在紧张地向邯郸靠拢，随后再赶上。扈辄选择的行军路线是最短的直线，由邯郸经过番吾直扑平阳。

扈辄派出的斥候都回报说秦军主力还在漳河南岸围攻平阳。急于驰援平阳的他以为武城还在赵军手中，并没料到桓齮留在平阳外围的秦军其实是少数人马虚张声势。真正的秦军主力早已悄然渡过漳河，在武城附近等着他钻进陷阱。

桓齮在武城西边的山地丘陵设下埋伏，占领了这一带的制高点。他算到赵军这支救援之师在前往平阳的途中必须先后渡过两条河流。一条是从番吾城南流过的滏水（今滏阳河），另一条就是水流量更大的漳河，赵国南长城跟漳河离得很近。这两条河流在下游几十里处汇合，夹出了西高东低的平原地带。武城在滏水之南、漳河之北，恰好控制着两条河流之间的平原。桓齮率领秦军主力在此设伏，准备瞄着扈辄部赵军的腰眼儿狠狠来一下。

桓齮耐心地等扈辄部赵军全部渡过滏水才下令全军发起猛攻。一军穿插到滏水南岸，截断敌军的退路；一军沿着赵长城攻击正在过漳河的敌军；一军将敌军拦腰斩断。历代秦将把歼灭战锤炼得炉火纯青，哪怕是不起眼的秦军什长、伍长都熟知怎样打战术配合才能围歼更多敌人。

赵军在行军途中遇袭，首尾难以相顾。扈辄勉力指挥自己的中军稳住局势，用旗鼓传令各军赶紧重整队形，结为战阵进行防御。可是秦军动作太快太猛，没有给赵军缓过神来的机会。一些斗志不坚的赵兵开始逃跑，恐慌情绪顿时在士兵中间传播。赵军的阵型开始崩溃，逃兵沦为秦军追杀的靶子，还导致友军的阵型失去了掩护，被更多秦军乘虚而入。

扈辄见形势不妙，就想先撤退再收拢残兵重新再战。他相信十余万赵军不会被秦军一口气全部吃掉，只要能突围就有望收拢大部分残兵。可是秦将桓齮早就盯上了他这个赵军主将，集中全军最勇猛的锐士突破赵军战阵，直取扈辄的大将卫队。倒霉的扈辄被斩落下马，卫队全部战死，指挥全军的旗鼓也被秦军俘获。剩下的赵军虽然还有很多，但失去主将之后毫无战心，如洪水般溃退。秦军穷追猛打，只有少数赵军侥幸渡过滏水或者漳河，逃入周围的赵国边城。

赵国在这一战中损失巨大，先后共计被桓齮部秦军斩首十万，受伤的士兵更是不计其数，平阳和武城都被秦军占领。秦军消灭扈辄部赵军后也无力再继续扩大战果。桓齮得知赵都邯郸此时已集结了大量进京勤王的兵马，便把主力部队回撤到邺地，巩固邺县—平阳—武城防线。这场战争的第一回合以秦军大胜告终，但两国的命运对决才刚刚开始。

赵国北方边防军秘密南下，桓齮惨败而归

秦将桓齮斩首十万赵军，赵国震惊了，天下诸侯都震惊了。秦王政得到捷报后笑得合不拢嘴，他亲自来到为邺地秦军提供后援的三川郡，接见了凯旋的将军桓齮。桓齮向秦王政及其他卿相将军汇报了平阳、武城之战的情况，并提出了新的作战计划。

桓齮认为，接下来在河内战场没有战机。秦、赵两国目前在漳河、滏水两岸都屯驻了数十万军队，谁也无法一举击败对方，战局转入相持阶段。想要取得更多战果就得从另一个方向进攻，他选择的目标是赵国的中山地。

中山地与燕、齐两国接壤，夹在赵国的邯郸"首都圈"和代郡之间，此地曾经矗立着中山国。中山国为鲜虞人在春秋时所建，那时候赵国还没独立成诸侯国，只是晋国六卿之一的赵氏。中山国从建国开始就跟赵氏（赵国）关系不好，当初赵武灵王搞"胡服骑射"的军事改革，一半原因是为了吞并这个难缠的对手。经过赵武灵王、赵惠文王两代人的努力，中山地并入了赵国版图。

赵国几次北伐燕国，都是以中山地为进攻跳板。巧的是，秦国和燕国要互通商旅和使节，最短的距离就是穿过中山地。如今秦国在燕赵之地已经有几个军事据点，形成了一条断断续续的通道，可以联合燕国夹击赵国，使其腹背受敌。假如能从中山地打下一大片地盘，秦国就能把赵国拦腰斩断。赵国北方的代郡、雁门郡、云中郡、九原郡与南方的邯郸"首都圈"将不能连通。届时，秦国就对邯郸形成了"C"型包围之势，灭赵指日可待。

桓齮的计策得到了秦军众将的支持。秦国和赵国这些年一直在河内交战，赵王迁君臣的注意力完全被吸引到这个方向。如果秦军突然改变进攻方向，定能打赵国一个措手不及。于是，秦王政赞同了桓齮的计划，授权他继续全权负责对赵战事。

冬去春来，时间进入了秦王政十四年。一年之计在于春，谁也不敢误春耕。别看战国七雄互相手撕时打得凶，很少会一年三百六十五天连续不断地打大战，能打五六个月就算超期了。战国时期规模最大的长平之战，也是对峙三年积攒了海量粮草后才真正大打出手，从五月打到九月。更多时候，列国都是尽可能选择农闲时打仗，最迟在春耕前罢兵。

秦、赵两国几十万大军不事生产空耗粮食，军费烧得双方都心痛。秦国按惯例从邺地前线撤出了部分军队，让那些非现役的从军者回去种田；赵国见状也让一些士兵解甲归田。双方就这样逐渐解除了重兵对峙状态，只在各自边城屯驻数万精兵相互警戒。

但是赵国因去年惨败而不得不对全国的军事布局进行大调整，特别是扈辄之死令赵王迁担忧邯郸的兵力不够用。他下令从各地驻军中抽调精兵来填补十万大军覆没造成的空缺。离邯郸最近的中山地是重点征兵对象，守备力量有所削弱。这些都在秦国高层的意料之中，但秦王政和桓齮没料到的是，赵王迁为了保卫邯郸，居然让相邦李牧把北方边防军主力一并带了过来。

秦军众将对李牧不陌生，却也不熟悉。说不陌生是因为李牧曾经在秦王政四年出使秦国，促成了秦赵归还人质的外交成果。桓齮和王翦等秦国高级将领应该在咸阳大殿上见过他。说不熟悉是因为李牧此前一直没跟秦军众将交过手。大家只知道，此人治军有方，曾经在多年前打得十余万匈奴骑兵大败，近年来又打得燕军找不着北。

赵王迁原本并不像父亲赵悼襄王那样信任李牧，开始想让扈辄来建立武勋，结果被秦人破军杀将。邯郸方面军锐减十万，万一秦国再向邺地增兵，军事平衡就会被打破。事已至此，赵王迁不得不向形势低头，任命李牧为大将军，让他把自己的嫡系部队——雁门、代郡边防军调来保卫邯郸"首都圈"。就在李牧北上边疆老根据地整顿兵马时，秦将桓齮率军出发了。

桓齮让河内郡秦军以佯攻吸引赵国邯郸之师的注意力，自己率领秦国上党、太原二郡之兵东征赵国中山地。他走的是太行八陉之第五陉——井陉。井陉是连通山西、河北的要冲，也是从太原、上党去中山地和燕地的必经之路。在井陉通道的西出口有号称"天下九塞之第六塞"的井陉塞，这座要塞在今河北省石家庄市井陉县的井陉山上，曾经是晋国、中山国、赵国兵家必争之地，现在是秦赵双雄必夺的咽喉要冲，目前在赵国手中。

由于在山上行军不易，桓齮部秦军比攻平阳时精简了许多。他严明号令，谨防赵军提前察觉秦军大部队正在向中山地进军。井陉是河流切割太行山脉形成的峡谷通道，包含多条偏僻的山间小路（古人称之为"间道"）。道路两边是峻峭的石壁，车辆无法并行，骑兵无法排成横列，与崤函古道一样非常狭窄。行军队伍会被拉得很长很长，粮草辎重远远落在后面。赵军一旦知晓，必定会派骑兵从某条间道迂回到秦军侧后切断粮道。到那时，秦军进退失据，只能败退。大概是因为邺地秦军的佯攻足以以假乱真，赵军众将还以为秦军主力部署在河内，没料到桓齮神不知鬼不觉地攻克了井陉塞。秦军从井陉进入中山地的核心地带——滹沱河冲积平原。

滹沱河把中山地一分为二，两岸的城邑星罗棋布，大多是昔日中山国重镇。由于赵国四处扩张，中山地已经从边疆变成了内地，与北方各郡隔着太行山、恒山，与南方的邯郸"首都圈"隔着先秦九大湖泊之一的巨鹿泽（又名大陆泽）。先秦时的华北平原不像今天这么容易干旱，还有大大小小的湖泽，巨鹿泽就是这一带最大的湖泊。当初中山国就是以这个天险与赵国叫板了许多年。即使现在，赵国邯郸之师北上中山地也只能从巨鹿泽的东西两侧绕行。秦将桓齮就是要利用这一点来作战。

秦军一出井陉就击败了屯驻在东垣（今河北省石家庄市的东古城）的赵国中山之师主力，随后进攻滹沱河南岸的赤丽（在今河北省石家庄市东、正定县南一带）。赤丽城守军完全没有想到秦军会从井陉过来偷袭，慌得手忙脚乱，赶紧派人四处求援。周边各城闻讯纷纷派出军队增援赤丽，想要挽回中山之师首战失败的不利局面，但此举正中喜好野战的秦将桓齮下怀。

赵王迁从中山地征兵补充邯郸之师的减员，削弱了当地的兵力，再加上中山之师久处腹地，不像邯郸之师与北方边防军年年要打仗，防务和训练都很松弛。中山之师参与的更多是攻打燕国的顺风仗，缺乏与秦军交战的经验。不过，正因为没经历过多少恶仗，这个地区的赵军不像邯郸的赵军那么畏惧秦军。中山的赵军将领认为秦军孤军深入，应该趁其立足未稳时予以重击，充分发挥赵军的主场优势。

然而，双方一接手，高下立判。这支秦军从将军到士兵都有丰富的作战经验，而且深入敌境四面受敌，不敢不拼死一战。桓齮如饿虎扑入羊群，杀得中山赵军哭爹叫娘，连连败退。他在掩杀了一阵后停止追击敌军败兵，转而加强了对赤丽城的进攻，很快将其拿下。他趁着全军士气正盛，继续进攻赤丽南边的宜安（今河北省石家庄市藁城区西南）。

别看桓齮的作战计划很生猛，他实际上也暗藏了三分小心。老将军蒙骜生前也从这个方向出兵，攻打了赵国三座城，构建了秦燕通道的军事据点。但那三座城池都在滹沱河北岸，从井陉塞打到这三城需要渡过包括滹沱河在内的多条河流。而且骁勇善战的赵国北方边防军翻山越岭南下，一定会出现在滹沱河北岸的原中山国首都灵寿（今河北省石家庄市灵寿县）。如果秦军没打赢，想渡过滹沱河到南岸退守井陉塞就不容易了。

滹沱河南岸平原广袤，城池众多，没有那么多水网，利于车骑驰骋、大军展开。最重要的是，中山之师是赵军中战斗力最弱的一部人马。桓齮认为，在这一带给赵国来个开膛破肚比较爽，万一形势不利，还可以马上退回井陉塞据险而守。他攻打宜安是为了给赤丽增加一个互为掎角的军事据点，以便更好地沿着滹沱河南岸进军。

宜安的赵军守将在战斗中阵亡，士兵们士气极其低落，又无援兵，就丧失了战意，被秦军一举降服。由于赢得太顺，桓齮开始飘了，没有抓紧时间休整军队，反而马不停蹄地杀向几十里外的肥城（今河北省石家庄藁城区一带）。

肥城曾经是肥国的地盘，肥国是中山国鲜虞人的属国。公元前530年，晋国将军荀吴攻打鲜虞人时灭了肥国。肥地从此成为晋国地盘，后来被中山国吞并，中山国灭亡后又归入赵国的疆域。肥城紧挨着滹沱河，守着一个重要的渡口。桓齮打算攻下此地，准备渡河，同时防止赵国北方边防军从这里渡河。可是他压根儿没想到，李牧部赵军已在肥地恭候多时。

桓齮虽然有所戒备，但他以为赵国北方边防军不会这么早南下。其实，李牧得知秦军杀出井陉塞的消息后，就加快了行军速度。这一路赵军走的是赵武灵王灭中山国后修建的代道。代道起于灵寿，终于代郡治所代县（今河北省张家口市蔚县代王城），中途要经过太行八陉的第六陉——飞狐陉和著名的常山（三国蜀汉名将赵云的老家）。李牧部赵军有众多车骑部队，又多年在塞外征战，具有很强的机动能力。秦军在赤丽作战时，他的部队就悄然进入中山地了。

但是李牧没有率军直接渡过滹沱河驰援赤丽，而是趁桓齮部秦军跟中山赵军交战时向肥城急行军，隐秘而迅速地从下游渡河，在肥城附近布下重兵埋伏。他认为，桓齮部秦军锐气正盛，不宜过早与之争锋，应该先消耗其实力再寻机作战。所以，他隐藏踪迹，提前埋伏在秦军下一个进攻目标附近，静静等待秦军的到来。无论赤丽和宜安的赵军被桓齮打得多么惨，他硬是引而不发，坐视友军消耗秦军的箭矢和体力。

李牧是个非常有耐心的战场指挥官。他当年为了打匈奴，顶着朝堂上的非议和士兵们的白眼按兵不动，直到匈奴单于完全不再把他放在眼里时才动手。他把牛羊和百姓放得漫山遍野都是，小股匈奴骑兵进犯时，他让戍边士兵故意战败，任由敌军杀掠数千人。凭着这份不动如山的冷酷，匈奴单于终于上钩了，领着大部队一头钻进了李牧的伏击圈……

如今的秦将桓齮也像那个倒霉的匈奴单于一样，对突然出现的赵国北方边防军目瞪口呆。他一眼就看出，眼前的赵军跟此前打过的任何一支赵军都不同，这支军容严整、装备精良、士气高昂。桓齮毕竟是曾经斩首十万赵军的悍将，遇到劲敌也不肯退让，反而被唤醒了求胜之心。他下令猛攻李牧摆下的堂堂之阵。

赵国北方边防军实力非常雄厚，但由于常年征战胡地，中原列国对其了解不多。李牧在与匈奴决战前从中挑选了一千三百乘战车、一万三千名骑兵和五万名能破敌擒将的百金之士和十万名善射的步兵。如果再加上负责后勤工作的"厮养卒"，赵国北方边防军的总兵力保守估计已经超过了二十万兵马。这支军队歼灭了十余万匈奴骑兵，又征服了叛赵的诸胡部族，赵国西北各郡再次恢复了赵武灵王巅峰期时的盛况。他这次带着十余万边防军主力南下，五万百金之士与轻车骁骑也在其中。

李牧喜欢把精锐部署在左右翼，中军以严密的防守顶住敌军的进攻，在时机成熟时张开左右翼夹击对方。他以这种战法打得匈奴十多年不敢靠近赵国边城。桓齮的进攻虽然猛烈，但秦军连续攻克两城，体力远不如赵军。一鼓作气未能攻克，再鼓、三鼓仍未撼动敌阵，冲锋变得仿佛钝刀割肉一般费劲，这让素来藐视敌军的秦军士兵变得焦躁了。

桓齮正为进攻不顺火冒三丈，后方又突然传来宜安被赵军夺回的消息，他心头一紧，大叫不好，赶紧鸣金收兵。原来李牧早就分出一支奇兵从远处迂回到宜安附近，等着桓齮率领秦军主力在肥下与自己交战时突然攻城。秦军留守兵力不多，再加上投降的宜安赵军趁乱生事，就被李牧这支奇兵全部消灭了。

宜安一丢，秦军进退失据，桓齮急忙率众往井陉塞撤退。李牧大军在后面紧咬着不放，顺势收复了赤丽城，在追击中杀敌无数。秦军残部好不容易才逃入井陉塞，丢下粮草辎重堵塞井陉，狼狈地通过井陉逃回秦太原郡。桓齮险些命丧战场，所有的战果都化为乌有，随他征战的大部分士兵都客死异乡。就这样，赵国赢得了秦赵大战的第二回合。李牧被赵王迁封为武安君，跟秦军战神白起一个封号。他的北方边防军一夜之间成为天下人眼中比秦国虎狼之师更厉害的王牌劲旅。

秦国兴兵攻赵，两路大军进展各异

接到战报的秦王政大怒，气得差点儿想军法处置败将桓齮，但他还是冷静了下来。当初蒙骜老将军也是大败而归，后来发愤雪耻，为秦国打出了一个大好局面。秦王认为应该给桓齮同样的机会，毕竟此人十分忠诚，又几次在对赵战事中立下大功，不能因为一次失败就放弃他。秦王召开紧急朝会，与众位文武重臣商量下一步对策。

就实而论，桓齮战败给秦国造成了不少损失。但总的来看，秦、赵两国四年三次交锋，秦国赢了两局，输掉一局，比分上不落后。从实际战果来看，赵国丢掉了大片领土而秦国扩大了版图；桓齮部秦军伤亡殆尽，但赵军被消灭了十几万人，兵力损失严重得多。李牧虽然赢得漂亮，但只是在赵国本土打的防御战，没有反攻到秦国。秦强赵弱的基本格局并未变化，战争的主动权依然在秦国一方。

秦王政问计于老师王翦。将军王翦从桓齮的惨败中察觉到了赵国的一个致命弱点——"人才板凳"厚度不行。现在的赵军只有一个像李牧这样的军事天才，其他将领依然不是秦军众将的对手。赵国那么大，一个李牧守不完。既然李牧率领北方边防军大举南下守卫邯郸、中山之地，那么赵国西北诸郡必定空虚。如今秦国兵强马壮、人才济济，钱粮物资不可胜数，完全可以大举兴兵，派出两路大军同时攻打赵国。到那时，赵军无法两头兼顾，只能集中兵力守住一个方向。秦军只要在一个方向取得突破，就能先断赵国一臂。

赵国疆域被号称"天下之脊"的太行山分成了好几个板块。太行山东侧的华北平原有东南的邯郸板块、中部的中山板块（原中山国地盘），太行山北侧有代郡、雁门郡、云中郡、九原郡（还有从燕国夺取的上谷郡和渔阳地）等几个板块，太行山西侧有太原板块、上党板块。如今太行山以西的太原、上党两个板块均被秦国得到，秦国接下来要打的不是太行山以东的邯郸、中山板块，就是太行山以北的四个边郡。

王翦的计谋是：一军继续从邺地出击，对邯郸保持压力；另一军则在太原集结，北上攻打赵国的雁门郡。他很清楚现在还不到灭赵的时候，秦军不具备一举包围邯郸的实力和战机。邺地方面军虽然兵力较多，但主要敌人是邯郸之师和屯驻中山地的李牧部北方边防军，他们没法抽身翻越太行山去救援千里之外的西北边郡。太原方面军才是本次作战真正的主角。如果能拿下雁门、云中、九原三郡，赵国就只剩下邯郸、中山、代郡三个板块，实力会进一步下降，离灭亡就更近了。

秦王政很欣赏这个宏伟的作战计划，与群臣商量了具体细节。秦国暂停了所有的军事行动，清点全国各郡县的家底。该运粮草的运粮草，该造兵器的造兵器，该养牛马的养牛马，该训练新兵的训练新兵。经过整整一年多的各项准备，秦国把两路征伐军都扩充到了更大规模。

秦国的邺地方面军以河内郡军为骨干，集结了黄河以南各个秦郡的兵员，甚至连长江中游的南郡都选派了吏卒参战。此外，臣服于秦国的韩、魏两国组成联军，与这支秦军一同伐赵。太原方面军则以太原郡军为基础，增加了来自内史（关中地区）、上郡、北地郡、陇西郡等地的大批材官、骑士。

材官指的是步兵，骑士是骑兵。在秦国军制中，朝廷会从每年的新兵中选拔勇武善战的人做材官、骑士。这些人退役后转为预备役的材官、骑士，每年农闲时还要训练、考核武技。每当秦国要兴兵出征时，都会优先征发这些军事素养出众的预备役军人。这项制度使得秦国满大街不是现役军人就是预备役军人，没有当过兵的、缺乏战斗经验的人反而是少数。

这次，秦王安排王翦为上将军节制众将；将军桓齮继续指挥邺地方面军，给他一个报仇的机会；青年将军李信被破格任命为太原方面军的总指挥，李信是秦国内史槐里（今陕西省兴平市东）人，是骑士出身的新锐战将，有一手出色的家传骑射功夫，善于长途奔袭和连续追击的运动战法，并且具备指挥大兵团作战的潜质。

秦王政在用人方面一贯很有魄力和想象力。他打算启用更多年轻的将军，让秦国将军团队实现老中青结合，打造一个高级军事指挥官人才梯队。除了李信外，王翦的儿子王贲和蒙骜的孙子蒙恬也是军中冉冉升起的新一代将星。我们会在不久的将来看到他们驰骋疆场的身影。

邺地战区的事讲得够多了，我们暂且按下不表，来讲一讲将军李信负责的太原战区。自从蒙骜老将军击定晋阳叛军后，秦、赵两国还没在这个方向打过仗，一晃眼十四年就过去了，这一带的边疆形势也跟往日有所不同。

赵国收复狼孟后，秦国再没有从太原继续北上。此时的秦国太原郡相当于今天山西省太原市、晋中市和吕梁市的总和，比起后来的秦朝太原郡少了忻州盆地。这也不奇怪，因为忻州盆地的南出口是狼孟，一个主要北出口就是勾注塞（即大名鼎鼎的雁门关）——李牧当年防备匈奴的地方。也就是说，这里曾经是李牧嫡系部队雁门、代郡之师长期驻扎的地方。

从这个角度来看，秦太原郡军主力能在最近十四年中顶住赵国北方边防军的压力，没有让对方再攻下晋阳，已经很了不起了。当然，这主要还是因为李牧的作战重心不是匈奴和诸胡，就是燕国，他此前也不想跟秦太原郡军打旷日持久的拉锯战。李牧最擅长的还是数年如一日精心准备陷阱，再厚积薄发给敌军雷霆一击。如果敌军的防守没有破绽，他会耐心等待时机、创造时机。

由于桓齮斩首十万赵国邯郸之师，对邺地方向的两国军事力量对比造成了巨大影响，李牧不得不率领大军南下保卫千里之外的邯郸。他苦心经营的北方边防军数量庞大，抽走了大半人马依然有将近十万之师坐镇。可是这样一来，赵国西北各郡的守备力量锐减十余万，特别是李牧嫡系部队的离开，让该方向的赵军战斗力整体下跌了一个档次。这也是秦国高层敢于起用年轻将军的一个重要原因。

秦将李信第一次独自负责一个方向的战事，胸中豪情万丈，气吞吕梁、太行。他在战前下了许多功夫，把太原方面军的人员、装备都轻装化，使之更适应赵国代地的作战环境。代地与胡地相连，很早就是华夏人与诸胡部族杂居的状态，农耕和游牧两种经济模式并存。当年赵武灵王大搞"胡服骑射"，也是立足于代地边防的实战需要。为了击败赵国北方边防军的胡服骑兵，李信集中了大量秦国各郡征发的骑士和轻车士。在先锋军一切准备就绪后，李信挥师突袭狼孟城。

秦太原郡调运军需物资的动静那么大，狼孟赵军并非没有察觉，但他们对秦将李信的名字感到陌生，误以为此人率领的只是一支偏师，不像对王翦、桓齮、杨端和等秦军老将那么警惕。再加上李信并不像前辈们以大军正面进攻，而是率领精干灵活的轻锐之师突然奔袭，十四年没跟秦军交手的狼孟赵军反应不及，败下阵来。

李信挑选的精兵都是敢于以少打多的壮勇锐士。狼孟外围的赵军亭障还没来得及发出报警信号就被消灭了。秦国太原方面军大部队蜂拥而至，团团包围狼孟城。李信一面分兵攻城，一面占据狼孟附近的有利地形，等着赵国北方边防军过来挨打。

屯驻在忻州盆地的数万赵国雁门郡军火速南下驰援，跟李信部秦军展开激战。这支赵军也是李牧留下的老部队，战斗力不俗，有威震匈奴的车骑部队。可李信手下的秦军车骑部队也是天下一等一的王牌劲旅，其中包括当年打得赵太原郡军甘拜下风的上郡骑兵，攻灭义渠戎国的北地骑兵，镇守秦人祖地、令西戎骑兵望风而逃的陇西骑兵。论骑射功夫，李信的部队丝毫不亚于赵军胡服骑兵。秦军车骑在硬碰硬的正面交锋中击败了赵军车骑。赵军步兵也被秦军的车骑与步兵合力击溃。

李信留下一部分步兵继续攻打狼孟城，自己则率领车骑轻锐为前驱追击赵国北方边防军，太原方面军大部队紧随其后。赵国北方方面军历来以机动灵活见长，胡服骑兵军团常在溃败时像游牧民族一样迅速脱离战场，找个地方重新整队后再反攻敌军。谁知李信部秦军穷追不舍，在这场竞速赛中压制住了敌军，没给任何反击机会。

这支赵国边防军最终被李信部秦军成建制地消灭，再也无法恢复。落单的狼孟城也被攻陷，忻州盆地的各座赵城失去了军事上的顶梁柱。秦国太原方面军得以横行无忌，从容地攻打沿途的赵国城池，就连勾注塞都因为守军兵力不足而被秦军夺取。秦太原郡的疆域从此变得更辽阔。

当捷报传回咸阳时，秦王政大喜，又向太原郡增派了更多兵马，好让李信部秦军继续扩大战果。李信花了很大力气巩固新占领的地盘，用缴获的赵军战马、兵器、粮草补充消耗。他遵循着上将军王翦的部署，吸取桓齮轻敌冒进招致兵败的教训，在大军休整完毕后才继续北伐。

李信率军从勾注塞北上，击败了雁门郡赵军残部，兵分几路攻略赵国雁门郡的城邑。他一直很警惕雁门郡东边的赵国代郡边防军会突然袭来，正如代郡军警惕他一样。代郡军也是李牧留在北方边疆的留守部队，精锐程度仅次于李牧带走的嫡系主力。代郡军将领知道秦军人多势众，硬拼的话恐怕会让赵国北方边防军失去最后的精锐，便派兵严守雁门郡和代郡之间的各个通道和隘口。至于雁门郡西边的云中郡和九原郡，只能自求多福了。

由于赵国北方边防体系严重受损，李信部秦军长驱直入，势如破竹。李信率军攻克了雁门郡后又挥师攻打赵国云中郡。臣服于赵国的诸胡不是逃遁，就是投降秦国。秦国太原方面军高歌猛进，在接下来几年中把离邯郸最远的赵国几个边郡一步步收入囊中。从秦国回燕的太子丹也因此生出了联赵抗秦的念头。李信因为这个战功深得秦王信任，他很快脱颖而出，晋升为决策层的高级将领。

秦国在太原战区赢了秦赵大战的第三回合，但邺地战区的进展就慢多了，桓齮指挥的秦、韩、魏联军尚未与赵军决出胜负。上回秦军战败后，赵国趁机在邺地出手，收复了桓齮夺取的平阳和武城，加强了赵南长城一线的防御。于是，桓齮指挥有韩魏之师辅助的秦国邺地方面军再次攻打平阳、武城，经过反复争斗才重新夺回，并成功使赵国邯郸军把防守重心放在了这里。

上将军王翦主要盯着李信这一路，随时防着年轻小伙因骄傲轻敌而翻车，让老战友桓齮自由发挥。他想让邺地方面军对邯郸赵军以牵制为主，不再以争夺城池为要务。只要桓齮能保持对邯郸的压力，迫使李牧的北方边防军不敢轻易折回西北战场，就算圆满完成任务，但是桓齮咽不下这口恶气，自由发挥得过火了。

桓齮征战多年，与王翦一同为将，歼灭敌军的数量不仅超过了王翦，甚至比老蒙骜都多。后起之秀李信进步神速，令他这个老将感到了长江后浪推前浪的压力，不想被年轻人盖过风头。桓齮打得赵军众将不敢直撄其锋，却被李牧打得差点儿成光杆司令，在秦国朝野大失颜面。他固执地认为，此仇不报，何以为大秦悍将，军中狠人？

在击败平阳、武城赵军后，桓齮信心大增，下令邺地秦军与韩魏友军继续大举北上掠地，好让邯郸城里的赵王迁早一点儿听到秦军的战鼓声。而他率军渡过滋水，猛攻番吾城。他还有个私心，想吸引李牧过来再打一仗。这个愿望很快就会实现，因为李牧也是这样想的。

番吾之战，秦军克星李牧破军杀将

秦国同时发起两路进攻，赵国要戒备的方向却不止两个。因为秦太原郡不光是赵国西北诸郡的威胁，还控制着井陉的大部分路段，瞄着堪称赵国腰腹的中山地，桓齮上次就是从这里打过来的。在太原集结的秦军，既能北上，也可以东进。这两个方向都是赵国不得不戒备的，后者尤为要命。

战争爆发后，大将军李牧手握赵国兵权，可以调动国内所有兵马。他指挥北方边防军坐镇中山地，以便警戒井陉塞的动向，同时也利于随时去支援邯郸"首都圈"或者西北诸郡。至于要救哪边，还得等形势明朗了再看。秦将李信攻克狼孟后北击赵国雁门郡，李牧据此判断李信的意图是攻打西北那几个郡，中山地不是秦国这次的目标。

但是，雁门、云中、九原三郡是腾不出手来救了，因为邺地秦军伙同韩魏之师以重兵进攻平阳、武城，前线连连向邯郸告急，邯郸又派出快马信使向大将军李牧告急。直到弄清秦国太原方面军的意图之前，李牧一直没有听从赵王迁的召唤马上赶赴邯郸。等他率领嫡系主力部队南下时，桓齮已经再度攻克了平阳和武城，越过漳河防线，直扑番吾城。

赵王迁君臣感到很恐慌，前线的赵军士兵也对援军望眼欲穿，但李牧依然很有耐心，冷静地分析了当前的局势。目前攻打番吾的秦、韩、魏三国联军，看似力量强大，实则存在致命弱点，一如当年李牧的老战友庞煖组建的五国之师。

自从秦国设置东郡后，韩、魏与赵国几乎不再接壤。魏景湣王与韩王安派兵随秦将桓齮伐赵，主要还是出于畏惧，不敢不从。特别是韩王安，因为某事已经自贬为秦王政的臣子。魏、韩的两位国君都知道，本国军队既挡不住秦军，也打不过赵军，只能尽可能地保存实力，争取跟着强秦喝一口汤。这就决定了韩魏士兵的战斗意志薄弱，不会像秦军那样能打硬仗、恶仗。一旦形势不利，满满的求生欲会让他们做出许多没节操的决定。

李牧镇守北方边关时就非常善于使用间谍。他不仅放出大量间谍侦察各路秦军的动向，还派人混入韩魏军营搞策反。虽然魏韩将领没有表示要站在赵国这一边，但李牧心里明白，两国军队与秦军的裂痕已经埋下。只要秦军还没打赢，赵军没有打输，魏韩之师就不会表现得太积极，会选择观望与回避战斗。只要赵军击败了秦军，韩魏之师不会再硬拼，会主动撤退回国。

对李牧来说，这就够了，他确定秦将李信不会突然从井陉杀出来。只要抓紧时间击败邺地的秦军，就能解除这场危机。虽然西北三郡恐怕很难保住，但至少赵国不会灭亡。留得青山在，不愁没柴烧。

李牧率领自己的嫡系部队快速而隐秘地赶赴邯郸。此时，秦、韩、魏联军正在攻打番吾，形势十分危急。假如桓齮拿下番吾城，邯郸就门户大开，只剩下牛首水这一天然屏障。李牧不顾疲劳火速入宫觐见赵王迁，简明扼要地陈述了自己的作战方案，要求朝廷拨付更多的军事物资。赵国上下都把希望寄托在了大将军李牧身上，自然是有现成的要给，没现成的也要创造出来给。

在大军出发的前夜，李牧拿出赵王特赐的金银财宝和美酒佳肴厚赏将士，鼓舞大家的士气。当初大破匈奴时是如此，上回痛击秦将桓齮时是如此，这次自然也不能例外。他手下的士兵们多年来经常看不透他的想法，但人人愿意誓死追随他，与秦兵决一死战，要重现肥下之战大破敌师的辉煌。

李牧看着这些慷慨悲歌的战士，心中的胜算又多了几分。他并不轻视对手，只是对秦将桓齮的特点了如指掌。桓齮拥有不畏强敌的胆气，也不能说缺乏智谋，但战事不顺时容易急火上头，失去冷静。当一名指挥官失去冷静时，就会对敌情判断不清，作战部署也会变得粗疏。名将交战，一个疏忽足以决定胜负。

话说桓齮指挥秦、韩、魏联军从不同方向同时渡河，随即对番吾展开了猛攻。他以本部人马做主攻，让战斗力较弱的韩魏之师在外围警戒赵军援兵。桓齮原以为番吾赵军不堪一击，谁知这一打就打了多日。

自从桓齮第一次攻陷平阳和武城后，赵国便征发民夫加固了所有可能与邺地秦军交战的边城，番吾更是重点加固的对象。守城的赵军虽然不如李牧的嫡系部队那么骁勇善战，但士兵们知道身后就是首都邯郸，已经退无可退。每个人都必须多拖住秦军一阵子，多杀伤一个敌人，才能为邯郸组织反攻力量多争取一些时间。

桓齮见番吾赵军负隅顽抗，便令全军将士要不惜一切代价拿下这座城池。秦军打着打着就杀红眼了，渐渐变得只是凭借血气之勇猛打猛冲，而不再讲究严密的战术配合。他们仿佛忘记了伤痛和死亡，烦躁起来时连头盔和披膊都丢到一边，以便更轻松地挥舞兵器。这种不要命的打法给秦军带来了大量伤亡，却也逐渐把番吾赵军压制住了。

除了大将军李牧外，邯郸的赵军众将无一人愿意跟洪水猛兽般的秦将桓齮正面对决。坚守多日的番吾赵军迟迟得不到有效增援，终于耗尽了最后的力量。当攻城用的大型冲车撞破城门时，秦军如水银泻地一般涌入城中，把还在抵抗的赵军杀得片甲不留。

尽管秦军攻克了番吾城，但遭受的损失比前几次攻城还大，耗费的时日也超出了预期。这让桓齮感到窝火，想把这股怨气撒在邯郸赵军身上。再往北走五六十里就是赵国首都邯郸，急行军不到一天便可兵临城下。秦军连克三城，伤亡不小，就在番吾扎营休整。但没休息多久，桓齮就从韩、魏斥候那里得知赵将李牧正在率军赶来。他心想报仇的机会到了，就命令全军准备与李牧好好打一场。

桓齮与李牧的第二次交手在番吾城旁进行。桓齮见韩魏将领斗志不坚，怕他们拖后腿，未战先溃动摇军心，就只率领本部秦军迎战。魏韩将领对此求之不得，他们一点儿都不想做秦赵双雄之间的受气包，只想跟着胜利的一方捡经验包。

秦军锐气正盛，并且占据了向阳的高地，但李牧观察地形后发现，秦军处于可以前进而不易返回的环境。假如秦军作战顺利，就可以在平原上横行无阻地攻向邯郸；若是作战失利，想要退回邺地就得先渡过滏水再渡过漳河。番吾以西的山地丘陵不太高，而且有许多可用于迂回穿插的小路。秦军初来此地，不如赵军熟悉番吾周边的地形。于是，李牧布下奇阵，分兵迂回到敌方背后，准备打一个坚决的防守反击。

秦军战阵的特点是强弩部署在最前列，两翼和后卫也有成排的弩兵，负责近战突击的矛戟甲士在强弩之后。这种阵法使得秦军战阵无论在哪个方向都有远程火力掩护。战车队与骑兵队合编在步兵方阵的两侧，随时准备进行机动作战。桓齮部秦军以关外军队为主，车骑比例不如李信部秦军高，在平原战场上跟车骑更多的李牧部赵军相比有些吃亏。

李牧部赵军则把战车和骑兵分为三部，分别设置在步兵方阵的左右两翼与后方，并用数万百金之士和大量善于射箭的弩兵结成军阵。传统的中原三军阵，一般以左右两翼的军队来消耗敌军实力，以中军为决定胜负的力量，故而中军的配置最强。但李牧的打法不同，其左右两翼为决定胜负的力量，所以左右军阵的配置更强。他还提高了弩兵在军阵中的比例，通过增强远程火力来巩固整个战阵的防守能力。

天下无人不知赵军胡服骑兵的盛名，即使是同样善于使用骑兵的秦军也不敢大意。桓齮虽然不至于过分轻敌，但和列国将领一样低估了李牧军中另一大主要战力——百金之士。

百金之士是重赏培养出来的勇士，因人人都能立下破敌擒将之功而得名。他们是赵国最精锐的步兵武士，拥有精良的装备和出众的武艺，在李牧军中的地位相当于秦军中的锐士。李牧多年来用严酷的训练和丰厚的奖赏锤炼出了五万名忠勇的百金之士，他们是李牧军阵核心的攻防力量。

在以往的战斗中，百金之士曾经多次承受各国精锐之师的猛攻，即使被打散了也能以严明的纪律重新结阵。如果没有这五万名百金之士，李牧只能打赢出奇制胜的巧仗，而打不了狭路相逢勇者胜的硬仗。若非百金之士在肥下之战中顶住了桓齮部秦军的猛攻，李牧部赵军也坚持不到奇袭部队攻取宜安，让秦军全线溃退。今日一战，百金之士将面临更加疯狂的进攻。这是一个严峻的考验。

桓齮报仇心切，率先发动进攻。他见李牧的中军兵力较少，便集中兵力直取李牧的中军大阵。秦赵两军接战后先以强弩对射，设法削弱对方军阵，逐渐拉近距离再准备白刃格斗。桓齮部秦军的弩兵和车骑的比例均低于对面的赵军，秦军不占便宜，车骑也得节约使用，所以桓齮想靠步兵甲士的白刃战击败对手。他下令将士们加速冲锋，跟赵军近身格斗。

战国至西汉初年，轻车和骑兵是号称"军之武兵"的精锐部队，但作战的主力依然是步兵，还没发展到光靠骑兵就能取胜的阶段。秦军步兵无论是单兵格斗还是结阵作战，在战国晚期都是首屈一指。赵军步兵一般顶不住秦国虎狼之师的攻势，在白刃战中常常落于下风，这也是秦军众将对战赵军胜多败少的主要原因。

然而，李牧精心选练的五万名百金之士是个特例，实力与秦锐士不相上下。两军互有伤亡，赵军战阵岿然不动。急于复仇的桓齮又杀红眼了，组织秦军反复进攻了几次。李牧沉着应对，不断调兵遣将堵住阵型上的缺口。中军阵的兵力处于劣势，但百金之士誓死不退，用生命换取大军组织反击的时间。战况依然胶着，双方将士都憋着一口气不敢松懈，等着对方的意志先一步在血肉横飞的厮杀中垮掉。

无论防守多么艰难，李牧都坚持不动用作为反攻尖刀的预备队。这支部队由轻车兵、胡服骑兵与百金之士组成，每个人都是李牧亲自挑选的，皆悍不畏死。他要选择最有利的时机投入这队锐卒，在乱军中取秦将桓齮的人头。这个战机越来越近了。

秦军攻番吾时费力太多，现在又杀红了眼，打法因主将失去冷静而变得呆板，久攻不下，锐气就泄了一半，三军战阵之间的衔接配合变得有些脱节。李牧在顶住敌中军的猛攻时，派出部分骑兵从两翼来回扰袭秦军侧翼，引诱秦军车骑离开阵地，使其步兵方阵的侧后方失去有力保护。由于他手中的车骑数量多，秦军车骑消耗了许多马力，战斗力骤减。

桓齮急躁的进攻未能奏效，冲击赵阵的士兵们体力消耗较大，攻势已经衰弱了。李牧见状，命令左右两翼攻击秦军的左右军阵。桓齮转攻为守，不断分兵加强两翼防卫，秦军的中军因此遭到削弱。桓齮是个身先士卒的悍将，常将自己置于危险之中。

秦军拼命抵挡进攻左右两翼的赵军，桓齮紧张地盯着总体战况，随时准备投入后军反攻。谁知危机突然降临，秦军背后的山地丘陵涌出一股赵军，腹背受敌的秦军一时陷入混乱。李牧看准了秦军中军阵防御力量最薄弱的一瞬，投入埋伏多时的生力军直扑秦军大将所在地。这支赵军快速突破了秦军防线，趁秦军各部来不及反应时成功击杀了秦将桓齮及大将卫队，破坏了秦军的指挥系统。

秦军虽然还有许多剩余兵力，可主将桓齮阵亡，失去统一指挥的士兵们都作鸟兽散。各级军官无力阻止士兵大逃亡，只能在乱军中努力保持己部人马的秩序。李牧乘胜追击，一顿猛打，消灭大量秦军，收复了番吾等失地。正如他所料，秦军一败，韩魏之师也知趣地撤退回国。赵国邯郸方向的危机化解了，这一回合又是李牧胜利。桓齮非但没能报一箭之仇，反而兵败身死。这一路秦军只好再次退守邺地，由于上将军王翦及时来邺坐镇，李牧未能趁机夺取邺地。最终，双方各自收兵停战。

从表面上看，秦赵在两个战场都是一胜一负，打了个平手。可实际上，赵国丢失了三个郡的土地和人口，士兵死伤多于秦国，处境更加困难了。秦国丧失了一名悍将，但还有许多优秀的战将可用。山东六国君臣此时还不知道，番吾之战不是秦赵恶斗的休止符，而是秦统一战争的导火索。

第二章

扫六合初并天下

想靠装可怜求生的韩国还是劫数难逃

秦王政又喜又气。喜的是年轻的新锐将军李信为秦国打下了赵国的西北三郡，气的是番吾之战大败，桓齮阵亡。秦国还发生了地震，有流言蜚语说这是上天对秦国穷兵黩武的惩罚。自从老将蒙骜死后，桓齮和王翦、杨端和是秦王政最倚重的中年一代将领，立下不少战功。痛失一员擅长打歼灭战的大将，怎能让他不气？得知韩魏之师在番吾之战中毫无作为时，秦王政更是大发雷霆，他开始怀疑联合韩、魏两国讨伐赵国的战略方针是一个错误，是信了韩系外戚大臣的邪。

自从王弟嬴成蟜叛乱被镇压后，韩系外戚在朝中失去了话语权，但并不等于没有影响力。事实上，韩系外戚在秦国史上并不少见，甚至一直占有一席之地。当年，秦孝公重用商鞅变法，对外积极寻找盟友一同反对魏国霸权，害怕被魏国霸主吞并的韩昭侯入秦结盟，秦孝公也多了位韩国来的夫人，生下了号称"智囊"的樗里疾。樗里疾深得王兄秦惠文王的信任，韩系外戚大臣从此在秦国朝中立足。

每一代秦王需要跟韩国联手时，都会找与韩国渊源最深的韩系外戚大臣去处理。秦王政的亲奶奶夏太后是韩人，他的弟弟嬴成蟜的母亲也是韩人，所以韩系外戚一度在秦国朝廷占据要职。历代韩王朝见秦王、派太子到咸阳做人质，韩桓惠王派间谍郑国去秦国做水利工程师等，都与这一派大臣的运作分不开关系。

秦王政即位初期跟韩国打过几仗，此后韩国几乎沦为秦国的附属国。韩王安表现得尤为恭顺，在桓齮第一次被李牧击败那年自贬为秦王之臣，但秦王政仔细想了想当时的情况，突然觉得有必要先灭掉这个墙头草。

法家名士被迫营业，秦韩关系持续走下坡路

在秦将桓齮攻打赵国宜安期间，秦王政恰好看到了一本讲帝王治国之术的新书——《韩非子》。该书作者是韩国王族出身的韩非，曾经和当前任秦国长史的李斯一起在著名学者荀夫子门下求学。秦王政读了这本书后被韩非圈粉了，想要见一见韩非本人。听李斯一说才知道，此人是个法家名士，多次向韩桓惠王和韩王安进献富国强兵的计谋，却没有得到重视。于是，秦王派兵问韩王安讨要此人。

韩王安不喜欢听韩非整天唠叨变法强国的大道理，把他搁置在一边，如今秦国来要人，他马上就任命韩非为朝见秦王的外交大使。韩王安想让韩非说服秦王政永远不要灭韩国。虽然这与自己振兴韩国的本意不符，但韩非没法忘掉王族子弟的职责，还是踏上了去咸阳的路。

秦王政那时还没意识到，韩王安在秦国面前装可怜是因为李斯说过对韩国不利的话。李斯第一次游说嬴政时就提出了"灭诸侯，成帝业"的战略方针。这项前无古人的伟业非常符合秦王的胃口，只是他那时候尚未亲政，秦国还不具备一统天下的实力。后来，嬴政把嫪毐和吕不韦的党羽都清洗掉了，并听从李斯的建议取消逐客令。受宠的李斯借机提出了先灭韩国的建议。

那时韩王安才即位两年，秦国的韩系外戚因嬴成蟜之乱被边缘化，李斯又主张灭韩，他自然是吓得魂不附体。他从那时候开始就变着法儿讨好秦国，绞尽脑汁阻止秦国灭韩。由于韩王安表现恭顺到谄媚的程度，再加上秦国高层把六国中最强大的赵国当成首要敌人，就一直没发兵攻韩国。

可韩王安君臣还是悬着一颗心，因为李斯是秦王身边的大红人，又奉命统领秦国间谍网，收买诸侯名士，为武将征伐列国开道。他一直劝秦王政吞并六国，拿韩国第一个开刀。李斯的提案只是暂时被搁置，谁也保不齐志在天下的

秦王政哪天突然心血来潮又想灭韩。韩王安的求生欲一直是满格状态，所以才赶紧把韩非当成讨好嬴政的礼物。至于韩非本人的意愿，那不重要。身在朝堂，谁不是身不由己呢？

韩非的到来让秦王政很高兴。他热情款待了这名法家学派的集大成者，两人聊了许多治国理民的问题。秦王政求贤若渴，礼贤下士，一心想为秦国收罗列国人才，为一统天下大业做好人力资源方面的准备。他原本以为韩非一定会跟自己一拍即合，没想到希望越大失望越大，他很快察觉韩非虽有大才，但难以让人真正信任。

秦国朝野多年来受文信侯吕不韦的杂家学派影响很深，就连秦王政也不例外。韩非的书提出了一整套维护中央集权和君主专制的有效办法，从理论上为将来天下一统后该怎么走指出了一条路。所以，嬴政看到韩非的著作时说道："如果寡人能见到这个人，与他一同交游，就算死也没有遗恨了。"

在嬴政的心目中，韩非本该是一个像秦国大功臣商鞅一样的变法能臣，心怀不与昏君、贪官同流合污的高远志向，会像魏国大梁人尉缭和楚国上蔡人李斯那样心甘情愿做秦国的忠臣。可事实并非如此，韩非向他正式提出的第一个计策不是如何征服诸侯，而是保存韩国。韩非到底还是成了韩王安的说客。

按照韩非的说辞，韩国交好秦国三十余年了，既称臣又纳贡的，就算不吞并也跟秦国的郡县没什么两样。秦国要打谁，韩国就跟着打谁，简直就是秦国忠实的跟班。强秦得到了战争红利，韩国却因此与诸侯结怨。就算这样，韩国也没改变交好秦国的信念，所以秦国不该攻灭韩国。

紧接着，韩非话锋一转，又提到赵国在积极训练士兵、扩充军队，蓄养主张合纵的各国策士，时刻准备着联合诸侯再西征秦国。不去打积极跟秦国做对的赵国，却攻打已经臣服的韩国，这样的行为会让诸侯相信秦国真的要做列国公敌，不能不追随赵国一起抗秦。韩国内部团结一致，多年来积极备战，警戒强敌入侵。秦国如果不能在一年内灭韩，诸侯联军就会看轻秦国。如果秦国逼着忠犬韩国造反，魏国就会响应，韩魏会一起投靠赵国。到头来，秦国既灭不了韩国，又不能击败赵国这个劲敌，就得不偿失了。

韩非献给秦国的计谋是：派使者贿赂楚国的权臣，让楚国知道秦国伐赵是因为赵国欺骗了秦国；然后再派人质去魏国，魏王知道秦国不会威胁魏国的利益，就会派兵跟韩国一起讨伐赵国。如此一来，秦国就能借助韩、魏的力量攻打赵国，比灭掉韩国更加有利。

战国时代的合纵连横斗争非常复杂，各国的关系用一个成语来说就是"朝秦暮楚"。去年合作，今年背叛，明年再合作，都是常用套路。韩非的说辞看起来有几分道理，除了保存韩国之外，似乎也没有妨碍秦国的伐赵大计。但是，秦王政再三阅读韩非的上书，总觉得哪里有问题。他把韩非的计策和李斯等人的谋略一对比就发现，两者存在不可调和的矛盾。

秦王政的最终目标是灭掉所有诸侯，而韩非提出的却是争霸战争的策略。秦国接下来要打的是统一战争，是彻底剥夺对方利益的统一战争。秦王对韩非的建议颇为失望，于是又征求李斯的意见。

李斯明白嬴政的心思，直言不讳地说韩国虽然臣服但始终是秦国的心病，如果秦国要集中力量对付赵国，就不能不提防这个心腹之患。总之，韩非就是个替韩国求情的说客，不可信。李斯还提了一条进一步削弱韩国的计谋，秦王政听后表示先按照他的建议去试一试。

于是，秦王政扣留了韩国特使韩非，派李斯出使韩国。将军蒙武奉命率领东郡军陈兵边境，让与东郡相邻的韩、魏、齐、赵等国不知道秦军究竟要打谁，搞得诸侯人心惶惶。李斯的原计划是想代表秦王召见韩王安去咸阳朝拜，趁机扣留韩王逼着韩国大臣们割让土地来换人质。这个阴损的计谋未能得逞，因为李斯到了韩都新郑后，等了很久都没见到韩王安，他气得留下一封威胁信就率领秦国使团回国了。

李斯在威胁信中责备韩国是个不称职的盟友，在八年前赵将庞煖组织五国联军攻秦时居然背叛秦国，给诸侯之师充当先锋。魏国想发兵攻韩，秦国把魏国使者抓来送给韩国，结果韩王居然对他这个秦王特使避而不见。韩国人是要对秦韩断绝外交关系负责的。到那时，秦国会出兵攻韩，韩国又要打败仗、丢地盘了……

韩国人都知道李斯是秦国朝堂上最坚定的"灭韩派"，秦国的"亲韩派"大臣无人能与之争锋。韩王安知道李斯来韩国肯定没好事，就找各种理由不见。再加上诸侯之间流传的最新消息是，赵国大将军李牧在肥之战大破秦师，秦将桓齮差点儿被打死。这个情报让韩国开始考虑，是不是应该交好赵国。

韩王安派韩非去秦国，就是想让韩非搭上秦王政这根线，跟李斯争宠。他相信韩非肯定会跟秦王政一见如故，存韩计划一定能成功。李斯回国后，韩王安左等右等，迟迟没从咸阳接到关于韩非的好消息。按照他跟韩非事前商量的计谋，如果存韩之计成功，秦国会放弃灭韩，要求韩、魏两国派兵跟秦军一起攻打赵国。终于，秦国传来了向韩国征发军队的命令，同时带来了韩非的死讯。

韩非死在秦国云阳县（今陕西省咸阳市淳化县西北）的监狱。云阳那里有秦国的林光宫、甘泉宫等离宫，是个对秦国很重要的地方。韩非是喝了李斯给的毒药死的。等到秦王政后悔，想特赦韩非出狱时，他已经死了。此前秦王下令将韩非审判治罪，是因为听信了李斯与秦国上卿姚贾对他的诋毁。不过，此事归根结底是因为韩国君臣的存韩计划触及了秦王政的底线。

在一次朝会上，秦王政奖励了出使归来的大臣姚贾一千户食邑，任命他为上卿。姚贾在诸侯之间跑外交整整三年，收买了各国的亲秦派重臣，让他们阻挠本国的抗秦派大臣跟其他国家建交。由于秦国长年累月地派间谍做这件事，自从赵将庞煖失败后，山东六国再也没有成功发起过一次合纵。

站在秦国的立场上来看，姚贾确实是个功臣，应该得到重赏。可是韩非突然对姚贾发难，指责他拿着秦王给的宝物私自结交诸侯，并没真心实意地为秦国构建连横同盟。韩非还说姚贾不过是魏都大梁一个守门人的儿子，曾在魏国做过盗贼，在赵国做官时被驱逐出境，这样的人不配参与国家大事。

韩非熟知各种阴谋诡计，都写在他的著作《韩非子》里。他想在韩国变法图强，可韩王昏庸无能，韩国重臣又多被像姚贾这样的秦国间谍收买，使他壮志难酬。而且他又不像李斯、姚贾那样铁了心要做秦臣。为了不让韩国灭亡，他只能这么做。

秦王政听完姚贾的申辩后，对韩非彻底失望。他明白，韩非根本不可能真正为秦国效力。韩非明里是在弹劾姚贾，实际上是在攻讦秦国的间谍战方针。要知道，秦王政任命楚人李斯为长史，任命魏国兵家名士尉缭为邦尉，重用姚贾和我们后面将提到的一个叫顿弱的人，直接原因就是这四个人都提出了分化、瓦解诸侯的间谍战计划，并且实践证明这对统一大业确有大用。"灭诸侯，一天下"是秦国高层共同制定的总路线，韩非的一切作为都在反对这个总路线，秦王自然不能容他。再加上李斯、姚贾在一旁吹风，韩非下狱自杀也是注定的。

韩非之死令韩王安寝食难安：这下可把秦国君臣都得罪大发了。他连忙自贬为臣，低三下四地求秦王政宽恕。秦王急于找赵国报仇，要派两路大军攻赵，抽不出手和时间来灭韩，于是又给了韩国一次表忠心的机会，按照韩非生前的建议，驱使韩魏出兵，与秦将桓齮一同攻赵。

结果韩国完全没派上用场，在番吾之战中出工不出力，这耗尽了秦王政对韩国的最后一点耐心。秦韩关系跌到了冰点。嬴政已经在心中认定韩国和魏国一定是害怕被秦国吞并，所以表面上说要给大秦效犬马之劳，实则跟赵国暗通款曲，合谋坑害大秦。嬴政越想越气，觉得李斯说得没错，韩国是秦国的心腹之患，魏国也不能放过，必须狠狠地教训一番。

他对韩、魏两国下了战书。韩、魏两国君臣急了，赶紧开会讨论秦王怎样才会放过他们。魏景湣王一咬牙，准备割让一些土地向秦王赔罪。韩王安听到这个消息后，不得不狠下心来，也准备向秦国进献一块更大的土地。

韩王安献地求和，内史腾进驻韩国南阳郡

秦国目前与韩国接壤的边郡有三川郡、东郡和南阳郡。其中，三川郡大多原为韩国的地盘，少部分是原先周国的领土。东郡主要是秦国从魏国和卫国夺来的。南阳郡比较特殊，曾是楚国与韩、魏二国反复拉锯的地方，后来都被秦

国平定。自从蒙骜攻取韩国十三城后，韩国的疆域更小了，能用来进献给秦国的备选土地还不如魏国这个难兄难弟多。

韩王安君臣开了一次又一次会议，朝中各派大臣争吵了大半年。亲秦派说只要割地求和，秦国就能放弃灭韩。不信你们看卫国，秦军再凶再恶也保留了卫国社稷。谁说小国没话语权，卫国都能保全，韩国凭什么不行？抗秦派却说，此举无异于割自己身上的肉去喂饥饿的老虎，恶虎的欲望怎么可能被填满？韩国因割让土地而变得更衰弱，到那时秦国灭韩简直不费吹灰之力。

韩国在外交上素来以反复无常著称，所以历代韩国君主无不是在朝中同时保留好几个派系的大臣。倒不是他们"讲民主"，而是为了在调转立场时有人能立即搭上任何一个大国的线。韩王安既怕秦王政的天子之怒，也担心割地求和会赔了夫人又折兵，可抗秦派主张联合诸侯抗秦的合纵，根本组织不起来。

跟秦国势不两立的赵国，即使组织合纵也对韩国不太信任，没有一个像苏秦、张仪那样的大外交家来牵头。秦、赵两国争相拉拢齐国，亲赵派的齐臣一度占上风，但厌战已久的齐王建更喜欢听秦国使者说齐国不用参战，想让齐人出兵、出钱、出粮的赵国使者费尽口舌也没动摇他偏安东海躲避纷争的恒心。齐国选择不帮赵国抗秦，自然也不会为了韩国得罪秦国。楚幽王被魏国联合秦国四郡之兵攻打时连话都不敢说，韩国没法指望他能带头抗秦。

韩国君臣争论了各种可能性，也尝试了所有能想到的其他办法，但不是友邦不配合，就是被秦国的外交官和间谍们截住了。韩国内部一直争论到第二年的九月前夕，走投无路的韩王安才下决心把南阳地作为贿赂秦国的贡品。事实上，除了"首都圈"所在郑地之外，韩国也没有别的土地可以进献了。

韩国南阳地在轘辕山（今河南省登封市北）、缑氏山（今河南省偃师市南）、外方山（即嵩山）、少室山等群山以南地区，大体在今天河南省登封市以南、禹州市以西、鲁山县以北、汝阳县以东的一带地区。这片土地位于韩国疆域的西南方，韩国在这里设置了南阳郡，扼守着中岳嵩山以南到伏牛山以北的汝水流域城邑群。

　　秦国也有南阳郡，恰好靠在韩南阳郡的正南方。两个南阳郡门对门、户对户、要塞对要塞，边防军将士们没当对方是好邻居。两国纷纷屯驻重兵警戒彼此，隔壁的魏国南部边防军反倒没那么如临大敌。韩南阳郡同时与秦三川郡、秦南阳郡接壤，仿佛两郡之间的钉子，地形却又有些半封闭。该郡与秦接壤处多为山地，与魏接壤处多为平原，秦国蚕食起来不容易。所以，秦军多年来一直没把这里当攻打韩国的主要方向，韩南阳郡也得以苟延残喘至今。

　　韩南阳郡是韩国抵御秦国的最后一道屏障。把此地上交，意味着首都新郑无险可守。老实说，韩王安君臣一点儿都不想把南阳地进献给秦王政，可是实在没办法了。眼下的韩国正如韩非说的那样，跟秦国的郡县差不多大。秦王政都用不着调动关中军队，光是函谷关外的三川郡军和武关外的南阳郡军就能从北面和南面夹攻韩国全境。韩人不割地会被灭得更早，只能尽人事听天命了。

　　韩王安还真是赶上了投降的最后期限。按照秦国的军事传统，最喜欢在秋九月和冬十月发动大战。秦国从这一年开始登记全国男子的年龄，对各郡县的战争动员能力进行了摸底式排查。秦王政确定秦国的综合实力已经达到了前所未有的高峰，足以发动灭国大战。正当朝野就快做好踏平韩国的准备时，韩国居然派人表示要主动上缴一个郡。与此同时，魏国不甘落在韩国之后，也派出使者来咸阳说要献地求和。这两家经常争相讨好秦国，免得秦国拉着对方打自己。

　　送到嘴边的肉不能不吃，秦王政自然不会客气。问题是，人家都主动投降了，还有必要派大军去砍韩国士兵的人头吗？如果发兵灭韩，会不会吓得魏国又倒向赵国一方，进而引发诸侯同仇敌忾拼死抵抗的浪潮？邯郸之战与河外之战的教训不远，谁也不敢忽略不计。于是，秦王政召开朝会让大臣们讨论了一下。

　　秦国现在这批武将和谋士都是第一次打灭国大战，谁也没经验，必须慎重对待。灭韩不是问题，问题是用什么方式灭韩才能最大限度地减少引发诸侯连锁反应的副作用。自从李牧两次击败秦军后，秦王政就再也不敢轻视六国潜在的爆发力了。六国中任何一个国家都比秦国弱，但土地、人口和军队的总和还是比秦国多不少。无论秦军多么强大，也不能老是跟合纵联军打消耗战，各个击破才是上策。

大家讨论后认为，这次先不着急一口气攻下韩国首都新郑。既然韩王安"诚心诚意"地进献了南阳郡，那就派军队去光明正大地接管吧。既然已经不战而屈人之兵，就别再动刀动枪了。秦军进驻韩南阳地之后先按兵不动，等观察完诸侯的反应再决定下一步行动。

在战国时代，韩魏主动献地不是什么新鲜事，赵国还拿过魏国进献的邺地呢。秦国接受韩国"自愿"给的地盘顺理成章，谁想拿这个当发兵口实，其他国家都不会积极响应。当然，外交部门和间谍们要加强在六国的工作力度，继续用金钱收买和匕首威胁双管齐下的办法，在六国中培养"带路党"，把任何形式的合纵活动都扼杀在萌芽状态。

虽然李斯很早就跟秦王政提过先灭韩国，但这些年秦国的军事准备都是围绕对赵战争进行的。王翦等军方大佬们对韩国的军事实力看不上眼，认为没必要投入用来攻赵的主力大军，派一个偏师去接防最好。这样不至于过分刺激诸侯的小心眼儿，也不会影响筹谋已久的伐赵大计。于是，朝会最后决定由兼具军政才能的内史腾去办这件事。

前面说过，内史的职能很杂，包括维持京师治安。在尚武精神过剩的秦国，只会理财而不懂打仗的人无法胜任这个关键职位。原先的内史肆是嫪毐叛军的重要成员之一，秦王政在平叛后任命了一位名字叫"腾"的大臣接任。在秦国历史上，不少担任内史的人都是出色的武将，比如秦惠文王时打得义渠国俯首称臣的武将庶长操、后来因威震匈奴而名垂青史的大将军蒙恬以及我们现在要说的这位内史腾。

内史腾是秩级两千石的京师大员，跟各郡的郡守和郡尉是平级。以往秦军出征，不是派朝中的高爵将军就是派离敌国最近的边郡郡守或郡尉，内史腾虽然也有军功，但跟王翦、桓齮、杨端和、李信及其他武将相比，在六国将相中的名气和威慑力没那么大。

伐韩跟伐赵不同，三分靠军事，七分靠政治。韩国虽弱，却是天下咽喉。多年来屹立不倒，正是因为其位处列国交通的枢纽，是南来北往的十字路口。说好听了这叫天下通衢，说难听点就是四面受敌。在不打仗的时候，这里是四通八达、商旅云集的物流中转站；可一旦打起来，无论诸侯是合纵攻秦还是连横伐楚，都要向韩国借路。韩国最强的时候也没进过战国七雄中的前三，所以几乎每次都不敢不借路。

尽管韩国多次在诸侯混战中被打得"遍体鳞伤"，但列强谁也无法在对方眼皮子底下一举吞并韩国。只要韩国倒戈向谁，谁就会从入侵韩国的急先锋立马变成韩国的保护伞。天下人都知道韩国人的立场一向是反复无常，指不定哪一天就又叛变了。可是，天下咽喉的地位决定了这个弱国可以靠左右逢源的墙头草外交腾挪出生存空间。所以，内史腾率军进入韩国南阳地办交接工作，主要任务不是打仗，而是替秦国巩固这个攻灭韩国的进攻跳板，不能把韩国人逼得跳反去交好赵国。

内史腾被秦王政任命为韩南阳郡假守。这个"假"是代理的意思，内史腾的职务是韩南阳郡的代理郡守。他率领的偏师是离韩南阳地最近的秦国南阳郡军。想当初，秦南阳郡军也是秦楚五年大战中的一支主力部队，在三川郡成立之前，也常与秦国屯驻河外的野战军讨伐韩魏。不过，现在不同了。秦南阳郡军除了在四年前帮助魏军伐楚之外，与诸侯打交道不多，所以也没太惊动其他北方诸侯。不像三川郡军和东郡军稍有调动，列国就如临大敌。

这支秦军从九月进入韩南阳地后，就一直在修筑防御工事，帮助从秦国本土来的官吏们维持新地盘的治安。韩军在交接地盘时没有人生事，怕被内史腾当场下令击毙。韩南阳郡各县的主官都换成了秦人，属吏则保留了一批愿意效忠秦国的故韩吏员与秦吏一同工作。韩国的文字和度量衡跟秦国不一样，秦吏们按照大秦法令对新地盘上各官府的度量衡器进行了大改造，并对故韩吏员进行了统一教学。

临时担任南阳假守的内史腾是一个具有丰富行政经验的秦国将军，很擅长处理这些琐碎而具体的政务。秦王政需要巩固某个作为大军进攻跳板的边郡时，就会把他派去当郡守坐镇。他所做的一切都是为来年可能发动的灭韩之战做准备。

内史腾一边治理新领土，一边思考灭韩计划。虽然朝廷还没正式下达命令，但他凭借丰富的军政经验，判断战争将在明年春天爆发，自己必须在这短短几个月中做到随时能发兵。他相信在秦国间谍网的阻击下，列国不会组建联军救援韩国。唯一的问题是，灭韩之战是否会像韩非预言的那样打得艰苦。若是不能速战速决，秦军一旦伤亡惨重、师老兵疲，说不定列国真会再次团结起来趁机攻秦。内史腾决不允许这样的事情发生，他要率领这支偏师打出秦统一战争的开门红。

波澜不兴的灭韩之战

公元前 230 年，生于正月的秦王政年满二十九岁。从这一年开始，秦国要打的战争跟以往有所不同：不再跟山东诸侯争夺一城一地，而是要彻底消灭每一个对手，把天下变成一个国家。这是自炎黄时代以来从未有人完成过的大事。昔日的圣人雄主周武王取得天下后也只是建立了诸侯分封制，秦王政及其团队要开辟一条全新的道路，但使用的依然是亘古以来未曾消失过的战争手段。打不赢一切都是空谈。于是，战国七雄中最弱小且离秦国最近的韩国，不幸沦为秦统一战争的第一个必灭目标。

当内史腾接到来自咸阳的军令时，心中豪气如巨浪翻滚。他被秦王政任命为灭韩大军的前敌总指挥，有权调动南阳、三川、东郡的兵马。南阳郡军的数万名将士历兵秣马好几个月，就等着这一天。对这些闻战则喜的勇士来说，能立下统一战争的第一功是无上荣耀。比起其他五个诸侯国，韩国是最容易对付的。有的秦锐士嫌对手太弱，不能打一个痛快仗，但内史腾并没有轻视这一仗。他再三检查全军战备，确认毫无纰漏后才挥师从故韩南阳地杀向韩国腹地。

韩王安本来以为献地能延缓秦国灭韩的脚步，谁知这个决定反而加速了韩国的灭亡。此时的韩国已经被秦国边郡三面包围，只有东面跟魏国接壤。内史腾决定发挥秦军的兵力优势，用牛刀杀鸡。他传令韩国周边各路秦军从三个方向同时夹击韩国，让兵力有限的韩军陷入腹背受敌的困境。

北路秦军以三川郡的荥阳为基地，南下进攻韩都新郑以北的华阳（今河南省新郑市北）。当年十五万魏赵联军攻打韩国的华阳，韩国向秦国求救，秦军战神白起在相邦魏冉、将军胡阳的配合下全歼敌军，这就是战国史上著名的华阳之战。北路秦军来到这个古战场，追忆武安君白起的辉煌往事，士气被激发得更加高昂了。华阳城破之时就是秦军兵临韩都新郑北郊之日。所以，韩军历来在华阳屯驻重兵，特别是秦军频繁东征魏赵期间，韩王安害怕秦军调头攻韩，加强了这里的防御。

中路秦军从嵩山通道东进，以阳城（今河南省登封市东南的告城镇阳城遗址）为基地，攻打韩国在嵩山东出口设置的亭障要塞。这个方向的山地最多，行军难度最大。可是秦军一旦突破这里，就能沿着洧水（今双洎河）行军，攻打下游河畔的韩都新郑。韩王安不敢不派重兵把守。

内史腾亲自率领南路秦军从韩南阳地出发，包围了韩国南部最大的重镇阳翟（今河南省禹州市）和汾陉塞。考古调查表明，阳翟故城周长三千米，城内面积五十万平方米，曾经是韩国在战国前期的首都。韩国割让南阳地后，南阳郡守军大多退守到了阳翟和韩魏交界的汾陉塞。这一路秦军离新郑最远，沿途要攻克的城邑也最多。

内史腾一面指挥秦南阳郡军猛攻阳翟和汾陉塞，一面警戒着魏国和楚国联手救援韩国。根据已有的情报来看，赵国发生了比秦国更大烈度的大地震，又出现严重饥荒，肯定不会派兵援韩，齐国和燕国离韩国太远，只有魏、楚两国有条件出兵。内史腾知道秦国的间谍们很努力地阻挠各国出兵救韩，但不想在作战部署上给诸侯任何可乘之机。

韩王安派人向诸侯苦苦求助，然而谁也没有派兵来。有的是爱莫能助，有的是不敢跟秦国的虎狼之师叫板，有的是韩国使者日夜兼程都尚未抵达人家的首都。韩国装了几十年可怜，做墙头草做得毫无尊严和节操，终于忍无可忍，化作一头垂死挣扎的困兽。韩国军民跟秦兵拼了，定要让秦人知道天下人当初为什么把韩国称作"劲韩"。

别看韩国小，也有自己的特长，比如发达的兵器制造业，以战国七雄军队大量装备的远程打击兵器——弩为例。战国首席纵横家苏秦曾经点评过，天下的强弓劲弩主要出自韩国工匠的手笔。韩军弩兵装备了适用于南方战场环境的谿子弩（主要是跟楚军交战用），拉力远远强于寻常强弩的时力弩和杀伤力出众的距来弩，后两种弩是韩国少府机构出品。

由于这些弩的弓力很大，韩军最喜欢用的射法是"超足而射"，就是人坐在地上，双脚踏住弩，两手给弩机上弦，然后发射（可参考电影《英雄》里秦军弩兵的动作）。强弓劲弩让韩军在与敌军拼箭雨时毫不落下风，在上党、三川、南阳等多山地区作战时比较有利。

在近战方面，韩军受魏军战术体系影响较大，以重装步兵为战术核心。韩军重装步兵配有锋利的铁剑和铁戟，盔甲、盾牌一应俱全。单兵装备攻击力和防护力都不错，远战和近战都有利器。韩军作战时先以强弩超足而射，削弱敌军的阵型，再以身披坚甲的剑盾武士和持戟步兵冲锋陷阵，颇有冲击力。故而列强与韩国联合作战时都喜欢让铁兵器精良的韩军当先锋。

但是，韩军这些强项在秦军眼中不值一提。本次灭韩的主力部队是秦三川郡军和南阳郡军。三川籍士兵的上两代长辈有不少是韩人。秦得三川之地时获得了大量韩军兵器和工匠。韩军有的，秦三川郡军也有，韩军没有的，秦三郡军也有。秦南阳郡拥有从楚国手中夺来的天下一流的冶铁和兵器制造中心——宛县（今河南省南阳市），有丝毫不逊于韩国的铁兵器。秦国关中之师的铁兵器比例都未必有南阳郡军的高。

韩军重装步兵像魏武卒一样是精心挑选出来的武士，其轻装步兵的战斗力就弱多了。所以，当韩军的重装步兵被击败时，数量较多的轻装步兵很难保持坚定的战斗意志，容易崩溃。再加上韩国的战车兵和骑兵历来比较弱，所以经常被列强按在地上打。

秦军的战术思想跟韩军不同。秦军的甲胄不像韩军那样从头裹到脚，而是更注重轻便灵活，因为秦军经常要长途奔袭和迂回穿插，像魏韩重装步兵那样笨重可不行。但秦军披甲率高，所有近战格斗的士兵和大部分弩手都披甲，仅有部分弩手是只穿战袍的轻装步兵。

众所周知，在刀枪见红的白刃格斗中，穿盔甲的士兵跟不穿盔甲的士兵相比，有明显优势，披甲率更高的秦军更容易在混战中占得上风。只要指挥官没犯致命错误，秦军步兵一般都能战胜敌军步兵。

所有敢于走出城墙与秦军在野外交战的韩军部队，都没能顶住几个回合的拼杀。秦军常以轻车攻陷敌阵，骑兵伴随轻车猎杀队形大乱的韩军步兵。韩军的劲弩未能阻止秦军快速而猛烈的突击。哪怕是少而精的韩军重装步兵，面对秦锐士的围剿也无力扭转局面。

依靠城防工事防守的韩军稍微好些，败得没那么迅速，但内史腾用几个月时间打造的各种大型攻城器械派上了用场。不玩什么诱敌出城的诡计，直接凭实力和勇气正面强攻。这是一场一边倒的战争，胜负从一开始就注定了，没有任何奇迹出现。

处处占优的秦国大军三面夹击，韩军疲于应付。韩国将军们没一个能打的，除了被动地守城外，想不出什么退敌之策，只会不断要求新郑加派援兵，可韩王安也变不出那么多重装步兵去各地支援。他已经把韩国所有能充军凑数的老头和少年都拉出来了，还是杯水车薪，只能集中精锐重点防守压力最大的方向。可是，全国处处告急，哪里的压力不大呢？

内史腾以士气高昂之师攻打宛如惊弓之鸟的阳翟韩军，没费太大力气就拿下了这座重镇。他感叹了一下阳翟可以充当新设郡的治所后继续挥师北上，沿途各城的韩军不是投降就是逃亡。魏、楚两国依然没有拉韩国一把的迹象。三路秦军都想争先登之功，打起敌兵来毫不手软，进展那叫一个势如破竹。

向新郑求援的城池要塞越来越少，越来越多的城池被秦兵拿下。韩王安不知道该怎么办了。他不知道自己哪里做错了，怨天怨地怨手下。城外突然传来秦军的喊杀声，冲锋的鼓角响彻天际，战马的嘶鸣震撼人心。韩王安这回真的坐立不安了。

三路秦军突破了各自方向的韩军防线，先后抵达新郑郊外。新郑被秦军围得里三层外三层，城中军民插翅难飞，连拼个鱼死网破的心都碎成了渣，只得接受无力回天的命运。内史腾率军破城而入，直扑韩王宫殿抓了韩王安和他的满朝文武。韩国的旗帜全被降下，成了秦军士兵的战利品。所有韩国城邑都被内史腾攻下，它们的名字大多被保留，只是从此归属秦国新设的颍川郡。

韩王安君臣作为战俘，被灭韩功臣内史腾押解入咸阳，献给了秦王政。由于秦、韩两国实力相差悬殊，灭韩之战在诸侯还没反应过来时就结束了。虽然此战只让秦国增加了一郡之地，但这个开门红大大坚定了秦王政团队发动统一战争的信心。

韩国真正化为郡县后，秦国再也不担心这个反复无常的小国会搞大事拖后腿了。秦王政可以从南方各郡调集更多兵马北上，攻打赵国的胜算又增添了几分。朝会决定接下来要逐个消灭山东五国，将一统天下的大业进行到底。

就在众人摩拳擦掌想要立即攻赵时，年迈的楚系外戚首领华阳太后去世。朝廷依照礼仪要发丧，暂不出兵。更糟的是，秦国又发生了地震，许多房屋和农田被毁，百姓流离失所，大面积的饥荒随之而来。士兵们根本没有心思和积蓄去远征他国。于是，秦王政君臣不得不中止这一年的伐赵计划，把主要精力放在治灾上。

原本用于灭赵的粮食储备也不得不被抽出一部分，用来缓解大饥荒造成的经济危机。秦以农战立国，不足食就不能足兵。仗可以晚点再打，饭可不能不马上吃，但是所有秦国人都知道，赵国是一定要灭的。而且赵国连续两年遭受大灾，日子比秦国过得更加艰苦。挺过了今年的饥荒，明年就是战国七雄的头号强国和第二强国的最终决战。

拥有秦军克星的赵国再次被反间计打垮

从李斯第一次提出灭诸侯的计策到秦王政动真格发兵灭韩，时间跨度长达十八年，足以让一位十三岁的少年成长为三十而立的青年。灭韩之战的胜利从各方面证明，跟六国决战的时候到了。秦国君臣分析了剩下五国的情况，还是决定挑最强的赵国做对手。

光看任务难度，攻灭倒数第二弱的魏国似乎更容易些。但是攻打与楚、齐相邻的魏国，秦国说不定会刺激黄河南岸的齐、楚、魏团结起来一致抗秦，届时赵国再从黄河北岸同时发难，秦国就要被迫两线作战了。这样打仗太笨，划不来。秦王政认为，赵国是六国中军事实力最强的，只要把赵国打垮了，诸侯就失去了组织合纵的主心骨。

去年秦军俘虏韩王安时，赵国流传了一则流言："赵人号哭，秦人欢笑，如果不信，看看田里只长草。"这是潜伏在赵地的秦国间谍目睹了大饥荒后放出来的。由此可见，赵国的基础国力被地震与饥荒毁掉了，这个军事强国目前处于极度虚弱的状态。刚挺过饥荒的秦国君臣心想，我们虽然困难，但敌国比我们更困难，不趁他病要他命，算什么军事家、战略家？

这一年秋天，秦国再度兴兵，投入了比三年前伐赵时更多的兵力。秦王政任命自己的军事老师王翦为三军统帅，委托他全权负责指挥灭赵战争。这一仗具体怎么打由王翦定夺，其他人都要积极配合。秦赵双雄持续四代的漫长斗争即将进入高潮。

总结经验教训，王翦定下灭赵之计

秦王政召见众将商议对赵战事，所有人都提到了令人头痛的赵国武安君李牧。李牧两次击败秦国悍将桓齮，消灭无数秦兵。秦军众将在战后复盘时发现，李牧很难对付，会成为灭赵战争的最大障碍。自从桓齮战死后，王翦成为秦军众将中资历最深的老头子。他对老战友的死非常悲痛，对李牧是既憎恨又由衷地佩服。他没参与灭韩之战,一直在默默筹划对赵战事,要琢磨出一个必胜的办法。

在灭韩战争期间,秦国情报部门一直在积极搜集赵国的情报。内史腾率军进驻韩南阳时,赵国的代地经历了几百年不遇的大地震。从乐徐(今河北省保定市易县西南)以西,北至平阴(今山西省大同市阳高县古城镇),方圆几百里的土地,楼台、房屋、墙垣大半毁于这场地震,地上裂开了一条东西宽一百三十步的巨大裂缝。相比之下,秦国的地震已经算友好了。

代地这场大地震的受灾范围几乎波及整个代郡,代郡治所代县也没能幸免。全郡元气大伤,丧失了生产能力,就靠邯郸输送的救灾物资续命。赵国陷入经济危机,主要与此有关,至今还没有任何恢复的迹象。

假如秦国的经济实力还处于自己刚即位时的水平,秦王政是肯定不会连续发动灭国大战的。有人说去年地震是上天在惩罚秦灭韩的无道之举,他自然不信,只不过地震带来的饥荒是实实在在的。经过将近一年的努力,秦国挺过了民大饥,这要归功于都江堰和郑国渠两大水利工程造就了蜀中和关中两个天府之国。只要停止战争,不大兴土木,农业发达的秦国就能比山东六国更快地积攒军粮物资。

王翦敏锐地察觉到,决定秦国与赵国之战胜负的不是双方将帅的指挥能力,而是双方的后勤能力。秦国地广、人众、钱粮多,家底厚实,跟其余五国中任何一国拼消耗都会笑到最后。赵国虽然在前两次战争中战胜了秦国,可并没有增加土地、人口、财富,反而被秦国夺走了三个郡。如今,秦国增加了一个颍川郡,赵国的代郡暂时丧失了战斗力,双方的国力差距有增无减。所以,赵国注定会输掉这场战争,区别只在于以什么形式输掉而已。

话虽如此,秦国也不可能不经过战争就将赵国收入囊中。假如秦国轻敌冒进,又被李牧一而再再而三地破军杀将,形势将会产生新的变化。灭赵战争遥遥无期,秦国在无休止的资源浪费中把自己的家底打穷。真到那时候,秦国就会倒退,只能逐步蚕食列国一城一地,无法以鲸吞的方式完成一统天下的大业。

　　为此，王翦仔细回顾了自长平之战以来秦赵战争的全部经验教训，试图从中寻找击败李牧的办法。他要反复确认攻打赵国的最佳进军路线。

　　秦国和赵国原本不接壤，随着两国地盘不断扩张才开始把对方列为边患。刚开始，秦国和赵国交界的地方不多，仅有秦上郡和赵太原郡。两郡隔着黄河，多次你攻过来我打过去的。除此之外，秦赵基本上没什么交手的机会，也就是赵国加入合纵攻秦时会打个照面。随着齐国在东方的霸权衰弱，赵国取代齐国成为山东诸侯中的头号强国，秦赵矛盾也因此激化，但两国首都隔着黄河与太行山脉，互相打不着。于是，秦赵两国都盯住了韩国的上党郡。

　　上党郡有直通邯郸的滏口陉通道。滏口陉是太行八陉中的第四陉，恰好是中国地形第二级阶梯通往第三级阶梯的一个入口。上党郡地势高，对位于华北平原的邯郸有居高临下的压迫力。所以，白起率领秦军众将打了好几仗，迫使韩国上党郡投降秦国。白起原本准备找机会率领大军进驻上党郡，然后从滏口陉东出直逼赵都邯郸。没想到韩上党郡吏民临时变卦，转而投降赵国。由于上党地位重要，赵国和秦国都派驻了大军，最终演变成了战国时代最惨烈的长平大战。

　　秦国在长平大捷后收兵休养生息，次年再次按照白起的思路发动战争，包围了邯郸。邯郸之战由此打响。谁知长平之战的首席功臣白起反而坚决反对此时灭亡赵国。他的理由是，秦国因为长年战争损失很大，需要恢复元气，赵国军民因为秦军屠杀降卒的暴行而变得同仇敌忾，诸侯国也纷纷帮助赵国。王翦记得白起当时特别强调，秦国攻打邯郸要越黄河、跨太行山，是远行千里去争夺别国的首都，赵军死守邯郸城内，诸侯从外面夹攻，秦军必败。邯郸之战的惨败应验了他临死前的预言。

　　正是因为邯郸之战的教训过于深刻，同样经历过长平大战与邯郸之战的老将桓齮在重新夺取韩上党郡后，也没再从当年的老路攻赵。嬴成蟜率领上党郡军民发动叛乱一事，让秦国朝野更加确信从这里攻赵的效果不佳。于是，后来秦军众将都放弃了从这个进军方向。

蒙骜老将军鉴于邯郸之战的教训，调头去攻打离秦国最近的赵太原郡，试图从这里打开突破口。上回李信率领太原方面军平定赵国西北三郡，标志着秦国在这条战线上取得了圆满的胜利。蒙骜多次在河内摧城拔寨，并攻取魏国北部领土设置东郡，也是为了开辟另一条伐赵路线，即从河内方向直接进攻赵国邯郸。

从上党攻赵固然是居高临下，但滏口陉山道崎岖，攻出去容易、退回来困难。其次，上党郡因为长平之战、邯郸之战、嬴成蟜之乱的破坏，经济上不足以供养数十万伐赵大军。河内平原与邯郸平原相邻，地理上没有太多不可逾越的天险，又是战国一流的大粮仓，非常利于长期攻打邯郸。所以，王翦与桓齮、杨端和攻打邺地，为最终灭赵战争奠定了坚实的基础。即使桓齮在番吾之战被李牧所杀，李牧反攻收复失地时，也没能夺回邺地。这对秦国十分有利。

从河内方向攻赵最大的好处是，可以凭借邺地的沃野和粮仓供养数十万大军，秦国就不必从关中千里迢迢地运输粮草，后勤消耗可以降至最低，大大提升了秦军维持长期远征的能力。但是，这个进攻路线也存在一个缺点，那就是离赵国邯郸"首都圈"太近，对方也会摆几十万大军在前线。双方实力都很雄厚，不容易迅速分出胜负。所以，秦军几次从邺地攻赵，最大的进展也不过是多占了平阳和武城两座边城，难以取得进一步突破。

王翦对着作战地图又琢磨起了肥之战。桓齮第一次被李牧在肥城之下击败，原因是没有准确掌握李牧部赵军的动向，而且连续攻城让秦军士兵们过于疲劳。但是，王翦认为桓齮选择从这个方向进攻没什么问题，因为秦军若是真的能在中山地站稳脚跟，就能把赵国一分为二，使邯郸赵军与代郡、上谷的北方边防军无法相通。这是一个牵一发而动全身的进军路线，赵国不敢不分兵把守此地，无法将举国之兵聚在邯郸周围。只是桓齮过于轻敌冒进，被李牧偷袭得手。

秦国高层一度考虑过联合燕国一起夹攻赵国。哪怕燕军战斗力很弱，也还是能牵制不少赵国北方边防军的。遗憾的是，这个战略构想行不通了。早在秦赵两军在番吾交战时，入秦做人质的燕太子丹就跑回了燕国。在太子丹的影响下，燕王喜在联秦抗赵和联赵抗秦之间摇摆不定。王翦已经想好了，灭赵之后接着就拿燕国开刀，把黄河以北地区全部纳入秦国版图。灭燕大军最佳的屯驻地点就是赵国的中山地。

赵国现有疆域的基本特征是南北长、东西窄，首都邯郸位于最南部，中山地位于赵国的腰部，代郡和上谷郡位于北部。代地跟中山地有大山阻隔，离邯郸也太远，跟秦国几次伐赵路线都不在一个方向。秦国没法同时派出一支大军从这个方向进攻，那样会把灭赵战争的难度系数提高好几倍。所以，王翦打算暂时放弃进攻代地，设法诱使代地边防军主力南下与老上级李牧会合。

王翦希望赵军集中主力应战，秦军好争取一次击败所有敌军。只要赵军主力被击溃，剩下的赵国城池都是刀俎上的鱼肉，任秦军宰割。要是赵军放弃邯郸，跟秦军玩坚壁清野、诱敌深入，倒是会让王翦感到棘手一些。代郡治所代县也一度当过赵国的首都，故而代地长期以来是赵国第二大政治中心。赵国若是迁都代地，秦军的后勤补给线就会增加上千里，而且会受到燕、齐两国的威胁。

不过，王翦很清楚赵王迁是个昏君，绝对不会同意放弃首都，一定会逼着赵军众将誓死保卫邯郸。况且，大地震让代地民不聊生，连供养代郡边防军都很困难，根本养不活从邯郸和中山地迁去的大量人马。所以，赵国只能一方面力保邯郸，一方面避免秦军把赵国劈成两半。跟三年前的战争格局大同小异。

赵国最怕秦国做什么，王翦就一定要去做什么。他向秦王政呈上了自己的灭赵方略：秦军从南北两个方向作战，南路军和前几次一样屯兵于邺地，同时进攻赵都邯郸与东阳地；北路军在太原郡集结，从井陉方向出击，迫使赵国北方边防军不得南下。

其中，南路军由杨端和、羌瘣两位副将指挥，二人的交战对象是赵国的邯郸之师、东阳河外之师。羌瘣和李信一样是少壮派武将，秦王政安排此人与老将杨端和组成新老搭配，也是为了锻炼和考察年轻将领，让更多秦将有立大功的机会。北路军将由上将军王翦指挥，他要亲自会一会秦军克星李牧。王翦判断李牧不会守邯郸，一定会继续待在中山地。

秦王政非常希望老师能迅速击败李牧，最好能在半年之内灭掉赵国，但王翦给他和文武百官泼了一盆冷水。他严肃地强调，灭赵之战最忌轻率出击，必须耐心等待最佳时机。假如没有战机，他会一直等着，耐心地跟李牧耗到有战机为止。在此期间，后方必须保障两路灭赵大军的粮草不断。

秦王政问这一仗要打多久。王翦表示，有必要让全国军民做好一两年勒紧裤腰带过苦日子的思想准备。唯有如此，才能避免重蹈当年邯郸之战大败而归的覆辙。王翦还要求搞间谍战的同僚们加大活动力度，在赵国多多散布流言和收买"带路党"，破坏赵国君臣的团结。他与杨端和、羌瘣也会在战场上制造强大的军事压力与之呼应，务求最大限度地瓦解赵军的战斗力。总之，王翦打算运用一切手段来攻击赵国，他要打得赵国永世不能翻身。

秦赵主将不动如山，副将大打出手

秦国南北两路大军浩浩荡荡地向赵国开进，毫不避讳诸侯的耳目。沿途各郡县运输粮草、甲兵的辎重车队连成一条条长龙，在水道上往返的运输船队首尾相连。这一次，秦国调集了多个边郡守军的主力部队参战。留守各郡的兵马虽少，但无论是东南的魏、楚、齐，还是西北的匈奴与诸胡都不敢乘虚而入。各方势力都生怕秦国气得放弃攻赵，把大军调转过来攻打自己。明眼人都能看出，秦赵这次不打到一方灭亡是不会停手的。

南路的秦国河内方面军，以长期处于伐赵第一线的河内郡军为骨干，加入了周边河东郡、上党郡、三川郡、东郡等地兵马，会集了黄河两岸的关外秦军精锐。镇守中原的大批边郡精锐纷纷北上，只有屯驻在颍川郡的灭韩功勋部队监视诸侯。这要感谢秦国的外交官和间谍们帮助魏、楚两国的主和派压倒了主战派的声音。否则，东郡和三川郡的主力部队也不敢大举北上。在邺地集结的秦军兵力已经超过了二十万（含后勤辎重部队），数量还在攀升。关中也准备好了大量预备兵力，随时开往河内前线。

北路的井陉方面军的兵力比南路秦军少一些，但也有十几万人。井陉通道的路比河内方向难走多了，大军通行不易，所以上将军王翦压缩了这一路秦军的规模。不过，论军队精锐程度，北路秦军要比南路秦军更胜一筹，因为王翦在组建北路的井陉方面军时，挑选的中军直属精锐是赵国将相恨之入骨的大秦第一边防军——来自黄土高原的上郡军。

秦国上郡军成立于秦惠文王时期。由于上郡是秦国在内史地区之外设置的第一个边郡，上郡军也成为秦国最早的边郡守军。上郡军自成立以来，多次与三晋交战，与赵军的交手次数尤其多。赵国太原郡军，主要是被秦上郡军打残的。老将王龁在重新攻取韩上党郡时的职务是上郡守，他指挥的部队正是上郡军。李信上回能顺利攻取狼孟，平定赵国西北三郡，上郡军车骑锐士的贡献巨大。

从历史交战记录来看，秦上郡军是秦国北方诸郡中战力最强的王牌劲旅，最令赵国各军畏惧。王翦亲自率领以上郡军为骨干，以北地郡、陇西郡和关中的兵卒为羽翼的北路军进攻井陉，是对秦军克星李牧最大的尊重。

秦军像长平之战时那样大军压境，赵国怎能不进行全国总动员？大将军李牧下令从全国征发青壮男子开赴前线，老弱妇孺在后方协助后勤运输工作。赵国的人力、物力都大大弱于秦国，不得不把现有的战争潜力压榨到极限。国家生死存亡在此一战，输掉了就不会再有赵国，打赢了还能再喘息几年，全国上下再不拼命就只能坐以待毙了！

早在秦国大兴兵的时候，老谋深算的李牧就闻出了大决战的血腥味。但赵国的军力有限，只能像上次那样把军队分成南北两个兵团，南方兵团守卫邯郸以及邯郸外围广袤的东阳地，北方兵团屯驻中山地以警戒井陉方向的来敌，相机策应北方的代郡、上谷郡。

随李牧南下的北方边防军主力两次胜秦，伤亡得到了较好的补充，那些留守西北诸郡的兵马则大半被李信部秦军消灭，只剩下代郡军和屯驻上谷郡的伐燕之师较为完整。李牧几乎把代郡军全部调到了自己身边，在太行山以北只留下上谷郡军。他以这十几万北方边防军为北方兵团，派自己的心腹副将司马尚去指挥由邯郸之师和东阳河外之师组成的南方兵团。

正如王翦所料，李牧依然把守着赵国中部，以便相机驰援南面的邯郸与北面的代地。李牧军中聚集了赵国最精锐的车骑部队，机动能力强于一般的赵军。他本想派轻骑从井陉的间道迂回偷袭北路秦军的辎重部队，迫使秦军因粮草不继无法继续前进，可王翦用兵非常稳健，行军时就保持着随时能战斗的状态，连辎重部队都配备了精兵。于是，李牧在井陉塞部署重兵，试图以险要地形拦截这一路敌军。他还在要塞以东的东垣城一带埋伏了许多车骑留作后手，万一井陉塞被攻破，赵军也可以凭借这些机动力量再打一次肥之战。

然而，王翦不是桓齮，并没有仗着兵力雄厚就快速突进，依然是稳扎稳打。我们已经看不到那个在攻安阳之前大搞精兵简政的军费节约标兵了，现在的王翦绝对不会给秦国大军省钱，要求后方提供各种物资时一点儿都不客气。因为他要慢慢打，绝不给李牧速战速决的机会。秦军虽然是远征的一方，但粮食经得起高消耗，赵国才是余粮不多的那个。王翦的策略无法取得速胜，但能让秦军立于不败之地。至于赵国什么时候战败，就看李牧什么时候露出破绽了。

王翦对李牧亲自把守的井陉塞发起了试探性进攻，几次变换打法都被击退。他感慨道，李牧的战术才能确实令人赞叹，想要直接以军事手段战胜此人是不可能的了。但李牧想要迅速击败王翦，同样没那么容易。无论是故意派出老弱士兵引诱秦军出击，还是派人夜袭秦军营寨，都没有得手。两人的防守都滴水不漏，谁也没给对方一举破敌的机会。于是，秦赵两军在井陉塞陷入僵持，各自深沟高垒干耗着。

李牧耐心极佳，为了击败匈奴可以隐忍多年掩藏自己的真实意图，直到对手完全被误导为止。他凭借这个优异品质战无不胜。但这一次，情况与以往不同。他的对手王翦在战术层面并不比他出色，但同样具有极强的定力，堪称不动如山。眼下两军转为对峙状态，谁也不知道战机会在什么时候出现，此时只能耐心等待、等待、再等待。哪一方先丧失耐心轻率出击，或者撑不住先开始后撤，就会被另一方抓住机会打垮。李牧心想，秦将王翦真是一个极其危险的对手，自己不可以有任何一丝疏忽。两军主将都打起十二分的精神来寻找彼此的破绽，又拿出二十分的耐心等待形势的变化。

正如王翦事前所料，此战旷日持久，会消耗国家大量财力、物力和前线将士们的精气神。这种遥遥无期的战略相持最是折磨人。士兵们躲在各自的营寨壁垒中，每天过着日复一日的枯燥日子，进不能进，退又不能退，也没得仗打，浑身不得劲儿。时间一长，士兵们就会丧失最初的斗志，习惯这种百无聊赖的生活，渐渐变得懈怠起来，不再愿意认真执行军令。

假如长期对峙期间的吃喝拉撒睡等后勤工作保障不力，全军的身心健康都会受到影响。比如，十几万人每天的排泄物，若是不能妥善处理，就会使驻地卫生状况变得极其糟糕。可怕的传染病很容易突然爆发，让许多士兵迅速丧失战斗力，甚至丢掉性命。历史上有不少强大的军队就是因为这等小事没处理好，造成瘟疫横行，最终不战自败。

但这些对王翦来说不成问题。他在练兵治军上很有章法，还有个绝活能使军队在长期对峙时战力和士气不下降。大多数将领都指挥不了这种需要拼耐心和韧劲的仗，所以倾向于速战速决的痛快打法。王翦的兵也有普通人的喜怒哀乐，也会不耐烦，但从没在艰苦的相持中输给过敌军，人人都对打赢持久战颇为自信。

王翦不停派斥候观察敌我双方营地的动向，务求准确掌握两军的体力和士气的对比情况。他定期分析这些情报数据，借此判断李牧部赵军是否有实力下降的迹象，有没有可以利用的破绽。就这样，时间一晃过去了好几个月。王翦这才终于确定，李牧也是个擅长相持战法的高手。两人已经被对方彻底套牢在井陉战场，双双动弹不得。

秦军固然无法前进，赵军也不能抽身。李牧考虑过要不要把秦军放到平原地带打，反复思考后的结论是——不能。他侦察得知，王翦这一路秦军里有秦国的上郡军、北地郡军、陇西郡军。这三郡都坐落在黄土高原上，有着战国七雄中最发达的畜牧业。秦国三郡所产的军马优于赵国北方边防军使用的代马，三郡骑兵在长平之战中彻底压制了赵军的胡服骑兵。如果把王翦放进来打，就算是李牧亲自挑选的精锐骑兵也占不到便宜。况且，王翦从全军中挑选了军事素质过硬的秦锐士合编为一军，号为"壮士"。这明摆着针对的是李牧的百金之士。既然敌军主将处处有备而来，李牧只能继续全力以赴备战，无论邯郸来的赵王使者如何催促，他都以"将在外，君命有所不受"回复。他期盼着自己的副将司马尚可以顶住南路秦军的攻势。

虽然秦军在井陉战场毫无进展，但王翦对这个局面并没有什么不满。他想用自己来拖住秦军克星，让李牧不敢分兵去增援邯郸。这样不仅会加深李牧与赵王迁的矛盾，也会减轻河内战场的负担。王翦从战略大局上判断，赵国只有李牧一个特别能打，其他赵将又不是秦军克星，而秦国可用的良将太多了。只要李牧不来，杨端和与羌瘣指挥的南路秦军必定能克敌制胜。

两军主将都把希望放在了副将身上。与死气沉沉的井陉战场相比，南面的河内战场打得那叫一个热火朝天。杨端和在邺地做好进攻准备后，就把河内方面军一分为二。他本人指挥其中一军跟赵国邯郸之师正面交战，羌瘣则率领另一军进攻镇守黄河与清河之间的东阳河外之师。

杨端和部秦军集中了更多兵力，该军骨干是善于攻城的河内郡步兵精锐，配有大量重型攻城器械。杨端和善于摧城拔寨，故而被王翦安排来攻打邯郸。他挥师渡过漳河，对赵国边城发起了猛攻。擅长土木作业的士兵迅速填平各城池外的壕沟，搭建过护城河的浮桥，并试图在夯土城墙上打洞。双臂粗壮的弩兵们向敌城倾泻箭雨，掩护手持矛戟、剑盾的甲士爬云梯攻城。

各部人马在杨端和的调度下，攻势一波强于一波。他总能及时换下体力下降、伤亡较大的部队，换上做好准备的生力军接替战斗，打得守城的赵军没有喘气的间隙。经过几个月的激战，秦军不仅拿下了平阳、武城，就连抵抗最激烈的番吾赵军也败下阵来。司马尚指挥邯郸之师试图在城外退敌，反而被锐气正盛的杨端和部秦军击败。

　　司马尚追随李牧多年，作战经验也很丰富。他为了保存实力，赶紧下令让各城赵军都向邯郸且战且退。杨端和仗着兵力优势稳扎稳打，花了一段时间把周边城邑逐个攻陷，包围了邯郸。但是退守邯郸的赵军数量众多，城内有着全赵国最充足的粮草，防御工事齐备。杨端和试着攻城，结果无功而返。他判断自己一时也啃不下这座赵国最大的城市，便让士兵们挖壕沟、修壁垒，准备围困邯郸。

　　羌瘣部秦军的数量较少，以临近东阳地的东郡军为骨干。由于活动范围更广，这支秦军以轻装部队为主，配备的轻车和骑兵较多。羌瘣率军与赵国的东阳河外之师交战。这支赵军多年来以魏军和齐军为主要交手对象，横行于黄河与清河之间，跟成立了十三年的秦国东郡军算是冤家路窄。率领东阳河外之师的赵将不如司马尚，被羌瘣打得落花流水，不断向赵国腹地退却。

　　杨端和困住了邯郸城，便分出更多兵马去支援羌瘣。羌瘣部秦军得到援助后乘胜追击，掠取了赵国一大片土地。赵国南方兵团损失惨重，东阳河外之师越打越少，不是被秦军斩杀或俘虏，就是丢下甲胄战袍做了逃兵。司马尚光是抵挡杨端和时不时发起的进攻就已经很吃力了，邯郸之师无法出城拉东阳河外之师一把，只能全力自保。

　　当年的邯郸之战也是如此，但那时候有信陵君、春申君等人率领魏楚之师从外面进攻秦军，与平原君指挥的邯郸赵军里应外合，才解除了秦军的包围，赢得战争的胜利。如今，魏、楚两国都不愿也不敢再救赵，赵国只能靠自己的力量突围。

　　赵王迁连连向李牧指挥的北方兵团告急，要求李牧火速率军南下解围。但李牧被王翦牵制着，不敢带大军南下。他很清楚，自己一旦离开，王翦就会毫不客气地杀出井陉塞，一路尾随追击。纵使李牧是个军事天才，对付王翦也要竭尽全力才有胜算。想要同时击败两个方向的敌军重兵，是强人所难。

　　李牧得知杨端和围困邯郸的消息后，把希望寄托在时间上。两路赵军继续咬牙撑着，希望劳师远袭的秦军在长期鏖战中因为后勤困难而主动撤军，希望楚、齐、燕、魏四国突然记起唇亡齿寒的道理，再次跟赵国同仇敌忾。

与此同时，王翦向河内方面军下达了新的命令。他要求杨端和与羌瘣停止进攻，以长围久困的战术应对；而且包围圈不要围得太死，要让赵王迁与李牧保持联系，让秦国使者能随意进出邯郸跟赵王迁君臣谈判。就这样，秦赵两军在南北两条战线上都进入了僵持状态，不知不觉中大半年又过去了。

其实，王翦早就算清了一笔账。如果大军一直强攻，就会迅速加剧物资的损耗。在保持同等兵力的前提下，按兵不动才能最大限度地减轻后勤压力。更重要的是，王翦宁可多耗费粮草和钱财，也要让士兵们少流血。毕竟，秦国不光要灭一个赵国，后面还有四个诸侯国要征服，秦军绝不能在灭赵战争中搞得元气大伤。

王翦知道李牧在以拖待变，但他同样在以拖待变。他在战前已经料定，赵国比秦国更经不起耗。秦军不需要在战场上打赢，只要不输就行了。随着时间的推移，形势对国力不济的赵国越来越不利。中山地的粮仓日渐空虚，赵军北方兵团的日子不太好过，不像对面的秦军衣食无忧。李牧一直在绞尽脑汁筹集粮草物资，他此时还没意识到一张可怕的大网正向自己扑来。

战国四大名将又陨落了一个

若是在过去，李牧会想办法集中兵力迅速击败一路秦军，然后再转战另一个方向，让赵国摆脱两线作战的困境。秦将王翦虽然无法直接攻破李牧的防线，但成功地牵制住了赵军北方兵团，使其不敢轻易南下。两人都是战国四大名将之一，军事才能都是超一流的。李牧在战术指挥层面略占上风，但王翦打仗不光讲战术，还讲战略，战术上难与争锋，就用战略困死劲敌。破敌手段包括但不限于使用心理战、舆论战，具体而言就是反间计。

反间计是个古老的计谋，却永远不会过时，因为很多时候，人与人之间难以保持的就是信任，特别是手握兵权的大将与至高无上的专制君主，能做到互相信任的不是没有，但比例偏低。人心齐，泰山移；人心不齐，事事扯皮。扯皮久了生怨恨，怨恨多了生隔阂，隔阂多了就会相互猜忌，一步一步走向反目成仇。信陵君之死就是一个血的教训。

不过，说起秦国反间计的受害国，排第一的不是魏国，而是赵国。赵国在长平大战的关键时刻中了反间计，用统兵经验不足的赵括换下了进攻不足但防守有余的老将廉颇，导致战况从步履维艰变成了急转直下。这件事是赵人心中的痛，却是秦人眼中可复制的成功案例。秦国眼下集中了来自各国的间谍战精英，灭赵大军统帅王翦自然要多加利用。他早就跟秦国大间谍顿弱有密切合作，一起加速赵国内部的分裂。

顿弱是个很有个性的人。秦王政第一次派人召见他时，他说："臣有一种坏习惯，就是对君王不行参拜之礼。假如大王能特许免我参拜之礼，臣就见大王，否则，臣拒不见王。"秦王政竟然答应了。顿弱也像李斯一样提议用金钱外交分化瓦解诸侯，为秦军攻灭六国创造条件。他从秦王政那里得到万金资助，便先后到韩、魏、燕、赵等国开展活动。韩王安主动割让南阳地，魏国在秦灭韩时见死不救，燕王喜至今还没下决心连赵抗秦，都跟顿弱的游说活动分不开。他此时就在邯郸，以重金策反赵王迁的宠臣郭开。

这个郭开先后侍奉过赵孝文王、赵悼襄王和赵王迁，算是三朝元老。此人嫉贤妒能，跟战国四大名将中的廉颇有仇。廉颇原本得封信平君，又是赵相邦，结果一时冲动攻打了赵悼襄王派来代替自己指挥伐魏之师的乐乘，不得不流亡国外。当赵王迁想重新启用这位老将时，就是郭开花了很多钱买通使者，让赵王迁误以为廉颇已经老得不能用了，致使廉颇最终在楚国郁郁而终。说郭开是间接害得廉颇不能叶落归根的凶手也不为过。

郭开是赵国的败类，对秦国间谍来说却是宝贝。自从秦赵开战以来，顿弱就一直在做这个奸臣的工作，诱导他排挤大将军李牧。郭开是典型的弄权有术而治国无方，也没有统兵御敌的才能，这在尚武之风和秦国一样浓厚的赵国是个致命的缺陷。

按照赵国的传统，担任相邦的人通常都是立下重大军功的资深武将，比如乐毅、廉颇、李牧等。战国四大公子中的平原君赵胜最初是以赵惠文王同胞兄弟的特殊身份为相的，即使他身份尊贵，握有三千门客，也几次主动辞相让贤于良将，等良将们调职后再重新做回相邦。在这个传统的影响下，郭开虽是赵王迁的宠臣，却始终成不了一人之下、万人之上的权臣。他心中对这点很是不爽，却又无可奈何。无论是讨伐燕国还是对抗秦国，都非他所长，所以赵王迁不得不倚重各路武将。

秦国间谍顿弱的到来让郭开看到了新的机会，他为了个人权势不惜跟敌国暂时联手，时不时在赵王迁面前诋毁李牧。刚开始当然没什么效果，赵王迁固然是个昏君，却也不是完全没脑子。他刚即位没多久，秦军就大举进犯，若不是李牧两次击败秦军，只怕赵国早就被秦国兼并了。杨端和包围邯郸的时候，赵王迁知道无论是郭开还是李牧的副将司马尚都无法退敌，还是把希望全部寄托在了大将军李牧身上，尽管他本人不喜欢李牧。郭开自然是不着急，他深谙众口铄金、积毁销骨的道理，一面继续抓住机会进谗言，一面串联对李牧、司马尚不满的朝中势力。

赵王迁的宠臣中有个叫韩仓的人。此人善于曲意迎上，很能讨赵王迁的欢心，故而被视为亲信。论妒贤嫉能，韩仓一点儿不比郭开差，每次都会谗害有功之臣。于是，郭开与韩仓狼狈为奸，一起暗中使坏整李牧和司马尚。

赵王迁的母亲赵悼倡后也是大将军李牧的仇敌。她本是邯郸城内的一名娼女，后嫁给赵国王族子弟，丈夫死后又被赵悼襄王看中，收入了后宫。当时，李牧反对赵悼襄王纳这个女人，但赵悼襄王我行我素。赵悼倡后用阴谋促使赵悼襄王废除了原先的王后，改立她为王后。悼襄王后所生的太子赵嘉也被剥夺储君资格，改立赵王迁为太子。如今她已成为赵国太后，对李牧有所忌恨，于是跟郭开、韩仓结为一党。

除了后宫，郭开还积极策反赵国的将军们。他找上了赵国王族将领赵葱和齐国来的客卿武将颜聚，许诺要说服赵王改任赵葱为大将军，任命颜聚做副将，执掌赵国的兵权。他开出的这个价码太过诱人，赵葱和颜聚动心了。因为他们和李牧的矛盾更深，牵涉到了赵国军队长久以来的派系斗争。

由于邯郸位于赵国的东南角，与西北各郡交通不便，赵国北方一直以代郡为实际的政治中心。赵军主力也大致分为首都方面军与北方边防军两大系统。首都方面军包括邯郸之师与中山之师；北方方面军的核心是名将李牧亲手打造的雁门、代郡之师，云中、九原之师也属于这个系统。这导致赵军内部山头林立，赵国的几次政变也跟军队派系斗争有关。

赵武灵王大搞"胡服骑射"，征服诸胡又攻灭中山国，赵国北方边防军的势力也迅速膨胀。他封废太子赵章为代安阳君，给了赵章在代地边防军结党营私的机会。赵章率领其党羽在沙丘宫伏击退位做"主父"的赵武灵王和年幼的赵惠文王，杀死了忠于赵武灵王的相邦肥义。赵武灵王的叔叔公子成率领首都方面军中的四邑之兵平定叛乱，救出赵惠文王，却又借机包围沙丘宫，把赵武灵王活活饿死。

从那以后，历代赵王都高度重视首都方面军的兵权，常以王族将领执掌邯郸之师。尽管赵国重用了许多非王族的武将，但在关键时刻往往会换赵家人出身的武将上阵。比如，在阏与之战，廉颇和乐乘都认为打不赢，于是赵惠文王启用了喊出"狭路相逢勇者胜"的赵奢。长平之战，廉颇在前期受挫后转入防守，没给秦军可乘之机，但赵孝成王认为廉颇打法太保守，会把赵国经济拖垮，又听信了秦军放出的流言，改任赵奢的儿子赵括为将。

赵奢去世得早，赵括和四十余万大军死在长平之战，赵氏王族后来没出什么名将。于是，兵权长期由廉颇、乐乘、庞煖、李牧等非王族将领把持。这一点让赵葱愤愤不平，他迫切想扳倒李牧，让王族重新执掌大军。颜聚是齐国来的客卿，依附在赵葱门下，自然也是同一个鼻孔出气。

不过，他们在秦军刚打过来时还不敢对大将军李牧叽叽歪歪，因为赵国的首都方面军和北方边防军两大派系的实力对比已经完全失衡，如今的邯郸之师实际上是以司马尚率领的北方边防军为主体。造成这个局面的是赵王迁的爷爷赵孝成王当年的一个重大决定。

当初，赵孝成王输掉了长平之战，打赢了邯郸之战，国家元气已经大伤，原先臣服于赵国的诸胡部族纷纷脱离控制，北方各郡地盘大幅度缩水，边患日益加重。于是，他任命年轻的将军李牧常居代地雁门郡，退守勾注塞，防备匈奴从今山西省大同市方向南下。

此时的赵国人口损失严重，民生凋敝，财政困难。所以，赵孝成王没法给北方边防军拨付多少军费，只好给政策让李牧自己去想办法。李牧作为镇边大将，不仅有赵国北方边防军的军事指挥权，还有相对独立的行政权、人事权和财政权。按照优惠政策，整个代地的关市贸易税收不必上缴国库，全部输入幕府充当军费。

李牧出色地盘活了边疆经济，耗费多年时间锤炼出了一支至少拥有一千三百乘战车、一万三千名骑兵、五万百金之士和十万弩兵的庞大军队。李牧从此成为赵国北方边防军的灵魂人物。赵悼襄王对他十分器重，让他作为主帅指挥伐燕之师，又以相邦之职出使秦国。随着廉颇、乐乘、庞煖等将军淡出赵国军界，李牧成了唯一一位对全国赵军都有影响力的军方大佬。即使邯郸的其他将军们嫉妒他，也不得不服北方边防军的强悍战斗力。

赵国首都方面军在与秦军的交战中损兵折将，几乎丧失了独立包围邯郸的能力，李牧率领的北方方面军，实际上已经等同于整个赵国国防军。全国各城军队都听命于大将军李牧，受其部将司马尚等人节制。倘若把李牧除掉，北方边防军说不定会集体哗变，到那时赵国被灭得更快。

本来大敌当前，再深的内部矛盾也要暂时压下来，一致对外才有活路。然而，王翦与杨端和双双暂缓攻势，只是跟李牧和司马尚对峙。一个月、三个月、五个月……前方的赵军士兵在对峙中逐渐松了心气，后方的赵国臣民勒紧裤腰带提供军粮，牢骚越来越多。赵国原本就陷入了经济危机，战事拖到现在毫无进展，只是在白白"烧钱"、费粮。

正如王翦料想的那样，朝野的压力越来越大，对李牧和司马尚迟迟不能击退秦军颇有怨言，哪怕是曾经把李牧当成救命稻草的赵王迁也对他日益不满。

赵王迁的亲娘、宠臣、王族大将、客卿将军等各方势力都异口同声地说："李牧和司马尚迟迟不能退敌，是因为他们拥兵自重，想勾结秦国推翻赵国。他们为了自抬身价，从秦国争取更多封地，才没有急于倒戈。"

赵王迁多次催促李牧出击跟王翦决战，或者来解邯郸之围，但李牧始终没有任何动静。他不懂此中道理，只是担心李牧真有反叛之心，盛怒之下还是信了周围人的谗言。接下来的剧本完全按照王翦预想的那样走。赵王迁派人夺去了李牧和司马尚的兵权，由赵葱代替李牧指挥北方兵团，由颜聚代替司马尚指挥南方兵团。他还派人勒令李牧速速返回邯郸，在宴会上派韩仓诬陷李牧谋反。一代良将李牧最终被斩杀。

战国四大名将白起、廉颇、王翦、李牧，秦国和赵国恰好各两位。如今白起、廉颇、李牧都已陨落，只剩下王翦一个人了。赵国乃至所有剩下的诸侯国再也没有能与王翦抗衡的军事家。随着秦军克星李牧的退场，赵国失去了作为秦国头号劲敌的资格。

在杨端和包围邯郸之前，吕不韦的门客司空马刚离开邯郸，从平原津（今山东省德州市平原县城西南）去了齐国。司空马在吕不韦死后跑到赵国做官，对赵国的事情很熟悉。有人问他赵国能在秦军的进攻下支撑多久，他说："如果赵王坚持以武安君李牧为将，可以支撑一年；如果听信谗言妄杀武安君，不到半年就会灭亡。"

在司空马眼中，无论赵国用不用李牧都注定要灭亡。但他事前没有料到，王翦为了以最稳妥的方式取得胜利，居然跟李牧相持了差不多一年。结局如司空马所料，李牧死后不出半年，赵国就灭亡了。

王翦征服了七分之五个赵国

听到李牧遇害的消息，王翦心情有些复杂。毕竟，李牧是个用兵的天才。忠臣良将死于自己人的手中，这样的悲剧太多了。身为良将的王翦也不免物伤其类，但他想以最小的代价攻灭赵国，这是唯一的办法。秦军众将得知劲敌已除，纷纷向王翦请战。他们自从与李牧相持以来就多次请战，但都被王翦压了下来。这一回也不例外。

大家对此感到很不解。敌方最强大将都没了，赵国南北两大兵团的军心肯定会动摇，此时不战更待何时？王翦指出，赵军士兵认为李牧死得冤，对赵王迁君臣心存不满，秦军此时发起总攻的话，他们就会忍下这口怨气先跟秦军死磕。如果秦军暂缓攻势，继续按兵不动，赵军内部矛盾就会因为外部压力减缓而被放大，陷入无休止的内耗。而且赵国粮草还能支撑一段时间，没到最虚弱的时候。让赵军实力降至最低再动手，事半功倍。

远在后方的秦王政收到王翦和顿弱的报告后，又从国内调集了足够支持半年的粮草，陆续运往前线。秦国在这场战争中消耗的物资是空前的，有些靠近前线的地方男丁都投身军旅，只剩下一些老弱妇孺种田。幸亏秦国在发动灭赵战争之前掌握了邺地，减省了关中大半转输压力，否则前线大军未必能撑那么久。等到秋收之时，关中、蜀中、南阳、河东等产粮地的新粮就出来了。新设的颍川郡位于土沃水丰的豫中平原，也是一个大粮仓，可以补充河内方面军的军用。

秦王政也想早一点儿拿下邯郸，因为他的母亲帝太后赵姬身体不太好了。他想在母亲有生之年回到自己出生地邯郸，找母家的仇人报仇。不过，王翦提醒他说统一天下的战争还很漫长，宁可多耗钱粮，也要让士兵少流血；若不最大限度地保全军力，秦国在灭赵之后会无力继续吞并其他诸侯国。

王翦严格约束全军不得急于进攻，赵军却先出手了。新上任的赵军主将赵葱一直很嫉妒李牧。如今手握兵权，他也想建立一番不朽的事业，取得比李牧更高的军事成就。赵葱一接收北方边防军，就按照自己的想法调整了全军的部署，然后下令对秦军发起进攻。李牧的老部下们虽然有一肚子怨气，但他们还是执行了赵葱的军令。这支两败秦军的功勋部队想把怒火都撒到入侵的敌人身上，不辱赵国武安君的威名。

然而，赵葱的战阵指挥才能远不及李牧，能征善战的赵军百金之士被他用得乱七八糟。王翦部秦军凭借坚固的壁垒屡次击退赵军的进攻。打急眼的赵葱还想命令士兵们继续强攻，但李牧的老部下们反对这种蛮干的做法。他们追随李牧多年，哪一次不是运用巧妙的战术克敌制胜，赵葱那点儿水平，他们根本看不上眼。

眼见赵军放弃了进攻，王翦也没有乘胜追击，只是继续深沟高垒。双方又回到了相持的局面。赵军低落的士气肉眼可见，秦军将士们则天天都在为最后的总攻做准备，精神抖擞得很。

王翦这一等，就又等了三个月。秦国民生的困难因秋收而得到缓解，府库收齐了一年的赋税，有更多财力、物力打仗。赵国却因为穷举国之兵与秦军对峙，田野更加荒芜，粮食危机日益加重，人心越来越散。

赵军换了主将和副将又如何？依然解决不了缺粮问题。李牧在的时候就没办法，其他人更没有办法了。秦军不急着出手，继续不动如山。赵军没有一鼓作气速战速决的机会，变得急躁和焦虑。对王翦而言，失去冷静的敌人才是最好的敌人，这样打起来不费力，也不至于突发意外变数。

南方兵团的新指挥官颜聚在赵王迁君臣的支持下，还能较好地掌握邯郸之师；北方兵团新主将赵葱则很难服众。李牧的嫡系部队因为不满赵王迁君臣，对抗秦渐渐失去了信心。被废的前太子赵嘉也在朝野暗中串联所有同情李牧的势力，想借此机会在政治上打个翻身仗。就在赵国内部钩心斗角时，引而不发长达三个月的秦军突然出击了。

王翦挥师猛攻井陉塞，并派出多支精干的奇兵从井陉间道迂回袭击赵军。李牧坐镇时，全军上下号令严明，对各条隘口和小路的守备十分严密。李牧善于预判敌军的进攻方向和进攻方式，故而总能把兵力及时部署在需要的方向。所以，王翦直接进攻李牧把守的井陉塞时没什么进展，索性转入防守，用战略布局来拖死李牧部赵军。如今庸才赵葱换下了李牧，进攻的时候打法粗糙，防守的时候顾此失彼。王翦自然要痛打一番。

压抑一年多的秦军将士终于可以打个痛快了。他们的心情大概跟昔日追随李牧大破匈奴的北方边防军士兵差不多。时过境迁，攻守异势，当初把匈奴杀得哭爹叫娘的赵军士兵沦为被打得丢盔弃甲的一方，令人不禁唏嘘。

能破敌擒将的五万百金之士比一般的赵军抵抗更加顽强，不惜以命换命，维护李牧老部下的最后尊严。他们给秦军造成了不小的伤亡。王翦见状，派自己严酷训练的"壮士"军去冲锋陷阵，击破了这支赵军最骁勇善战的精锐步兵。赵军北方兵团的攻防核心都败了，其他部队随之兵败如山倒。

赵葱见局面已经无法挽回，只好下令全军撤出井陉塞。井陉塞再次落入秦军手中，王翦顺势率领大军迅猛追击，攻入了地势平坦的中山地。原属李牧的赵军胡服骑兵和轻车兵赶来接应赵军败兵，与王翦所率的秦上郡军车骑发生了遭遇战。李牧之死让这些赵军骑士的士气十分低落，战斗力大打折扣，在硬碰硬的较量中被秦上郡军击败。他们大多被秦军车骑斩杀或俘虏，只有部分兵马侥幸渡过滹沱河，从代道逃往到代郡。

赵军北方兵团的败兵在平原上四处逃散。王翦在防守时不动如山，此时却动如雷霆，派出轻车冲乱赵军阵型，又让骑兵抢先占领滹沱河沿岸的桥梁和渡口。秦军步兵连续追击丧失斗志的赵军，将大量残兵败将赶入绝境。在连续多日的追击战中，被秦军俘虏的赵兵日益增加。滹沱河北岸的赵国军民纷纷遁入代郡躲避秦军。赵葱最终被秦军士兵追上，首级也不知被谁提去领军功了。

经过将近一个月的战斗，实力最强的赵军北方兵团彻底灭亡。失去了守备力量的赵国中山地城邑不堪一击。这一带的城邑多达数十座，民户众多，藏着不少散兵游勇，不可不耐心清剿。可是，如果秦军分兵据守每一座城池，就会让兵力变得很分散，北路秦军的数量将从十几万锐减到几万，能够南下邯郸的兵力就不多了。

王翦没有去攻略中山地，而是率领主力大军直接朝邯郸进军。他在行军途中收到了来自邺地战场的消息。就在北路秦军进攻井陉塞的同时，杨端和与羌瘣也对邯郸城发起了最后的总攻。赵将颜聚指挥邯郸之师守城，抵抗还是很激烈的。南路秦军攻打邯郸多时，都没能攻破城门。

据考古表明，邯郸城是个不规则的长方形，城墙周长一万五千三百一十四米, 面积一千三百八十三万平方米。城南有牛首水为天然屏障, 城西倚靠着素有"邯郸第一山"之称的马服山(今紫山), 在阏与之战中大破秦师的马服君赵奢安葬于此, 故而得名。这些都增加了秦军攻城的难度。

邯郸城旁还有个用于观兵操练演习的洪波台, 赵武灵王曾经在此会群臣。唐代大诗人李白游览洪波台后写下了《登邯郸洪波台置酒观发兵》。这个雄伟的高台不只是为了供赵王游览享乐而建, 它本身也是个可供士兵长期防守的军事制高点。洪波台是一个雄伟的高台, 与邯郸城互为掎角, 洪波台上的赵军弩兵居高临下倾泻箭雨, 给攻城的秦军造成很大的麻烦。

两路秦军会师后, 王翦仔细观察了邯郸的地形和赵军的防御部署。邯郸城确实不好打, 但其沦陷是迟早的事, 没必要不惜代价地强攻。他决定让杨端和继续围城, 自己则与羌瘣先率军平定赵国东阳地, 把邯郸城彻底变为孤城再说。

秦军如秋风扫落叶一般席卷了赵国东阳地。王翦与羌瘣搜索到赵军东阳河外之师的残部, 将其死死咬住, 消灭了个干净。不少赵国边城的大夫与军民纷纷渡过黄河逃到齐地。齐王建虽然不喜欢打仗, 但趁着赵国兵败也收复了一些此前被夺之地。秦军追击到赵齐边界就收手了, 眼下还没到灭齐的时候。秦国想顺利灭燕就不能与齐国起冲突, 免得将来大军北上时, 齐军从背后插刀。

王翦与羌瘣平定赵国东阳地, 就回去与杨端和会师。秦军兵力占据绝对优势, 三人同时攻打邯郸城与洪波台, 使两处赵军无法相互支援。邯郸城虽牢固, 可绝望的人心从内部毁了它。赵国的卿大夫们怨恨赵悼倡后进谗言害死大将军李牧, 带着自己的私兵闯入后宫, 杀死赵悼倡后并灭了其外戚家族。他们想拥立废太子赵嘉为新王, 跟赵王迁的部属打了起来。邯郸内部的混乱让秦军抓住了可乘之机, 攻破了城门。城内的邯郸之师只得突围, 将军颜聚是个齐人, 不想给赵国陪葬, 便混在乱军中跑了。赵王迁与其亲信宠臣郭开、韩仓被杀入宫中的秦兵俘获。赵国灭了, 恰好在李牧死后的第五个月! 被司空马说中了。

唯有赵嘉率其宗族数百人趁乱向北逃亡, 一路辗转到了代郡。他自立为王, 却不敢称"赵"刺激秦兵来攻, 改国号为"代", 自称代王。燕国也趁着秦赵大战的机会，收复了原先被赵国夺走的地盘，恢复了易水到燕南长城的防线。代王嘉为了自保，与燕国结成抗秦同盟，率领赵国北方边防军的数万残兵与燕军合兵一处，屯驻在原属燕国的上谷郡。

秦国后来在王翦攻下的赵地上设置了邯郸郡、巨鹿郡、恒山郡、清河郡、河间郡。赵国残部代王嘉势力还控制着代郡和从燕国手中夺取的上谷郡。王翦此战打下了七郡中的五个，算是灭了七分之五个赵国。

秦王政亲赴邯郸慰问灭赵大军，下令杀了一大批母家的仇人，然后取道太原郡、上郡回咸阳。一队秦军押解赵王迁君臣等战俘跟着秦王回到咸阳。王翦没有回家休息，而是率领灭赵大军离开邯郸北上。他没有马上去追杀代王嘉，因为从邯郸到代郡路程有千余里，还要翻越大山才能进入代地。如果贸然对代王嘉发动长途奔袭，万一燕军突然南下进攻中山地，就会把秦军的后路抄断。

王翦认为，燕国"首都圈"和中山地之间都是平原，仅隔着几条河流，没有特别易守难攻的天险。在这里击败燕赵联军，比去代地交战方便得多。代国只是赵国的残余势力，不如燕国那么危险。先把燕国灭了，代国就会陷入孤立，不难平定。

于是，王翦没有急于进兵，而是花了一个多月时间来略定整个中山地，秦灭赵战争至此画上了句号。这场战争发生在赵国经济危机期间，赵军两大兵团在全军覆灭之前也没剩几个月粮米。数十万秦军屯驻中山，加剧了粮草消耗，本来就不堪重负的赵地出现了大饥荒。王翦不得不对伐燕之师进行大幅缩编，并请求朝廷向赵地输送大量粮草。此举不光是为了秦军，还有从此成为秦国编户民的故赵百姓。

王翦灭掉了六国中军事实力最强的赵国，海内为之震动。诸侯皆知秦国是铁了心要灭六国而一统天下。剩下的诸侯纷纷备战，但失去赵国这个主心骨就团结不起来了。拥有秦军克星李牧的赵国都败下阵来，燕代联军能阻挡虎狼之师的脚步吗？打下去才知道。

一则著名成语引发的灭燕之战

秦上将军王翦灭赵后把大军屯驻在以东垣城为核心的中山地，准备引兵攻燕。在他看来，只要秦军能一举击破燕代联军，就可以把燕国与代国一并打包拿下。话说回来，燕国虽弱，但地盘辽阔，也不是那么好灭的。燕军战斗力不强，但人数不少。燕地离秦国关中很远，组织后勤补给的难度系数呈几何式增长。

中山地是离燕国最近的能让数十万大军休整补充的地方。王翦综合考虑了远征燕国的各种困难后进行了大裁军，将灭赵之师整编为大约二十万人的伐燕之师。副将杨端和、羌瘣率领一半军队先撤回邯郸、邺地。一是为了镇抚新得的赵地；二是取食更为便利；三是要警戒诸侯的动向，保护王翦伐燕之师身后长达千里的后勤补给线。将军辛胜被任命为新的副将，随同王翦一起伐燕。

由于灭赵战争造成的大饥荒很严重，伐燕之师在中山地休整备战将近一年，大修道路和沟洫，督导新黔首治理生产、积谷备荒。秦军直到赵国灭亡的第二年秋天才再次发兵。王翦率军把原先燕赵交界的河间地攻了下来，那里曾经有文信侯吕不韦的封地。秦军前锋一路推进到了燕南长城附近，朝夕之间就可以渡过易水。

就在这时，燕国突然派遣使者来谈判，声称要投降献地。兹事体大，王翦派人护送燕使去邯郸。他认为燕王喜和太子丹在搞缓兵之计，怀疑这父子俩有诈，但又说不清哪里不对。过了一阵子，咸阳传来消息，看得王翦和辛胜等人惊出一身冷汗。秦军将士们也群情激愤，发誓要让燕国人付出他们承受不起的代价。原来咸阳宫里发生了历史上著名的"图穷匕见"事件，这个多次被拍成影视作品的故事，还得从燕太子丹逃回燕国一事说起。

燕太子丹矢志抗秦，一计不成再生一计

燕太子丹从咸阳逃回燕国那年，秦将李信正在攻打赵国的云中，秦将桓齮在番吾之战中被赵武安君李牧的部队杀死。这是他第二次入秦做人质，也是没

待多久。第一次是在秦王政三年，原本燕国要借助秦国之力来抗击赵国的入侵，谁知年仅十二岁的秦国谋士甘罗拆散了秦燕联盟，还说服赵国新君悼襄王出兵攻打燕国上谷郡。在甘罗十二岁为上卿的故事里，太子丹就是个"龙套"，还没发挥人质作用就被秦国退还给燕国。

时隔十二年，秦赵矛盾激化了，又来拉拢燕国。燕王喜站秦国这边，再派太子丹去咸阳。这一回，太子丹在咸阳待得一点儿都不开心。他幼时曾被派去赵国做人质，在邯郸跟还没回秦国的嬴政做过一段时间发小。谁知两人成年后再会面，秦王政对他并不友善。这使得太子丹对嬴政深恶痛绝，发誓要除掉这个野心勃勃的战争狂。

在秦国发动灭韩战争之前，太子丹已经开始积极谋划如何对付四处扩张的强秦了。出于坚决抗秦的立场，凡是秦国的敌人，都是他的朋友。比如，秦国将军樊於期得罪了秦王政，被秦国下令通缉，逃到了燕国。太子丹就不顾大臣反对，把他保护起来。太子丹的老师鞠武认为此举会给燕国带来灾难，并为太子丹提供了一个富有战国纵横家色彩的抗秦战略。

太傅鞠武的计划是，与西边的赵、魏、韩三国缔结盟约，又派使者去联络南方的齐、楚两国，跟北方的匈奴单于和好。说白了，就是由燕国再次发起合纵，集合山东六国之力，再加上塞外的匈奴一同抗秦。

不过，实施这个计划的前提条件是，赶紧把秦国叛将樊於期送到匈奴那里去，以消除秦国攻打燕国的借口。但燕国还没来得及争取诸侯合作，就被秦国盯上了。秦王政已经得知樊於期叛逃到燕国，以千斤金和一万户食邑来悬赏其人头，并以武力威胁燕国交人。

此时正值秦赵两军在番吾激战，秦国实际上抽不出手来越过赵国攻打燕国，但太子丹私自逃回国这件事激怒了秦国。燕王喜君臣非常害怕此事会使秦国更冒火，那样后果将不堪设想，都希望把樊於期这个烫手山芋丢出去。

可是太子丹断然否决了这个方案。他认为樊於期是走投无路才来投奔自己的，出卖樊於期是坏了自己的道义。太傅鞠武很不高兴地指出太子丹此举是只讲哥们义气不顾国家安危，但他还是给自己的爱徒推荐了隐居燕国的侠士田光，田光又向太子丹推荐了一个卫国人——著名的刺客荆轲。

荆轲喜欢读书击剑，在秦国攻打卫国之前曾经游说过卫元君，但未得到重用。他周游列国，结交各地的贤豪长者，最后在燕国落脚，与卖狗肉的屠夫和乐师高渐离成了好朋友。隐士田光知道荆轲不是平庸之辈，就将他推荐给了太子丹。

太子丹向荆轲提出了自己的抗秦计划。简单说就是，用秦王政想得到的东西换取其信任，然后伺机用匕首劫持他，迫使他退还秦国侵占诸侯的土地。如果秦王政不从，就直接送他见秦国历代先王。春秋时的鲁国刺客曹沫曾经用这个办法迫使齐桓公吐出了从鲁国手中夺取的地盘，在谈判桌上拿到了战场上拿不到的东西。太子丹的计划就是对这名刺客的致敬。

在太子丹看来，诸侯合纵不成功是因为害怕秦王政这个征服者。只要秦王政一死，手握重兵的秦国上将军王翦肯定会被朝廷猜忌，秦国内部也会因此发生动乱。到那个时候，诸侯再趁机合纵攻秦，一定能把秦国打残。

由此可见，太子丹不是不想搞合纵，而是他认为合纵成功的前提是先除掉秦王政。他的计谋以行刺为核心，想让荆轲来做这个刺客。毫无疑问，领了这一任务，势必有去无回。且不说能否成功劫持或刺杀秦王政，就算能得手，刺客也不可能像武侠片里的大侠那样以轻功飞出秦王宫全身而退。

荆轲开始婉拒，但最终还是接受了这个任务。太子丹拜荆轲为上卿，让他吃美食，住豪宅，开豪（马）车，抱美女，守着一堆奇珍异宝过着荒淫无度的生活。时间一晃就过去了好几年，秦将内史腾俘虏韩王安时，荆轲没动身；王翦攻入邯郸俘虏赵王迁时，荆轲也没动身。等王翦开始引秦兵北上攻燕时，荆轲还是没动身。

太子丹已经跟代王嘉达成了燕代两国联兵抗秦协议，对荆轲毫无作为焦急万分。他暗中募养了二十名壮士，个个武艺高强、胆识过人，但只有荆轲才能完成这项任务。其实，荆轲为了麻痹秦国间谍才故意装成一个胡作非为的暴发户。可是这几年秦军先后攻灭了韩、赵两国，原先的合纵计划彻底失去了两个可用的力量，形势对燕国越发不利。眼看秦军就要打过易水了，太子丹实在等不起了。

在太子丹的百般催促下，荆轲终于行动了。他说服秦国叛将樊於期自杀，借人头给他去获取秦王政的信任；又准备了淬有剧毒的徐夫人匕首和燕国的督亢地图，以燕国正使的身份前往秦国。随荆轲出行的还有十三岁就杀过人的燕国勇士秦舞阳。太子丹及其宾客在南易水岸边给荆轲送行，留下了传颂千古的《易水歌》："风萧萧兮易水寒，壮士一去兮不复还！"

荆轲来到咸阳后，给秦王政的宠臣中庶子蒙嘉送礼，并让他帮着传话：燕国举国上下都愿意做秦王的内臣，比照其他诸侯国排列其中，像秦国的郡县一样交税，只要能特许燕国保留历代先王的祖先宗庙就行。简单来说就是，只要秦国能把给卫国的待遇给燕国就行。

秦王政大喜，决定在咸阳宫中召见燕国使者。比起叛将樊於期的人头，他更看重的是燕国的督亢之地。今河北省涿州市东南有督亢陂，其附近的定兴县、高碑店市、固安县一带的平原都属于督亢之地。这是燕国南部最富庶的土地。秦国若能得到督亢，就获得了进攻燕国首都蓟城的跳板。这块地，他志在必得。

灭赵战争的胜利让秦王政的心态发生了一些微妙的变化。老师王翦给了他圆满的胜利，但也让他对灭国之战多么费钱有了深刻的体会。秦国大军在灭赵之后因为赵地大饥荒，久久没能继续推进。秦王政嘴上没说，心里还是不免对老师王翦过于求稳有点意见。赵国作为秦国最强的对手，怎么慎重都是应该的，可是对付虚有其表的燕国，就不需要那么慎重了。

如今，燕国人在数十万秦军的震慑下主动割让土地，跟韩王安当年的做法一模一样。所以，秦王政觉得可以采用灭韩时的战术，先不费吹灰之力得到督亢之地，然后再发兵迫使燕王喜望风而降。不战而屈人之兵，善之善者也！这样也好让秦统一天下的战争早一点儿结束。

秦王政接见燕国使者时，负责进献地图的副使秦舞阳心理素质不行，瑟瑟发抖。荆轲替秦舞阳打了个圆场，于是秦王政让荆轲单独上前展示地图。秦王此前没听说过"图穷匕见"这个成语，但马上就知道了。荆轲把匕首藏在督亢地图里，向秦王政展示地图时突然亮出匕首，抓住对方的袖子就猛刺过去。好在秦王政反应迅速，挣断袖子，躲过了最凶险的第一击。他想拔剑反击，谁知剑套得太牢，几次都没能拔出来。

秦王政也是个格斗经验丰富的练家子，急忙绕着柱子躲闪，想先拉开安全距离避开对方的攻击再说。由于他在慌乱中忘了下令，秦宫卫士们只好遵守着没有命令不得带兵器上殿的法律，都在殿门外干着急。荆轲得到了近乎单挑的优越条件，但他仍没能把握住机会，几次刺杀都不中，还被秦国御医夏无且投掷的药囊干扰了一下。秦王政抓住这个短暂的空隙，拔出剑反杀了荆轲。

燕国使者行刺一事让秦王政大发雷霆，彻底抛弃了不战而屈人之国的幻想。他意识到燕国君臣不会真心投降。天下纷争从来都是你死我活的，不流血的和平统一在当时那个条件下根本行不通。

秦国朝野一致要求踏平燕国。身在前方的伐燕大军主帅王翦和副将辛胜接到命令后，召集所有的高级将领在幕府开会，讨论灭燕的作战方案。众人自从灭掉最能打的赵国后，普遍认为灭燕之战会打得很轻松。可是王翦不这么看，他认为此战的麻烦程度不比灭赵小多少。

秦军从去年冬天驻扎在临近燕国的中山地备战开始，就派出了大量斥候搜集燕国情报。王翦在过冬时发现这里比中原冷了许多，秋天就冷得跟关中的冬天似的。据间谍回报，燕国的蓟都气候比易水流域以南的地方更冷，而辽东郡的寒冷程度又更上一层楼。除了上郡、北地、陇西、太原、雁门、云中、九原等北方诸郡的兵马外，关中卒和东部诸郡来的士兵不是很习惯这种气候。难怪燕人常说自己身居苦寒之地。

当燕地进入寒冬时，从南方来的军队因为抗冻能力不如燕人强，战斗力会明显下降。这意味着，适合秦军主力作战的时间比在中原战场缩短了不少，秋季兴兵后打不了几个月就要躲在营房里窝冬。秦军不准备好更多的过冬装备，提前适应战场的气候可不行。

此外，王翦还发现一个问题。燕国腹心地带大多是平原，除了几条河流和燕长城外，几乎没有什么特别难攻破的险阻。但是想要一口气打到辽东郡，基本上是不可能的。那里路途遥远、交通闭塞，北上代郡比东去辽东都方便得多。燕国君臣如果带着兵马逃往辽东，秦军就很难追上了。从蓟城到达燕国辽东郡治所襄平（今辽宁省辽阳市旧城区）的直线距离比从邯郸到蓟城还远，而且沿途补给更加困难。秦军贸然追击的结果会是，因后勤困难而人困马乏，被燕军反攻倒算。

所以，王翦告诫全军将士不得因为燕军战斗力弱而轻敌，必须高度重视巩固后方，要稳步推进而不可贪功冒进。他挥师占领了燕南长城以南的所有土地后，便下令全军在各个城邑抓紧构建武器库和粮仓的后勤补给点，把囤积在中山地的粮草物资前移至今河北省保定市一带。

王翦要把这里变成邺地那样的后援基地，以便数十万秦军能长期屯驻在这里打仗，即使战事不顺也可以退守此地寻机再战。

他不急于北上进攻燕国的另一个原因是，想把燕代联军吸引到燕南长城一带交战。他知道燕国人比自己更着急，不会坐以待毙。

南易水之西，王翦、辛胜大破燕代之师

荆轲之死令太子丹非常痛心。既然行刺失败了，又不能投降，燕国只剩下跟秦国大动干戈一条路。燕王喜希望儿子能御敌于国门之外，不要再让燕国内地受到兵戈之灾。赵军已经杀进来好多次了，若是让更凶狠的秦军打进来，自己就只能迁都辽东了。他把兵权交给了太子丹，征发大量兵马屯驻在北易水北岸的武阳城（今河北省保定市易县东南）。

武阳是燕国的下都，著名的燕下都遗址就是此地。燕下都武阳的西面靠着太行山脉，扼守着太行八陉之第七陉——蒲阴陉的东出口，南面临近燕南长城的西段。在武阳的兵器库中，有许多经过淬火的钢剑、铁矛、铁戟、铁盔、铁甲，

燕国最精锐的铁甲重装步兵目前聚集在这座重镇。由于燕下都易守难攻，当年赵将李牧伐燕时便绕开了这块硬骨头，选择了更好打的方城作为兼并对象。

太子丹一面调集燕国各地精兵赶赴武阳，一面派使者去上谷郡联络代王嘉，提议调燕代联军南下协助自己固守燕南长城。此时的燕国最多能动员三十万以上的兵力（含后勤辎重部队），但燕军的战斗力不佳，远不如仅有数万人马的代军强悍。更重要的是，燕国腹地在华北平原，代国腹地在太行山以北、燕山以西。秦军攻打代国要翻山越岭，攻破蓟只需要渡过几条河流。燕王喜君臣生怕代军作壁上观，就想拉上代军一起南下作战。

荆轲刺秦王这一年，也是代王嘉改元的第一年。他把逃亡到代郡和上谷郡的原赵国北方边防军残部和青壮百姓整编为代军，驻扎在离燕国最近的上谷之地。代军只要从居庸塞南下，就能进入燕国首都蓟城。太子丹作为燕国的军代表，派出一支兵马去上谷与代军会师，既是为了商讨军事，也有监视代军动向的用意。

代王嘉强烈渴望借助燕国的力量尽快光复赵国。他看到王翦用心治理故赵地，迅速恢复了秩序，很担心再过两年人心思定，自己就很难光复赵国了。所以，他急着想要趁着秦兵立足未稳先发制人。正好，太子丹的提议跟他的想法不谋而合。于是，代王嘉与燕将率领屯驻上谷的燕代联军移师燕下都武阳，跟太子丹率领的燕将主力会师。

代王嘉在战前会议中分析道，王翦兵临易水却迟迟没有北上，其意图就是巩固现有地盘，等根基稳固再进军。如果让他的奸计得逞，燕代两国就会被彻底困住。秦国只占领了赵国短短一年，统治并不稳固。秦军补给线长达上千里，后勤压力巨大，真正能投入对燕战场的兵力最多二十余万人，远远少于燕代两国可动员的总兵力。只要联军能击败秦将王翦，赵地百姓会纷纷叛秦，领着代王嘉的兵马打回邯郸老家去。赵国光复之后，就能成为燕国最有力的盟友和屏障。燕国的边患就能解除了。

太子丹赞同代王嘉的意见。他深知秦灭韩、赵之后的土地、人口、粮草、财货骤然增加，一旦秦国在赵地站稳脚跟，就用不着从数千里之外的关中运送军队和辎重。秦军仅凭借赵地的粮草和人力就可以长期封锁燕国，燕国就再也没有自救的机会了。

尽管要面对的是天下最可怕的虎狼之师，太子丹和代王嘉还是鼓起燕赵壮士慷慨悲歌的勇气与之决一死战。他们率领燕代联军从武阳城南下，来到了易水的东岸，连同数万燕长城守军准备与秦军进行会战。太子丹和代王嘉还不知道，他们已经在不知不觉中做出了王翦最期待的决定。

王翦确实做好了长期围困燕国的战略布局，但是他更希望敌军主动来进攻。燕国虽弱，但地域辽阔，渔阳郡、右北平郡还算稍微近一点儿，辽西郡和辽东郡地理偏远，秦军兵马再多也没法一口气席卷燕国全境。

站在秦国的立场上看，最头痛的有两种情况。一是燕国君臣直接退守辽东，把秦军的后勤补给线拉长了千余里，等秦军像当年的齐军和赵军那样在粮草将尽之时撤退，燕军主力再趁机反攻，收复失地。所以，王翦就算再善于用兵，也不能在沿途缺乏给养的情况下冒进。二是燕国放弃蓟城以南的地盘，让各城坚壁清野、节节抵抗消耗秦军，再把举国之兵集中起来死守蓟城。秦军久攻不克，又没有那么多粮草搞长围久困，还是要退兵。燕军依然可以收复失地。

然而，秦军最不怕的就是燕军集中兵力南下会战，哪怕对方兵力多出许多。在燕国边境开战，秦军的后勤辎重部队可以少跑几百里甚至上千里路，乐得轻松。而且燕军若是分散成几路，秦军还得费工夫一个个消灭。燕军集中在一起，秦军可以一次消灭对手。现在，燕代联军仗着兵力优势积极求战，王翦和辛胜等秦将求之不得。

根据王翦的估算，燕代两国最多可以联合动员四十多万人参战，但燕国要在辽东郡留下足够的兵力做退路，能放在燕国腹地的人马最多三十余万人。首都蓟城又要留下重兵把守，联军能投入前线的兵力最多也就三十万人，比秦军略占优势。然而，联军是由两拨人马组成，燕军和代军就算再怎么同仇敌忾，也不会配合得很默契。两军士兵不因为燕赵两国的往日恩怨自己先打起来就该烧高香了。

寒冬一天比一天近了，易水河畔的风比荆轲离开时更加凛冽。两军数十万人马眼下正在易水的两岸对峙。燕代联军驻扎在南易水北岸，以汾门（燕南长城的关门）要塞为依托。秦军驻扎在南岸，以武遂、龙兑（均在今河北省保定市满城区东北）二城为基地。

对秦军而言，此战毫无疑问能取得胜利，问题在于怎样打才能取得最大的胜利。秦军直接去进攻汾门要塞倒也不难，可以凭实力碾压对手，以前赵军伐燕的时候就是主动进攻。不过，此举将面临被对手半渡而击的风险，多死个几千人也在预料之内。以王翦的用兵思路，自然是不满意。于是，他对秦军众将表示，我军不过去，让敌人自己过来。

王翦指着作战地图上的易水，易水从汾门要塞的南边和西边流过，恰好形成了个大拐弯。在武遂、龙兑的西北方，也就是易水的西岸有一片平原。这片平原的北面和西面都有丘陵山地，可以埋伏人马。王翦打算在这一带跟燕代联军决战。至于作战计划嘛，众将附耳过来……

逞血气之勇靠一时冲动，时间一久就会冷却，原先抛之脑后的疑虑啊、恐惧啊什么的负面情绪都会重新占领你的头脑。太子丹和代王嘉此刻就是这种感想。两人率军主动来到南易水东岸，在看到秦军严整的军容后，热血顿时凉了一半。秦军布防没有什么破绽，该从哪下手呢？

燕代联军众将多年来畏秦如虎，谁都不愿打头阵，你推我我推你的。原赵军出身的代军将领素来看不起弱燕，可人人都是秦军的手下败将，何敢言勇？燕军的兵力远远超过代军，但燕国的将军们都把代军当成真正的精锐，怎么可能愿意让燕军士兵去给强秦送人头呢？联军争吵不断，天天都是再议。直到斥候传来消息，屯驻武遂、龙兑的秦军突然向西离去，据说是要调头去攻打代国。

这个真假不明的消息一下子就戳中了代王嘉的心病。秦军驻扎的南易水之西，毗邻太行山脉，恰好有一条小路连接太行八陉之第六陉——飞狐陉。而飞狐陉的北出口尽头正是代国首都代县。代军众将一听到王翦要去端自己的老巢，全都急成了热锅上的蚂蚁，纷纷要求带兵去追击秦军。燕军众将则担心其中有诈，不敢轻易渡过易水。联军吵来吵去，斥候也回来好几拨，不断传来最新的情报。太子丹和代王嘉得知秦军大部队已经走远时，才最终拍板挥师渡河追击秦军。

如果光是燕军跟秦军作战，现在秦军西去，太子丹可以坐视不理，任由秦军去灭代国。可是现在燕代组建了联军，燕军又非常依赖数万代军人马的战斗力，太子丹就不能不迁就代王嘉的决定了。况且，他也想利用秦军撤退的机会来打个胜仗。就算不能一举击溃秦军主力，能吃掉秦军后卫部队的尾巴，也是一个足以鼓舞燕代联军士气的小胜仗。

燕代联军从汾门要塞中出来，在渡河时还小心翼翼，高度警惕秦军突然杀出来半渡而击。结果全军上岸后也没有发现任何情况，联军前锋的斥候发现了秦军的踪迹。代王嘉判断秦军是真的去袭击代国了，必须赶紧追上去，否则自己的老巢不保。太子丹留了个心眼儿，让燕南长城的数万守军保护好联军撤退的后路。燕代联军的士兵们纷纷加快脚步，队伍由南易水西岸的山地到平原延绵十几里。他们还不知道，等在前面的是一场死亡之旅。

秦军伏兵放过了敌军的先头部队，等燕代联军大多进入南易水西岸的伏击圈才动手。进入山谷的联军士兵遭到秦军弩兵的压制，箭雨和滚石从道路两旁的山头上扑面而来。秦军选择的伏击点地形好，联军士兵想冒死爬坡仰攻争夺制高点很困难。手持强弩者顽强地朝山头放箭，但很快被秦军的箭放倒。秦军持戟甲士和剑盾武士在弩兵的掩护下纷纷从山头上杀下来，把山谷里的燕代联军分割成无数个小块进行围歼。

身处山谷外平原上的燕代联军后队人马也遭到了秦军袭击。这支秦军车骑部队是灭赵时的主力军之一，作战十分骁勇，把燕军的车骑部队打得落花流水。战斗力更强的代军车骑赶来救援，这支赵国北方边防军最后的精锐努力克服遇袭时的惊慌，舍生忘死地跟仇敌战斗。然而，秦军的训练水平更高，几乎每个什伍都有百战老兵。无论是燕国的铁甲武士，还是代国的胡服骑兵，在秦军主力面前都败下阵来。

代王嘉和太子丹遭到袭击后知道自己中计了，急忙组织突围。然而，两人的心思各异，代军想朝代国方向杀出血路，比秦军先一步赶回代国。燕军则想撤回南易水东岸，凭借燕南长城迟滞秦军，主力退守燕下都武阳城。这导致燕代联军立刻产生了严重的裂痕，双方还是大难临头各自飞了。

燕代联军各自突围，秦军各部顺势奋力掩杀，此战大局已定。但秦军的兵力不占优势，再加上战场的东面与南面是开阔的平原，无法对分散突围的敌军形成严密的合围。王翦观察了战场形势后，下令全军各部不再追击代王嘉的败军，全力攻打太子丹率领的燕军。太子丹因广交豪杰和坚定抗秦而在军中颇有威望，在燕军众将的拼死掩护下，他渡过易水，与少量精兵逃回武阳城。

可是，剩下的燕军大部队就没那么走运了。顽抗到底的被秦军砍了人头，大多数士兵无心再战，集体向秦军投降。王翦不好杀戮，更喜欢抓俘虏以保存可用的劳动力，他还准备在燕赵之地大修驰道呢。太子丹率领的燕军在南易水之西的会战中被消灭了至少十余万兵马，燕南长城防线也被秦军趁机全部攻克，武阳城以南的燕国领土全部沦陷，各地共计数万守军也惨遭团灭。代军战斗力较强，且不是王翦的首要打击对象，所以伤亡比较小，还保留有数万之师。但代王嘉经此一战后丧失了复国的雄心壮志，只想着苟延残喘一天是一天。

王翦让大军稍做休整后又挥师逼近武阳城。太子丹闻讯不敢再战，率领所部人马退守燕都蓟城。秦军占据了燕下都武阳，缴获了大量军需物资。秦军众将还想乘胜追击，但王翦下令全军进驻武阳城窝冬。他可不想让士兵们在这苦寒之地爬冰卧雪，增加不必要的非战斗减员。聪明人要降低不确定的变数，来年开春再打也不迟。王翦思考了燕国君臣可能采取的各种计策后，给秦王政写信请求增派一支精锐之师北上参战。

秦军攻克蓟都，燕太子丹兵败身死

公元前227年的冬天对秦燕双方来说都比平时寒冷。秦军是因为大多没经历过苦寒之地的风雪，燕国君臣则是因为心里拔凉拔凉的。谁都知道秦军结束窝冬就会重启战端，可谁都没什么好办法。燕军士兵固然比较抗冻，但冰天雪地不适合打攻坚战，连大型攻城器械都运不过去。春暖花开之日，就是秦国虎狼之师的铁蹄踏入蓟城之时。

燕国还有退路吗？有的，让蓟城的贵族和军队向东撤退，把首都搬迁到辽东郡治所襄平城。那里离中原更加遥远，气候比蓟城更加苦寒，但土壤肥沃、林木茂密、农牧渔猎皆宜，又能得到秽貉、朝鲜、真番等小国的特产。如果能有足够的人口去那里搞开发，足以割据一方。

燕国的大半人口集中在蓟城"首都圈"，上谷郡到辽东郡的地区民户稀少。因为这些东北边郡的交通较为闭塞，且燕北长城外常有东胡等游牧民族威胁，所以燕民此前大多不愿去辽东郡。如今秦兵虎视眈眈，也没有别的选择了。燕王喜君臣唯一的顾虑是，这次紧急迁都能带走多少人。秦军肯定不会在此时进攻，但冒着寒风大雪迁都，只怕路上要冻死一大批人。开春后再迁都，秦军可能会死咬着不放，未必走得成。唉，真是左右两难。

燕王喜君臣埋怨太子丹激怒秦国发兵，本来给秦国做个低眉顺目的藩臣就能保住列祖列宗传下来的宗庙社稷，非要派刺客去刺杀秦王政。别说行刺失败了，就算真能得手，怎知秦国上将军王翦不会怒而挥师血洗蓟城作为报复？

但燕国军民对太子丹的印象很好，认为他是个爷们，至少比老燕王强多了。

太子丹智谋不足却血性过剩，决定由自己率军留守蓟城，掩护燕王喜君臣迁都辽东。早在燕代联军与秦军会战时，燕王喜就把渔阳郡、右北平郡、辽西郡和辽东郡的大部分兵马调到了蓟城周边，连同蓟城守军一起保卫国都。他见太子丹愿意亲自断后，就把除了燕王禁卫亲军和辽东郡军之外的所有燕军兵权都交给了太子丹。

燕王喜对这个儿子太了解了，知道以他的脾气肯定不会想着造反，也不会甘心投降，必定会跟秦军抗争到底。于是，燕国高层决定把燕军一分为二，一军由太子丹率领，固守蓟城；另一军护送燕王喜君臣迁都襄平。燕王喜和太子丹约定了日期，只要太子丹坚守到那一天就算完成任务，可以率部向辽东撤退。

整整一个冬天，燕国蓟城军民都很忙碌，准备这场悲壮的必败之战，为江山社稷留下最后一点火种。太子丹还拿当年燕国军民赶走入侵蓟城的齐军、迎来燕昭王复兴的典故激励士气。

第二年春，屯驻武阳的秦军开出城外。王翦没有急于进攻，而是等待着李信部秦军的到来。李信精于骑射，擅长奔袭，是一个打追击战的高手。王翦判断燕王喜君臣除了远遁辽东没有别的路可走，想要抓住他可不能一味地稳扎稳打，必须派轻骑穷追不舍。若能俘虏燕王喜和太子丹，燕国群龙无首，可一举平定。

李信部秦军的到来让伐燕之师士气高昂。王翦让副将辛胜率领一军镇守武阳至燕南长城，自己带着主力大军和李信的援军离开燕下都，来到了蓟城南边的治水（今永定河）河畔。准备进攻蓟城的秦军有十余万人，拥有全套大型攻城器械与秦国最精锐的车骑之兵，不管攻城还是野战都锐不可当。

太子丹没有龟缩在蓟城，而是带了大量兵马出城迎战。即使一座城池再坚固，大多数名将都会尽量在远离城墙的郊野和险要地形击败敌军，除非兵力实在相差太悬殊。太子丹手头聚集了十余万兵力，包括蓟城守军。秦军由于不断分兵把守已得的城池，此时身处前线的兵力只是略多于燕军。所以，太子丹为了方便寻机率部向辽东撤退，不愿意被困在城中。

就算燕国穷尽举国之师，在王翦、李信眼中也是惊弓之鸟、乌合之众。何况太子丹的燕军没有兵力优势。王翦这回也不玩对峙了，而是设疑兵吸引燕军的注意力，让年少壮勇的李信做先锋，从另一处迅速渡河。李信部数万秦军的动作非常迅猛，等燕军斥候察觉时，他们已经摆好了进攻阵型。

趁着太子丹指挥燕军与李信的秦军先锋交战，王翦组织大部队抢渡。先上岸的秦军立即布下坚固的阵型，掩护后续部队渡河。太子丹急忙分兵阻击，试图趁秦军立足未稳时以多打少。奈何燕军将士虽有血战到底的勇气，却无过硬的军事素质，未能成功阻止秦军大部队渡河。太子丹只好传令让全军重新结成坚阵，背靠蓟城跟秦军拼个你死我活。

天下人都知道，燕军重装步兵中有不少人装备了铁甲、铁剑，有一定的抗冲击能力。燕军车骑因为长年与东胡等游牧民族交战，形成了自己的特色。若是燕军的训练水平高，这本该是一支能征善战的军队。然而，自从乐毅离燕返回赵国，燕军的战斗力又大幅度退化了。

燕国长期处于被进攻的地位，所以战术上强调固守而不太擅长进攻。燕军骑兵经常在北方的山谷中与东胡骑兵发生小规模冲突，数百人规模的战斗打得熟练，可是上万人的大兵团作战打得却不佳。王翦针对燕军的特点，采用了兵家亚圣吴起提出的对燕战术。

秦军派轻兵扰袭燕军战阵，打一下就撤走，又分兵袭击其后方。燕军被这种灵活机动的打法搞得晕头转向，有些部队按捺不住出阵交锋，结果被秦军轻兵击败。王翦还派李信率领车骑迂回燕军后方，摆出一副直取蓟城的架势。士兵们胆怯了，太子丹的决心动摇了，燕军阵型出现了骚乱，露出了许多致命的破绽。

王翦不失时机地下令发起总攻，燕军的败退一发不可收拾。铁制甲胄坚固，在防守和进攻时能为战士提供更好的防护，却比皮制甲胄笨重许多，在逃跑时是个沉甸甸的累赘。燕军的铁甲武士们纷纷丢弃自己的铁盔铁甲，以便加快夺路逃生的速度，但这也导致许多士兵因缺少防护装备而被追兵射杀。在秦军的猛攻下，大批燕军士兵发了疯似的往蓟城跑，兵器装备和尸体丢了一地，仿佛是引导敌军攻蓟城的路标。

太子丹虽然万般不甘，但还是冷静了下来。他心想燕国已经没有援军了，继续退守孤城只会被秦军彻底困死，就没有再退回蓟城。他率领中军精锐向渔阳方向且战且退，想从燕山山地逃入辽东。这条逃亡路线虽然不好走，但秦军远道而来，不如燕军熟悉燕山地形，甩开追击的成功率更高。太子丹判断，王翦和李信没有做好千里东征辽东的准备，不会以大军追击，自己一定能成功脱险。

谁知王翦对此早有准备，派李信部秦军去追击堪称燕军真正灵魂人物的太子丹。李信慨然应诺，发誓不得到太子丹的人头誓不罢休。王翦亲率秦军主力围攻只剩下残兵败将的蓟城，没费多大力气，就攻入了这座燕国最大的城市。

王翦随即让留守后方的辛胜部秦军也北上，分兵西拔居庸塞，东克渔阳城。燕国的渔阳郡、右北平郡各城邑守军在蓟城之战中已经被击溃，秦军攻城略地时燕民不敢反抗。经过大约一个月的努力，王翦、辛胜把西至上谷、东至渤海、北至燕山腹地的燕国领土全部平定。秦军攻取上谷郡后，代国仅剩下原赵国代郡一隅，力量更加单薄。接连打了这么多仗，秦军主力早已十分疲惫，就没有再继续东征辽东郡。

王翦在平定燕地期间接到过几次李信派人传回的战报。他不禁感叹道，年轻人一身是胆啊，这小子为了抓住燕太子丹居然真的一口气追到了辽东！他赶紧派出精兵去右北平、辽西山地接应李信部秦军，以免发生什么意外。

话说李信奉命追击太子丹，最初是带着由骑兵、轻车兵和善于奔袭的轻装步兵组成的轻锐之师。这数万秦军追杀太子丹的数万燕军精锐，生动地诠释了什么叫"死缠烂打"。太子丹自以为行军速度够快了，没想到埋锅造饭时经常有斥候来报李信部秦军已离此地不远，不得不继续逃亡。

燕军拼命逃，秦军死命追。在这场千里追逐战中，身强力壮的士兵还能坚持，体力较弱的和没有马匹的士兵就跟不上了。双方都有大量人马掉队，掉队的秦军士兵还有主力部队在后面收容，燕军士兵则只能沦为李信部秦军的俘虏。李信意识到，这样下去不是办法，就挑选了政治合格、军事过硬的数千名秦军锐士，采取一人多马的办法继续追击。其他人在后面以常规速度跟进。

李信这种穷追不舍的战法非常消耗马力和人力，为了提高行军速度必然要牺牲军队的规模和一些较重的兵器装备。万一遇到伏击，就会跟马陵之战中被齐将孙膑击败的魏将庞涓获得同样的下场。但李信敢于采取这种战法，就是料定燕军早就因为屡战屡败而彻底丧失了斗志。逃跑还来不及呢，哪还有心思组织埋伏反击？

就这样，太子丹始终没能把李信这个尾巴甩掉。他身边的士兵越来越少，战马也累死了好多匹。两军先后进入辽东，渡过了大辽水。太子丹在心腹的掩护下藏匿到襄平附近的衍水（今太子河）河谷中暂时躲过一劫……还是没躲过。

　　李信部秦军数千人突然出现在襄平城下，把燕王喜君臣吓得魂不附体。尽管此时辽东还有建制完整且有不弱战力的燕辽东郡军数万名，足以包围李信这数千兵马，可是朝中已经无人敢再领兵与秦军交战。连抗秦最坚决的太子丹都要抱头鼠窜，何况其他人呢？再说，李信部秦军若是在这里出了事，只怕王翦会怒而率领大军来把襄平杀个鸡犬不留。

　　燕国君臣不知所措，燕王喜情急之下想起了代王嘉在易水会战之后写给自己的一封信。原来代王嘉因燕代联军的惨败而记恨燕太子丹，写信对燕王喜说："秦兵之所以对燕王穷追不舍，是因为太子丹的缘故。只要您把太子丹杀了献给秦王，秦王一定会下令收兵，燕国社稷就能保存下去。"燕王喜为了解除眼前的危机，竟然真的狠下心来派使者到衍水河谷杀害太子丹。燕地的老百姓同情被父亲当作弃子的太子丹，后来将衍水改名为太子河，并让这个新名字流传到了今天。

　　看到李信带着太子丹的首级回来，王翦终于松了一口气。他听完李信的汇报后判断燕王喜的辽东兵马不足为患，不必急于将其一举消灭。等秦国在去辽东的沿途构筑好足够支持十万之师远征的后勤补给据点后，燕国和代国的残余势力就能被一扫而尽了。

　　秦上将军王翦向李信传达了秦王政的最新命令，秦王让他俩回咸阳开会，商讨下一步对魏楚战事。于是，王翦留下副将辛胜指挥十余万大军坐镇燕地，监视燕代两国残余势力，自己与李信带了将近一半伐燕之师班师回朝，南下充实中原战区的秦军兵力。他此时还不知道，自己的职业生涯很快就要从巅峰转入低谷。

曾经称霸的魏国最终输给了黄河水

　　其实，中原战区的不安因素，早在王翦指挥秦军与燕代联军在易水交战的时候就已出现了。这一年天下最大的新闻无疑是荆轲刺秦王失败，秦将王翦发兵报复燕国；其次是魏、楚两国政局都发生了重大变化。

主动给秦国献地求和的魏景湣王去世，他的儿子魏王假即位。真不知魏景湣王为什么要给接班人起这个名字，战国时，"假"常用来指临时代理，莫非他是在预示儿子只是个"代理魏王"？这就不得而知了。我们只知道，魏王假不是个明君，也不是个特点鲜明的昏君，只是秦王政故事中的"龙套"。

相对于魏国朝局的和平更替，楚国政坛的变动就刺激多了。王翦灭赵那年，楚幽王去世，弟弟楚哀王即位。楚哀王才坐了两个多月的王位，就被自己的庶出兄长公子负刍率领私兵袭杀。负刍自立为楚王，在荆轲刺秦王这一年改元。

聚居在秦国颍川郡的韩国遗老遗少们看到秦军主力北上伐燕，就不甘寂寞地想挑事。派人跟魏王假和楚王负刍串联，又想跟代国打通联系。但这个消息被秦国情报部门截获。秦王政很不高兴，本来想等王翦俘虏了燕王喜再来料理魏、楚两国，看来这回有必要提前行动了。他和群臣讨论之后决定先灭掉地小兵少的魏国。这个重任交给了老将军王翦的儿子，少壮派将军王贲。

内史腾出镇南郡，王贲横扫楚国十余城

将军王贲此前战功赫赫，但没有作为独当一面的大将统兵。秦王政很欣赏老师的儿子，想要给他一个表现的机会。王贲的作战风格跟父亲王翦泾渭分明。王翦用兵稳健，不见兔子不撒鹰，永远比对手更有耐心。王贲的进攻非常凌厉，喜欢出奇制胜，常能打出以少胜多的战果，而且和李信一样善于长途奔袭。不过，父子俩有一个共同点，那就是具有出色的战略大局观。两人从来不会只从局部战场本身来看待战争，始终坚持从更广阔的天下大势着眼。

王贲在朝堂上表示，自己愿意担负灭魏的大任，但他要先打楚国，灭魏是他计划的第二步。他分析道，楚王负刍自立为王之后，重用将军项燕整军经武，在秦楚边境加强战备，只怕此人志向不小。魏国地盘小、军力弱，会请求兵多地广的楚国和齐国支援。齐国在秦国间谍们的努力下继续保持着绥靖政策，楚国则有可能出兵救援魏国。只有先打楚国，使楚军不敢北上，秦国才能专心对

付魏国。

秦王政赞同王贲的意见。他对楚国政局的变化一直高度关注，在楚王负刍弑君自立之后不久就察觉此人野心不小，原为楚地的秦国南郡也莫名出现了一些动荡，南郡各县守军都加强备警。秦王政把灭韩功臣内史腾调过去担任南郡守，坐镇这块由秦军战神白起打下的原楚国"首都圈"地区。南郡守腾一上任就发公告通知南郡各县要严守法令、革除陋习、整肃吏治，才让南郡安定下来。

尽管楚国接下来没有任何针对秦国的军事行动，但其边城日益加强的战备对灭魏大业确实是个充满不确定性的威胁。秦王政认为光是靠南郡守腾的防守还不够，应该有个战将去攻一下楚国，试探一下这个未来的征服对象现在是什么成色。于是，他把虎符授予了王贲，准许王贲便宜行事，自行决定什么时候伐楚，在什么地方开战，以什么战术破敌，用多少兵马、物资。只要有利于打胜仗，无论王贲提什么要求，他都会想办法解决。

但王贲没有急于出兵。当时，王翦正率领数十万大军远征燕国，与燕代联军还没决出胜负。秦国应当专注一方战事，不宜同时在两个方向开战，免得让战局变得复杂。王贲一直等到王翦在易水之战大捷后才决定出手，他在备战期间仔细研究了秦、魏、楚三国的形势。

就眼下来说，秦国已经占据了大半个天下，剩下的魏、楚、齐三国与燕、代的残余势力加起来都不如秦国的地盘大，掌握的民户也少于秦国。秦国每灭一国就将其改设为郡县，建立战时动员机制。这意味着，秦国可征发的兵员足足增加了数十万人。虽然这些兵员不如秦国以前的军民那么可靠，但毕竟也是一股庞大的有生力量。且不说地盘缩水到只有秦国一郡之地的魏国，就算是齐国和曾经幅员最辽阔的楚国，也无法再跟秦国比战争潜力。毫无疑问，秦国有实力有信心吞并诸侯。

再看魏国，自从秦灭韩之后，魏国周边跟秦国的东郡、三川郡、颍川郡、南阳郡接壤，从北到西几乎都被秦国围着。魏国在其东部领土设置了大宋郡，那里原本是宋国的地盘，故而被命名为大宋郡。魏大宋郡南与楚国淮北地接壤，都与被楚国攻占的鲁地相邻。魏国以首都的大梁之师备秦，以大宋郡军备楚。若是魏国把境内所有十五岁以上到六十岁以下的男子全部武装起来戍守大梁，也能勉强凑出个二十万兵马。秦国虽然动员能力远超魏国，可此时还有数十万大军在燕赵大地上执行任务，在黄河以南能投入的总兵力不比魏国多多少。所以，王贲要想办法阻止魏楚组建联军。

楚国若要派兵救援魏国，必定会出动离魏国最近的楚淮北边防军。多年前，春申君率军北上吞并位居东岳泰山以南的鲁国，楚考烈王把淮北十二县赏赐给他做封地。但圆滑的春申君知道富饶的淮北地注定要成为楚国与中原诸侯交锋的前线，就建议楚考烈王在淮北设置边郡，自己在江东选了另一块封地。当时，楚国已经把首都从郢陈（陈县）迁徙到了钜阳，便在淮北部署了一支重兵守边。

后来，春申君又把楚国首都从淮北的钜阳迁徙到淮南的寿春。这意味着，楚国京师禁卫军退出了淮北防御体系，只留下边防军坐镇当地，淮北的守备力量相比郢陈、钜阳做首都时有所下降。楚王负刍即位后稍微增强了一些淮北边防，但军力依然不如巅峰期多。楚国淮北边防军就是王贲这次要打击的对象。

楚国淮北边防军主要驻扎在以陈县为首的淮北十城。楚军从陈县出发，沿着著名的魏国人工运河鸿沟北上，就能在较短的时间里抵达大梁。此外，陈县与原韩国首都新郑、秦颍川郡治所阳翟之间地势平坦，水陆交通十分便利。

如果秦军直接包围大梁，楚淮北军北上来救援，新郑城中隐匿的韩国遗老遗少可能会趁机闹事。这样秦军就不得不同时对付三方势力了。不是说秦军打不赢，但势必会增加不必要的伤亡和变数。因此，王贲决定先拿楚国开刀，把楚国淮北边防军击溃，敲山震虎让旧韩复辟势力不敢动，让魏国失去最后的援助力量。

为了避开魏韩耳目，王贲没有使用镇守故韩地的颍川郡军，而是以南阳郡军来完成这次任务。秦南阳郡军从宛地秘密出发，沿着昔日楚军北伐中原的夏路出了方城，来到颍川郡南部的舞阳（今河南省漯河市舞阳县）进行补给。舞阳城是一座周长六千五百米的大城，原本是魏国对抗秦南阳郡的桥头堡，此时已经入秦。此地储藏了大量粮草和兵器，王贲部秦军在此做好战前补给后，以迅雷不及掩耳之势杀向了楚国边城上蔡（今河南省驻马店市上蔡县）。

上蔡是秦国大臣李斯的老家，离舞阳距离不远。秦南阳郡军出现得毫无征兆，上蔡楚军还没回过神就被围城了。王贲考虑到淮北战场尽是利于车骑驰骋的平原，就以轻锐之师来打这一仗。他和李信一样强调兵贵神速，力求在敌军尚未反应过来并完成集结之前就将其击败。他本来希望通过攻击上蔡城吸引楚军救援，结果直到上蔡城沦陷，楚淮北军的主力都没出来。王贲开始感到纳闷，后来一琢磨就明白了。这跟楚国的郡县制有关。

到了战国晚期，各国都衍生出了不同的郡县制。秦国的郡最开始是军区，只负责战时兴兵打仗，平时不负责所辖各县的行政工作。秦王政时期，变成郡下辖县的体制，具有很高的执行力。楚国是最早设置"县"的诸侯国（秦国是第二个），但后来在郡县制上走了一条跟秦制不同的道路。

楚国的郡制是由县制衍生而来的。楚人把一个方向的多个县划为一个郡，该郡治所为其中最大的县，这个大县县公（楚制县长官叫县公，秦称县令）兼任该郡的郡长（相当于秦国的郡守）。

楚制县公身份尊贵但并未掌握全部的地方大权，司法权和财政权分别被司败、司马等吏员掌握，与中央朝廷专门的司法、财政机构对接。楚国贵族政治传统根深蒂固，从中央到地方都是政出多门，这就使得楚国各城的军队调动效率很低。

兼任郡长的大县县公也主要依靠本县守军，其他属县的兵马不像秦郡县那么好指挥。最重要的是，淮北各城的守将来自楚国不同的世族，各世族在朝中共同执政、相互制衡甚至倾轧，凝聚力很差。楚国只有在组建对外征伐军时才能形成完整的统一指挥权，实现最高动员效率。但在抵挡敌袭时，政出多门的楚军很容易沦为一盘散沙，被敌军各个击破。

王贲派出斥候侦察后发现，楚淮北地有大量世族封邑，县公节制不了这些封邑的私兵。除了陈县的楚淮北军主力是听命于王室外，其他各县楚军都存在政出多门的现象。楚王负刍靠政变上台，重用项氏将军，引发了昭氏、景氏、屈氏等老牌世袭贵族嫉恨，导致楚国淮北的边防体系错综复杂。

王贲看清了楚国淮北各县各自为战的弊病，改变了原先的作战思路。他要通过不断攻城逼得驻守陈县的楚淮北军主力出来决战。如果敌军不出来，这些丢失的城邑就会完全落入秦国手中。远在寿春的楚国老世族们肯定不能容忍自己的封邑被秦军夺走。于是，王贲派人向颍川郡传了一道将令，调秦颍川郡军一起来夹攻楚国淮北诸城。他稍做休整和补充就从上蔡出发，掀起了一场攻城略地的风暴。

按照王贲的计划，秦国南阳郡军、颍川郡军要从不同方向席卷南顿（今河南省项城市西）、汝阳（今河南省周口市商水县西南）、项县（今河南省周口市沈丘县）、新阳（今安徽省界首市北）、阳城（今河南省周口市商水县扶苏村）、阳夏（今河南省周口市太康县）、苦县（今河南省鹿邑县）、柘县（今河南省商丘市柘城县）等城，构建一个对陈县的包围圈。其中，项县是楚国项氏世世代代居住的封地，将军项燕的立足根基之一。阳城县将来会出一个叫陈胜的人，和来自阳夏县的吴广一起做一件惊天动地的大事。苦县是道家创始人老子的故里。王贲这一打不要紧，把未来许多历史名人的故里都收入囊中了。

秦军众将没想到淮北敌军防线形同虚设，越战越勇，一口气完成了大半攻略目标。陈县楚将意识到王贲是想把陈县孤立起来，终于坐不住了，就率领楚淮北军出来迎战。他早就派了好几批快马使者去寿春（郢都）求救，可是楚王负刍正在为各大世族相互扯皮而头痛，迟迟没能派出援军。楚淮北军只好独自与秦军一决生死。

王贲见陈县楚军终于出城应战，立即集结数万兵马与之交锋。楚军虽然比韩军、魏军强，但已经多年逢秦不胜了。两国上一回交手，就是秦国派四个边郡的兵马协助魏国攻楚。这使得楚淮北军对秦南阳郡军颇为忌惮。秦军打赵军时要使出全力，打楚军则没那么费劲。此次楚军豁命一战，也未能扭转劣势，在野战中被王贲率精兵击败。

楚淮北军主力溃不成军，士兵四处逃散。王贲没有继续穷追猛打，而是迫使因战败而恐惧不已的陈县军民投降。连淮北诸城中最强大的陈县守军都落荒而逃，其他楚军更加没信心抵挡秦兵了。秦军最终一鼓作气夺取了十余座城，楚国淮北地最繁华的一带变成了秦国的地盘。楚国救援魏国的道路被秦军切断。

王贲在战前的意图完全达成。北方战场也传来了王翦攻克燕国首都的消息。王贲大破楚淮北军之后继续屯驻在秦魏边境，为接下来的灭魏战争做准备。后来，韩国复辟势力在新郑发动了叛乱，遭到秦军的铁腕镇压。魏国能勾结的所有外部势力都被王贲清除。王翦和李信率领一部分北方秦军南下，充实了中原各郡的兵力。灭魏之战即将进入最后的决战阶段。

魏王假最后的底气——魏国没输过一次大梁保卫战

自从王贲击败楚淮北军后，魏国几乎被秦国东郡、三川郡、颍川郡和淮北十余城三面包围起来了。魏国一直被诸侯称为"四战之地"，也就是四个方向都有敌人要防备。只不过防备对象从各诸侯国变成了秦国在中原地区的各边郡。魏国只剩下大梁"首都圈"、大宋郡以及位于今河南省许昌市鄢陵县西北的附属国安陵国。安陵国仅有方圆五十里地盘，还不如秦国一个大县大。安陵君对秦国表示，安陵国不会卷入战事，所以王贲不打算动这个小小的诸侯国。

王翦、李信率领的伐燕之师一部从濮阳方向渡过黄河，屯驻在东郡。此时，秦国在赵地屯兵大约二十万，居中策应燕地、齐地与黄河以南三个战略方向；在燕地屯兵十余万，防止燕国辽东残部与代国卷土重来；在魏国周边屯兵十余万，正在准备进攻魏国的梁地和大宋郡。关中与西南的巴、蜀、汉中三郡还有大量后备兵员随时等待召唤。

王贲有很多作战资源可以调动，但他不想像父亲那样打费钱的仗。王翦灭赵、灭燕都是兴兵数十万，暴师于外一整年才灭掉一国，还留有尾巴。王贲认为，魏国的实力很弱，完全没必要采用旷日持久的稳妥战法，应当在较短的时间解决战斗。魏国处于四战之地，既有四面受敌的弊端，同时也利于八方来援。

秦国若是不能在一年之内攻灭魏国，军队筋疲力尽，难保楚国和齐国不会重新燃起乘虚而入击败秦军的投机心态。

商鞅曾经说过："王者之兵，胜而不骄，败而不怨。"胜而不骄是因为知道为什么能打胜仗，败而不怨是因为知道自己输在了哪里。自从被赵国大将军李牧两次击败后，秦国上下都做了认真反思，不再自恃武力强大便同时与几个敌人交战，每次尽可能地只跟一个敌人打。王翦打燕代联军情况比较特殊，王贲去年已经拆散了魏、楚与韩国复辟势力的同盟，不允许自己这边再出新变数。

第二年春天，王贲集结了东郡、三川郡、颍川郡的兵马开始灭魏战争。他以一军牵制大梁魏军，另一军进攻魏国的大宋郡，斩断魏都大梁的羽翼。魏大宋郡各县城看到秦军大举进犯，有的望风投降；有的试图抵抗但被实力碾压；还有的干脆弃城逃跑，不是逃往大梁，就是转移到魏大宋郡的治所睢阳（今河南省商丘市睢阳故城）。

睢阳曾经是宋国的首都，因位于睢水北岸而得名，顺着睢水上游走就能抵达魏都大梁。睢阳城约呈平行四边形，东二千九百米、西三千零十米、南三千三百五十米、北三千二百五十二米，非常雄伟壮观。魏国大宋郡军的数万主力部队就屯驻于此。

魏大宋郡军自从王贲攻楚淮北十余城时，就已经高度警惕秦军来袭。当年魏国多次攻宋国而不克，后来齐湣王在第三次齐宋战争中吞并了宋国，引发诸侯不满，齐国也被燕国上将军兼赵相邦乐毅指挥的燕、赵、秦、魏、韩五国之师吞并。那支参与破齐之战的功勋部队，趁齐国垮台时侵占了宋地，它就是后来的魏大宋郡军。

王贲指挥大军攻打睢阳，守城的魏军拼死抵抗。睢阳城面积太大，以秦军现有的兵力想要围出里三层、外三层是不明智的。那样会把每一面的秦军兵力摊薄，违背了集中兵力于主要进攻方向的用兵原则。所以，王贲特意在睢阳到大梁方向留下缺口，引诱魏大宋郡军弃城向大梁突围。大梁魏军来援也行，反正王贲已经在两地之间设下伏兵。

睢阳魏军将领只能看着城外秦军的车骑到处耀武扬威，想当年，魏国在太行山以西有上郡、河西、河东等地，就连秦国引以为傲的函谷关、华山都落入魏人之手。魏国霸业盛极一时，但只传了两代就被新兴的秦、齐两国联手打下神坛。自从丢失了上郡、河西之地后，秦国的车骑部队一天比一天强大，魏国却丧失了最佳的轻车士与骑士兵源。到今日，车骑之兵的战斗力已经弱到惨不忍睹，只能完全依赖重装步兵魏武卒支撑门面。

魏武卒是兵家亚圣吴起首创的重装步兵精锐，曾经在河西战场屡次以少胜多大破秦师，这与其严酷的训练和精良的装备是分不开的。战国秦汉军队最常用的是六石弩或者八石弩，其他强弩也有配备，但比例较少。魏武卒装备的则是十二石强弩，射程远、杀伤力大，因为拉力很大，只有身体特别强健的魏武卒才能操作。在近战方面，魏武卒更喜欢以短戈、长剑配盾牌冲杀，由于其浑身上下都裹着厚重的甲胄，单兵冲击力还是比较强的。

不过，这都是过去的事了。魏武卒这种特种部队式的精兵，训练成本高、奖励规格高。自从魏国地盘大量流失后，即使把贪污腐败、铺张浪费的贵族全部搜刮一遍，朝廷也承当不起这笔沉重的养兵军费。如今的魏武卒早就失去了昔日的含金量，战斗力也大打折扣，完全不是秦锐士的对手。

秦锐士自从秦孝公东征以来就是魏武卒的老对手了，交战起来熟门熟路。王贲指挥攻城时不断听取各军上报的前线战况，他通过对比判断出，睢阳各个方向魏军的战斗力不同，有强有弱，于是就朝敌城防线上的薄弱环节投入了由秦锐士组成的陷阵部队。秦军陷阵部队冒着箭雨和礌石攻破城墙，为全军打开了突破口。

睢阳魏将咬牙把身边最后的魏武卒顶上去，也未能堵住防线上的漏洞。睢阳城防一点一点崩溃，魏大宋郡军见大势已去，弃城突围，结果被远端的秦军伏兵击溃。整个大宋郡都被秦军占领。随着大宋郡沦陷，其他魏国城邑军民纷纷逃往大梁避难。王贲分兵平定了魏国其他地盘，然后率领众军包围魏都大梁，并控制了大梁周边所有的河流与沟渠。

当初魏惠王把魏国首都从河东的安邑（今山西省运城市）迁徙到千里之外的大梁，就是为了躲避日益增加的秦国威胁。此举让魏国获得了一个更加开阔的战略腹地，却又让魏国首都变得更容易遭到诸侯围攻。

大梁位于四通八达的平原地区，是连通江淮与燕赵，西秦与东齐的水陆交通枢纽。从这里去新郑也就两百余里，车驰人走不用费太多力气就能赶到。大梁土地肥沃，城邑和人口非常密集，是个一等一的商旅物流中转站。这个地区在战国时代多次遭到敌军破坏，却又总能在战后凭借优越的农商基础复苏经济。魏国屡屡面临亡国危机又次次能挺过去，与此不无关系。

面对秦军的入侵，魏王假不敢出兵正面抵抗，干脆下令让全国剩下的兵力都来戍守大梁。领兵的魏国将军按照天下流行的墨家守城术，把老人、少儿、妇女也组织起来参加城防。这些老弱之兵加上戍守大梁的军队，七拼八凑也有二十万人的守备力量。这样的守军在野战中的实际战斗力堪忧，可是在城防战中弹性很大，主要取决于有没有顽抗到底的决心。

眼下逃入大梁城中的魏人，都是一些不愿意做秦民的顽固分子。能屈能伸不在意换一个纳税服役对象的魏人早就向形势低头了。魏王假知道魏国打不过秦国，但就是要争一口气，死活不肯投降，反正大梁城不缺粟米和钱，坚持一年以上不在话下。他还幻想着楚国和齐国最后能奇迹般地派援兵拉弟弟一把。

王贲见劝降不成功，只好用武力来解决问题。他在战前深入研究了魏都大梁的相关资料，结果发现这座城比事前想象的更不好对付。梁地固然平坦，但大梁以河沟引黄河水为护城河，周边水网密布，有丹水、睢水、鸿沟等水道拱卫城北、城东，城西又有圃田泽和大片森林为天然屏障。秦军要围困大梁很容易，但包围圈有很多地方是漏风的，便于大军攻城的地方没有看上去那么多。

事实上，这已经不是秦军第一次攻打大梁了。五十八年前，秦军第一次进攻大梁，燕国和赵国派兵援助魏国，秦军铩羽而归。这件事还导致当时的秦相魏冉被免去了相位。从那以后，魏冉和其他秦国将军又多次带兵攻入大梁周边。根据信陵君的回忆，秦军七次攻魏就有五次进入大梁城西的圃田泽一带。秦军往往会把附近的城池都打个遍，并且从周边森林伐木狩猎补充军需，但仍然啃不下这座魏国第一大城。

主要是当时的魏国还有相当强的实力，加上魏国很容易跟其他诸侯串联一气，总是能搬来好几路救兵。而秦国当时没有三川郡、河内郡、东郡、颍川郡，后勤补给线拉得很长。即使能通过外交手段拉拢韩王和东周君、西周君给秦国大军供应粮草物资，其他诸侯也会千方百计策反这三个君王，迫使秦军不得不因为顾及后方而退兵。

比如五十年前魏冉亲自带兵伐魏，击败了援救大梁的韩国将军暴鸢，斩首魏韩联军四万人。秦军包围大梁后，魏国大夫须贾来游说魏冉解除包围。他说魏国如果把全国各县的甲士都动员起来戍守大梁，可以集结不少于三十万的人，大梁是不易攻破的金城汤池，秦军久攻不克，等赵国和楚国的援兵赶到大梁时，就会前功尽弃。魏冉最后采纳了须贾的意见，迫使魏国割让三个县后便退兵了。大梁因此躲过了一次灭亡的危机。

由此可见，以前的秦军打到大梁周围就到极限了。不过，魏都大梁也只是自保有余，无力挽救其他边城。蒙骜老将军看透了此中关键，才多次在攻魏时避开大梁，只打大梁以北、黄河以南的各城，开辟了秦东郡。

尽管大梁不好打，但王贲依然信心满满。因为赵国已经灭亡，楚国被自己打怕了，大梁只是一座孤城。只要能解决久攻不克的技术问题，就能取得圆满的胜利。以秦国的国力，多打一年攻坚战也没什么问题。可是王贲好胜心很强，不愿意用这种笨拙的方式取得胜利，这体现不出他作为一流良将的能力。

内史腾灭韩分两步走，打成了跨年之战。王翦灭赵、平燕各用了两年。王贲想让灭魏战争从今年开始，在今年结束，创造一个新的纪录。现在春去夏来，雨水增多，汛期将至，大梁周边的各条河流逐渐上涨，圃田泽的水域面积也有所扩大。这将给秦军攻打大梁造成更多阻碍。

王贲来到圃田泽与河沟视察各军的攻城准备工作。他和历代秦将一样，把主力部队驻扎在大梁城西的圃田泽。那里位于大梁河沟的上游，靠近荥阳、酸枣、卷县等后援基地，取食和进军都很方便。圃田泽在春秋时名叫原圃，战国时又名圃中。这片大泽的原址在今天河南省郑州市和中牟县之间，直到北魏时期还是"东西四十许里，南北二十许里"的大湖泊，如今早已消失在历史长河中，彻底化为了农田。

魏国迁都大梁时开凿河沟引黄河水入圃田泽，又开凿鸿沟把圃田水引入淮河流域，圃田泽由此成为调节黄河与鸿沟水系流量的一个天然水库，圃田水满时会注入北部的河沟，河沟水渠在汛期涨的水会溢出来流入圃田泽。水利大兴成就了大梁的繁华。王贲突然想起了从老将们口中听到的信陵君的故事，脑海中顿时浮现出一条大胆而凶猛的破城之计。

信陵君的预言被王翦的儿子变成了事实

秦国跟魏国在一百多年中不光打过许多仗，也曾经有过多次密切合作。因为魏国被列强环绕，与接壤的秦、韩、赵、楚、齐等邻国都发生过严重的领土纠纷。魏国称霸时欺负其他国家有多狠，衰弱时遭到列强报复就有多痛。

有一回，齐国和楚国合伙攻打魏国。魏安釐王派出一批又一批使者求援，刚出发的和无功而返的经常在路上相遇。最终有个九十多岁的老大臣凭借丰富的外交经验说服秦昭王派兵救魏。魏安釐王对秦昭王的援助非常感动，就想跟秦国联手讨伐韩国，借此机会夺回自己丢失的土地。事前并不反对向秦国搬救兵的信陵君在这时候站出来坚决反对联秦灭韩。

信陵君严肃地指出，韩国现在内忧外患，会被秦魏联军灭掉，但秦国吞并韩国"首都圈"郑地之后，就与魏都大梁相邻。到那时，秦国不会越过魏国的土地去攻打远方的齐国和楚国，而是会把魏国作为征服对象。他预言秦军会从陆路攻打河内之地，夺取魏国在黄河以北的地盘；同时还会以郑地为进攻跳板，掘开荥阳旁边的大湖荥泽堤坝，用荥泽的水顺着河沟来淹大梁，大梁一定会被洪水冲毁。

信陵君之所以判断秦国会用水攻战法来摧毁大梁，一方面是因为大梁的地势低且离黄河、济水很近，客观上存在被水淹的可能；另一方面则是因为秦军战神白起在攻打楚国陪都鄢城的时候，就派士兵在前线挖了一条通向鄢城的百里长渠，又在鄢水（今蛮河）的上游筑坝拦水，将河水引入百里长渠以水灌城。那一仗，楚国鄢城死伤了数十万军民，楚人至今谈起来也是闻之色变。

由于秦国在信陵君死去多年后才发兵灭韩，他预言的景象一直没有发生。王贲在观察大梁周边的地形与水网时想起这件事，于是计划以水攻战法来攻灭魏都大梁。他一面派工匠和士兵勘探荥泽、河沟、圃田泽的地形地貌，一面向朝廷上报了这个作战计划。

秦王政接到王贲的报告后，在朝会与文武百官讨论这个计谋的可行性。众人意见各不相同，围绕水攻战法的利弊进行了反复讨论。

有的人支持王贲的方案，认为与其投入更多兵力去攻打不容易攻克的大梁城，不如以河水代替军队去攻城，可以让士兵们少流血，保存更多实力去灭楚国。

有的人认为，水攻战法杀伤力太大，不可控的负面影响太多。当初武安君白起水淹楚国陪都鄢城，数十万军民死伤，把鄢城变成了一座废墟，也让通往楚国郢都的道路变得泥泞不堪。秦军在战后花了整整一年时间来重建鄢城和官道，才得以继续进攻楚国首都。大梁是一座富庶的大都会，水攻战法必定会摧毁此地经济，让天下人对秦国更加敌视。拿下一座千疮百孔的废墟，秦国还要倒贴财政去搞建设，太不划算了。

还有的人认为，水攻战法看起来很猛，但不一定次次有效。春秋晋阳之战时，智伯以水攻战法淹了晋阳城整整三年，但守城的赵氏军民硬是没有投降，最后还反过来掘开堤坝用大水把智伯军队的大营给冲垮了。战国时，赵国几次与魏国和齐国交战失利，都掘开黄河堤坝水淹敌军，也只是退敌一时，并未扭转败局。万一水淹大梁操作不当，搞不好会祸害秦军。

秦王政综合考虑了各方意见后，最终决定支持王贲的作战计划，并叮嘱他要注意战后重建等一系列后续问题。王贲接到命令后就立即开始修建引水工程，务求利用河沟把洪水比较精准地引向大梁城，避免波及过多地区。毕竟，魏地将是今后灭楚的前沿基地，想要利用鸿沟水系快速转输军队和后勤物资，对楚国北部边疆发起多线攻击，就不能不保留大梁这个鸿沟水系的核心城市。

在战国七雄中，秦军不光以战斗力最强著称，而且还是战国第一的工程队。秦国多次大兴水利以发展农耕经济，每次在战后都会扩建新的驰道，以便东征大军获得更加便捷的交通条件。频繁的土木工程把秦军士兵锻炼成了一流的施工人员，否则，当年白起也无法在较短时间内完成踏勘地形与水文、设计河渠走向、组织人力施工等一系列工作，在紧张的临战状态下抢修出一条质量合格的百里长渠。

若不是有这样的人力资源和技术能力，王贲就算想用水攻战法也只能是想想而已，无法真正落实。他选拔秦军中善于工程的军吏和士兵为骨干，征发三川郡、东郡、颍川郡的民夫大修引水工程。为了督造河渠和防备魏军出城偷袭，王贲还派出精锐的车骑锐士沿着魏国河渠巡视各段工地。

魏国大梁军民本来还等着秦兵来攻城，打个鱼死网破，结果秦军迟迟没有来攻城，反而热火朝天地围绕着河沟、圃田泽大肆施工。河沟周边方圆百余里那么大动静，就算魏国君臣再迟钝，也察觉到了秦将王贲的真实意图。

魏王假连忙召开紧急作战会议，要求将军们杀出城去破坏秦军的水攻计划。河沟长达百余里，秦军人马再多也不可能守得住每一段工地。秦军若是处处分兵把守则意味着处处兵力薄弱，魏军可以用优势兵力将其击败。秦军若是只把守几个重要地段，就将其他地段的工地破坏掉。具体怎么打，魏王假让将军们自己看着办。

朝野上下不知道什么时候能击退秦军，也不知道魏国能否挺过这一次灭顶之灾。但是每一个还没投降秦国的魏人都知道，王贲完成引水工程之日，就是大梁军民沦为鱼鳖之时。谁也不想去考虑未来会怎样，只要秦军一天不能完成这项工程，魏国就能多苟延残喘一天。

在这种绝望的心态下，魏国大梁军众进行了困兽斗，时不时扰袭施工的秦军士兵和民夫。此举刚开始给秦军造成了不少麻烦。由于河沟工地太长，魏军的扰袭防不胜防，又是打了就跑，秦军虽然每次都能将敌军击退，但防住了这一头又漏掉了那一头。施工进度一时受到影响。

但战争的主动权一直握在秦军手中，大局形势并未朝着对魏国有利的方向发展。王贲闻讯后大怒，调集更多兵马保护河沟工地。他分析了对手的活动规律和打法特点，在成功驱逐了几股魏军后亲自领兵来到大梁城下。只要魏军一出城门，他就将其狠狠地打回去。无论魏军从大梁城哪个门悄悄出来，都逃不过秦军斥候的耳目。一来二去，魏军就不敢再出城袭击秦军工地了。直到王贲的引水工程竣工，魏王假君臣也没找到应对之策，只能坐以待毙。

王贲把秦军各部的营地撤到了地势较高的地方，以免被大水淹到，然后下令让士兵们决开上游的堤坝，让汹涌的河水顺着改道后的河沟冲向大梁。两岸的秦军士兵和民夫都被这气势恢宏的景象震撼了，知道下游的大梁城肯定要遭一场大劫。

王贲看着浩浩汤汤的洪水远去，不禁感慨秦魏与黄河水的缘分实在太深。魏国的领土长期横跨黄河两岸，没有黄河水利做后盾也无法在战国前期称霸天下。秦国的崛起是从推翻魏国霸业开始的，两国漫长的战争一直是围绕黄河水进行的。从河西到河东，从河内到河外，处处都是秦魏两军交战过的地方。蒙骜开辟东郡是为了彻底控制黄河中游沿岸的所有渡口要津。如今魏国最后的救亡之战，对手竟然是滔滔黄河水，战争的残酷令人唏嘘。

大梁城头的值班卫兵最先看到洪水席卷而来，他们狂喊乱叫，击鼓示警。一开始，城内军民还像平时那样走动；突然之间，降临的洪水淹没了整个街道。人们不得不蹚水回家。城中的水位不断上升，短短时间便从没过脚踝到没过灶台。地势低的民宅几乎全部被淹，百姓纷纷上房顶等待官府救援。

可是大梁军营此刻也狼狈不堪。士兵的住所被水淹了，武器库也好，粮仓也好，全都水漫金山。原本可以支撑一年有余的粮草储备被毁去了一大半。这可是大梁军民死守孤城的命根子啊，比任何损失都打击魏国人坚持下去的信心。

魏王假待在深宫中，各方面都有最好的保障。尽管天天听到大臣们上报各种坏消息，但他还是不想投降。亡国之君的名号太难听，列祖列宗传下来的江山社稷不能断送在自己手上。可是，随着大梁库存因洪水损耗日益见底，越来越多的大臣提议开城投降。这样的声音一天天增加，逐渐盖过了其他所有的声音。魏王假的决心不得不跟着动摇。

在大梁城外，王贲命令秦军士兵们修复黄河堤坝。他已经咨询过水工，大量溢出来的洪水会被圃田泽吸收，剩下的也会顺着鸿沟水系的几条河道泄到下游去。大梁城的夯土城墙再结实也经不起洪水浸泡，城池被破只是个时间问题。

于是，秦军耐心等待洪水退去。三个月后，大梁的夯土城墙崩塌，泥泞不堪的道路终于可以重新通车马了。还没等秦军兵临城下，魏王假的使者就先一步出城提交了投降书。魏国上下无条件投降秦国。魏国正式灭亡，大梁人和其他故魏民一样从此转为秦国的黔首。

秦军进入几乎沦为废墟的大梁城。城内满目疮痍，惨不忍睹，昔日繁华的大街小巷不复存在，处处被厚厚的淤泥掩盖。投降的大梁军民急需大量衣食药品维持生计，若非走投无路，他们也不至于放下魏国京城人最后的骄傲。王贲与咸阳派来的官吏一起处理善后事宜，他看到大梁的惨状后不禁觉得自己下手太狠了，引水灌城对环境的破坏还是超出了他的掌控范围。王贲此后还打了不少大仗，却再也没用过这种战法。

在灭魏战争取得胜利后，秦国在故魏地设置了砀郡。砀郡因境内有砀山而得名，治所设在砀县（今安徽省宿州市砀山县以南、河南省商丘市夏邑县以东）。由于战争的破坏，大梁失去了作为郡治所的机会，否则砀郡也不会被命名为砀郡。秦国在大梁废墟上重建新的大梁城作为砀郡的属县，又于数年后在大梁旁边设置了陈留县（今河南省开封市东南），以代替大梁原先的区位功能。

王贲灭魏后没有继续留在砀郡，也没有班师回咸阳。秦王政命令他立即从灭魏功勋部队挑选数万精兵，赶赴齐国边境的历下（今山东省济南市历下区）。历下城右倚泰山、左临济水，控制着齐国从首都临淄进入中原的必经之路，也是一处兵家必争之地。王贲部秦军的任务是坐镇此地阻止齐国派兵南下，确保齐军不能插手南方战事，因为秦国接下来要准备发兵灭楚了。当时谁也没想到，除了李牧之外，还有两个人会给秦军造成巨大伤亡。

两个楚人坑惨了秦国二十万伐楚大军

后世的人总觉得楚国才是秦国最主要的敌人。其实，秦国在大多数时间都把魏、赵、韩三国作为主要对手。秦、楚两国从春秋晚期开始做了很长时间的盟友，因为魏、赵、韩三国的前身——中原第一大国晋国是秦楚共同的头号强敌。自从秦国变法崛起后，秦、楚两国矛盾激化，有过几次惨烈的大战，逼得大诗人屈原写下不朽的诗篇《国殇》。可即便如此，秦国攻楚的次数远不如打三晋的次数多。就连灭国大战，楚国都是往后排的，灭了韩、赵、魏才轮到楚国。

秦国刚启动灭楚作战计划的时候，王翦还没攻破燕国首都，李信也没拿到燕太子丹的人头，魏王假还在过自己的蜗居小日子。秦王政之所以提前考虑此事，主要是因为王贲横扫淮北那一战打得太漂亮。秦国朝野压根儿就没想到，曾经让北方诸侯如芒在背的南方霸主楚国，居然这么不经打，比赵国差远了。此时，秦国朝野普遍认为，楚国现在就是个外强中干的纸老虎，若能攻下楚国，秦国的版图将能扩展到辽阔的东南沿海地区。

于是，秦王政一面让王贲准备在朝会上陈述自己的灭魏计划；一面让从燕地前线回咸阳的王翦、李信等武将参与朝会，讨论灭楚事宜。他打算等王贲消灭魏国后就马上发起灭楚战争。然而，楚国幅员辽阔，在很长时期内都是疆域最大的诸侯国，赵国最鼎盛的时期也没那么大地盘。灭楚战争该怎样打，需要投入多少兵力和军需物资，都要好好商议一番。可是这一商议，就引发了一场大争论。

李信与王翦论兵，秦国高层误判楚国实力

在朝会上，秦王政嘉奖了王翦与李信的战功。王翦作为三军统帅，大破燕代联军于南易水之西，平定了燕国的首都蓟城以及上谷郡、渔阳郡、右北平郡和辽西郡等地。燕国除了仅剩的辽东郡之外，其他所有地盘都被秦国改造成了新的郡县。李信率领数千轻锐之师追杀太子丹，孤军深入辽东，震慑燕王喜君臣，也是罕见的奇功。

眼看着老师王翦每打一次仗回来都显得更苍老，秦王政就在想自己不能一辈子只依靠王翦一人。秦国军事人才济济，总是让老师亲自出马也过于论资排辈了。而且，朝野中颇有人议论秦王政太偏袒王翦、王贲父子。王氏父子已经灭了六国中的三国，内史腾又灭了韩国，剩下灭齐、楚两国的军功，很多人都想去争。秦王打算破格任命更年轻的将军为伐楚之师的统帅，给更多人立下灭六国军功的机会，比如李信。

秦王政对年少壮勇的李信非常满意。李信曾经挥师北伐赵国西北边郡，以较小的代价和较快的速度攻取了赵武灵王开辟的雁门郡、云中郡、九原郡，又让原先臣服于赵国的诸胡部族归顺大秦。再加上此次伐燕之功，足以证明李信具有统率大军的才能。秦王政让李信参与这次关于对楚作战的御前会议，也是想给他一个展示自己的舞台。

秦国朝廷以往都是灭了一国再商议灭下一国的事情，但连番的胜利让秦王政和许多大臣信心满满，觉得征服海内指日可待，于是同时做了灭魏和灭楚两大决定。朝会通过了王贲提出的灭魏作战计划，接下来讨论灭楚之事。对这个南方大国，秦王政君臣的感情很复杂。

虽然秦、楚两国在战国中后期交恶，可是渊源并没有断。攻打楚国最狠的秦昭王，其母亲宣太后就是楚人，让山东诸侯十分畏惧的霸道权相穰侯魏冉是秦昭王的舅舅，也是楚人。从宣太后摄政开始，楚系外戚早已深深融入秦国庙堂。秦国现在的丞相昌平君和昌文君都是楚系外戚出身，甘茂的孙子甘罗、李斯等楚国布衣之士也争相入秦建功立业。毫不夸张地说，楚人对秦一统天下

大业的贡献不比秦国本土的人小。

华阳太后早已故去，楚系外戚集团目前的核心人物是平定嫪毐之乱和协助秦王政铲除吕不韦党羽的昌平君和昌文君。秦国的韩系外戚和赵系外戚分别在嬴成蟜之乱和嫪毐之乱中失势，楚系外戚一家独大。但秦王政后来采纳齐国使者茅焦的建议，迎回了生母帝太后赵姬，设法制衡楚系外戚的膨胀，这也使得昌平君与昌文君跟秦王政之间产生了隔阂。他俩不太赞成现在发兵灭楚。

楚系外戚多年来主要利用自己跟楚国的渊源来帮秦国谋取利益。他们不是通过外交斡旋来拆散合纵，组建秦楚同盟，就是在秦楚交战时最大限度地利用知己知彼的优势来赢得战争。可是，如今秦王政想动真格灭楚了，楚系外戚可借助的外部资源将彻底消失，难以长久维护自己在秦国朝堂中的优势地位。所以，昌平君与昌文君在灭楚一事上的态度就不像其他人那么坚定。

秦王政对此不太满意，但其他大臣都一致赞同灭楚。无论是以王翦、李信为代表的秦国军功集团，还是以李斯、尉缭、姚贾、顿弱为代表的山东客卿集团，都认为灭楚是一统天下必打的战争。秦国目前已占据了长江中下游的南方地区，若能吞并楚国，就能把长江下游地区一网打尽，甚至可以向更南方的华南地区进军。更重要的是，根据秦国间谍们传回的消息，现在的楚国似乎不难吞灭。

王贲的进攻行动给楚国造成了很多损失。楚国在淮北丢了十余座边城，其中包括原为首都的郢陈（陈县）和楚国将军项燕的封地项县。秦军控制了郢陈周边地带后，可以此为后援基地，向北讨伐大梁，向南攻打楚国首都寿春。

既然灭楚大计已定，秦王政就问李信攻取楚国需要多少万兵马。他想给李信一个表现的机会。李信豪迈地说："用二十万人就够了。"这个意见得到了大多数朝臣的赞同。出于尊重，秦王政又拿同样的问题问王翦。谁知王翦却给他和李信浇了一桶冷水，说："灭楚非动员六十万人参战不可。"

王翦之所以否定李信的方案，主要是因为李信和其他人都严重低估了楚国的战争潜力。楚国地域广袤，山多水深，分为好几个板块。楚国当前的核心板块在淮北与淮南，那里聚集了楚国一半以上的人口和财富，有动员二十万以上人马参战的潜力；再加上江东、九江、洞庭、黔中、苍梧等板块和臣服楚国的百越部族，楚国穷尽举国之力，可以动员四十万人以上的军队。战斗力强不强另说，但人数不可低估。

不过，李信也有自己的道理。在他看来，秦楚两国决战，必定会在淮北、淮南进行。楚国在淮北、淮南可以集结的兵马也就二十余万人。以秦军将士过硬的军事素养，用二十万大军将同等规模的楚军击溃不在话下。只要击溃了淮北、淮南的楚军，整个楚国就瘫痪了。剩下几个板块的实力较弱，一旦失去"首都圈"的领导，各城邑就会变成一盘散沙，必定会望风而降。至于那些以楚国为宗主的百越人，不会为楚国提供有效战力，可以忽略不计。

若是在往常，王翦的计谋一定会被众人采纳。可问题是，六十万兵马几乎是秦灭赵战争和灭燕战争所用兵力的总和。这意味着，除了新征服的韩地、赵地、燕地之外，秦国要把全国各郡县的主力部队全部押上去。由此产生的军费开支将是一个天文数字。全天下人都知道王翦打仗"烧钱"，但烧到这个程度，怕是财神都要退避三舍了。

所以，王翦此话一出，众人哗然，都感到不可思议，包括李斯这个楚国上蔡人在内的绝大多数秦国大臣都不赞同王翦的意见。在楚国活动多年收买权贵的那几个间谍战负责人，也觉得老将军高估了楚国的实力，根本没必要在楚地浪费那么多兵力。秦王政顿时觉得老师太谨慎了，心中不免有些不快。

这些年来，王翦老将军立下了不朽的战功，但朝野并非没人对他有意见。王翦灭赵和灭燕都非常求稳，在决战之前老是跟敌军长时间相持，消耗了大量粮草物资，让后方组织后勤工作的官吏和民众经常加班加点，大家嘴上不敢明说，私底下却嫌弃王翦不是个天才军事家，只能用这种笨办法打仗。许多人还认为，如果换其他的将军上，说不定早就摧枯拉朽地扫灭六国了。有些年轻将军也对王翦的用兵方略不以为然，觉得王翦这种打法会把统一战争的进度大大延迟。

诸如此类的抱怨，秦王政没少听过，但在此前并未放在心上。因为王翦要灭的赵国有号称秦军克星的良将李牧，有秦将桓齮兵败身死的血的教训，秦军无论怎样谨慎应对都是正确的。可问题是，王翦灭赵时留下了代王嘉这个尾巴，灭燕时又让燕王喜远遁辽东，都没有画上一个圆满的句号。秦王政虽然也清楚这跟燕、赵两国特殊的地理形势有关，却又难免感到遗憾。随着一统天下大业进展顺利，秦王政最终还是跟许多重臣一样变得越来越骄傲自负。非议听多了，他对王翦也就不再像过去那么信任。

秦王政在大殿上笑道："王将军真是老了，怎么如此胆怯怕事？李将军气势壮勇，他的意见是对的。"他当场拍板，由李信和蒙武两人率领二十万兵马讨伐楚国，李信为主将，年长的蒙武为副将。他这个安排明明白白地告诉满朝文武，他以后要以新锐为栋梁，越老越胆小的老臣们可以考虑从决策层退居二线了。

朝会最终决定，灭楚之战在王贲灭魏后就开打，让楚人来不及反应。王翦见自己的计谋不再被秦王政采纳，心中也明白了当前的朝中局势。既然秦王说他年老胆怯，那他就顺着这个台阶，请求告老还乡。王翦的理由是自己在外征战多年，身体大不如前，许多在战场上攒下的老伤旧病发作。秦王政批准了他的退休申请。

就这样，老将王翦默默离开了咸阳，回到频阳老家，灭赵和灭燕的丰功伟绩都没能给他换来一个侯爵。这对极度重视军功爵的大秦军人来说，是一个很令人沮丧的结局。王翦在几十年戎马生涯中见多了人们争来斗去，对个人得失看得比较淡。但是，他对灭楚战事充满了忧虑，坚信二十万大军根本不足以灭掉楚国，恐怕会出现难以预料的败仗，让许多士兵白白流血牺牲。这是他当上将军之后一直努力避免的事情。

在王翦看来，李信等人最大的问题就是轻敌，以为所有的楚军都和被儿子王贲击溃的楚淮北军一样懦弱。据他从斥候和间谍那里搜集到的情报，楚国依然存在贵族相互扯皮的痼疾，但自从淮北一战惨败后，楚国内部发生了不小的变化。

由于楚淮北军基本丧失了战斗力，无力再维持淮北防线，楚王负刍派将军项燕去收拾局面，项燕顺势改变了原先淮北防线政出多门的混乱局面，以自己的嫡系部队项氏江东子弟兵重建了楚淮北军。王翦判断，秦军下一次要面对的楚淮北军将比此前的难以对付，不该低估其战斗力。

楚将项燕一直没有跟秦军交过手，谁也不知道他的实战水平如何，但几乎所有秦人都相信，除了李牧之外，六国没有能打败大秦的将军。王翦自踏入战场以来从未有过轻敌之举，哪怕是占尽优势，他也会高度警惕对方，扬长避短。他派人调查过楚国项氏一族的家底，发现项燕这个军旅贵族有着吴越人敢死轻生的血胆。

吴国在春秋晚期被越王勾践所灭，越国又在战国中后期被楚怀王所灭，吴越之地从此成了楚国第一流的兵源地。江东楚军的士兵以吴越后裔为主，进攻时快速灵活且不要命，凶狠异常，但不擅长应付长久相持的局面。王翦相信，项燕手下的这支精锐之师将成为李信、蒙武最危险的敌人。

可惜，此时的秦国朝廷沉浸在胜利的喜悦和盲目的自信中，没多少人愿意听王翦冷静地分析战局。整个秦国都围绕着李信的灭楚作战计划运转。王翦只好以退为进，等待着自己预判的战争灾难变成现实。他相信自己的儿子能打赢灭魏战争，为灭楚创造良好的条件，但这又会让秦王政君臣变得更骄傲轻敌。

除了对战事的担忧外，王翦感受到朝中各方势力的博弈正变得白热化，秦王政的决策团队不仅剔除了自己，丞相昌平君和昌文君等楚系外戚恐怕也要靠边站。这样的朝局变化是否会影响未来的战争形势，王翦说不清楚。对大局，他始终都有耐心。他只好隐居在频阳静观其变，等待隐藏的矛盾全部浮出水面，才能想出应对办法。然而，王翦没想到，这股暗流在王贲发兵灭魏之前就冒头了。

新郑爆发大叛乱，昌平君徙居郢陈

最先灭亡的韩国是时人公认的弱国。秦国上至国君、下至黔首，几乎没什么人看得起这个最弱的诸侯国，压根儿就没将其视为对手，就连灭韩功臣内史腾自己都觉得有些胜之不武。可恰恰是这样一个多年来靠装可怜苟活的国家，有一批执着于复辟的旧贵族。甭管韩非生前多么瞧不上这些人，在所有反秦人士眼中，韩人已经成了不服输精神的代表。

刚开始，秦王政在灭韩之后采取了一定的宽大政策，让韩王安君臣继续住在新郑，并未没收韩国贵族的财产。比如汉初三杰中的谋圣张良家中有三百个家奴和大量财富，后来还能花钱雇大力士行刺秦始皇嬴政。灭国后的韩人无力反抗秦兵，看到比韩国更强大的赵国同样被灭，也就认命了。

不曾想燕国使者荆轲表面上学习韩国向秦国投降，却使出一招图穷匕见，阴谋行刺。韩国的遗老遗少们听到荆轲行刺失败，心中未尝不默默感到惋惜，但此举让秦王政受了很大的刺激。新郑的韩国旧贵族被卷入了荆轲事件引发的风暴。

荆轲刺秦一事让秦王政怀疑对六国旧贵族的怀柔政策是错误的。他一向雷厉风行，一旦认为自己原先做的事是错的，就会立即推翻重来。为了报复荆轲刺秦，秦军在攻克蓟城后对燕国贵族进行了清洗。他下令让颍川郡的长官把韩王安马上从新郑迁徙到郢陈，将韩王安与韩国旧贵族剥离开来。秦王政试图通过这种方式来确保郑地安稳，以防韩王安以自己的号召力举兵反秦。不料，此举让素来靠夹着尾巴做人的韩人更加不满。

郢陈离新郑不是很远，也是天下一等一的繁华富庶之地，还做过楚国首都。韩王安对这次强制搬家感到极度郁闷，生怕哪一天秦王政突然不高兴又会对他做出更加激烈的举动。这种战战兢兢的生活让他很恐惧，也让韩国旧贵族悲愤交加。他们决心要反抗秦国的统治，暗中相互串联准备发动叛乱。叛军的目标是夺回韩王安，逃入魏国或楚国建立韩国流亡政府，左右是要将反秦事业进行到底。

韩国旧贵族是在得知诸侯最害怕的秦国大将王翦告老还乡后动手的。他们以为秦王与大将不合，内部矛盾重重，是个搞事的好机会。秦颍川郡军主力平时屯驻在郡治所阳翟，跟着王贲攻打楚淮北军之后一直在外地准备灭魏战事。新郑城中留守的秦兵不多，正是举大计的好时候。

新郑是韩国曾经的首都，绝大多数住户都是故韩民。秦国既没有大量迁入秦民掺沙子改变当地人口结构，也没有将故韩民大量迁徙到外地。于是，新郑实际上成了一堆沾满油的干柴，一不注意就会燃起来，何况是复辟贵族带头起事。叛军很快夺取了整座新郑城，并准备与魏国、楚国取得联系，一同发兵进攻郢陈。这样既能帮韩人夺回韩王安，又能帮助楚国收复淮北十余城，将三国的反秦力量彻底连成一片。

韩国复辟势力的算盘打得挺好，可是从军事角度来看，新郑叛军作乱的时机非常糟糕。秦将王贲已经击破了楚淮北军，夺取十余城，打掉了韩国复辟势力的最大外援。魏王假见地广兵多的楚国都不敢出兵报复秦国，也就不敢继续跟韩国复辟势力合作。韩国旧贵族除了迅速控制住新郑城外，并没有如预期的那样引发整个颍川郡的燎原之火。况且，秦国已经从燕赵战线调回了大批军队，别说围攻一座新郑城了，再踏平一遍韩地都绰绰有余。

秦国高层万万没想到，韩人压根儿就没有放弃过寻机复辟的念头，像风寒感冒一样随时会趁着你虚弱的时候出现。秦王在盛怒之下发兵平叛，孤立无援的新郑叛军很快就陷入了秦军的重重包围。当年韩军全力抵抗都挡不住虎狼之师的铁蹄，何况现在的叛军实力远不如三年前的韩军。新郑没多久就被秦军攻破，叛军遭到残酷的镇压。身在异地的韩王安受到此事牵连，在徙居郢陈的第二年就死了。谁也说不清他究竟是在恐惧中耗尽了自己的生命值，还是被秦王下令秘密处死的。

新郑叛乱让秦王政不再相信怀柔政策真能让诸侯安心归顺，从此以后越来越倾向于采用高压手段解决问题。既然新郑的韩国旧贵族胆敢发动叛乱，那其他被灭诸侯国的国都也不能不警惕，其中最让他担心的是王贲刚打下来没多久的郢陈。这个楚国旧都是淮北最大的城市，跟郑地、梁地、宋地相通，堪称中原与淮北的水陆交通枢纽。新郑的故韩民入秦三年依然没打消反秦的念头，郢陈的故楚民入秦还不满一年，只怕比新郑更加不安分。

秦王政不容淮北之战的战果丢了，更不允许郢陈对即将进行的灭魏战争和此后的灭楚战争造成隐患，他把丞相昌平君和昌文君外放到郢陈，想借助他们楚国公子的身份来笼络人心，巩固秦国对这里的统治，为李信、蒙武指挥的二十万伐楚大军做好战前准备。秦王政的另一个意图是趁机把楚系外戚重臣排挤出中央决策层，他不想再听到有人以任何借口反对秦国灭楚。

昌平君从咸阳迁徙到郢陈，身边有一批忠于他的死士追随。他和昌文君到郢陈时心中五味杂陈。当初他俩与吕不韦联手平定嫪毐之乱，何等威风气派！吕不韦因为牵涉嫪毐一案而被免职，楚系外戚彻底斗倒了韩系外戚与赵系外戚，眼看着就要在朝中一家独大。可是，秦王政很快就提拔了一大批人才进入决策层。既有李斯、尉缭、姚贾等山东士子，又有王翦、李信等布衣武将。昌平君和昌文君自从击败嫪毐叛军后，再也没有带过兵。征伐列国是由秦王提拔的那些武将完成的，就连外交间谍战也多由那些直接游说秦王的布衣士子完成。这两批掌握军政实权的人，跟楚系外戚集团都不是一路的。昌平君和昌文君作为丞相的职能不断被别人分掉，在统一战争中的作用越来越小。楚系外戚的地位以肉眼可见的速度下降。

昌平君久经宦海浮沉，早就意识到秦王政开始疏远自己了，要不是自己曾经有功又是秦王表叔的分上，会被边缘化得更快。这次只是名义上对他委以重任，想推他出来安抚郢陈的故楚士民，让这些人不要像新郑的韩人那样背叛秦国。

昌平君曾经忠于秦王，但现在内心感到十分悲凉：功劳赫赫的一代权相吕不韦突然被问罪，最终一步步走向了被迫自杀的深渊；秦王最倚重的军中元老兼军事老师王翦也谢病老归。昌平君认为，三十三岁的秦王政已经不是当年那个把国事委托给大臣的英气少年了，他变得越来越专断，不太容得下逆耳之言。他明白对灭楚战争的犹疑态度让秦王不满，坐镇郢陈也许是秦王给自己最后的机会，秦王就是想看看自己能不能丢掉分歧，服从他的命令。

尽管跟秦王疏远了，昌平君对秦国的感情还是很深。因为秦国给他的东西，他在楚国恐怕没机会得到。他和众多楚系外戚一样，都是秦、楚两国王室联姻的成果。他的父亲是曾经到咸阳做人质的楚太子熊元，也就是春申君辅佐的楚考烈王。由于母亲是秦国王室宗亲女子，他属于秦国法律规定的"夏子"，在血缘上是半个秦人，在法律上算整个秦人。楚考烈王回国时并没有把他带回去，所以他在秦国长大，在秦国做官，为秦国殚精竭虑。

既是楚国公子，也是秦国贵戚，这个特殊的身份使得他被楚人出身的华阳太后视为亲信，后来成为楚系外戚集团在朝中的代表，做到了丞相这个要职。昌平君这个爵位相当于秦国二十级军功爵最高的彻侯爵位，是人臣能登上的顶峰。王翦有连灭两国的不朽军功，尚且没有被秦王封侯。同为楚人的李斯是布衣出身，还要许多年才能爬到这个地位。

一想到这点，昌平君暂时抑制住了自己的失落感，依然勤勤恳恳地处理郢陈事务。他淡化了自己秦国贵戚的身份，向郢陈的故楚士民极力展示自己身为楚国公子的一面。出色的执政才能与楚公子身份的亲和力，让昌平君没多久就被郢陈士民视为自己人。别小看他的贡献，郢陈若是在王贲率军灭魏时发动叛乱，淮北十余城都会积极响应。到那时，王贲就不得不率军再打一次淮北，什么时候能回师灭魏就是个未知数了。

由于昌平君很好地安抚了从楚国手中夺来的淮北十余城，王贲的灭魏战争进展得很顺利。秦王政对表叔昌平君的工作非常满意，再度委以重任，让他在郢陈全权统筹伐楚大军的后勤工作，准备好二十万人的军需物资。李信和蒙武正在集结军队，秦国各郡兵马正在陆续向郢陈靠拢。

这支数量庞大的伐楚之师中有大量灭韩、灭赵、灭燕之战的战斗部队。李信追杀燕太子丹的数千锐士，蒙武从父亲蒙骜那里接手的东郡军老军官，也在其中。除去留在燕地的辛胜部秦军和阻截齐国的王贲部秦军，关外秦军的精锐大多汇聚于此。

魏国灭亡后，山东六国只剩下齐、楚两个大国，以及燕王喜、代王嘉的残兵败将。王贲部秦军挥师北上守在秦齐边境上，随时准备阻击可能增援楚国的齐军。按照秦国高层的想法，无论齐王建和齐相后胜怎么亲秦，看到天下形势走到这一步都应该惊醒了。只要能拦截齐国兵马，楚国就只能跟秦国单挑了。

秦王政为李信的二十万大军做好了一切准备。伐楚之师的副将蒙武是蒙骜老将军的儿子，青年将军蒙恬的父亲，秦国蒙氏军旅家族的第二代当家人。蒙武没有什么显赫的战绩，独当一面的作战经历还没李信多，但他熟悉军旅和齐楚边情，为人端方缜密，对大兵团行军打仗和日常管理也颇有经验，是一个非常理想的副将。秦王政让老将领给年轻将领当副手，可见对李信寄予厚望。

秦军横行淮北，楚将项燕以退为进诱敌深入

秦国在发动战争前制造舆论，说楚王原本答应进献青阳以西的土地给秦国，结果后来毁约，还发兵进攻秦国南郡，所以秦王政要发兵诛灭楚国。青阳以西，指的是楚国原先在长江中游两岸的地盘，秦南郡就是江北的原郢都"首都圈"，江南则有洞庭、黔中等地。这个战争借口，实际上是在算历史旧账。

所谓楚国发兵击南郡一事，实为公元前276年楚顷襄王派十余万楚国东地兵反攻秦国，夺回了被秦军占领的长江南岸的十五座城邑，并设边郡据守。但秦国已经把战略重心放在中原方向，就一直没跟楚国继续在这个地方交战。两国后来的冲突都在黄河流域，与南郡一点儿关系都没有。现在都公元前225年了，秦王政翻旧账一点儿意思都没有，但不管使用什么样的战争借口，秦国朝野都下定决心要跟楚国进行最后的决战了。

楚王负刍得知秦国大兴兵的消息后，立即派将军项燕调集大量军队到淮北前线，阻止秦军南下攻打寿春（郢都）。项燕传令楚国各地守军火速进京勤王，同样集结了二十万左右的兵力屯驻淮北，其中包括拱卫寿春王城的郢都禁卫军。他深知楚军士兵的整体战斗力比秦军士兵逊色太多，必须形成绝对优势兵力才有取胜的希望，正面跟秦军较量不会有好结果，必须运用更加巧妙的战术。

当前的两军形势是：秦国占据了淮北北部，楚国控制着淮北的中南部。秦军主力集中驻扎在郢陈一处，因为这里是淮北第一大城，交通便利，物资充足，二十万大军一下子就可以吃穷许多规模较小的城池。由于大梁城被洪水摧毁，从河内、三川与关中等地运来的物资会先集中输送到新郑，再由新郑运往郢陈。

新郑经过铁腕平叛后已经被秦国牢牢控制，不会有人胆敢再生事端。

假如楚国还是那个让北方诸侯畏惧的南方霸主，才不会被动防守呢，一定会主动进攻郢陈的秦军。可惜，现在的楚国空有辽阔的疆域，就算能动员四十万以上人马参战，军事实力早已不复巅峰期（其实楚国巅峰期也没能战胜变法后的秦国）。项燕知道硬拼不是办法，就把楚军主力部队分成几部人马，主要驻扎在淮北的平舆（今河南省驻马店市平舆县北部）、寝县（今安徽省阜阳市临泉县）、城父（今安徽省亳州市谯城区东南的城父镇）三地。

这三座城互为掎角，是抗击秦军的第一道防线。平舆和寝县在汝水以东、颍水以西，城父在颍水以东。如果秦军顺着颍水西岸南下，平舆和寝县的楚军可以联手抵御。倘若秦军选择从颍水东岸南下，城父楚军可以先行出兵阻击。当秦军集中兵力攻打某一城时，另外两城的楚军则分别攻击秦军的侧后方。而包括原首都钜阳在内的淮北其他城邑楚军，则作为第二道防线，拱卫着寿春以北最后的天然屏障——淮水。

项燕的布防很周密，但这并不是他真正的作战思路。依照他的本意，楚军主力就不应该离郢陈太近，最好是避开秦军的锋芒，收缩到淮南进行防御，把秦军的后勤补给线拉长数百里，让楚军的辎重部队可以少跑几百里路。万一战事不利，甚至可以再往南退至江东，以长江天险为屏障，跟秦国做长期周旋。总之是做好迁都的最坏打算。

江淮之地水网密布且多丘陵和森林，不利于车骑驰骋。秦军很难以大兵团结阵作战，不得不把部队分为小分队来打仗，其强项会受到较大限制。楚军熟悉淮南的战场环境，可以最大限度地利用主场优势。而在淮北平原，秦军的所有优势都能得到充分的发挥，就算楚军数量占优也难以正面抗衡。

问题是，楚国首都就靠着淮水南岸，没有淮北这个战略纵深的话，秦军一下子就兵临城下了。而且楚国各大世族都有封地在淮北，舍不得自家的坛坛罐罐，极力要求项燕收复淮北失地。政变上台的楚王负刍是个争强好胜的人，也不希望楚军一箭不发就放弃淮北地区。所以，项燕不得不把重兵部署在离郢陈不远的三座城池，摆出一副与李信、蒙武决一死战的架势。

在观察了楚军布防情况后，李信认为楚将项燕确实有些能耐，选择的都是固守淮北防线的要点，但他依然觉得项燕跟自己决战于淮北是个不明智的选择。因为秦军最希望在淮北战场决胜负，最担心楚军学习燕王喜，一口气跑到千里之外，让秦军因后勤瓶颈制约而无法打个痛快仗。他见项燕不顾秦强楚弱的客观形势，采取御敌于国门之外的策略，正好给了秦军一举击溃楚军主力的机会。

李信和蒙武率领二十万兵马从郢陈浩浩荡荡地南下，他们行至王贲此前攻取的项城时开始兵分两路。主帅李信率一军向西南进军，攻打平舆楚军；副将蒙武率另一军朝东南走，攻打寝县楚军。按照李信的部署，副将蒙武在攻克寝县后要东渡颍水，进攻屯驻城父的另一支淮北楚军。两军摧毁楚军在淮北的第一道防线后重新会合，休整补充后一同南下攻克沿途各城，直取郢都寿春。

由于李信担当的是主攻任务，他麾下的秦军有十余万人，副将蒙武带了将近十万人。两军都配备了许多大型攻城器具，具备很强的攻城能力。这对喜好用车骑轻锐之师打运动战的李信来说是一个新课题。同为少壮派武将的老战友王贲一战拔楚十余城，再战灭了魏国，这激发了李信的好胜心。他想要一举灭楚，立下比王翦、王贲父子更大的军功。

李信把平舆作为主攻方向，不光是因为它近，关键是项燕亲自率领精兵镇守平舆。李信多次在战斗中斩虏敌将，想在伐楚首战中击败这位楚国最有本事的将军。他相信，只要项燕一倒，淮北楚军必定大乱，灭楚战争就更容易打了。

秦军进入平舆地界，项燕主动率领三军出城迎战。他使用了楚军最经典的阵法——春秋时期楚武王创立的荆尸阵。荆尸最初是楚国宗庙和军中激励士气用的神灵祭拜仪式，后来成为军阵的代称和楚国历法正月的名称。

项燕把左军和右军两个方阵部署在两翼且位置靠前，中军方阵居中且位置靠后，形成一个倒"品"字形结构；中军阵两侧设有左广和右广两支卫队，在全军最后还设有游阙部队作为后卫和预备队。在左军和右军内部，以左拒和右拒为前锋。

春秋时的荆尸阵是以车战为基础，每个军阵都是以战车为核心的方阵。战国时，楚军已经把步兵上升为主力，以战车和骑兵为机动力量，三军都由车骑、步弩多兵种混合而成。荆尸阵的两翼配属了轻车和骑兵部队，而作为预备队的游阙也从战车部队变为更加机动灵活的车骑、步兵混编军团。

按照楚军的作战传统，护卫中军的左、右二广一般不会轻易出动，因为荆尸阵最初是以楚王本人为中军统帅，左、右二广是楚王的近卫亲军。进入战国后，职业武将的指挥体系越来越发达，楚王很少再亲自上阵，直属楚王的左广和右广上前线的频率下降了。但荆尸阵保留了二广的位置，中军大将的二广依然是三军中最强的战队，会在必要时发出致命一击。位置靠后的游阙兵则会根据战事的需要，补充军阵的缺口，或者配属给左拒或右拒以增强一翼的攻击力。能否活用这支精锐程度不亚于先锋的预备队，取决于将帅的指挥水平。

楚军的荆尸阵本身十分严整，可是指挥过楚军的名将吴起却评价说"楚阵整而不久"。这是因为楚军的构成很复杂，既有楚王直属的中军王卒，也有各大世袭贵族的私兵。速战速决的话就没什么大问题，一旦陷入持久苦战，楚兵很难保持严整的阵容。这点跟耐苦战的秦兵恰恰相反。

李信询问过王贲楚军作战时的特点，知道楚军确实有这个毛病。他连骁勇善战的赵国北方边防军都不放在眼里，更别说楚军了。李信挥师进攻楚阵，项燕沉着应对。两军激战良久，楚军最终没能顶住，被打得全线崩溃。项燕见形势不妙，毫不犹豫地放弃了平舆城，下令全军向南方撤退。

其他楚国世族的私兵在撤退时秩序混乱不堪，被李信痛打落水狗。项燕把自己指挥的中军王卒和项氏子弟兵分为前、后、左、右、中五军，以五军阵的队形来撤退。前军举着茅草当旌旗开路（成语"名列前茅"的源头），侦察前方敌情和地形。右军次于前军，做好战斗准备。中军次于右军，是全军的指挥中心。左军次于中军，当前军遇敌时急速前进以策应。后军以强弩和车骑为全军殿后，不惜代价地阻击秦军追兵。由于组织严密、号令明确，项燕这数万兵马且战且退，建制得以保全，损失不太大，还有相当强的战斗力。

秦军初战告捷，大破楚师，斩虏不计其数，一举拿下平舆城。李信在战斗中时敏锐地察觉到，项燕的直属部队有相当出色的军事素养，其他大多数楚军都是乌合之众。他让其他将尉继续追杀别的楚军，自己率领轻锐之师追杀这支精锐的楚军，一如当初追杀燕太子丹。

在李信攻克平舆的同时，秦军副将蒙武正在以大型攻城器具猛击寝县。寝县楚军出城迎战时被秦军打得难以招架，想逃跑又怕被秦军车骑从背后大肆掩杀，只好龟缩到城内继续抵抗。寝县城为长方形，有大小两城之分。考古表明寝县大城东长五千八百米、西长三千七百七十五米、北长两千三百二十五米，小城西长一千九百五十米、南长九百二十米。

这种大城套小城的格局增加了秦军攻城的难度，但这难不住蒙武。蒙武的父亲蒙骜是秦军中最擅长攻城略地的名将之一，对如何攻打不同类型的城池颇有心得。蒙武从家传兵法中学到了许多有效的战法，把攻城战组织得颇有章法。寝县的楚将不如项燕能干，抵抗意志也不够坚定，再加上平舆楚军战败的消息让他失去了继续顽抗的信心，寝县没多久就被蒙武拿下。

随着平舆和寝县的沦陷，楚国在淮北的第一道防线土崩瓦解，只剩下城父的数万楚军尚未臣服。蒙武按计划渡过颍水，以优势兵力去进攻城父城。我们应该记住这座重镇，因为将来第一个起义推翻秦帝国的人最终死在这里。言归正传，楚国的城父城毗邻秦砀郡。此城若是被拿下，秦军就可以继续东进，横扫整个淮水以北的东楚地区。所以，城父楚军的抵抗异常顽强。

蒙武倒是没有着急，先在城父周围构筑壁垒，再耐心组织各部队轮番攻城。他的意图并不是横扫东楚，而是拔掉城父这根钉子后再与李信的主力大军会合，集中兵力进攻楚国首都寿春。按照蒙武对原定作战计划的理解，李信在击败平舆楚军之后应该先巩固平舆、寝县两座重镇，等自己攻克了城父再一起出发。谁知斥候从前方传来消息，李信攻取平舆后就马不停蹄地去追杀项燕了。李信只带了车骑部队和轻装简行的步兵，辎重和大型攻城器具都远远地落在后方百余里之外。

这个消息让蒙武大吃一惊。他觉得李信立功心切了，项燕的败退似乎有诈，不能不警惕，但他不敢丢下城父楚军直接南下找李信。因为这数万楚军随时可以威胁二十万伐楚大军的后方，不把城父打下来将会导致秦军进退失据。蒙武加强了对城父的进攻，想早一些跟李信会师。他祈祷李信能快点冷静下来，不要再舍弃辎重和重装备孤军深入，否则大捷将会变成大劫。

昌平君叛秦归楚，李信和蒙武大败而归

李信几次追上项燕部楚军，都未能将其彻底击溃，只是消灭了拼死断后的楚军后卫。项燕身边的人马虽然有所伤亡，但建制依然完整，并且在沿途收罗了许多楚军败兵，队伍有增无减。李信在追击败兵的途中，经常遭到沿途各城楚军干扰，打打停停，停停打打，没能专心追击。项燕部楚军顺利渡过淮水，躲进了寿春城内。

连续追击几天，没有好好吃饭休息，李信的轻锐之师已经人困马乏，就在淮水北岸扎营休整。他没料到项燕部楚军居然跑得如此之快，既有些佩服项燕的行军能力，又看不起楚军只逃不打的样子。李信等到大型攻城器具和辎重到位后，才下令渡过淮水，准备攻打寿春。他这一路秦军为了镇守平舆等新占城池分了一些人马，此时的兵力不足十万人。不过，他在这些日子里打得太顺手，对攻破楚国首都信心满满。

战国晚期的楚都寿春，城为长方形，东西长四千两百五十米、南北长六千两百米。这座城聚集了大量人口和财富，是楚国国力的象征。后来西汉王朝建立后，百业兴旺的寿春又被定为汉朝封国淮南王国的首都。寿春的北山在后世被称为八公山，"草木皆兵"这个成语说的就是这座山。

为了保卫被升级为郢都的寿春城，楚王负刍采纳项燕的建议，从全国各地调集大军进京勤王。江东、九江、洞庭、苍梧等地的楚军主力悉数北上寿春，各大世族也把私兵死士召到此地。就在李信与项燕在平舆激战之时，郢都城内外集结的兵力就已经悄然增长到了三十余万众，大部分都隐匿在北山及周围的

湖泽一带。

然而，李信此刻并不知道这点，因为楚王负刍按照项燕的要求，封锁了这个消息。楚军很好地隐藏了自己当前的真实实力，让李信产生了误判。不仅如此，从平舆撤退到寿春的项燕还花了很大力气说服楚王负刍君臣协助自己再演一出戏，让李信产生更严重的误判。

秦军在抢渡淮水时，李信还提防着楚军半渡而击。谁知楚军根本没有在河边阻击，而是当秦军杀到寿春城下才出城迎战。自从开战以来，楚军的种种操作让秦军上下觉得偌大的楚国真是无人可用了。大家不担心打不赢，就怕楚军跑得太快追不上。眼下楚人退无可退，终于可以打个痛快了。攻破敌国首都，俘虏敌国君王的机会就在眼前，秦军众将无不欣喜若狂。

李信一路上攻无不克战无不胜，对楚国君臣极度蔑视。他见全军气势正盛，就主动发起猛攻。楚军因屡战屡败而士气低迷，毫无悬念地溃败了。楚将项燕连忙带着楚王负刍逃走，连寿春城都没有回，纷纷向东南逃去。李信乘胜追击，竟然攻破了寿春。他发现寿春城中的守军寥寥无几，府库也大多被搬空。看来楚人早就决定弃城逃跑了，真是软弱！

李信继续派兵追击楚王负刍，可是淮南的地理环境与淮北迥异，隔不了多远就有河流湖泽出现。楚人长期居于淮南泽国，行动速度极快。不适应这种作战环境的秦军很快被甩开了。

听到前线将士的回报，李信下令停止追击。他意识到淮南战场完全限制了自己的优势，贸然追击会适得其反，还是应该先跟蒙武大军会师，在扫平整个淮北之后再集中全部兵力攻向淮南。他只留下少数兵马继续看守寿春。

就在他准备率主力部队重返淮水北岸时，郢陈突然传来了令人震惊的急报——昌平君派死士杀死了郢陈的秦国官吏，叛秦投楚了。

其实，昌平君自坐镇郢陈以来，内心一直备受煎熬。他不反对大秦一统天下，却又不希望帮着秦国去灭楚国。无论是布衣出身的楚人李斯，还是秦国楚系外戚的第一代权相魏冉，都对攻打楚国毫无心理负担。可昌平君不一样，他在法律上是秦人，但流着一半楚国王室的血液。他对韩非之死感到惋惜，也理解韩非身为韩国王室子弟的内心挣扎。虽然昌平君勤勤恳恳地完成了秦王政交代的任务，但内心还是过不了那道坎。

连最弱小的韩国遗老遗少都不甘心屈服于秦国，做着螳臂当车的无谓努力，昌平君突然对自己身为楚人却毫无作为感到羞愧。秦将王贲水淹大梁一事，对他的刺激也不小。他害怕秦军攻打寿春时会采用同样的办法，把郢都数十万军民毁灭，毕竟武安君白起曾经以此战法摧毁了楚国陪都鄢城。

秦灭楚战争的进展十分顺利，李信都已经攻破寿春了，只是还没有抓住楚王负刍君臣。楚国的气数如残阳，随时都可能消失。这让夹在秦、楚两国之间的昌平君痛苦万分。如今到了必须做出决断的时候。要么继续做秦国的忠臣，任由李信、蒙武追杀楚王君臣；要么舍弃自己在秦国的一切，跟楚将项燕一同合作抗秦，做一个明知不可为而为之的逆行者。昌平君经过反复的思想斗争后，最终决定倒向楚国，率领楚人对抗自己曾经效忠过的强秦。

昌平君的反叛，让秦国伐楚大军的后援基地一下子就瘫痪了。无论是李信部秦军，还是蒙武部秦军，手头都只有随军物资，支撑不了太长时间。灭楚战争必须马上停下来，李信急匆匆地带着大军从寿春赶赴城父。他犯了一个致命的错误，只顾着提高回程时的行军速度，而没有安排好强力的后卫部队掩护大军撤退。秦军很快就要为此付出血的代价。

轻敌是战场上最大的罪孽。它可以让一个百战百胜的名将晚节不保，可以令一支能攻善守的威武之师一朝团灭。李信打过许多仗，可惜都是顺风仗，没有经历过逆风仗。他不缺克敌制胜的经验，但十分缺乏判断敌军是真败还是诈败的战斗经验。他眼中打不了硬仗只会逃跑的楚军，有些是真的，但更多是项燕制造的假象。

项燕一开始就命令淮北诸城坚壁清野，节节抵抗和迟滞秦军，如果难以招架秦军攻势就暂时投降以保存实力。一切都是为了消耗秦军实力，以空间换取时间，给楚国争取宝贵的时间从各地集结更多兵马，组建足够强大的反攻力量。

那些被李信击溃的楚军，不是诱饵就是弃子。项燕凭借自己嫡系部队出色的行军能力一直吊着李信追兵的胃口，将其一步一步引诱到寿春。楚军真正的主力被项燕隐藏得很好，以至于李信和蒙武都不知道他们的存在，根本没有预留一部分兵力来防备这支危险的敌军。

当李信带兵攻打寿春时，项燕又故意让楚王负刍等人装作弃城逃跑的样子。他知道，李信推进过快，秦军的后勤补给线从郢陈拉到寿春，实在是太长了。无论李信和他手下的战士多么勇猛，进攻都已经达到了极限。秦军没有能力在水网密布的淮南战场继续追击，唯一的选择就是退回淮北，等粮草到位了再继续南征。

其实李信攻打寿春时，周围埋伏的楚军兵力已经远远超过了李信的兵马，但项燕硬是严令各部人马继续潜伏，绝对不能让秦军发现。他的意图不是趁机以优势兵力围歼冒进的秦军先锋部队，而是要给秦军造成更大的打击。当李信部秦军全部返回淮北后，项燕下令各部楚军全部尾随秦军。他在战前动员时告诉楚军众将，秦军已是强弩之末，以逸待劳多时的楚军可以放开去打，把所有怨恨和怒火都撒在秦军头上。

李信日夜兼程赶往城父，掩护大军撤退的后卫部队不断传来楚军尾随的消息。刚开始他还没在意，可是斥候口中的楚军越来越多，目测兵力一下子翻了好几倍。等到李信意识到事情不对，秦军后卫已经被突然发力的楚军打残了。全军顿时人心惶惶，行军秩序也变得混乱起来。

为了避免全军大乱，李信本想杀个回马枪，可惜项燕的动作太快，还没等秦军摆好阵势就发起了猛攻。秦军猝不及防，阵型一下子被打散了。兵力占优的楚军在项燕的指挥下迅速突击，把李信部秦军分割成好几块。李信率领精兵亲自断后，好不容易才击退楚军的疯狂进攻。可是，秦军此前长途奔袭多日，体能严重下降，不得不几次停下来造饭休息。

然而，项燕部楚军始终没有停止追击，屡次在秦军吃饭时杀来，打得李信十分狼狈，每次都丢下无数尸体、兵器和辎重。整整三天三夜，楚军没有一次停下来安营扎寨，完全不给李信喘息的时间。项燕严令谁也不准去哄抢秦军遗弃的物资，所有人都一心一意地追杀秦军。双方你追我赶，一路打到了城父。

蒙武凭借两个壁垒围困城父多日，得知李信部秦军被大量楚军追击，赶紧出来接应。他对楚军先头部队发起反冲锋，暂时将其击退。两路秦军匆忙会师，以蒙武构筑的壁垒为依托进行防守。然而，项燕带来的兵力超过二十万人，很快又派了更多部队进攻秦军壁垒。淮北各城看到楚军大反攻也纷纷反水，消灭了留守的少量秦军。整个淮北战场的主动权完全落入楚军手中。

李信和蒙武全力防守，但楚军的攻势一波胜过一波。项燕非常善于调动士兵们的士气。此前，楚军都患上了恐秦症，对虎狼之师又怕又恨。如今有机会痛打落水狗，楚军各部人马都像打了鸡血似的前赴后继。在付出不小的伤亡后，终于有一队楚军勇士攻入了秦军壁垒，为大部队打开了突破口。秦军防线很快土崩瓦解。

李信见大势已去，只得下令全军突围，率领剩余的秦军士兵落荒而逃。作战经验更丰富的蒙武发扬老将本色，拼命为大军断后。由于郢陈已经被昌平君的叛军占领，李信和蒙武只能带着残兵败将朝新成立不久的砀郡方向撤退。秦军争相逃跑，各部建制混乱，到处是散兵游勇，只有少数人马还维持着秩序。

项燕继续率领数量庞大的楚军穷追猛打，竟然一口气打到了郢陈，把此前被王贲攻取的十余座城全部收复了。楚军众将还想继续扩大战果，趁机攻打秦国的砀郡，夺取这片魏国故地，却被项燕制止。项燕也没料到自己能取得如此辉煌的战果，但他还没失去理智，下令全军停止追击，马上与昌平君的人马一同巩固淮北地盘。

王贲部秦军在得知昌平君叛秦后，急忙率军南下，从东郡进入砀郡接应李信、蒙武的败兵。项燕很清楚，楚军此前三日三夜不停追击秦军，又连续作战多日，已经非常疲惫。王贲部秦军数量虽不如楚军多，但战斗力很强，对楚军众将依然有威慑力。在正面冲突中，楚军绝对不会讨到便宜，甚至会犯下跟李信同样的错误。

项燕与昌平君及时由攻转守，抓紧时间构筑防线。王贲也知道此时不宜与楚军大打出手，就只是屯驻砀郡备警。秦国第一次灭楚之战至此以秦军大败告终，二十万伐楚大军死伤过半，众多身经百战的老兵殒命疆场，秦军众将中有七名都尉阵亡，关外诸郡边防军有大量精锐折在了此战当中。

这是秦在统一战争中遭遇的首次重大挫折。它改变了无数家庭的命运，给以为天下唾手可得的秦王政及群臣泼了一桶冰水，给楚王负刍君臣注入了一剂强心针，让昌平君终于活出了真实的自己，让李信从此失去了做主帅的资格。但是，秦楚之间的最终决战并没有结束。那个对灭楚问题研究最透的秦军老将再次被推上了时代的风口浪尖。

老将王翦用"笨办法"两战灭楚

在老家频阳休息的王翦一直在留心对楚战事。当他听到李信伐楚大败的噩耗不由得摇头叹气。秦军一次损失了七名都尉级将领！王翦更加相信自己的灭楚方略是正确的，他知道秦王政一定会来请自己出山，就在家中默默准备。

果然，秦王政对这次兵败十分震怒，万分懊悔。他一急起来就自己驾着马车从咸阳飞驰到将近两百里外的频阳。秦王一见面就认错："寡人没听老将军的意见，李信果然让我军蒙羞。现在听说楚将项燕正在图谋举兵西征我大秦，您老人家虽然还生着病，可怎能忍心丢弃寡人呢？"

王翦推辞道："老臣年迈多病，头脑不清醒，还请大王另外选择贤能的将帅去迎战楚军。"

秦王又致歉说："事情已经到了这步田地，您就别再说这种气话了。"

王翦开价了，说："如果大王不得已非要用老臣，那就必须给我六十万人去打仗。"

秦王政表示一切听从老师的安排，王翦说怎么样就怎么样。王翦这才答应重出江湖，亲自带兵去平定山东六国中最后的大敌。

公元前 224 年，也就是李信战败的第二年，秦国出人意料地在短短时间内再次大兴兵，目标还是楚国。此时人们还不知道，老将王翦将在这场国运大决战中创造什么样的战争奇迹，更不会知道这场战争波及的淮北之地将在多年后引发怎样的天下大变局。唯有王翦心里明白，无论楚王君臣如何反抗，楚国都死定了。因为他知道怎样让秦军立于不败之地。

王翦修订灭楚方略，六十万大军再聚淮北

秦国朝野把击败楚国的希望都放在了老将军王翦身上，原先赞成李信意见的大臣感到很羞愧。哪怕王翦还是一张口就要六十万人，所有人这回都不假思索地去配合工作。血的教训过于惨痛，谁也不敢再说王翦太保守。大家已经明白了老将军的良苦用心。

从表面上看，王翦的打法太求稳、太"烧钱"。可是从长远的角度看，这反而大大降低了秦统一战争的综合成本。他每一次指挥灭国之战时最大限度地减少了伤亡，给秦国下一场战争留下了足够兵力。像过去那样横扫千军的痛快打法，王翦完全做得到。但时代不同了，秦国不需要打速战速决、快意恩仇的兼并战争，而是需要打考虑战后如何快速安定新领土的统一战争。

这是一场拼耐力的马拉松比赛，而不是拼爆发力的百米短跑比赛。假如不按照王翦这种操作方式，秦国可能又像长平之战那样，打赢了也没有余力再去灭燕。秦王政君臣现在才意识到，若不是王翦在灭赵、灭燕之战中保全了远征大军的相对完整，秦国也没有一口气灭魏和伐楚的军力，更不会在伐楚之后还有足够的战争潜力马上组织更大规模的战争。

根据蒙武陈述的前次作战经过，王翦认为李信选择的进军路线没什么问题，但是兵力太少，而且没有合理分配人手和士兵的体力。加上负责后勤工作的"厮养卒"，秦军仅有二十万人，数量逊于楚军，还得因为要控制沿途占领的城池而不断分兵。秦军兵力分散，而追击的楚军兵力集中，以数倍的人数优势轮番

猛攻，李信败得不冤。而且，李信因急于消灭项燕而穷追不舍，所部人马在持续的急行军中消耗过度。被项燕隐藏的楚军主力以逸待劳，体能储备占据优势，才能做到三日三夜不停追杀李信。

为了扭转败局，王翦对秦国原先的灭楚作战计划进行了大幅修订。首先，从秦国各郡军队中挑选精锐，总共需要六十万兵马，一个人都不能少；其次，让蒙武继续担任伐楚之师副将，因为他有跟楚将项燕交锋的经验，可以给王翦很好的参考意见；最后，在安陵国设置伐楚大军的后援基地，准备好六十万人的军需物资。

安陵国是魏国王族封君安陵君的封国，原为魏国的附庸。王贲攻灭魏国后，秦王政特许保存了这个方圆仅五十里地盘的安陵国。新郑的反叛固然让秦王对六国人越发不信任，但他考虑到政治影响，还是打算用保留安陵君等小诸侯的政策来对六国恩威并施。

秦国想在安陵国设置后援基地有经济和交通两个方面的考虑。安陵在今河南省许昌市鄢陵县西北，今许昌市一带在战国晚期到秦朝有比较密集的城邑群，秦颍川郡的许县、颍阳、颍阴、鄢陵等县都在该地区。这里有着肥沃的土壤与丰富的水源，农耕条件优越，曾经是韩、魏两国南部的大粮仓。东汉末年，曹操还以许昌为首都，凭借此地出产的粮食征战四方，并且经常在战斗结束后回许昌休整补给。

安陵国与秦颍川郡这片粮食生产基地只隔了一条洧水，且跟新郑、大梁之间也有便利的水陆交通。秦军可以就近满足不少补给需求，把六十万大军的后勤负担降到更低。更重要的是，安陵国与被楚军夺回的郢陈相距仅两百余里，沿途一马平川，没有任何险阻。秦军从安陵进攻郢陈比从其他任何方向进攻都要方便。

秦王政派使者跟安陵君谈判，许诺以方圆五百里的土地跟安陵君交换这方圆五十里的封国。说实话，他很担心安陵君像昌平君那样突然背叛。谁知安陵君说这是祖宗社稷所在，死活不肯搬，拿十倍的土地交换也不肯。嬴政气得拍桌子，向安陵国使者唐雎扬言要让安陵君知道什么叫天子之怒。但唐雎是个硬骨头，说要让秦王知道什么叫布衣之怒。嬴政非常欣赏他的勇气，最后达成协议，安陵君继续享有现有一切待遇，但要协助秦军修建后援基地。总之，安陵国最终还是卷入了秦楚大战。

在解决了后援基地的问题后，秦国各地兵马也陆续向安陵集结。六十万大军中包含了大量负责后勤的辎重部队，即便如此，这也是一个很惊人的数字。哪怕是当年的长平之战，秦军投入的兵力也比这少了十几二十万人马，毕竟那时候的秦国疆域还不到此时的一半。

由于第一回合惨败，折损了关外秦军大部分精锐，王翦这次从以下几类地区大量征发兵员。第一是从西北的关中、上郡、北地郡和陇西郡征发兵马，这四个地方是秦国最大的兵源地。关中作为秦国"首都圈"，有着战斗力最强的中尉军（秦国禁卫军之一）和庞大的优质预备兵员。北三郡盛产轻车兵、骑兵和弩兵，在秦国各郡边防军中拥有最强的车骑机动部队。

第二是从秦国西南的汉中郡、巴郡、蜀郡、南郡、巫黔郡等地征发边防军。汉中郡军是秦国南方最早的劲旅，在灭巴、蜀两国和攻破楚国郢都的战争中表现出色。巴郡军有悍不畏死的劲卒，常能立下先登陷阵、斩将搴旗的大功。蜀郡军、南郡军和巫黔郡军善于使用舟师作战，这些长江中上游的秦军部队跟北方秦军存在不少差异，非常适合在山多、林密、水急的南方地区作战。换言之，让李信部秦军感到棘手的江淮水网密布之地，恰恰是秦国西南各郡边防军熟悉的作战环境。王翦需要这些精锐之师来平定淮南、江东等地。

第三是从河东郡、河内郡、太原郡、上党郡、雁门郡、云中郡、九原郡等黄河以北边郡征发军队，有一些是秦军老部队，还有一些是组建七八年的新边防军。河东、河内、太原三个内地郡出兵较多。云中、九原二郡毗邻匈奴的阴山根据地，雁门郡要监视代王嘉势力，这三郡没出动主力军，只是派出了一些应募从军的勇士。

至于南阳郡、三川郡、东郡、颍川郡和砀郡等地军队，因为在上次战争中损失较大，就没有调动太多。此外，顶着破楚灭魏光环的王贲部秦军也加入了伐楚之师序列。

简单来说，王翦基本上把秦国新老根据地的大半主力部队都调到了前线，各地只留有少量人马留守。考虑到燕王喜和代王嘉还有搞事的能力，王翦没有动坐镇燕地的十余万兵马。坐镇邯郸、中山的秦军负责监视齐国动向，也没有参与这次南征。

六十万人从全国各地赶赴安陵军营。如此规模宏大的人员调动，对秦国的战争动员能力和基层社会治理能力提出了空前复杂的要求。不知多少未被征发从军的农夫要放下锄头，在官府的安排下转输物资到安陵；不知多少郡县吏员每天为了核对账簿、抄写公文、安排税役、打击盗窃和冒领军粮等琐碎的工作加班加点。要不是李信的惨败让大伙重新变得警醒，骂王翦害自己累死累活的恐怕会有数万人。

主帅王翦和副将蒙武分头在关中和关外主持各军的集结工作。王翦把上将军幕府设在灞水旁边，拱卫京师的中尉军、把守宫门的卫尉军、秦王身边的郎官卫队纷纷选调精兵强将赶赴灞上。王翦指挥过的上郡军、北地郡军、陇西郡军也陆续抵达。这一路秦军多达二十万人，以关中兵卒居多，堪称虎狼之师的精华。

秦王政亲自出宫给王翦送行，一直送到灞上军营。王翦临行前请求多多赐予他良田、豪宅、园池。秦王政笑道："老将军您赶快出发吧，为何这样怕穷？"王翦一板一眼地说："老臣做大王的将军，有功终不得封侯。趁着大王现在还器重老臣，老臣也要及时多讨一些封赏给子孙后代置办家业。"秦王政哈哈大笑。

秦军众将以为王翦只是在开玩笑，谁知王翦刚把军队带到函谷关，又派使者去向秦王申请足够五代子孙传承的田产。他这个举动在秦国有多出格呢？秦国功臣无论爵位多高，实际的田产也就几十顷，远不如六国贵族多。高爵重臣主要的福利是朝廷封赏的食邑。这种食邑不同于六国贵族的封地，没有行政管辖权，只是享受若干民户上缴的赋税。而且秦国的军功爵制有降级继承原则，王翦的子孙若是不能做到每代人都有军功，富贵不过三代是必然的事。

所以，秦军众将看到王翦向秦王政讨赏，都看不下去了。有人问王翦："老将军您这样乞求赏赐，做得也太过分了。"王翦解释道："不是这样的。秦王现在的性格比以前多疑，不那么信任别人了。我现在掌握着举国六十万甲士的指挥权，如果不多多申请田宅作为子孙家业表示我只想当个守财奴，岂不会让秦王猜忌我拥兵自重？"

众将恍然大悟，都认为姜还是老的辣。王翦熟读兵书和战史，深知君王与统兵大将不合是会坏事的。远的不说，被王翦用反间计除掉的李牧就是一个活生生的例子。王翦手握举国之师，朝中未必人人都看他顺眼，一旦战事不顺肯定会有人说他的坏话。到那时，一旦秦王政像赵王迁那样被说动了，不再支持他，定会派其他人指挥灭楚战争。

对王翦来说，个人得失还是小事，重要的是这场赌上全国精兵良将的战争输不起。秦国再败的话，军民士气会骤然低落，朝野将丧失一统天下的信心。楚国说不定会趁机与齐国联合起来，并派间谍撺掇韩、魏、赵、燕四国的旧贵族举兵叛秦。这可是决定国运的大战，赢家通吃，输家连本都收不回来。

王翦与秦王政相识多年，互相知根知底。他知道错用李信和昌平君的倒戈对嬴政的打击很大，他要用这种方式来打消秦王的疑虑，让秦王像过去那样毫无顾虑地全力支持自己。因为他在出发前已经告诉秦王，自己这次又要用"烧钱"的办法打仗，并且这次要用的钱可能比灭赵和灭燕时用的更多。

经过多日筹备，六十万秦军全部在安陵集结完毕。王翦和蒙武完成战前祭祀后，带着伐楚之师向郢陈进发。他们的目标是先夺回郢陈，再以这个淮北第一大城为根基继续南征。王翦在出发前晓谕全军，一切行动听指挥，不得轻敌冒进。

古代军队在非战斗状态下，通常会松开弓弦，以增长弓弩的使用寿命。穿着盔甲行军非常消耗体力，故而重装甲士在长途行军时会把甲胄放在辎重车辆上。这些便于赶路的做法让处于行军状态的军队在遭遇敌袭时很难第一时间有效组织反击。

所以，王翦传令让所有士兵在行军时弓弩全部上弦，甲士也全部披甲，全军采用不输给楚国荆尸阵的严密队形行军，不给楚军留下一丝偷袭的机会。宁可走得慢一些，也要安全第一。得知王翦来势汹汹又部署周密，没有什么破绽后，项燕和昌平君两人决定再次使用诱敌深入之计来破敌。

秦楚两军大对峙，王翦高挂免战牌

在王翦向前线不断增兵的时候，项燕和昌平君也没闲着。楚王负刍按照项燕的建议，把楚国举国之兵都投送到了淮北前线，屯驻在平舆一带，随时准备北上增援郢陈。由于国力与秦国差距较大，楚国举国动员也只凑出四十余万兵力，其中有大量负责后勤工作的"厮养卒"；论实打实的战斗兵，也比秦军少十几二十万人，兵力处于下风。

项燕认为，在郢陈与秦军决战是万万不行的。秦军兵力占绝对优势是其一，秦军因报复上次战败之仇而怒气冲天是其二，安陵与郢陈之间无险可守是其三。而且，鸿沟与颖水在郢陈以南合流，这使得楚军在南撤之路上多了一条障碍。万一楚军在郢陈作战不利，向南撤退时速度会受阻，容易被秦军追上。更重要的是，把楚军主力摆在郢陈的话，后勤压力明显比上次增加了几倍。

许多人认为秦军是远道而来，殊不知秦灭三晋之后，兵员多出自故秦地，但后勤物资多来故韩、赵、魏地。淮北诸城屡屡遭遇战火，生产被破坏得较为厉害，这使得楚军依赖淮南"首都圈"进行补给，后勤运输线拉得比较长。而秦国除了安陵国的后援基地外，颖川郡的原韩都新郑和砀郡的原魏都大梁在恢复秩序后也成为供养伐楚大军的重要基地。咸阳离前线远，可秦邯郸郡的邺地和邯郸离淮北要近得多。

王翦等于是用原先韩、赵、魏三国"首都圈"的物力来跟楚国周旋。项燕想要等到秦国六十万大军因粮草不继而退兵，是没有希望了。秦国跟赵国和燕国相持时，只有现在的一半国力，当时都没有垮掉，这次更不可能垮。有人提议派兵迂回奇袭秦军后方，但王翦兵多将广，早已把后勤补给线保护得严严实实，楚军毫无偷袭的机会。

于是，当秦军杀来时，项燕和昌平君主动放弃郢陈，率军撤退到平舆。在项燕的安排下，楚军把郢陈到平舆之间的所有城池都拱手让出，以收缩自己的后勤补给线。项燕希望王翦像李信那样穷追不舍，并多多分兵占领各城，不断减少秦军的一线兵力，但这个计谋早就被王翦想到了。王翦之所以要带这么多兵，就是为了在分出二十万大军彻底巩固后方的同时，确保一线兵力依然有优势。

秦军步步为营，根本不急于进攻。王翦知道项燕非常善于组织撤退和隐藏实力，其嫡系部队行军速度很快。所以，他不像李信那样搞两路大军分进合击，始终把处于对敌前沿的主力部队集中在一个方向，一步步进逼后撤至平舆的楚军。蒙武则从后军调拨兵马分据楚军放弃的城池。他在接收城池的时候非常小心地解除了楚军降卒的武装，确保接管城防的秦军在人数和战力上都足以镇压当地势力的叛乱。

项燕见王翦不急于追击，又不像上次的秦军那样分兵攻打寝县或者城父，便不敢分兵守城。他索性把淮北各城的楚军主力集中于平舆，准备在这里跟王翦大军决战。按照他的本意，其实还是想继续撤退到淮南战场的。跟数量和素质都占优的秦军正面硬拼不是什么明智之举，还是得多方创造条件削弱秦军再寻机决战。

可问题是，项燕上次打得太漂亮了，让楚王负刍和各大世族元老集体内心膨胀，以为穷兵黩武的秦国在连灭四国后已是强弩之末，楚军完全可以将秦军一举击败。无论项燕和熟悉秦国的昌平君如何表示秦强楚弱的形势没有改变，楚王负刍君臣都听不进去，反而一再强调必须守住淮北，不能让秦国数十万大军直接包围寿春。

楚王负刍甚至带领近卫军亲自来到平舆督战，他的到来让楚军上下欢呼雀跃。春秋时的楚王往往亲自主持北伐大计，进入战国时代后，楚国很多年没有君王御驾亲征了。楚王负刍刷满了前线士兵的好感。如此一来，项燕别无选择，只好传令让全国各地的军队赶赴平舆，与王翦大军打一场恶仗。

唯一让项燕感到欣慰的是，楚军上下已经治愈了恐秦症，士气高昂，有信心战胜秦军。他从斥候那里得知，秦国六十万大军已经分出许多兵马控制楚军放弃的城邑，两军真正能投入平舆的兵力不分伯仲。项燕的诱敌深入之计也算有一半成效。

当前的四十余万楚军包括原淮北军、楚国宗室子弟组成的中军王卒、郢都禁卫军、江东郡军、黔中郡的江南十五邑守军、洞庭郡军、苍梧郡军以及各大世族封地的私兵等。军队构成比上次更加复杂，此时统一由大将军项燕指挥。

其中，黔中郡和洞庭郡的楚军跟秦国南郡军是死对头，双方隔着长江对峙，秦军在北岸，楚军在南岸。王翦把秦南郡军主力调到淮北战场，这两郡楚军也被项燕召唤到了这边。两人都没有在南郡开辟第二战场，而是将举国精锐全部投入了淮北主战场。

楚国并非一个以长江天险为主要屏障的江东政权，而是以淮北、淮南为心脏地带，就算南楚各郡的军队能北渡长江攻克秦南郡，也打不进关中。丢失一个南郡对秦国来说只是断了一只手腕，丢失淮北则会让秦军直扑寿春，要了楚国的老命。况且镇守南郡的是秦国灭韩功臣内史腾，纵然兵力不多也很难攻克。所以，项燕和王翦一样认为这场战争胜负的关键取决于淮北大战的结果。

秦、楚两国都不断向平舆增兵，各自驻扎的军营延绵数十里地。双方兵力都十分雄厚，只击败其中一军，还有其他几支军队可以继续战斗。想要在短时间内彻底击溃齐装满员的对手，几乎是不可能完成的任务，除非敌军出现重大破绽。

王翦的大军一到平舆就马上开始修筑壁垒。秦军凭借出色的土木工程作业能力，没几天就修好了漫长而坚固的壁垒，把数十万大军全部保护了起来。楚军士兵虽然也修建了壁垒，但看到秦人把壁垒修得如此坚固，顿时感到头疼，这跟他们印象中的虎狼之师完全不是一个路数。

自秦王政即位以来，除了五国合纵攻秦那次是楚军主动攻秦外，其他的秦楚军事冲突无一例外都是秦军主动进攻。楚军众将没跟王翦交过手，他们普遍认为坚决而勇猛的进攻才是秦军的标志。王翦的儿子王贲和李信以及相对稳健的蒙武，都给楚军士兵留下了这种印象。项燕重点研究过秦王麾下的这位首席大将，知道王翦的用兵韬略一贯以稳健、保守著称，但当他真正目睹王翦的部署时，还是不免有些惊讶。

秦军明明是大兵压境，却毫无进攻之意，摆出一副被动防守的架势，这对楚军上下来说是个新鲜事。项燕没有放松警惕，担心这只是一个假象。当楚军认定秦军不会来攻时，必然会从一级战备中松懈下来，王翦说不定是在故意制造假象误导楚军。项燕严令各军必须严密监视敌军动向，谨防对手以修筑壁垒来掩盖自己伺机进攻的意图。

谁知秦军在修完壁垒后，还是闭门不出，所有士兵都宅在壁垒里。楚军众将见秦人迟迟不愿进攻，以为是上次被打得太痛，不敢跟楚人正面交锋了。这种观点很快在楚军各部中传开，成为绝大多数军官和士兵的共识。众人见秦军"怯战"，顿时觉得打败虎狼之师的机会到了。跟项燕请战的人来了一波又一波，个个慷慨激昂、自信满满。

项燕打了那么久仗，也是头一回遇到这种情况。他不禁怀疑自己原先的判断有误，王翦确实没什么阴谋诡计，就是不愿打。他认为，秦军真的是畏惧自己的战胜之威，不得不避开锋芒。于是，他批准了将军们的请战书，让他们带兵去秦军壁垒前挑战。

守壁垒的秦军士兵看到楚军出营列阵，马上进入了一级战备。军中大量老兵已经跟王翦打过许多仗，对如何做好相持状态下的防守称得上是轻车熟路。在这些战斗骨干的带领下，首次被征发从军的新兵也没有什么盲目慌乱的举动。秦军壁垒戒备森严，丝毫没有出城挑战的意思。

楚军众将用尽各种手段，包括但不限于使用辱骂王翦甚至秦王祖宗十八代之类的损招，想激怒秦军士兵出战。秦军士兵听得火冒三丈，不乏有人嚷嚷着要冲出去好好教训楚国人。但是王翦下了死命令，所有擅自离开壁垒跟楚军交战的人都要被斩首示众。大秦律法严酷，军令如山。不从令者，论之如律。秦军上下敢于违抗军令者微乎其微，纪律非常严格。将士们只能忍着这口恶气，一遍又一遍默念君子报仇十年不晚。许多将军、都尉觉得忍一时越想越气，退一步怒火难消，纷纷请求王翦下令出击，拍着胸脯立下打不赢就提头来见的军令状。可是无论周围的人如何群情激愤，王翦始终不为所动。

其实，王翦也知道楚军的战斗力并没什么质的飞跃，只是因为打了胜仗士气大振才锋芒逼人。现在打一场，秦军的赢面还是更高。但这只能出一时风头，无法带来他所希望的完胜。王翦追求的是圆满的完胜，灭赵和灭燕留下问题既有客观原因，也有主观上的短板。他在蜗居频阳老家时认真总结了经验教训。

他重新出山时就暗下决心，这回灭楚务必要彻底将其平定，不能再留下任何问题。不光是淮北、淮南，江东、江南甚至以楚国为宗主的百越，都要全部纳入大秦的版图。他要求投入六十万大军，不只是为了淮北这一战。席卷楚国全境，再由楚地南征百越之地，才是他的全部战略构想。为此，他坚决使用"笨办法"打仗，就算秦王政下令禁止也不能改变他的决心。

楚国地广兵多，秦军不可能只靠一场胜仗就赢得整盘棋局。若是跟楚军陷入长期的消耗战，即使取得胜利，秦国也会变得疲惫不堪，无力继续进行统一战争。唯有在最佳的战机下对四十余万楚军主力一击必杀，才能以更小的代价征服偌大的楚国。如果做不到一举击破数量庞大的楚军，王翦宁可一直高挂免战牌，等到战机出现为止。

所以，在楚军急于求战时，王翦一点儿都不急。秦军将士们对楚军的挑战感到憋气，这一肚子火将在未来转化为强烈的锐气，这是王翦乐见的结果。他的心很宽，任由楚军辱骂，就是"老虎不出洞"。

有些急性子的楚将忍不住率兵进攻秦军壁垒。王翦就许可将士们让对方碰碰壁，但只要击退就算立功了，谁敢擅自出营追击就要问罪。楚军如果不来找麻烦，那秦军也继续宅在壁垒里按兵不动。总之，秦军就这样跟楚军耗着，一如当年跟李牧的赵国王牌军在井陉塞相持一样。上至将军校尉，下至行伍士卒，都跟对手比耐心。

王翦经过多方探查后明白了一件事，项燕虽然足智多谋但不如李牧有耐心，而他已经是楚国最有耐心的指挥官了，楚王负刍君臣的耐心更差。这一次，秦军没法使用反间计，但楚国贵族政治的内讧传统足以产生相同的破坏力。秦楚大战迟迟没有进展，但两军在对峙的过程中各自发生了微妙的变化，胜利的天平正在向秦国一方迅速倾斜。

项燕被迫引兵东撤，王翦一战破敌

王翦在每场大战中必定会选择敌军最虚弱而己军最强大的时间点出击。无论对手是李牧、项燕，还是代王嘉、燕太子丹，都不会改变他的这个作战原则。他再次祭出相持战法，不仅是为了耐心等待楚军最虚弱的时刻，也是为了把这六十万大军的战斗力提升上去。

这场灭楚战争差不多是秦国京师军和各郡边防军聚集得最齐的一次。以往秦国北方各军和南方各军也有联手的时候，但主要作战方向分别在黄河流域与长江流域，兵员构成、兵种比例和战法上都存在一些差异。直接跟楚军作战的话，各部配合会比较生疏，在乱哄哄的战场上很容易配合脱节，导致变数增多。

部队规模越大，指挥协调越复杂。王翦需要时间把全国各地的秦军精锐统一整编训练，按照各军的强项和特点重新设计最利于击败楚军的战术，而且他还有从全军挑选壮勇锐士组成撒手锏的习惯。六十万大军中有许多部队是他不熟悉的，他需要时间来考察。当这一系列准备工作完成时，就是王翦认为可以出击之日。

战国名将中没有谁比王翦更擅长相持作战。而且，在历代秦军名将中，唯一一个组织起了六十万人规模战争的就是王翦。若是治军不严、管理不当，士兵越多，越容易自乱阵脚，人数优势未必能发挥得出来。

古代军队是靠旗帜、金鼓和传令兵等下达作战命令的，所以一名将军真正能直接指挥的军队也就数万人马。数十万大军不可能全靠王翦一个人指挥，他必须依赖各级将领共同完成战时指挥和日常管理。王翦这个级别的大将，主要工作是定方针、明号令和领导各军，他一开始就要求秦军各部必须做到三件事：其一，构筑坚固的壁垒；其二，让士兵们每天休息洗澡；其三，搞好部队伙食。

别小看这后两条军令，它们会在即将发生的战斗中发挥巨大的作用。当兵的在外面行军打仗，战况紧急时都来不及埋锅造饭，只能囫囵吞枣地啃几口干粮。晚上睡觉也不敢睡太死，因为害怕敌军偷袭或者有紧急集合的命令。好好吃饭，好好睡觉，好好洗澡，在战场上是非常奢侈的东西。像李信那种连续追击的打法，让士兵们尤其感到疲惫不堪。秦兵虽然能吃苦，但老是吃苦耐劳也不免有牢骚。

当时的卫生习惯是三天一洗头、五天一沐浴，所以，官府每五天就会安排官吏休假一天回去洗澡休息，这个法定节假日被称为"休沐"。王翦要求士兵们每天都要洗澡休息，恢复长途行军消耗的体力，此举既是为了养精蓄锐，也是为了让灰头土脸的战士们保持整洁和心情舒畅，能有效防止军中有人生病甚至引发瘟疫。

古代军队的伙食并不是很好，没有现代的野战口粮那么有营养。李牧当年重建边防军的时候，每天杀几头牛犒赏士兵已不简单（那个年代基本只有贵族阶层才吃得起牛肉）。王翦吸取了李牧的经验，让各部队把伙食搞好，还经常到处视察，跟士兵们一起吃饭。士兵们吃得好，身体自然就有劲了，免疫力也随之提高，士气越来越高涨。他们对上将军王翦更加拥戴，对赢得灭楚战争越来越有信心。

这一系列优待政策背后，是秦国强大的物力财力以及无数后方官民的鼎力支持。六十万人马每天的"烧钱"速度比攻打燕、赵时要快很多，但王翦事前已经计算清楚了，现在的秦国耗得起。日子一天天过去，秦军的战斗力与日俱增，人人皆愿破敌立功。但王翦还是按兵不动，继续优待众将士。

秦军士兵们好吃好喝，精力过剩，却无仗可打，便在军营中开展各种体育运动作为游戏消遣。又过了许久，王翦派人去询问全军各部在做什么游戏。根据军官们的报告，秦军军营目前最流行的两种运动，一个是投石，另一个是超距。

投石就是用手投掷石头，类似现在的铅球运动。超距就是各种跳跃运动，可锻炼肢体的爆发力和协调性，训练技击格斗的基本功。通过这两项运动，士兵们的力量、速度、敏捷性得到了充分锻炼。

王翦听到这个消息很高兴。他说："可以使用战士们了。"他根据投石和超距的比赛结果，从各军中选拔出一批壮勇，组建了一支战斗能力极强的壮士军。王翦挑选的这批壮士，个个身强体壮、武艺娴熟、战斗经验丰富。正面突击可以陷阵先登，长途奔袭可以穷追不舍。如果要问六十万人马中哪支部队最有希望立下破敌擒将之功，就数这支精锐中的精锐了。

这支壮士军是王翦为项燕准备的。他知道楚军中最剽悍狡猾的是项燕的嫡系部队。这支由江东子弟组成的楚军像当年兵圣孙武指挥的吴军一样非常善于行军，能以大踏步的进退来调动敌军。项燕是楚国最能打的将军，若能除掉此人，楚国就失去了军事上的顶梁柱，剩下的楚军就不足为患了。

就在秦军状态越来越好的时候，楚军的战斗力却一直在下降。项燕是个很优秀的将军，但毕竟不是李牧那种能打相持战的高手，楚军在战国七雄中一向以不擅长打旷日持久的战争著称。楚军士兵，尤其是原吴越地区的江东子弟兵，普遍是前三轮攻势凶猛，但缺乏后劲。

项燕明白这一点，所以才准许各个派系的楚将轮流带兵出去挑战。然而，秦军就是坚守不出，一味防守。尝试直接攻打壁垒的所有楚将，无一例外地铩羽而归。挑战没有一次成功，强攻每一次都失败。数十万楚军无法前进一步，又不敢后退，只能像王翦一样干耗着。

两军相持快有一年了。天气越来越冷，楚国淮北、淮南的粮仓越来越空。楚军士兵们变得心情烦躁，各部人马的纠纷也变多，后勤运输的组织管理工作也遇到许多困难。刚开始的血气之勇早已在漫长的相持中消退，人人都想着早一点儿结束这场枯燥无趣的战争。

楚王负刍起初幻想着一举击退秦军，成为楚国朝野眼中的中兴之主。他也曾经多次催促项燕进攻，但项燕用事实证明秦将王翦的防守毫无破绽。想要派一支偏师迂回奇袭秦军后方也无济于事，因为蒙武率领大量兵马坐镇王翦的后方。楚军分不出太多兵力去偷袭，而且蒙武吃一堑长一智，比王翦更警惕楚军可能采取的任何花招。

跟秦国拼国力没有好下场，再这样耗下去不是办法。于是，楚王负刍和项燕、昌平君商议，还是退守寿春为妙，按照项燕原先的作战方案来走。目前最大的问题是，如何安全地把数十万大军从相持状态中解脱出来。因为两军对峙的时候，谁的阵脚先松动，谁就有可能被另一方击败。

依照兵法常理，撤退的一方天然处于劣势。大军在撤退时为了提高速度会抛弃一些辎重物资。士兵们会因为撤退而变得情绪低落而且非常害怕被敌军咬住尾巴。如果指挥官在撤退时组织不利，各军的行军次序混乱，挤成一团就谁也走不掉。到那时，断后的部队被追兵打败，前队的士兵们也会由于受到惊吓而自发逃散。全军一乱，就很难再重新收拢，结阵抗敌，十有八九会被敌军追杀得屁滚尿流。

但也正因如此，许多名将都会故意派一支部队假装败退，把急于扩大战果的敌军追兵一步步引入伏击圈。所以，要不要对撤退的敌军穷追猛打，不仅是一道选择题，有时候还可能是一道送命题。李信上次就是吃了这个亏。王翦不允许士兵们出营追击楚军，也是担心来挑战的楚军有诈。

不过，项燕这次是真撤退。楚军人马太多，动静必定很大，不可能神不知鬼不觉地转移，而且楚军这回还不好预设伏兵拦截秦军。平舆周边数百里没什么利于伏击的险要地形，也就楚军修筑的壁垒勉强算个阻碍。项燕安排好各军的撤退次序，并规划好每一路人马撤退的路线，想尽可能做到交替掩护撤退。他下令在离秦军最近的壁垒多设旗帜虚张声势，以便让王翦以为楚军主力仍然留在原地。

为了掩盖撤退的意图，项燕又让众将数次挑战秦军，装出一副要猛攻的样子。然后在一个晚上借助夜色掩护，率领主力大军撤退。楚军各部按照项燕的命令有序地撤出原先的阵地，依次进入撤退路线。

这是撤退中最危险的时刻。除了留在最后的后卫部队，各军都处于偃旗息鼓状态，在短时间内很难保持联系畅通。一旦有事，很难迅速展开战斗阵型，原先的防线因缺乏守备力量也存在漏洞。敌军若来偷袭，就能从各军之间结合部的缝隙中穿插进来，将各部人马分割成几段。当各军全部出营，重新集结成五军阵后就安全多了。

项燕用最严酷的军令封锁消息，想在秦军反应过来之前撤离平舆战场。不幸的是，王翦在长久的相持中始终没有放松过对楚军的侦察。他以丰富的作战经验判断出楚军近来雷声大雨点小的攻击是虚张声势，只怕是准备向东撤退。就在项燕撤军之前，王翦已经传令秦军众将做好随时出击的准备。弩兵们纷纷给强弩上弦，甲士全部披上甲胄，战车兵和骑兵纷纷刷马喂料。数十万名秦军将士检查好了随身的武器装备，携带了足够的口粮，只等王翦一声令下就杀出去。

秦军斥候察觉到了楚军的异动。王翦判断这是楚军正在撤退，他急忙召集众将开会，分配好每个人的进攻路线和作战要点。组织数十万人的夜战非常困难，弄不好自己人会误伤自己人。王翦决定以数万名壮士军为先锋，给楚军制造混乱，等到天亮时，再投入全部兵力进行决战。

楚军正在撤退，项燕脑子里始终绷着一根弦，非常担心王翦会突然追来。他的担忧变成了现实。一直不动如山的王翦，此时正率领壮士军以动如雷霆的气势猛攻楚军后卫部队。秦军大张旗鼓，把声势搞得惊天动地，这让楚军各部误以为秦军大部队已经杀来。有些胆怯的将领心慌意乱，没有严格按照项燕安排的次序撤退，而那些勇敢的将领也因为友军的骚乱而无法组织有效抵抗。在秦军的突袭下，楚军大溃，数十万兵马乱作一团。

终于熬到了夜尽天明，王翦和项燕都看清了战场的样子。王翦命令全军追击，秦军各部有的从两翼包抄，有的从后面掩杀，有的想穿插到前方截断楚军退路，从不同方向构建一个巨大的包围圈。漫山遍野的楚军败兵纷纷向东南的寿春逃窜。楚军众将不是自己先逃一步，就是努力想要重新收拢败军。项燕的嫡系部队还保持着较好的秩序，但糟糕的是，楚王负刍和他的左广、右广近卫军在混乱中陷入了秦军追击部队的包围。王翦的帅旗往那个方向去了……

见楚王负刍被王翦俘虏，项燕心知自己已经无力回天，就与昌平君一起奋力突围。他带着数万精锐杀出一条血路，不顾一切地狂奔冲回寿春。大批落在后面的楚军败兵遭到秦军追兵的分割包围，阵亡、受伤、被俘、失踪者不计其数。数十万楚军大半被消灭，楚王沦为秦国的阶下囚。秦军占领了大半个淮北，在那里设置了楚郡（后改名淮阳郡），并进一步分兵略定，直到东海。楚国虽还有大量地盘，但离社稷灭亡只有一步之遥。冬去春来，寿春的楚国军民还有春天吗？

项燕拥立昌平君为王，王翦剿灭楚国最后的希望

当楚王负刍被俘的消息从前线传回时，整个咸阳都沸腾了。秦王政从王翦的军报中得知，从郢陈到东海的淮北地区大多已经被秦军攻略，留在寿春的楚国群臣表示愿意降秦，淮南各城邑也纷纷放弃抵抗，只要大军休整完毕就能进驻寿春。嬴政大喜过望，这场耗资巨大的淮北决战花钱花得太值了，王翦果然没有辜负他的厚望。他按捺不住激动的心情，叫人备好车马，带着郎官卫队从咸阳赶往郢陈。

王翦得知秦王驾到，便和蒙武从前线返回郢陈觐见秦王。郢陈现在又成了伐楚之师的后援基地，满载军需物资和士兵的船队顺着颍水而下，抵达淮水北岸的秦军大营。这里有数十万将士准备渡河，接受郢都寿春的投降。一切似乎很顺利，但王翦还是觉得楚人素来桀骜不驯，不会这么轻易投降。连弱燕都要花两年时间攻破，更强大的楚国恐怕还要一年多时间才能完全平定。

秦王政告诉王翦、蒙武，伐楚之师的全体将士都已经按照功劳大小被授予了相应等级的军功爵，后方各郡县官府正在加紧整理文书送到有功将士和阵亡烈士的家中。六十万名士兵中，立功的数不胜数，所以落实这件事需要一点儿时间。此外，秦王还告诉王翦，在这场战争结束后就正式给他封侯。不只是王翦，

凡是对大秦一统天下做出重大贡献的人都会被封为彻侯或者次一等的关内侯。

就在秦国君臣商量接下来受降工作要注意的问题时，前线突然传来一个坏消息。项燕在寿春宣布楚国不投降了，他们现在有了新的楚王——昌平君。寿春的各大世族私兵几乎全部被王翦击溃，朝中只剩下项燕的兵马还保存着较完整的实力。项燕拥立昌平君为王，其他人不服也得服。淮南的各个楚城原本是看到楚王负刍被俘虏后群龙无首才打算认输的，如今楚国又有了主心骨，这些城邑也纷纷拒绝投降，决定跟着将军项燕继续抗秦。

秦楚两次在淮北大战，淮北的楚国百姓大量逃往淮南，使得淮南的民户有所增加；而隐匿于郊野的楚军败兵也化身为盗贼，不断扰袭秦国占领的新城池。秦军士兵给亲人写家书时说，新地城池大多比较空虚，剩下的故楚民也不怎么服从秦吏的管教，现在楚盗贼蜂拥而至，不知需要打多久的仗才能平定，也不知自己会不会在战斗中受伤。

昌平君自立为楚王后，上回战败造成的大量逃兵纷纷从周边的山林湖泽回到寿春。项燕把这些人进行编队，组建起了一支规模不小的军队。虽然数量远远少于秦军，士兵的训练水平也参差不齐，但用来守城还是可以支撑一段时日。

项燕认为，如果寿春顶不住，就从淮南继续南下，到长江以南的江东郡与秦军做长期周旋。江东是项氏家族经营多年的地方。楚江东郡军虽受到了重创，但建制没散，回到江东老家还可以重新招兵买马。左右是不要投降，跟虎狼秦国抗争到底。项燕的这股韧劲，让昌平君很受鼓舞。昌平君在秦国待了很多年，深知楚国难逃灭亡的命运，但他决心回归楚国公子的身份，就不会再走回头路。

王翦深知淮南的楚军无一例外都是顽固分子，他们面对数十万秦国大军的底气依然是，水网密布的淮南地理环境以及淮南身后的江东。楚国地域辽阔，而且越往南走，地理、天气条件跟中原、淮北差异越大。只要还有楚人不想投降，他们哪怕从长江以南一路退到五岭通道的苍梧郡，都能找到地方落脚。

楚国南部地广人稀，城邑比淮北、淮南少多了，多的是可以打埋伏的山山水水。比起在平舆正面交锋的数十万楚国正规军，败军形成的无处不在的散兵流寇才让人头痛。王翦认为攻破寿春只是个时间问题，真正要注意的是怎样避免项燕和昌平君继续向南逃窜。如果让对方得逞，秦军就不得不把绝大部分兵力用来搜剿淮南、江东的各个城邑及周边的山林。这种打地鼠式的战争结束之日遥遥无期，足以把秦国拖入一个深深的泥潭。

为此，王翦和蒙武谋划的方略是派一支强有力的精兵穿插到淮南，切断淮南楚军逃往长江以南的退路，主力大军则猛攻寿春，消灭剩余的楚军主力。尽管秦军兵力雄厚，但要把整个江淮之地包围起来是不可能的。于是，王翦下令对寿春以东的道路不要设防，诱使楚军往东逃跑。

他知道项燕的老家在淮北的下相（今江苏省宿迁市西南），那里还没被秦军占领。假如去江东的路被切断，项燕一定会设法重返淮北，从寿春北上蕲县（今安徽省宿州市南），再东行至下相。蕲县北面有楚国著名的符离要塞（今安徽省宿州市北），往东是后来著名的垓下之战的战场垓下（今安徽省宿州市灵璧县东南沱河北岸）。蕲县一带有个叫大泽乡的地方，将在若干年后成为推倒大秦帝国灭亡的第一张多米诺骨牌，这是后话了。此时秦国正如日中天，王翦掌握了战争的主动权。他已经派兵在蕲县附近布下陷阱，等着项燕钻进来。

这一年春二月，秦军士兵纷纷给家人写信，随后投入了紧张的战斗。王翦故意放出镇守蕲县等地的秦军被调来前线的消息，给楚军留下淮北东部地区防守空虚的假象。数十万大军按照王翦的部署分头行动，对楚国淮南"首都圈"发动了猛烈的进攻。

蒙武率军从淮水上游渡河，攻克了桐柏山的冥厄要塞，打通了秦国南郡与淮阳郡的通道。他麾下这支秦军由西南诸郡边防军组成，核心力量是秦南郡军。南郡原为楚国在江汉的"首都圈"，但故楚人民早已融入秦国，把自己视为老秦人，把淮阳郡的楚人看作新黔首。秦南郡军极其擅长在长江流域作战，这让企图以水网地带消耗敌方力量的淮南楚军措手不及。

这一路秦军沿着大别山迅猛穿插到淮南楚军身后，夺取了沿途多座城邑，抢占了从淮南退往江东的咽喉之地——昭关（今安徽省马鞍山市含山县城以北），就是那个曾经让伍子胥一夜白头的吴楚边关要塞。由于楚国去年大量军队被消灭，兵力捉襟见肘，抽不出人手救援，淮南各城的楚军阵脚大乱，和难民一起纷纷向寿春靠拢。可是，此时的寿春也不是安全的地方，昌平君与项燕打得很艰苦。

王翦亲自率领大军渡过淮水，直扑寿春城。寿春城北有广阔的八公山可以设伏，城东又有许多河流、湖泊和沼泽，可以向东突围的小路很多，很难形成密不透风的包围圈。王翦在战前已将军情调查清楚。他迅速控制了寿春城北的八公山，派兵严密搜索和清剿隐匿于此的楚军伏兵。此举解除了秦军被八公山伏兵和寿春城守军内外夹击的威胁，使秦军得以专注地攻打寿春城。

楚军想做困兽斗，但完全不是秦军的对手。项燕亲自率嫡系部队出城迎战王翦，结果也败下阵来。王翦把寿春外围各据点的楚军全部击破，以各种大型攻城器具猛攻寿春城。秦军从西面和南面猛攻寿春，留下难以部署重兵的东面不围，故意引诱楚军从此突围。寿春城内的楚国军民伤亡不断增加，阵亡者尸体来不及抬走，受伤者得不到救治，士气愈发低落，战心渐渐动摇。主张弃城向东突围的人越来越多了。

项燕也是沙场老将，看穿了王翦诱敌出城野战的意图，但他别无选择。他和昌平君从各地传来的军报得知，当前的形势非常严峻。从淮南直接退往江东的道路已断，寿春与淮北各城没有相互增援的能力。秦军以重兵攻打寿春孤城，城破人亡只是时间问题。

唯一的出路就是向东突围，趁着淮北秦军大举南下，重返淮北。先去项燕的老家下相县休整补充兵马，再经过沿海的楚国九夷之地，从淮水下游渡河，沿着当年吴国开凿的人工运河邗沟渡过长江，到达江东之地。这个大迂回路线的距离很长，但跟秦军的主攻方向不同，而且寿春以东有连绵的群山与湖泽，便于散兵游勇藏匿而不利于秦国大军通行，走这条路线能避开淮南秦军的兵锋。

至于那些无力抗秦又不愿投降的贵族卿大夫们，也可以跟着项燕的嫡系部队先去淮北，从蕲县以北的符离要塞往齐国方向逃亡。楚国守不住了，齐国是六国遗民最后一片净土，不少家族早就跑过去了。在秦国彻底平定楚地之前，还能苟延残喘一段时间。

为了掩盖真实意图，项燕故意率军向南突围，吸引王翦带着秦军大部队往南边追击。他随后虚晃一枪，凭借对周边地形的熟悉甩开了王翦的追兵，带着楚军残部重新回到淮水岸边，从下游渡河进入淮北。新楚王昌平君在楚军的护送下踏上了从寿春到蕲县之间的官道。沿途只有少数秦军留守部队干扰，都被项燕一一击溃。楚军残部好不容易赶到蕲县城郊外，累得人困马乏。

就在众人刚要松一口气时，前方探路的斥候突然来报符离要塞已被秦军占领，蕲城也有大批秦军伏兵杀出。让项燕和昌平君更绝望的是，楚军在与秦军伏兵激战时，本不该在此时出现的王翦带着大军从南面杀来。原来王翦将计就计，在项燕返回淮北后就率兵尾随追击，他以优势兵力将楚军残部包围在蕲南地区。

王翦进行了最后一次劝降。他告诉新楚王昌平君和楚国大将军项燕，寿春城已被秦军攻破，楚国各大世族全部落网，没有战死的卿大夫都被俘虏。楚国已经灭亡了，再抵抗下去毫无意义。但是昌平君既然决心叛秦，就只能一条道走到黑。他带着身边仅剩的楚王近卫军徒劳地战斗到最后一刻，成为这个战场上衣着最华贵的尸体。

楚将项燕见大势已去，拔剑自杀，结束了这悲壮的一生。唯一让他欣慰的是，他的儿子项梁和少数江东子弟兵在秦军完成合围之前就已经突围出去了，这为楚国抗秦势力保存了一支珍贵的血脉，在秦始皇死后成为大秦帝国的心腹大患。不过在此时此刻，楚人感受到的只有无力回天的绝望和对秦国上将军王翦深入骨髓的恐惧。

王翦与蒙武合力平定了所有还在顽抗的淮北、淮南楚军残部，剩下的楚国吏民只能俯首称臣。秦国在长江以北至泰山以南的大片土地上设置了淮阳郡、四川郡（依照岳麓书院藏秦简和秦印玺。《史记》写作泗川郡，《汉书》写作泗水郡）、衡山郡、九江郡（淮南地区）、东海郡、薛郡等郡。楚国算是灭了，但楚地还没完全安定。广袤的长江以南地区还没有正式纳入秦国的版图。江东、九江（今江西地区）、洞庭、黔中、苍梧等地都还有待平定，其中最大的刺头就是把守着长江下游出海口的楚江东郡。

长江天险远胜于淮水，不做好充分的准备就贸然渡江是危险的。王翦和蒙武计划先巩固地盘，休整军队，伐木造船，训练舟师。王翦告诉秦王政，六十万伐楚之师在这两年的战斗中伤亡不少，需要补充人员和武器装备。他还要率领其中大部分人继续南征，只留十万兵马坐镇新郡县。按照他的估算，楚国剩下的地盘需要大约一年才能全部征服。须发雪白的王翦知道自己老了，没有几年可活了，他想在有生之年，为大秦征服整个南方天下。

王贲和李信远征残敌，燕王和代王沦为俘虏

灭楚之战的胜利，标志着秦统一战争过了最困难的阶段。山东六国仅剩下齐国了。虽说还有大片楚地尚未攻略，但秦王政认为王翦、蒙武摧毁了楚国核心力量，南方战线大局已定，战况不会有什么反复，只是需要时间而已。接下来，可以去解决北方战线的遗留问题——燕王喜和代王嘉的残余势力。

在秦国灭魏、灭楚、平韩乱期间，代王嘉和燕王喜除了加强边塞防务之外无所作为，苟且一天是一天。他们被王翦打怕了。即使秦军主力大举南下伐楚，他们也不敢趁机在北方生事。然而楚国一灭，齐国又不关心诸侯死活，能牵制秦军再度北伐的力量几乎没有了。不把这两个诸侯残渣彻底清除，华北平原难得安宁，燕赵之地必生边患。如今就是最好的动手时机。

王翦、蒙武长期在南方作战，许多老将不是身体衰退就是在镇抚新郡县。考虑到这点，秦王政这次打算采用少壮派将军组合，让王贲和李信共同完成这个任务。

王贲在灭魏战争中独当一面，展示了出色的大局掌控能力和不拘一格的作

战思路，很适合做远征军主帅。李信虽在伐楚时大败，但其军事才能还是值得肯定的。更重要的是，李信拔过赵国西北三郡，千里追杀燕太子丹，对燕国和赵国军情很熟悉且有很强的威慑力，是个理想的副将人选。秦王政相信两位将军能取得圆满的胜利。

千里行军不畏难，秦师一举平辽东

自从王翦拔燕都蓟城、李信追杀太子丹后，秦军占领燕地已经四年了。秦国大体沿用了燕国旧郡的疆界，但把燕国境内所有的"××都"全部改造成秦制的"××县"。屯戍燕地的秦军一直没停止忙活，耕公田、养军马、铸兵器、建粮仓、筑亭障、修驰道，样样都在紧锣密鼓地进行着。

按照秦国工程技术标准修建的驰道，西起上谷郡，中间经居庸塞、渔阳郡治所渔阳、右北平郡治所无终（今天津市蓟州区），东至辽西郡的碣石山（曹操写下《观沧海》的地方），构成了一条连接代地和辽西的横向交通干道。无终还有一条驰道通往原燕国首都蓟城，这里现在是秦国广阳郡治所。秦驰道从蓟城向南延伸到秦恒山郡治所东垣（原赵国中山地），由东垣分出两条路线，一条继续南下到邯郸，连通黄河南岸的秦东郡治所濮阳；另一条从井陉通道进入秦太原郡治所晋阳。

离秦国建成全国驰道网还早，但燕赵之地驰道已经打通，攻打燕辽东郡的条件日益成熟。王贲和李信北上蓟城后，召集屯驻在广阳郡、上谷郡、渔阳郡、右北平郡、辽西郡的各郡秦军主力进行大检阅。他们选拔精锐、裁汰老弱，又征发众多五郡材士入军，重塑了这支镇抚燕地四年的十万之师。士兵做好了各项准备，随时可以远征辽东或者代国。

燕国各边郡都是从东胡、山戎等民族手中夺取的地盘，居民也是燕人与各民族杂居。辽东郡挨着真番、朝鲜之地，其势力范围东至今朝鲜半岛北部大同江以北地区、南至渤海、北至燕北长城、西至今辽宁省大凌河以东的医巫闾山地区，今辽宁省大部分地区都被囊括其中。燕辽东郡有东胡、肃慎、濊貊等从商周时就与中原有交流的游牧民族，这些民族跟燕国长期有交流，关系敌友不定。

辽东周边最大的游牧民族势力——东胡也是个需要警惕的对象。东胡人曾经在赵国代郡至燕国辽东郡以北的广袤地区游牧，在被赵将李牧击败后往燕北地区跑，不断征服其他东北蛮夷，现在发展势头比较猛。

秦灭燕后，东胡畏惧秦人兵锋，不敢离边城太近。但秦军远征辽东时，燕山以南平原地带的驻军会大大减少，东胡军队的动向就至关重要了。毕竟，当初燕国修筑长城，设五大边郡都是为了防止东胡骑兵从燕山山脉的众多溪谷小路中渗透进来。虽说东胡与燕国有仇，但现在秦国兼并天下，东胡也许会对燕国生出唇亡齿寒之心，联手对抗秦国。

王贲和李信分析了燕代军情，决定先平辽东，再拔代国，因为代国基本上被秦国势力三面包围，实力相对弱小。辽东的边情较为复杂，燕王喜还有其他退路可逃，更难捉获。若是先攻燕王喜，代王嘉绝对不会越过层层防守来千里救援。若是先攻代王嘉，燕王喜和东胡会变得警惕。无论他们是联手对抗秦军，还是远遁到超出秦军后勤能力范围的地方暂避风头，都会让秦军很头痛。如果能趁着燕王喜还没跟东胡结盟之前一举击破燕军，那么东胡军就会对强秦表示臣服。

远征军主帅王贲下令在燕地五郡进行戒严，境内的士人和民众在此期间一概不许通行，就连各部人马的军官都不得擅自行动，除了持符节负责传达秦王命令的官吏。他把远征军分成三部人马，依次从蓟城出发，向辽东进军。

这三部人马都按照约定的日期在约定的地点会合。其中，最先出发的先锋部队称为"兴军"，人人携带六天干粮在最前方开路，为大军清除沿途阻碍，控制各个必经之路的险要地形。万一跟敌军遭遇，"兴军"要负责击退敌军，作战不利时也要守住防线等待后续部队的到来。当"兴军"走出一百里后，就向第二支部队发出可以前进的信号。

第二拨出发的军队叫"踵军"，每个士兵携带三日的干粮前进，与"兴军"

保持一百里左右的距离。这一部人马要做的事情跟"兴军"大同小异，但多一项重要职能——把从"兴军"中逃跑的士兵抓获治罪。当"兴军"有士兵因急行军或者战败而掉队时，也是"踵军"负责收容散兵。"踵军"行至一百里时也要向后方传递信号。

接到"踵军"信号出发的就是真正的主力大军。主力大军带着粮草辎重，与"踵军"保持大约一百里的距离。"兴军"前进三天后在约定的地点修建营地，等待"踵军"的到来。"踵军"到达后就跟着"兴军"一起在营地等待主力大军的到来。到了第六天，主力大军也来到营地。各军补充休整后，再次按照这个顺序依次行军，直到到达最终与敌军碰面的战场为止。由于行军途中有很多要点需要控制，远征军会分出不少兵马控制后勤补给线上的险要地形。十万之师最终真正投入前线的人马，往往会比出发时减少数万人。

当时从蓟城前往辽东的道路只有两条。一条叫傍海道，即今河北省秦皇岛市到辽宁省锦州市之间的辽西走廊；另一条是被称为卢龙道的大凌河古道，起于右北平郡治所无终，途经白狼（今辽宁省朝阳市喀喇沁左翼蒙古族自治县黄道营子古城）、柳城（今辽宁省朝阳市西南），终点在辽西郡治所阳乐（今辽宁省锦州市义县）。

卢龙道因位于燕山山脉东段隘口的卢龙塞而得名。这个卢龙塞就是今天位于唐山市北部迁西县与宽城满族自治县接壤处的喜峰口。燕国设置右北平郡和辽西郡的主要目的，是为了控制傍海道和卢龙道。其中，右北平郡控制了卢龙道的中西段，辽西郡则包含了整个傍海道与卢龙道的东段和终点。

傍海道很早就是东北游牧民族进入中原的重要通道，肃慎人向周天子进贡的弓箭就是从这条路输入中原的。但那时候辽西走廊比今天狭窄很多，海水涨潮时常淹没道路。镇守燕地的秦军经过三年的反复勘探，最终没选择在这条更短的道路上构建后勤据点。王贲和李信最终也选择了从卢龙道进军。

相对于较为平坦的傍海道，卢龙道穿行于山谷之间，依着河道行进，地形地貌相对复杂。但李信追击太子丹时曾经走过这条路，有行军经验。而且，秦右北平郡和辽西郡在白狼、柳城等县囤积了大量粮草和军需物资，远征军可以获得很好的补充。

由于事前严密封锁消息，秦军在右北平郡和辽西郡行军时没有走漏风声，经过长途跋涉秘密来到了辽西阳乐城。秦国设阳乐县是在王贲灭魏、李信伐楚那一年。秦国辽西郡军的前身是王翦灭燕之师的一部，在阳乐坐镇三年，没少跟辽东的燕军和东胡骑兵发生摩擦。若非阳乐以东有延绵数百里的医巫闾山与辽泽两大天险，燕王喜的辽东郡军早就攻入辽西防线了。可是，这片辽泽同样也为秦军进攻燕王喜所在的襄平城增添了许多阻碍。

辽河以西的区域多有沼泽，故而得名辽泽。辽泽在医巫闾山以东、辽河以西，今辽宁省新民市到台安县之间都属于辽泽的范围。这片沼泽地东西二百余里都是泥淖，人与马极难通行。当年李信仅以数千人马追击燕太子丹，主观上是因为他胆肥敢玩命，客观上是辽泽限制了大军通过的能力。

根据秦辽西守将的汇报，有南北两条路可以绕过辽泽。北路是从辽西郡北上至燕长城，顺着燕长城东行至燕辽东郡北部，渡过辽河后再南下进攻襄平；南路是沿着海边绕过辽泽南端，然后再继续东行渡过辽河，直扑襄平。

北路的缺点是路途遥远，而且会惊动燕长城守军和东胡人。南路靠渤海，通道较为狭窄，而且燕国在辽河西岸的交通枢纽险渎（今辽宁省鞍山市台安县东南）设置了要塞。险渎在辽泽以南、辽河以西，背靠这两大天险。自从上回李信奔袭襄平后，燕王喜就在此加强了守备力量。不击破险渎城的燕军，就无法安全渡过辽河。

话说秦军主力在阳乐城备战时，燕王喜惶惶不安。楚国灭亡的消息让他敏锐地意识到秦军迟早要北上。当他得知王翦正在率领大军平定楚国江南地区时稍微松了口气，认为秦军在短时间内还不会大举北上，东胡人才是眼前最头痛的威胁。

太子丹的老师鞠武曾经提议跟匈奴单于联手抗秦，但这个计划直到王翦攻克蓟城时都还没落实。燕辽东地区跟匈奴的联系也被秦国和东胡切断。辽东郡是燕国从东胡手中夺取的地盘，东胡跟燕国是宿敌，跟匈奴的关系也不好，不愿给燕王喜做中间人。东胡近来不断吞并辽东各地的蛮夷，势力日渐壮大，对辽东郡有所图谋。燕王喜不得不派更多兵马去防守北面的燕长城。

燕王喜自以为凭借燕长城、辽泽、险渎要塞与辽河等防线可以遏制住秦与东胡。辽东气候比燕地更加寒冷，中原军队可以作战的时间更短，在冬季来临之前必须结束战斗。否则，用不着燕辽东郡军出手，秦军的辎重车队在冰天雪地里难以通行，补给困难的士兵和牛马会在饥寒交迫中纷纷倒下，不战自败。

燕军败退辽东后补充了不少异族雇佣兵，其中也包括一些来自东胡的骑兵，战斗力比三年前有所提升。燕王喜认为凭借这数万精锐和年年加固的城防要塞，就可以在辽东这旮旯继续做个关着门窝里横的诸侯王。可是，险渎城守将派来襄平的求援使者把他从梦中惊醒了。

大批秦军突然从辽泽南端出现，猛攻险渎要塞并控制了辽河上的桥梁、渡口。燕国君臣听到李信这个名字时不由得想起了三年前的噩梦：数千秦军骑兵冷不防地打到襄平城下，数万燕军精锐都吓成了惊弓之鸟，竟然无人敢迎战，只能借太子丹的人头换一时和平。在得知秦军主帅是王翦的儿子王贲时，燕军将士心中的恐惧感直线上升。王翦在南易水之西打残了燕军主力，在攻克蓟城时无情地碾压了太子丹以及所有剩下的燕国勇士。王贲以水攻法灭魏的故事，更是让燕人畏惧作为护城河的衍水会变成秦兵摧毁襄平城的工具。

燕王喜下令让燕长城及其他地方的燕军都撤回来保卫襄平，同时拉下脸来向东胡借兵求援。大伙都知道，秦军既然敢大举进犯，必定是有备而来。以燕军的战斗力能否支撑到冬天来临，是个要命的问题。

有人建议再度弃城逃跑，可是还能往哪里逃呢？往北方的东胡地盘逃亡，倒是有辽阔的东北平原，然而那里地广人稀，尽是以渔猎游牧为生且跟燕人关系不睦的蛮夷。土地虽然肥沃，可是气候比辽东更加苦寒，在古代的技术条件下根本无法大规模开垦耕田。往东边的朝鲜半岛逃跑，同样要面临气候问题，而且那边山多地少，还不如北上。

从险渎前线传来的消息一个比一个糟糕。秦军车骑在野战中击败了燕军中最擅长骑射的异族雇佣兵。那些东北蛮夷见势不妙，纷纷四处逃散，背弃了燕军。王贲和李信攻克了险渎要塞，前锋已经渡过辽河。东胡单于见死不救，反倒派使者跟秦军讲和。派去增援前线的燕军士兵望风而降，襄平正迅速沦为一座孤城。在这种绝望的形势下，燕国上下再无人还能保持顽抗到凛冬来临的信心。

当王贲与李信大军来到衍水岸边时，丧失斗志的燕王喜君臣开城投降，他们只想活下去，不再计较以什么形式活着。随着襄平的陷落，燕国失去了最后的立足之地，西周开国元勋燕召公传下来的社稷不复存在。燕国彻底灭亡了，东胡又不愿与强秦为敌，代国的气数随之进入倒计时阶段。

决战代王城，最后一支赵军黯然退场

在李信伐楚大败后，代王嘉还以为秦楚大战也会像当年秦赵对决一样反复激战好几年，结果王翦用一年多时间就把楚国打垮了。代王嘉还盼着秦国在楚国的战争泥潭里多陷几年，谁知穷兵黩武的秦王政迫不及待地在北方同时开战。秦国冷不防就出兵远征辽东，俘虏了燕王喜君臣，代国上下顿时人心惶惶。

代王嘉这些年过得那叫一个战战兢兢，他甚至不敢像燕王喜那样保留原先的国号，只敢叫代国（当初被赵人灭国的代戎人大概会死不瞑目）。因为代国的东边是秦上谷郡，西边是秦雁门郡，南边是秦恒山郡，东南是秦广阳郡，可谓三面受敌。代国北面曾经是襜褴人的势力范围。这个游牧民族被大将军李牧征服后成为赵国的附庸，与林胡人、楼烦人一样为赵国效犬马之劳。代国至今还聚集了许多不愿意投降秦国的林胡、楼烦部落，提供了宝贵的骑兵兵源。被李牧痛击的匈奴人趁着秦赵大战时再次坐大，雄伟壮丽的阴山到赵长城以北的草原都成了他们的牧场。代国在秦国和匈奴两大势力的包围下，不得不处处设防。

好在老天爷赐给代国一个易守难攻的环境。代国的疆域以原赵国代郡为基础，北至赵武灵王时修的北长城，南至常山的鸿上塞，东边与秦上谷郡有大山为界，西边与秦雁门郡有恒山山脉相隔。其范围包括今山西省东北部，河北省和内蒙古自治区的一部分，是由蔚县盆地、阳原盆地和阳高—天镇盆地以及一些山地共同组成。

其中，蔚县盆地是代国的核心区域，除了坐落着代国首都代王城之外，还有当城（今河北省张家口市蔚县东北）和扼守盆地西南出口的平舒（今山西省大同市广灵县）等重镇。在代王城以北有个名叫"无穷之门"（今桑干河以南、河北省张家口市蔚县北）的要塞，那里是连通蔚县盆地和阳原盆地的咽喉之地，部署了代军的一支精锐部队。平舒往南有灵丘（今山西省大同市灵丘县一带）、卤城（今山西省忻州市繁峙县东）等重镇。代国的卤城与秦雁门郡的藿人（今山西省忻州市繁峙县东郊）位于两国对抗的前沿，可谓水火不容。

阳原盆地堪称代国的腰杆子，有阳原（今河北省张家口市阳原县西）和东安阳（今河北省张家口市阳原县上卜庄村和下卜庄村一带）等重镇。这一带位于夏屋山余脉以北的桑干河河谷地区，连着今山西大同盆地。大同盆地绝大部分地区都属于秦雁门郡的辖区，秦军从桑干河上游进攻阳原有着较为开阔的通道。所以代国在这个方向也部署了重兵，以阳原和平邑（今山西省大同市东）抗衡秦国雁门郡的平城（今山西省大同市东北）驻军。

从阳原盆地翻过阴山余脉的大山，就到了阳高—天镇盆地。这一带北边有延陵（今山西省大同市天镇县）、平阴（今山西省大同市阳高县古城镇）、参合（今山西省大同市阳高县东南）、高柳（今山西省大同市阳高县）等城邑群。这个城邑群北靠雁门山，连通着草原胡地与中原。当年，匈奴与诸胡就是从这个方向进入赵国代郡、雁门郡地区的。这里有大量牲畜，又掌握着代国与匈奴、诸胡贸易的关市，所以屯驻了许多由原赵国北方边防军官兵组成的骑射之兵。

尽管要防备的方向很多，代王嘉只要封锁住各个盆地进出的隘口，就能以有限的兵力抗击更多敌军。由于地形易守难攻，周边的几个秦国边郡并不容易突破代军的防线，在朝廷增兵之前始终处于对峙状态。可是，代国徒有地利之便，却没有天时与人和。随着赵地的秩序趋于安定，故赵民不再大量逃亡到代国，逐渐接受了自己的新身份——大秦黔首。不少人甚至服兵役成了秦军。他们当中将出现未来的秦朝南征军副将、南越国创始人赵佗。

眼见故赵民人心思定，代王嘉渐渐也没了脾气。什么光复赵国啊，向秦将王翦、杨端和、羌瘣复仇之类的念头都烟消云散了。偌大的楚国都没了，代国拿什么抗秦？但是在得知王贲、李信平辽东归来的消息后，代王嘉敏锐地意识到，秦军会挟战胜之威来吞并代国。

果然，秦军回蓟城休整后没过多久，李信就大张旗鼓地率军南下，进驻燕南的武阳要塞。有传闻说李信部秦军打算从蒲阴陉进攻代国。代军斥候清点秦军的营帐和旗帜，推算出敌军规模很大，应该是伐燕之师的主力。

于是，代王嘉赶紧发起了全国总动员。原先的赵军残部加上林胡、楼烦、襜褴等游牧民族骑兵，以及所有能拿得动武器的男女老少，代军勉勉强强凑了将近十万人马，真正具有良好军事素养的能战之兵仅有五万人。但是，身为尚武、刚烈的赵氏子孙，代王嘉不甘心束手就擒，还是选择战斗到底。他不求扭转乾坤，只想再一次击败秦军，为赵氏王族的宗庙社稷多延续一天是一天。

代王嘉将举国之兵集中于代王城周边，并且分兵严防秦军从蒲阴陉与鸿上塞攻来。至于代国北部地区，暂时顾不上了。经过这数年来的观察，代王嘉君臣得知，秦国雁门郡、云中郡、九原郡的兵力不是防备日益壮大的匈奴，就是被调去其他战线，无法组织大军从西面进攻代郡。所以，他才大胆地收缩防线，把边关的兵力也投入首都保卫战。

代国高层认为，秦军从千里外的辽东战场归来不久，士兵普遍比较疲劳。李信手下人马看起来很多，真正能马上投入战斗的只有部分身强力壮的精兵。如此一来，与代军正面交战的敌军，实际上没那么多。只要凭借有利地形，加强防御，应该能顶住李信的进攻。

然而，他们没想到的是，屯驻燕南之地的李信部秦军是用来吸引代军注意力的疑兵。李信故意多设旗帜和营帐，让代军误以为秦军主力在此。真正的主力部队正随着王贲从军都陉秘密进入上谷郡，以上谷郡为后援基地奔袭兵力被抽空的代国北部地区。

代国北部地区的主力部队被调去保卫代王城，此时的留守部队只有少数旧赵士兵，更多是熟悉当地环境的襜褴武装牧民，能打的林胡骑兵和楼烦骑兵已被代王嘉征调南下。当初李牧灭襜褴国后，其部众就一直和赵民杂居，继续协同赵国代郡军保卫边塞。襜褴骑兵的战斗力在诸胡中不算特别突出，但座驾是当时公认的良马——代马。这支武装力量有较好的机动能力，多次充当赵军的耳目与前哨，跟入寇的小股匈奴骑兵在边塞周旋。不过，很不幸，他们这次遇到的对手是秦军少壮派将领中有灭国之功的悍将王贲。

单看骑射功夫与指挥骑兵作战，王贲不如李信，但论对多兵种的指挥调度与对战局的整体把握能力，李信不如王贲。王贲选练的这支秦军聚集了许多轻车骁骑，装备的是当时中国最优良的秦马，步兵也多为善于长途奔袭和山地作战的轻锐，并且配备了比平时更多的弩和箭。连昔日赵军中最强的百金之士都要全力以赴才能跟秦军精锐部队打得有来有回，这些从属于代军的武装牧民根本无力抗衡。

在王贲的指挥下，秦军主力兵分两路，一路向北穿插，先攻克代国北部重镇延陵城，将代军北逃到匈奴势力范围的退路切断，然后翻过雁门山的山谷通道，进攻高柳、平阴等城；另一路秦军则沿着桑干河向上游进军，攻打东安阳、原阳、平邑等城。王贲的意图是，先夺取代国北部地区，打通秦上谷郡与雁门郡的联系，进一步压缩代军的活动空间，然后再南下与代王嘉的主力军决战。

两路秦军同时发起进攻，让代国北部各城一时间无从互相救援。由于秦军是以实击虚，数量和质量都占尽优势，代北的留守军力单薄，被秦军如风卷残云一般击垮了。代国军队损失不算大，可是地盘丢得多。王贲将军命令上谷郡和雁门郡的边城火速征发奔警卒，让这些紧急参战的军人负责镇守新夺的代国城池，他自己则亲率主力准备进攻代王城北面的必争之地——无穷之门。

就在王贲部秦军快速横扫代国北境时，李信部秦军一直在努力把代军的防守重心吸引到南边。李信时不时派兵佯攻唐河河谷的鸿上塞，雷声大而雨点小，但代王嘉君臣长时间处于四面受敌的高压环境，没法对此不焦虑。鸿上塞一旦被突破，秦军就能一路穿越山谷，进入代王城所在的蔚县盆地。

虽说李信是佯攻，但前线的两军士兵是真刀真枪地干架，还是会死人的。双方都在倾泻箭雨，秦军和代军多用弩，而代军中的游牧民族战士多用弓。攻关的秦军除了正面进攻要塞，还试图寻找能迂回到鸿上塞侧后方的崎岖山道。守关的代军也分出不少散兵在山林中搜索和阻击试图迂回的秦兵。秦军没有往死里打，攻得顺利就多打一下，不顺利就赶紧收兵。李信不断制造秦军大量增兵的假象，诱使代王嘉不断向鸿上塞派兵。以至于王贲突袭无穷之门时，代国高层被吓到了。

无穷之门是蔚县盆地的北大门，比鸿上塞更能要代国"首都圈"的老命。两线作战太困难了，代王嘉只能集中大部分兵力先击败一个方向的敌军，再全力防御另一个方向。可是，他一时难以判断李信和王贲哪一边是佯攻，哪一边才是真正的秦军主力。万一王贲部秦军只是小股兵马扰袭，把增援鸿上塞的部队调去加强无穷之门的防守，鸿上塞守军可能会顶不住大批敌军的轮番进攻。

随着前线发来一个又一个加急战报，代国高层终于确定无穷之门才是秦军主力的真正目标。但此时派兵为时已晚，王贲部秦军已经突破无穷之门的防线，跟屯守当城的代军接战了。当城代军浴血奋战，以大量伤亡的代价为代王城争取了一些调集人马的宝贵时间。代王嘉率领举国之兵出城，与王贲率领的数万秦军在代王城下进行最后的决战。胜，则代国还能活到明年；败，则一切化为乌有。

这支代军是李牧缔造的赵国北方边防军最后一点血脉，在继承李牧战术传统的基础上，增加了林胡、楼烦骑兵的力量。与赵军胡服骑兵相比，林胡骑兵与楼烦骑兵的个人骑射功夫好，队形聚散更为灵动，但结阵作战的纪律性远不如赵军骑兵。特别是楼烦骑射手，在高速运动中连续射箭的次数和准头都堪称上乘，各诸侯国的骑兵部队常常招募楼烦人为骑射教官或者雇佣兵。

代军利用林胡、楼烦骑兵的机动性来迂回扰袭秦军战阵的两翼。秦军更喜欢使用车骑协同作战的打法，这种打法的优点是具有很强的破阵能力，但论机动性和灵活性还是比游牧民族骑兵逊色很多。可是，现在这支秦军的车骑数量多于代军的胡服骑兵和游牧民族雇佣兵。王贲分出一部分车骑驱赶游牧民族骑兵的同时，还有余力向代军本阵发起猛攻。

李牧以百金之士为本阵的攻防核心，以大量弓弩手来增强战阵的防御能力。但王贲部秦军有备而来，增加了车骑与弩兵的比重。秦军中的趑张之士与引强之士以不同型号的强弩压制代军弓弩手的火力，以车骑为尖刀突击敌阵，精选出来的陷阵之士跟在车骑后面扩大敌阵防线上的缺口。代军虽有战力较强的骑兵部队，但步兵中缺少李牧时代那种千锤百炼的百金之士，老弱残兵徒有血气之勇，而缺乏足够的技战术，这在以步兵大兵团作战为主要特征的战国晚期战争中是致命的弱点。

其实，当两军在代王城交战的时候，这场战争就已经进入没有悬念的垃圾时间。林胡、楼烦骑兵被秦军车骑痛打，逃跑的逃跑，投降的投降。代王嘉眼睁睁地看着最后一支赵军被围歼，自己也被王贲带去跟早一步沦为阶下囚的燕王喜做伴。

经过王贲和李信的努力，王翦在灭国大战中留下的两个尾巴都被铲除干净，燕赵之地终于被彻底平定。秦、赵、燕长城所有的防线连在了一起，成为后来万里长城的基础。王贲派出两部人马分别坐镇辽东郡和代郡，作为骨干组建新的边防军。灭燕功勋部队的大部分将士继续屯戍燕国南境，警戒着燕齐边境的动向。虽然王翦、蒙武尚未结束南征，但秦国君臣早已把目光投向了山东六国中最后一个对手——齐国。

秦国两大将门世家联手平定齐国

秦国统一天下的战争已经进行了整整十年，取得了巨大战果，却也消耗了无数物资和财富，伤亡了无数军民。多年的战争让山东六国亡了五国，如今只剩下一个齐国。秦王政想用代价较小的办法兼并齐国，早一些让中原地区恢复安宁。摆在他面前的主要问题不是能否打胜仗，而是派谁去打这个仗。

如今的秦国有着空前辽阔的疆域，谋臣如云，良将如雨，四方猛士不计其数。山东六国中已灭的国家，除了韩国是内史腾的军功外，赵、燕、魏、楚四国都是王翦、王贲父子灭的，杨端和、羌瘣、辛胜、李信、蒙武等将军以副将身份参与。赵、燕两国的残余势力，也是王贲替老爹收尾的。王氏家族从此跻身为大秦第一的将门世家，朝中唯有资历更老的蒙氏家族能与之分庭抗礼。

蒙氏家族第一代将军是老将蒙骜，第二代是跟着王翦一同灭楚的蒙武，第三代是尚未独自统兵的将军蒙恬。自从李信战败后，朝野都不再吐槽秦王政偏爱王氏父子，承认王翦、王贲确实是元老将军与少壮派将军中的翘楚，但秦王政这回想让坐镇关中多年的蒙恬去刷一个灭国之功。他看中的是只有蒙氏家族才有的先天优势。

蒙恬挥师东进，齐王建被迫发兵抗秦

蒙骜是大秦的忠臣良将，却是一个土生土长的齐人。他入秦的时候，齐国处于齐湣王在位时的巅峰期，战国四大公子中的孟尝君是丞相。都说孟尝君善于养士，偏偏蒙骜这样的大将之才不知何故没有留在齐国，而是千里迢迢来到咸阳。当时谁也没想到，齐国从此流失了一个高级军事人才，秦国多了一个将军家族。耐人寻味的是，蒙骜首次担任统兵大将，打的就是齐国。

蒙骜在秦王政未成年之前，扭转了诸侯攻秦造成的危机，为秦国开创了一个有利的战略局势。他的儿子蒙武两次伐楚，第一次虽然战败但力保残部没有全军覆灭，第二次配合王翦俘虏楚王负刍并消灭了楚将项燕和昌平君等顽抗势力。蒙氏家族在朝中立下的功勋仅次于王氏家族。蒙骜的孙子蒙恬更是文武双全，不但精通军事与司法断案，还巧思善工，改良了毛笔。

由于与齐国的渊源很深，蒙氏家族的将领在执行远交近攻的战略时，是帮秦国联络齐国的重要桥梁。作为第三代移民，蒙恬实际上在秦国土生土长，举手投足都是秦人做派。秦王政想着，若是以蒙恬为将军，说不定能让齐国直接投降。王翦、王贲父子堪称国家柱石，但秦王政不希望大秦只有一根柱石，让蒙氏和王氏两大家族成为国家的两个车轮，对江山社稷有长远的好处。

公元前221年，秦将蒙恬带着坐镇赵地监视齐国的那支秦军部队踏上了回访祖地齐国的道路。秦灭齐战争由此开启，只是刚开始的时候，秦国高层还想着给齐国选一个体面的灭亡方式。毕竟也是结盟多年了，又是蒙氏军功家族的故国，能不战而屈人之兵总比大动干戈好看一些。

齐国的历史可比秦国长多了，这个国号先后被姜太公的子孙与陈国公子田完的后代用过。春秋时代的齐国被世人称为姜齐，战国时代的这个齐国是田氏家族篡位后建立的新政权，故而被世人称为田齐。田齐是一个让秦王政君臣不知该如何评价的神奇国度。

齐国和秦国曾经联手对抗过魏国。两国在把魏国打下霸主神坛之后，纷纷进入了高速发展期。秦国在西土，齐国在东海，两国不接壤，中间隔着三晋与楚国。所以，秦、齐两国之间的军事冲突远远少于秦与三晋、楚国。齐国的外交策略一向很灵活，既参与过合纵攻秦，又跟秦国搞过连横合作。

田齐最鼎盛的时候，率领诸侯把秦国和楚国都打得割地求和。秦昭王甚至主动提出要尊齐湣王为"东帝"，但齐湣王在燕国使者苏秦（战国头号纵横家）的劝说下，没有答应这个条件，反倒跟赵国的抗秦派联合起来，组织合纵攻秦。秦昭王被迫拿出了从魏、韩等国那里夺走的土地。

得意忘形的齐湣王趁着诸侯联军与秦国对决时发动了第三次伐宋战争，一鼓作气吞并了宋国。谁知这正是大间谍苏秦的阴谋。垂涎宋地的魏、楚等国对齐国很不满，赵惠文王也在相邦乐毅的建议下跟燕国一起联秦抗齐。秦将蒙骜就是在这个背景下讨伐齐国的，后来秦国另派邦尉斯离参加了乐毅指挥的五国联军攻齐战争。

齐国差点儿被诸侯围殴到灭亡，秦国是当时下手最狠的诸侯之一。由于秦、齐两国不接壤，秦国在齐军主力覆灭后就收手了，没直接参与瓜分齐国。可是谁也没料到，被打到仅剩下即墨（今山东省平度市东南）和莒（今山东省日照市莒县）两座陪都级重镇的齐国，居然坚持与燕军周旋了整整六年，最终顽强地死灰复燃，把失去统帅乐毅的燕军赶回了老家。恰逢秦国采纳了丞相范雎的远交近攻之计，与复国之后的齐国积极结为战略合作伙伴。

自从秦国改变战略方针后，齐襄王、齐襄王的妻子君王后（齐国摄政太后）、齐襄王的儿子齐王建都把秦国视为保全齐国不受诸侯侵犯的最大靠山。在秦赵双雄决战于长平时，缺粮的赵国向齐国借粟米，齐国都没给。凡是打过齐国的诸侯，无一例外地会被秦国痛打。多年来，两国一直保持着盟友关系。若不是齐国拖后腿，山东列国组织合纵攻秦没那么费力，秦国也不会有机会攻灭韩、赵、魏、楚、燕五国。

在秦王政君臣的印象中，齐国上下早就厌倦了打打杀杀，武备早已松弛。齐国一贯对秦国非常恭顺，甚至可以说恭顺得有些过头了。齐王建去咸阳访问，实际上跟韩王、魏王入朝秦国没什么本质区别，只不过秦王政给的礼仪规格比韩、魏两国更高而已。如今，秦并天下的形势已经不可逆转，秦国高层中不少人认为齐国在蒙恬大军的威慑下会主动投降。

可蒙恬不这么想，他比其他秦国重臣更熟悉齐国和齐人。齐国南有泰山、沂蒙山和齐长城为屏障，秦国想从淮北或者泰山以南的鲁地北伐齐国南方的陪都莒县，并不容易。齐国东面和北面靠着大海，有着先秦时代最强大的海上力量。秦灭楚后掌握了大量楼船舟师，但只适合在内陆江河湖泽交战，无法在海上与齐军舟师对阵。齐国西面有济水与黄河为天然屏障，是最适合攻齐的方向。不过，齐国从西周开国至战国末期一直屹立东海，不只是靠枕山带河、背负大海的有利地形，更重要的是齐人本身不好对付。

齐人的性格有两面性，一面是宽缓阔达、多智谋、好议论，喜欢思考学术问题，玩智力游戏；另一面则是谈粗好勇，脾气暴烈，推崇勇武的大力士，甚至在首都临淄城的大街上，齐人喜欢用马车互相撞击车毂。当初齐国被诸侯联军打残时，齐人纷纷逃难，各城邑望风而降。可是，后来齐将田单反攻时，齐国全境的城池又群起响应，让燕军见识了什么叫人民战争的汪洋大海。齐人这种反差巨大的画风让蒙恬不得不警惕。

蒙恬大军以秦东郡为后援基地，来到了济水西岸的齐国重镇东阿（今山东省聊城市东阿县西南）附近。东阿是齐国五都之一，囤积了大量甲兵、财货、粮米。由于齐军多年不修战备，王贲在灭魏后率军直接越过东阿城，一口气推进到齐国历下。东阿齐军不敢忤逆秦军，等王贲部秦军离开后，齐国加强了东阿的防务。蒙恬通过东阿城的军政长官东阿大夫给齐都临淄送信，要求齐王建跟自己回咸阳朝见秦王。

秦军等了很长时间，结果齐国非但没有同意这个要求，反而向边境大举增兵，摆出一副不服来战的架势。呵，绥靖政策玩了几十年，齐国现在终于想要反抗了！然而蒙恬并不知道，齐王建原本是想答应他的要求，只不过他的车驾刚到临淄雍门就被守门的雍门司马拦住了。

这个雍门司马是个敢顶撞上司的人。他问齐王建："大王是为了江山社稷被立为国王，还是为您自己被立为国王？"齐王建说："当然是为了江山社稷。"雍门司马又反问道："既然大王是为了齐国的江山社稷而坐上的王位，为何现在要抛弃自己的江山社稷而到秦国去呢？"齐王建一听有道理，便让车队返回王宫了。

此时的齐国除了被赵将庞煖夺取过饶安地区外，大部分地区都享受着战国时代罕见的和平生活。齐国朝野凭借安定的环境积累了大量财富，与此同时也丧失了争天下的进取心。这一切都跟齐国高层的绥靖政策有关。

齐王建的丞相是后胜。不巧的是，后胜恰好是秦国间谍们重金收买的六国权臣之一。后胜收受秦国间谍的贿赂后，派许多忠于自己的宾客入秦跑外交，秦国则出手阔绰地重金收买这些齐国宾客，让他们回齐国搞反间计。后胜党羽把持朝政，人人都劝齐王建不要帮助山东五国攻秦，不要跟秦国搞"军备竞赛"，最好是到咸阳朝见秦王。齐王建在嫪毐之乱结束后不久去咸阳朝见嬴政，就是后胜党羽运作的结果。

但齐国朝中并非没有主战派，齐国五都长官之一的即墨大夫就一直主张联合诸侯抗秦。他看到雍门司马成功劝谏齐王建不要去咸阳朝见秦王，以为国君回心转意了，就进献了一个宏伟的抗秦计划。

即墨大夫指出，在齐国西部的东阿与甄城（今山东省菏泽市鄄城县北）聚集了数百名从赵、魏、韩三国流亡到齐国的大夫。如果齐王建能与这些人联合，借兵帮他们光复故国，就能让三晋之民纷纷倒戈，一路进攻到秦国关中的临晋关；楚国败亡后流入齐国南部的大夫也有数百人，借兵给他们去收复楚国，就能组建齐楚联军一路打到秦国的武关。如此一来，齐国就能在诸侯中建立权威，甚至灭掉秦国。

这个异想天开的战略严重高估了山东列国流亡势力的力量，完全没把秦国的综合实力放在眼里，半点可操作性都没有。齐王建当然没有听从即墨大夫的疯狂计划。但是一直主张绥靖主义的丞相后胜意识到，蒙恬大军压境，齐国朝野中有许多不甘屈服的声音，不可不顾忌汹汹民意。

后胜还意识到一个问题。假如齐国灭亡的话，自己不会被秦国任命为丞相，一手把持齐国朝政，一手从秦国间谍那里收受贿赂、中饱私囊的舒服日子也就到头了。赵国奸臣郭开帮秦国除掉了秦军克星李牧，可到头来也没有什么好果子吃。于是，后胜一反常态，也建议齐王建发兵镇守西界，跟秦国断绝外交。他要让秦人看看，自己虽然收了钱，但也不是任由他人摆布的傀儡。

就这样，齐国发起了数十年来第一次全国总动员。尽管承平日久，论尚武之风，齐国并不亚于秦赵双雄。齐国有着天下最发达的单兵技击格斗术，技击之兵也曾是天下闻名的精锐战士。凭借比较完善的战争动员机制，齐国轻松地就拉起了数十万人马。毕竟是主场作战，后勤压力比远道而来的秦军小多了。

不过，齐人的尚武精神跟秦人有本质区别。秦人自商鞅变法后，以"勇于公战，怯于私斗"而闻名天下，讨伐诸侯人人闻战则喜，乡里之间害怕私斗问罪，发生激烈矛盾也是选择以打官司的方式解决。

齐人恰恰相反，"怯于众斗，勇于持刺"。换言之，齐国仍然盛产单兵武艺出众的刺客，对需要集团协作的战争技能感到生疏。齐国民众的血性更多用在乡里村邑的械斗中，杀个头破血流、肝脑涂地也不在话下。然而，此时踊跃参军戍边的齐人还没有意识到，自己将在真正的战争中遭遇什么，否则他们不会迈入这一条弯路。

两路大军夹击，王贲为齐国敲响丧钟

在济水西岸的齐国边境，秦、齐两军摆下堂堂之阵准备开战。秦王政听了蒙恬的汇报后，下令发兵打下临淄城、活捉齐王建。他这次找的战争借口是齐王建与齐相后胜发兵守其西界，把秦国驻齐国大使驱逐出境，断绝与秦国的外交关系。既然齐国对秦"宣战"，秦国也正式对齐宣战。好吧，什么借口根本不重要，秦王政只是看到齐国首脑不肯入局，单纯想改用武力解决问题。

无论如何在战略上藐视齐国，秦国君臣都不敢过分轻敌，还是对战术颇为重视。毕竟，齐国是战国七雄中撰写兵法最多的国家，列国武士无不对齐国技击格斗术青睐有加。齐人热衷于赛（马）车、赛马等竞速运动，训练出了实力不俗的车骑部队。在著名军事家孙膑的熏陶下，齐军不像魏韩军队那样喜欢正面对抗，打法更为机动灵活。

齐军的核心战力是五都之兵，即临淄、高唐、东阿、即墨、莒县五都的常备军。五都之兵人人都受过良好的技击训练，进攻时如锋利的箭矢一样迅猛凌厉，白刃格斗时声势浩大，宛如雷霆，撤退和解散时像风雨一样快捷。

五都之兵最辉煌的战绩莫过于四大战役：围魏救赵的桂陵之战，消灭十万魏军精锐的马陵之战，差点儿让燕国提前灭亡的伐燕之战以及灭宋之战。李斯与韩非的老师荀夫子曾经说，齐技击不如魏武卒，魏武卒不如秦锐士。可事实上，魏军跟齐军交战是败多胜少。五都之兵的技击武士越是遇到复杂的地形和小兵群交战的环境，越能发挥自己的单兵作战特长。

现在，这支齐军以五都之兵为骨干，征发大量习武成风的预备役材士，由此扩充出来的庞大军队按理说是不该小看的。但是，蒙恬观察对面的阵势后不由得感叹，齐国真是武备荒废太久了。齐军战阵的兵力部署一贯是前重后轻，装备精良的五都技击之军在前阵，装备较差的临时征发兵员在后阵。这使得齐军士兵人心不齐，战阵看似庞大厚重却并不坚固，士兵数量多却阵容不严整，实际战斗力很成问题。

蒙恬虽然此前没有参与过跟中原诸侯的大战，但他有祖父蒙骜的家传兵法，对鼎盛期的齐军的弱点都了如指掌，何况是衰弱期的齐军呢？而且，他长期在秦国北方边疆练兵防备秦昭王长城以北的游牧民族骑兵，论使用战车骑兵和对付机动灵活的敌军车骑，他的造诣丝毫不输给王贲、李信，甚至还强一些。他手下的车骑部队也远强于齐军中实力较强的车骑部队。无论从哪个角度看，蒙恬都是现在这支齐军的克星。

两军在济西之地大打出手。蒙恬看出齐军的阵容不坚固，只要击败了五都之兵，其他齐兵就会丧失勇气，于是抢先发动进攻。他让左军与右军同时从侧面猛击齐军战阵的左右两翼，自己率中军压阵等待机会。齐军此时人人都有誓死抗秦的血性，以强弩材士保护两翼，又以车骑部队布下鸟云之阵应对秦军车骑。

鸟云之阵取鸟散云集的意思，分合变化十分灵活。齐军战车部队的编制是每一百乘战车设一名车将，每二百名骑兵设一名骑将。需要结成大阵作战时，数千车骑云集为大兵团；需要机动作战时，车将和骑将率领各自的小编队像鸟一样散开，游猎敌军战阵的两翼或者后方。齐军多年未打仗，但前代名将流传下来的各种战略还是知道一些的。然而，秦军发动进攻的速度和冲击力远超齐军的想象，战场上很快呈现出一边倒的局面。

齐军在以强弩跟秦军对射时还能对抗一下，但一到白刃战就不行了。大军作战最重要的不是个人武艺，而是铁一般的作战纪律。没有严明的纪律，勇敢的士兵冲得快，胆怯的士兵冲得慢，队形就不整齐了。在集团作战中，无论个人多么勇猛，都不可能像电影《英雄》里的剑客那样横行无阻。齐技击武士虽然勇猛，但与身边的战友配合的水平远不如训练有素的秦锐士。偶尔有人能杀死一个秦兵，但自己很快就会被其他秦兵击倒。

相对于比较稳固的步兵战阵，齐军的车骑部队在与秦军交战时更加狼狈。战车与骑兵的队形间距和行动速度不同，需要长期磨合才能步调一致地作战。齐军车骑虽然能排出鸟云之阵，但平时最大规模的实战训练是以数百辆车骑围猎野兽。由于长期缺乏实战经验，齐军车骑在数千人马规模的战斗中配合非常生疏。轻车和战马一冲起来，车骑之间的队形就有些凌乱，彼此互相掣肘，车与骑根本没有形成合力，变成了各打各的。

秦军轻车士和骑士很快发现，齐国同行的小编队还行，大战阵却漏洞百出，远不如当年李牧训练的赵军车骑凶悍。于是，他们出手就毫不客气，利用娴熟的配合与更好的马匹，屡屡从齐军车骑队形缝隙中穿插进去，瞬间在局部形成以多打少的优势，不断驱散敌骑并围攻敌方战车。打着打着，齐军车骑只有鸟散而没有云集了。齐军想要快速撤离战场，再找个地方重新聚拢，但秦军车骑死咬着不放，齐军的机动力量最终被击溃。

蒙恬见齐军两翼败象已露，就率领中军乘势从正面进攻。齐军战阵的重心在前，精锐皆在前阵，左右两翼大乱，战力较弱的后阵又遭到秦军的夹击，使得整个战阵千疮百孔。热血上头的齐兵终于被残酷的现实打醒了，大溃逃一发不可收拾。

别看齐军打大仗的能力今不如昔，逃跑时还是能做到"解如风雨"的，盔甲兵器丢了一地，以减轻负重，好跑得更快。辎重钱财也落得到处都是，就是为了让秦军追兵忙着争抢战利品，无暇去砍齐军败兵的首级。

虽然大破齐师，但蒙恬没有穷追猛打，他赞同王翦这一派武将少杀伤的军事思想。以他对齐人的了解，太多杀戮不利于劝降齐国各城。代替乐毅做燕国上将军的骑劫在灭齐时，曾经中了田单的诱敌之计，把齐军降卒的鼻子割掉，迫使其在战阵最前方挡箭，又刨了即墨军民的祖坟，将他们的祖先尸骸烧毁，结果激发了齐人十倍的愤怒，誓死抗战到底。

秦军趁着大战得胜，顺势占领了东阿等齐国西部重镇，济西之地尽为秦土。戍边的齐军纷纷退守到历下以东、临淄以西的地方构筑防线。这一带是泰山与济水夹出来的狭长平原，有许多城池拱卫临淄。蒙恬没有继续推进，而是建议秦王政继续派人诱降。他很清楚齐人此刻正处于慌乱状态，恩威并施的效果比一味强攻更好。秦灭诸侯的战争让许多地方变得残破，若能让富庶的齐地不受太大损失，对将来全国经济的复苏有很大帮助。

由于蒙恬不以大量歼敌为目标，齐军主力只是溃败而没有像赵军、燕军、楚军那样遭受灭顶之灾。但从战场上逃回临淄的五都之兵将士大多被秦军打出了心理创伤，各军中有不少人开小差逃遁回家乡。齐国的主战派面对这样的败局，也不知该说什么好。那些流亡到齐国的韩、赵、魏、楚大夫也对抗秦复国大业不再抱有希望。

但齐王建仍未打算投降。山东五国的王被秦军俘虏后没一个有好下场，也没有哪一雄的宗庙社稷被保留下来，齐王建害怕祖宗传下来的宗庙社稷在自己手中丢掉。尽管他也不知道该如何让秦国退兵，可就是想再拖一拖，看看有没有别的办法。不光是齐王建，枝繁叶茂的田氏王族也不愿就此认命。

就在这时，秦王政的使者陈驰来到了齐都临淄。陈驰表示齐国是一定要被消灭的，这个结局不会改变，但只要齐王建愿意投降，秦王许诺给他五百里封地继续守护宗庙社稷，不让田齐王族的列祖列宗断了香火。陈驰特别强调卫国和安陵国的宗庙社稷至今仍在，两国地盘都不超过方圆百里，给齐王方圆五百里封地是个很好的待遇了。如若不答应，秦、齐两国只能继续在战场上兵戎相见，到那时只怕临淄要血流成河了。

以即墨大夫为首的主战派坚决反对秦使陈驰的提议。他们指出，齐王建留在临淄还能凭借举国之兵保护自己，一旦去咸阳就成了砧板上的鱼肉，只能任秦人宰割。秦国曾经以此阴谋坑过楚怀王，害得楚怀王客死异乡。去过咸阳的齐王建见过秦王政"虎视何雄哉"的霸气，对此深感恐惧，还是拒绝了秦使陈驰的提议。

看到齐国君臣敬酒不吃吃罚酒，秦使陈驰通过将军蒙恬向将军王贲、李信传达了秦王的密令。这支屯驻燕南地区的秦军在接到命令后立即南渡黄河，对济水以北的齐国北部地区展开了猛烈的进攻。镇守这一大片区域的是被齐人称作"北地之众"的齐国济北边防军。

齐国的北地之众跟五都之兵不在一个序列，但也是仅次于五都之兵的齐军重要战力。自战国以来，齐国北地之众主要有三个作战对象——赵军、燕军、中山军。赵军以"胡服骑射"见长，来去如风。燕军以重甲利兵为传统，后又加入了北方少数民族骑兵。中山国冶铁业发达，其精锐武士操铁杖、穿铁甲，在赵武灵王率军灭中山国时给赵军造成了不小的伤亡。齐国北地之众面对这些战术体系各异的邻国军队，多次在战斗中获胜，比如在差点儿踏平燕国的那场战争中，北地之众配合五都之兵大破燕师。

但那都是过去式了。眼下这支北地之众只是个空有数量而没有质量的花架子，装备和训练水平严重下滑。按照过去的传统，五都之兵中的高唐齐军才是济北之地的核心，北地之众只是其羽翼。奈何高唐齐军在济西被蒙恬打败，北地之众只好独自面对燕地秦军。

北地之众跟王贲、李信的部队成为对手，真是倒了大霉。这支秦军去年刚消灭燕、代两国残部，士气高涨得很，将士们听到要参与灭齐战争都兴奋得嗷嗷叫。王贲和李信可不像身为齐人后裔的蒙恬那样心慈手软，打起齐国北地之众来那叫一个秋风扫落叶。济北地区是广阔的平原，这对擅长奔袭的王贲、李信来说正是最能施展拳脚的地方，车骑和锐士追杀得非常过瘾。齐军毫无还手之力，跑又跑不掉，剩下的众多士兵只好缴械投降了。

王贲留下李信继续平定济北的齐国城邑，自己率领一支轻锐之师猛打猛冲，从北面杀向临淄。蒙恬得知王贲、李信大捷后，也趁机进兵攻打临淄以西的齐军防线。两路秦军大张旗鼓，都扬言齐国不投降的话就把齐军杀个片甲不留。

齐国的主战派束手无策，齐相后胜也急忙劝齐王建答应秦使陈驰的条件，说是现在投降还有可能得到五百里封地保存社稷，若是被王贲破城而入就只能做个秦国监狱里的囚犯了。即墨大夫仍然极力反对，但齐王建已被秦军吓破了胆，通告全体官兵停止抵抗，就地向秦军投降。

　　蒙恬和李信分别招降西线和北线的齐军大部队，王贲则马不停蹄地率军进入临淄城，代表秦王政接受齐王建君臣的投降。当王贲部秦军进入临淄城时，许多义愤填膺还不甘心战败的临淄吏民反而冷静了下来。他们多年没打仗，看到虎狼之师的严整军容时彻底明白自己根本不堪一击。尚武、好斗的齐人没有一个出来行刺秦兵的，纷纷藏起武器化身为安分的良民。直到多年后，临淄老人们回忆这个场景时仍然心有余悸。

　　秦王政怕重蹈新郑叛乱的覆辙，就把投降的齐王建迁到了河内郡的共县（今河南省辉县市东北）。后来，齐王建在共县的松柏林中莫名其妙地饿死了，齐人对此事非常悲愤，写了一首诗歌讽刺齐王建不早早联合诸侯抗秦，听信奸臣和外国宾客的谗言坑死了自己。齐国的不战而降加速了秦统一战争的结束，让齐地成为六国中保存最完好的地区。多年之后世人才察觉，齐人并未真正心服，只是在效法越王勾践卧薪尝胆的故事，默默等待着强秦盛极而衰的那一天。

第三章

南征北战再并天下

三征百越，大秦帝国最费时、费力、费血的战争

公元前 221 年，三十八岁的秦王政完成了灭六国的目标，初步兼并天下。秦国从此升格为秦朝，秦王政也成为中国历史上第一个皇帝——秦始皇。他认为天下战斗不休是因为分封制的存在，于是没有再分封诸侯，而是努力建立崭新的大一统帝国，从各方面消除数百年来诸侯纷争造成的分裂。

但天下并未真正安宁，中原的仗打完了，南方的仗还远远没有结束。确切地说，南方战事从灭楚开始就一直没停，只有间歇的休战期。这是因为新生的大秦帝国还有两个大敌，其中一个就是位居楚地东南的百越人。

百越之地自商周以来就跟中原王朝有着密切的经济文化交流。兵家亚圣吴起离魏入楚，在楚悼王的支持下推行变法，以选练出来的新军南平百越。百越各部从此对楚国俯首称臣。秦灭楚后将百越定性为楚国遗产，开启了对百越之地的军事征服。事前，谁也没料到秦平百越的战争居然打了三次，给秦军造成的伤亡比灭六国战争中的伤亡加起来都大，让大秦帝国背上了沉重的包袱。一切还得从王翦灭楚那年说起。

王翦平楚江南地，一征百越至苍梧

王翦和蒙武打败项燕、昌平君率领的楚国反抗军后，楚国各地群龙无首。长江以北的楚地已被秦国征服，但长江以南的广大地区仍动荡不安。江东、九江、洞庭、黔中、苍梧等地，都有许多城邑需要平定。这些地区的楚军主

力大多在淮北战场被消灭，容易被攻取，只是治理起来需要费不少工夫。王翦在战前非要六十万大军不可，也是考虑到征服楚国全境需要大量兵力。

秦国的巴、蜀、巫黔三郡控制了长江上游两岸，南郡控制了长江中游北岸，与楚国的黔中、洞庭之地隔江对峙。而在长江下游，楚国九江地区囊括了赣江流域的南昌盆地，南昌盆地的北大门是连通长江的彭蠡泽（今鄱阳湖）。这个天险与南昌盆地四周的连绵大山让九江地区很少受到战火波及。不过当时的九江地广人稀，人口不如更下游的江东吴越地区那么稠密。由此可见，秦军从淮南向江南进军有三个进攻方向，东部的楚江东郡，中部的九江（南昌盆地）、西部的洞庭和黔中之地。

长江以南的山川河流非常多，不利于战车和骑兵大部队行动，车马运输不如北方便利，用船队运输则是如虎添翼。王翦针对这个作战需求，大刀阔斧地改造了数十万大军。他把大部分战车和骑兵部队遣返回原驻地，只保留了部分精锐轻骑作为全军的机动力量；进一步轻装化重装步兵，使之更能适应在山地丛林作战的要求。

王翦还下令大举伐木造船，在江淮地区招募水手，组建一支庞大的舟师。他让不太熟悉水性的北方郡县士卒在水网密布的淮南做适应性训练，并且从南方郡县的将士中选练精锐，作为渡江作战的陷阵先锋。

当秦军完成全部准备工作时，已是击败项燕的第二年。公元前222年，秦军在长江中下游发起了渡江战役。王翦在淮阳郡、四川郡、九江郡（淮南地区）、东海郡留下十万兵马坐镇，剩下的五十万人马经过休整补充后兵分三路进攻长江以南的故楚地。

东路秦军约二十万人马由王翦亲自指挥，以昭关和下游的秦东海郡的南部重镇广陵（今江苏省扬州市）等地为跳板，南渡长江后对楚江东郡发起钳形攻势。这一路秦军包含了大量北方郡县的士卒，也有不少从江淮征发的新兵。楚江东郡以吴县（今江苏省苏州市）为治所，吴县曾经是吴国首都。吴中的楚国士大夫在将军项燕自杀后受到很大的打击，他们试图以楚军擅长的水战来对抗秦军。

中国历史上最早的水战记录出现在公元前 549 年（春秋时代），楚军以舟师攻打吴国。当时的吴国、越国、楚国、齐国都建立了自己的舟师，并多次在水上交锋。楚军曾经缴获过吴王乘坐的吴国舟师旗舰"余皇"号。以"习流"为名号的越军舟师，曾经与楚军在长江上打水战并获得胜利。

春秋战国时代的战船主要用于内河，大多船体修长，首尾翘起，没有船帆，分为上下两层。下层主要是划桨的船工，上层甲板站着真正的战士，使用弓、弩、矛、戟、戈、剑、盾等武器与敌方船只进行战斗。双方船只相距较远时以弓弩远射，敌军船只靠近时用"钩拒"将其勾住拉近或者推开，以便进行或者避开接舷战。

吴军把战船分为大翼、小翼、突冒、楼船、桥船等，越国和楚国舟师的发展受其影响，王翦大力组建的秦军舟师也继承了这些南方诸侯运用多年的水军战术体系。在当时的各种战船中，楼船因船型高大、外观似楼而得名，是舟师的主力，故而战国秦汉军队习惯把舟师士兵称作"楼船士"。

王翦用了差不多一年时间把数十万大军初步改造成楼船士，但东路秦军以北方人居多，不像江东楚军舟师那么熟悉水战，在水上的战斗力不如在陆地上那么凶猛。江东的楚国士大夫们也很清楚这点，故而全力以赴地阻止秦军楼船靠岸登陆。

两军在长江江面上的战斗十分激烈。江东楚军打得很努力，可惜秦军舟师拥有绝对的兵力优势，又同时发起多线进攻。楚军舟师顾此失彼，最终寡不敌众，败下阵来。秦军一上岸就恢复了虎狼之师的本色，丧失了水上优势的楚江东郡军残部被打得毫无还手之力。在王翦的军威震慑下，楚国士大夫们只好开城投降，免得跟昌平君、项燕一个下场。

楚江东郡涵盖吴越之地。王翦征服吴地后随即挥师攻打越地，首要目标就是越君所在的会稽（今浙江省绍兴市）。那里曾经是越国的首都，传闻大禹治水后在会稽山会盟四方诸侯，禹帝最终葬于会稽山上，越王勾践卧薪尝胆的故事就发生在会稽。楚怀王派兵攻灭越国之后，越国王族分裂成若干个支系，彼此争权夺利，但都臣服于楚国。

面对秦军的强大威势，越君果断选择了投降，并把越地的相关情报也献给了王翦。王翦把吴越之地合并成一个新的郡，命名为会稽郡。他从搜集到的情报中得知，楚人所说的百越实际上分为两大类。

一类是故越国子民，包括降秦的越君及其臣民，主要分布在今浙江省地区，早已融入华夏文明圈。另一类是居于楚国南部的百越人，包括东瓯、闽越、扬越、西瓯、骆越等互不统属的部族。百越各部分布在武夷山脉以东、五岭以南的广大山地、丘陵地区，其文明较为落后，民风桀骜不驯，以相互攻击为习俗。就连鼎盛期的楚国也未能完全使其臣服，只是凭借武夷山与五岭的崇山峻岭为界而守，对百越人维持极其松散的控制。久而久之，楚国南方各郡也有不少百越居民。

想要一举平定百越是不可能的，只能一步一步来。王翦在新设的会稽郡留下大约一半兵马坐镇，自己率领另一半东路秦军从会稽出发，经过诸暨（今浙江省诸暨市）—乌伤（今浙江省义乌市）—太末（今浙江省衢州市）这条通道进入楚国九江（南昌盆地）腹地。王翦的意图是与主攻楚国九江地区的中路秦军会师，合力平定赣江流域的楚军和依附楚人的越人部族。

在王翦攻打江东的同时，大约有十万中路秦军也开始乘船由长江下游逆流而上，进入彭蠡泽水域。九江楚军主要屯驻在两处：一处是临近彭蠡泽的余干之水（即今江西省上饶市余干县、乐平市一带）地区，核心据点是鄡（qiāo）阳（今江西省九江市都昌县）和番阳（今江西省鄱阳县）两座军事重镇；另一处在南方五岭的南野之界（即今江西省赣州市南康区南部），控制着由江西进入广东的交通要道。

中路秦军很快就遭遇了扼守彭蠡泽入口的楚军舟师，两军立即展开激战。在三路秦军当中，这一路秦军面对的是水域面积最大的水面战场，擅长水战的楚军有极大的便利。九江楚军利用熟悉地形和水文状况的优势跟对手周旋了很久，导致中路秦军迟迟无法靠岸登陆，伤亡不断增加。

然而，局部战场的失利并没有影响秦军渡江战役的大局。就在鄡阳、番阳二城的楚将琢磨着如何设法消灭秦军舟师时，王翦已经率东路秦军从余干之水上游杀过来。九江楚军玩水战是好手，打陆战却不如楚国淮北军、江东郡军那么生猛。在王翦的猛攻下，两城的楚军团灭。中路秦军和东路秦军顺利会师。王翦留下大约十万之师扼守余干之水与彭蠡泽，自己率领剩下的将近二十万大军沿着赣江南下，一直打到了南野之界。这一大片土地被划入九江郡，构筑了一条从寿春到南野之界的水陆交通主干道。

相对于东路和中路秦军，由秦汉中郡、巴郡、蜀郡、巫黔郡、南郡军组成的西路军进展最为顺利。因为秦国西南诸郡本来就有实力不俗的舟师，比东路军将士更熟悉水战。这一路秦军以南郡治所江陵（今湖北省荆州市）为后援基地，向洞庭和黔中进军。

这一路秦军约有二十万人马，以优势兵力迅速击败了楚军舟师。西路秦军渡江后分兵进攻扼守长江南岸的扞关要塞（今湖北省长阳土家族自治县一带）、兹方（今湖北省松滋市）与孱陵（今湖北省荆州市公安县北）等三个必争之地。这三地的楚军主要是楚黔中郡军。楚洞庭郡军和黔中郡军的精锐因平舆之战大败而折损，留守部队中缺乏战斗经验丰富的老兵。双方交手的结果可想而知。

秦军一举攻破楚军防线，控制了长江中游南岸的水陆交通枢纽，然后分为水陆两军各自略地。走陆路的秦军攻取了洞庭湖以西的广袤平原地区，占领了这一带的核心重镇临沅（今湖南省常德市）。紧接着，这一路秦军又沿着沅江和澧水进攻楚国的黔中地。黔中地包括今湖南省常德市以西的湘西山区和贵州省东北部，著名的里耶秦简出土地——秦迁陵县（今湖南省龙山县里耶古城遗址）也在其中。秦国由此控制了沅江和澧水中下游的沿江带状平原，武陵山脉腹地的濮人、杨人、臾人、越人部族臣服于秦。这里后来成为秦朝的洞庭郡。

走水路的舟师则沿着长江进入洞庭湖，然后逆湘江而上攻取了湘江流域的楚国城邑，即楚国的青阳之地。多年来，这里一直远离秦楚战场最前线，只是为楚国郢都提供兵员和赋税。西路秦军舟师没费太多力气就击溃了这一带的楚军留守部队，以临湘城（今湖南省长沙市的长沙古城）为中心设置了长沙郡。

西路秦军各部在平定洞庭、黔中、长沙后，又重新合兵一处，向楚国最南方的苍梧郡发起进攻。王翦大军也从南野之界西征楚苍梧之地。数十万秦军将士跋山涉水，终于把地势险要的楚苍梧变成了秦苍梧郡，得到了著名的九嶷山要塞。至此，五岭以北、武夷山以西的楚人和百越人均被征服，只剩下东瓯、闽越、扬越、西瓯、骆越等较大势力尚未臣服，依然对秦军抱有强烈的敌视态度。

经过一年多的艰苦奋战，楚国剩余的地盘全部被王翦、蒙武的南征军平定。秦国第一次南征百越之战宣告结束。秦朝与百越的边界大体被老将王翦廓清，双方以五岭、武夷山为界各自巩固防线，但秦军控制了进出南方五岭和武夷山的主要通道，掌握了下一步的作战主动权。

王翦把镇守会稽郡的大军调到余干之水防线，将原先驻守此地的十万人马调到了南野之界。他在秦九江郡部署了共计二十万兵力，在秦苍梧郡集结了约三十万大军。全体将士在两郡大兴土木，修路筑城，疏通航道，开辟田野，储备粮食和兵器，为深入岭南腹地做准备。王翦的最终目标是让大秦的疆域拓展到天涯海角。

第二年，秦始皇下令大修天下驰道。东至燕齐、南至吴楚，一个全国交通网初步完成，其中也包括从中原通往南方五岭的驰道。秦朝对赣江流域和湘江流域的水陆交通线进行了全面整合，确保中原地区的兵员、粮草和其他军需物资可以源源不断地抵达处于秦与百越战线最前沿的苍梧郡。

由于建设第一个大一统王朝的工作异常繁杂，秦朝南征军一直在苍梧郡和九江郡休整备战，没有继续南进。不巧的是，在统一战争中功劳最大的大秦武成侯王翦还没等到再次出兵就去世了。王翦的遗体被运回关中老家安葬，武成侯的爵位由他的孙子王离继承。南征百越的第二步计划被迫推迟，但秦朝不缺将才，重启战端只是个时间问题。

五十万大军再征百越，东线战场势如破竹

公元前 218 年春天，秦始皇又去六国故地巡游，结果在一个叫博浪沙的地方遭遇行刺。虽然他人没事，但心情坏到了极点。全国各郡县大搜捕了整整十天，刺客的身份居然毫无头绪。始皇帝带着恶劣的心情登上了位于今山东省烟台市北的芝罘山。他眺望大海，壮怀激烈，却又对帝国中隐藏的叛乱暗流感到担忧。

始皇帝在芝罘山留下刻石为自己歌功颂德，发誓要"清理疆内，外诛暴强"，让天下永远和平。但在此之前，他要把秦帝国南方最大的边患百越给平定。刚成立四年的洞庭郡还算安稳，可是数十万大军屯驻的苍梧郡并不安宁。许多故楚吏民不肯安心做大秦的新黔首，不惜逃入山林为盗。官府征发当地的新黔首去剿盗，结果，有的官吏战死，新黔首畏罪潜逃，又成新盗。而且，秦郡县内的百越民也时不时叛变，跟岭南的百越部族相互勾结。看来不彻底平定岭南，帝国的南方无法彻底安宁。

岭南地处山海之间，有群山、丘陵、台地、平原等多种地形，不似江淮水网密布，但山地更多，处处有便于设伏的险要地形和能够藏兵的天然山洞。岭南的百越人没有盟主，扬越、西瓯、骆越等方国各自独立，彼此冲突不断。

百越人的经济发展水平不均衡，生产方式也多元化。虽也种田畜牧，但农耕技术落后，渔猎经济比重很高，远胜于中原地区。不过，岭南盛产犀角、象牙、翡翠、珠玑等奢侈品，这些岭南特产从商周到战国一直不断输入中原，对战国七雄的统治阶层有巨大吸引力。随着秦朝加强了中原与南方的水陆交通基础设施建设，中原人对岭南物产的经济需求被大大激活。

按照始皇帝的宏伟构想，若能把岭南从荒蛮之地变为海内郡县，秦帝国

内地郡县吏民也能获得更多财富，经济繁荣了，国家财政收入也是水涨船高。为此，他要发动第二次南征百越之战，把帝国南方的版图扩展到大海边。

老将王翦、蒙武都已不在人世，数十万秦朝南方兵团缺少主心骨。蒙恬在北方统筹秦昭王长城的防务，戒备盘踞在帝国北方边疆的匈奴。王贲和李信此时也坐镇北方，各有重任在身。所以，始皇帝提拔王翦麾下一个名叫屠睢的将军为新任南方兵团的主帅，授予他五十万大军（含负责后勤工作的"厮养卒"）的指挥权，全权负责对百越的战事。

屠睢现在的职务是苍梧郡尉。按照秦朝的制度，各郡设郡守、郡尉、郡监御史三名长官。三名郡长官都独自开府办公，职权上相互制衡。其中，郡守和郡尉都是秩级二千石的大员。由于苍梧郡位于战线前沿，没有设置郡守，苍梧郡尉屠睢依法代行郡守的权力，统筹苍梧郡的军政大事。升任南方兵团主帅后，屯驻在九江郡的秦军也归他调遣。

苍梧郡监御史的名字叫"禄"，后人称其为史禄。他此时最大的任务不是监督苍梧郡的行政司法工作，而是负责保障南方兵团的后勤运输。监御史禄不是秦人，而是一名入秦从政的越人，熟悉百越地区的风土人情和山川地势，又是搞土木工程的行家。始皇帝用人一贯不问出身，唯才是举，对越人史禄这样的特殊人才怎能不重用？

屠睢以铁腕镇压了境内叛乱的故楚民与百越民。始皇帝早已对怀柔政策不抱幻想，越来越倾向于以高压政策摆平一切。他喜欢屠睢雷厉风行、毫不留情的作风，对其寄予厚望。他相信屠睢和史禄组成的班底足以完成平定百越的大任。

依当前的形势，秦朝与百越以五岭和武夷山为界，秦苍梧郡和九江郡控制了进出五岭的通道。苍梧郡包括今湖南南部和广西北部大部分地区，控制着湘桂走廊与从湖南进入广东的通道。秦军在湘桂走廊修筑了严关和可屯驻十万大军的秦城，驻守九嶷山要塞的秦军修建了阳山关。九江郡则控制了从江西进入广东的通道，驻守九江郡南野之界的秦军选择要害地形修建了横浦关。秦朝通过这些关隘要塞在五岭地带站稳了脚跟。

本次南征百越，对手有分布在今浙江省南部的东瓯人、福建省的闽越人、广东省的扬越人、广西壮族自治区北部的西瓯人、广西壮族自治区中南部至越南北部的骆越人。东瓯和闽越因位于武夷山以东而合称"东越"。在五岭以南，生活在南海之滨的扬越与其他百越小部落也被称作"南越"。而西瓯与骆越也被中原人合称为"瓯骆"。

屠睢针对这三个进攻方向，将屯驻在苍梧、九江的五十万大军分为五路兵马。苍梧郡有一军驻守在镡城之岭（即今广西壮族自治区北部的越城岭）的秦城和严关要塞，防止西瓯和骆越的军队袭击。另一军则把守九嶷山要塞，与南野之界的九江郡秦军共同确保五岭通道畅通。这三路兵马负责防守，另外两路大军担当主攻。东路军以九江郡为后援，沿着余干之水通道进攻武夷山以东的东瓯国和闽越国。南路军以苍梧郡为后援，进攻岭南东部的扬越人及其他百越小部落。

对这场战事，秦朝高层普遍感到非常乐观。百越的总人口不多，真正的战士全部加起来也不到十万人马，还分散于不同政权。讨伐东越和南越的两路大军对敌军都有明显的数量和质量优势，但实际上用来直接跟敌军交战的也就数万精锐，大部分兵力主要用于控制沿途的要害地段，并设置了可以长期驻守的军事据点。

屠睢打算采取先东后西的作战方针，以这两支十万之师分头攻打东越和南越，先把东线战场的各路敌军主力全部击败，然后再攻打西线的西瓯、骆越两个方国。按照他的部署，集结在余干之水的秦军率先进攻东越，讨伐南越的秦军暂时待命。

由于百越之地普遍没有经过大规模开发，秦军很难像在灭六国时那样直接在敌方领土上获得大量补给。但是，百越之地有着丰富的物产，靠渔猎采集就能终年不受饥饿（当地农业发展长期停滞不前，也与此有很大关系），这使得秦军勉强可以就地解决吃喝问题。要想深入敌境和长期驻守，最终还是得靠大后方的后勤运输。

东越战场虽然也是山多水多，但与会稽郡和九江郡相邻，离富庶繁荣的江淮地区不远。这一路秦军的补给条件最佳，又有会稽郡的太末县、乌伤县作为中转站，不必为后勤问题担忧。秦军翻山越岭，穿行于山谷之间，很快攻入了东瓯国腹地。

东瓯国境内多为山地，其核心区域主要在今浙江省温州市、台州市和丽水市三个小块平原地区。东瓯王驺摇是越王勾践的后裔，但他的子民并不全是原越国人。这个百越方国山多地少，面朝大海，发展农耕的条件不佳，生产技术也很落后。东瓯人虽然民风刁悍，但军事训练水平不如楚军。东瓯军一交手就被比楚军更强悍的秦军以实力碾压。东瓯王驺摇心有不甘，却也只能低头认栽。

秦军在东瓯国休整补充后，在东瓯向导的指引下向闽越国进军。这闽越王无诸也是越王勾践的后裔，跟东瓯王驺摇不是一个分支。东瓯和闽越的民众不是一个族系，语言和风俗也是同中有异。两国关系不是很和睦，直到西汉时还经常交战。

不过，闽越国和东瓯国一样人口不多，军队较少，武器装备不如战国七雄的军队，打打数千人级别的战斗还行，数万人级别的战争就不擅长了。闽越军士兵中穿盔甲的比例不如秦军士兵高，近战肉搏时非常吃亏，盾牌也挡不住秦军强弩的猛射。闽越王看到楚国灭亡了，会稽的越君和东瓯王都投降了，心知胳膊拧不过大腿，也表示愿意臣服于秦。

讨伐东越的战争没费多大力气就赢了。大秦朝廷将东瓯王和闽越王双双贬为"君"，将东瓯地与闽越地合并为闽中郡。由于此地离秦都咸阳太过偏远，经济基础落后，秦朝只是在今福建省福州市设置了东冶城作为闽中郡治所，依然暂时由东瓯君和闽越君主持闽中郡的政事。

随着东越战场告捷，讨伐南越的秦军也出动了。这支秦军的主将是后来被任命为南海尉的任嚣，副将是原为赵人的秦朝恒山郡真定人赵佗。他们研究军情后发现，南越境内的河运非常便利，只要经过五岭陆路通道，就可以用船队直通南越诸部的核心区域番禺之都（今广东省广州市的番禺古城）。

于是，他们组建了以秦朝西南诸郡的楼船士为主体的征伐军，这支秦军可以说是大秦帝国目前最擅长水战的舟师。南征军各部人马分别从阳山关和横浦关出发，乘船顺流而下，在今广东省英德市境内两江汇流处会师。这支秦军舟师顺着郁水水系干流之一的溱水向番禺之都挺进。

百越人善于水战，但水战的要点在于斗船力而不是斗人力。讨伐南越的秦军船只结合了巴、蜀、楚、吴、越等地工匠的造船技术，士兵又多来自长江中上游地区，连长江和云梦泽的风浪都见过，自然不把溱水上的南越水军放在眼里。

秦军驱散了水上的南越敌军，上岸后对番禺之都展开了猛烈的进攻。南越之地有整个百越地区最大的平原——今天的珠江三角洲。这让秦军最大限度地发挥了自己大兵团作战的优势。以扬越人为主体的数万南越军战士在正面交战中迅速完败。任嚣和赵佗乘胜追击，攻略了整个南越地，打通了这里与秦闽中郡的联系。

赵佗从长远之计着眼，提出了"和辑百越"的统战政策。在任嚣的支持下，赵佗身体力行，招抚了许多百越小部族。此举大大化解了南越各族对秦人的敌意，秦军以较快的速度和最小的代价拓地至南海。

征服岭南扬越是秦朝第二次南征百越之战中赢得最轻松、战果最辉煌的一仗。任嚣与赵佗以军事征服和政治招抚双管齐下的计谋迅速击败对手，一举拿下了百越之地中农业发展潜力最大的珠江三角洲。十万之师在此修城、铺路、屯田，为秦朝将来设置南海郡打下了坚实的基础。

至此，东线战场的战斗全部结束，秦军大获全胜，打下了武夷山以东和五岭以南的大片土地，整个百越地区只剩下岭南西部的西瓯、骆越两个方国还在顽抗。东线战场的连续胜利让秦朝南方兵团主帅屠睢对战事更加乐观，他在写给始皇帝的报告中为将士们请功封爵，并表示接下来会亲自率领屯驻在镡城之岭和九嶷山要塞的二十万人马，平定西线战场的所有百越军队。秦朝高层以为战争很快就会结束，谁也没想到这只是噩运的开始。

西线形势突变，秦军主帅阵亡，监御史苦守三年

岭南在当时被秦人称为"陆梁地"。这是因为当时岭南百越人多生活在山陆，个性"强梁"（即强横凶暴，勇武用力）。位于岭南西部的西瓯人和骆越人就是性格强梁的典范，比东瓯、闽越、扬越等百越部族更加桀骜不驯、刁悍好斗。当秦军夺取楚国苍梧郡后，西瓯国就对秦朝抱有很强的敌意，拉上骆越国一起积极备战。

秦苍梧郡的南界在严关。严关以北为秦地，以南为西瓯国的势力范围。这里是湘桂走廊的广西部分，是中原进入岭南最主要的陆路通道。为了控制湘桂走廊，秦朝在苍梧郡设有洮阳（今广西壮族自治区全州县永岁乡梅潭村古城遗址）、观阳（今广西壮族自治区桂林市灌阳县）、零陵（今广西壮族自治区桂林市兴安县东北）等重镇。严关和秦城要塞就在零陵县境内。屯戍镡城之岭的秦军就集中驻扎在秦城要塞一带。

在东线战场两面开花后，秦军主帅屠睢让镡城之岭、九嶷山要塞和南野之界的大军有序地向岭南西部推进，以大约十万兵马镇守五岭通道，并集中二十万兵力（含后勤辎重部队）沿着湘桂走廊进军，兵锋直指位于今广西壮族自治区中部贵港市一带的西瓯国腹地。

相对于东越、南越战场，瓯骆战场的后勤补给最困难。东越离秦朝江淮地区较近，南越有溱水这条黄金水道直达番禺之都。瓯骆之地则不然，虽然有漓水与郁水相连，但漓水水道比溱水更长，而且并不直通西瓯国腹心地带。秦军主要走的还是陆路。瓯骆之地的山地比南越之地更多，给屠睢大军造成了诸多不便，秦军在西线战场消耗的粮食是在其他方向的好几倍。再加上秦军远道而来，对岭南腹地的情况了解不多，作战进展比预想慢很多。

在南征瓯骆之前，屠睢也做了不少功课。他手下的数十万兵马大多是北

方将士，来到这个比南楚更加潮湿炎热的瘴疠之地时并不习惯。由于经常要跋山涉水，在中原战场所需的厚重甲胄穿起来很不方便。士兵们的体力消耗比在中原时更快。五岭地带的强对流天气多，降雨多得令人厌烦。当地气候对以复合弓为基础的强弩非常不友好，会让这些怕水的战场利器丧失战斗力。只有秦朝巴郡板楯蛮人做的白竹之弩才适应瓯骆战场的作战环境。

秦军原先在灭六国时使用的精良装备大多无用武之地，屠睢淘汰了大型强弩，让士兵们穿最轻便的甲衣。战车没法用，骑兵也缩编了。很多熟悉的战法打不出来，这给秦军的战斗力带来了不小的影响。不过，屠睢对将士们的战场适应能力信心满满，不觉得有什么大问题。

屠睢挥师从严关南下，进入今广西壮族自治区桂林市地区。在这片山清水秀、风景迷人的峰林平原上，秦军的先头部队与瓯骆联军遭遇。西瓯君译吁宋是西瓯、骆越联军的总指挥。当年楚国没灭的时候，他就让楚国苍梧郡军颇为忌惮。面对号称虎狼之师的秦军，他照样毫无惧色，想要跟屠睢来一场硬碰硬的较量。

秦军少了许多有技术优势的重装备，瓯骆联军与秦军在武器装备上的差距缩小了不少。由于多山地形的限制，战场空间容不得太多兵力展开，秦军的兵力优势没法充分发挥，只能以数万精锐应战。但这些不利因素并不能改变双方的实力对比。面对瓯骆联军的数万精兵，屠睢按照秦军传统摆下多兵种协同作战的堂堂之阵。瓯骆联军一无骑兵，二无战车，披甲的士兵也不多，但斗志十分高昂，砍敌兵人头的兴致丝毫不比虎狼之师低。

西瓯君译吁宋指挥瓯骆联军向秦军战阵发起冲锋。西瓯和骆越的勇士非常生猛，常年翻山越岭使他们有一双健步如飞的铁脚板，渔猎生活让他们射箭很有准头，但这些都是匹夫之勇。论正面结阵作战，他们不如战国七雄的军队训练有素，他们进攻队形凌乱，被秦军弩兵的轮番射击压制住了。

瓯骆联军士兵依然不怕死地冲锋，秦军弩兵井然有序地后撤，长铍队列阵迎击，锋刃如森林一般密集。持矛戟或者剑盾的士兵紧随其后，随时准备突击。瓯骆联军的攻势仿佛浪花冲击礁石一样，被粉碎了一次又一次。屠睢看到敌军的狂热劲儿过去了，立即下令全军发起反攻。秦军将士如猛虎下山，很快冲乱了瓯骆联军的队形。纵然个别瓯骆勇士还想顽抗，也被秦军什伍以团队配合迅速击杀。

眼看敌军阵型全面崩溃，屠睢派出陷阵锐士直扑瓯骆联军的中军。西瓯君译吁宋及其卫队没能躲过这一劫，全部战死在阵前。群龙无首的瓯骆联军彻底绝望了，纷纷作鸟兽散，逃入了深山老林中。

屠睢发现敌军跋山涉水时如履平地，就没有贸然派兵追击。他留下部分兵马控制沿途的水陆交通要点，命令全军加紧向西瓯国的布山（今广西壮族自治区贵港市）、中留（今广西壮族自治区来宾市武宣县西南）前进。布山城和中留城是西瓯人的两大据点，占领这两地就可以控制整个西瓯国了。在屠睢看来，瓯骆联军主力被击溃，西瓯君译吁宋阵亡的消息肯定会让西瓯人望风而降。西瓯国投降了，骆越国也不会再顽抗。

然而，屠睢错判了一件事，那就是西瓯人并没有丧失战心，反而燃起了复仇雪耻的斗志。西瓯人普遍争强好胜，宁可在山林中与禽兽为伍，也不愿做秦军的俘虏。他们看到君主译吁宋死了，就推选出将军桀骏为新首领，在他的号令下继续与北方来的秦军斗争。桀骏不与秦军正面交战，而是扬长避短地采用了山林游击战的打法。此举完全击中了西路秦军的死穴。

瓯骆地广人稀，没有什么城邑补充给养，秦军完全依赖后方运输。从严关到中留、布山二城的路程长达千余里，沿途山多、林密、水急。在这缺少平坦驰道的岭南腹地，车马运粮十分费力，又不像南越地有水道可以搞船运。西路秦军越往南走，后勤的短板就越明显。屠睢大军才前出数百里就出现粮草不足的困难，没法再继续深入，只得就地扎营。

当秦军被迫停下来扎营时，就是西瓯军游击队大显身手时。桀骏把西瓯军化整为零，日夜不停地轮流扰袭秦军。西瓯男子平时一边种田一边渔猎，人人都是能在深山老林生存的好猎手。他们经常以小股兵力忽然出现在秦军营地的薄弱环节，放火烧辎重、偷牛马、伏击落单的秦兵。他们从不恋战，一击不得手就消失在山林中，等到下一个机会再出手。这让习惯大兵团正规战的秦军很不适应，有的军官怒而带队穷追不舍，结果被敌军引诱到深山老林，最终下落不明……

对这个新情况，屠睢束手无策，只有扎营时加强警戒，并把怨气撒在西瓯百姓身上，以血腥手段施加报复。他的高压政策不但没能震慑西瓯人，反倒激发了更激烈的反抗。西线战事完全陷入僵局，秦军离中留、布山还有数百里之遥，却已无法再前进一步。士兵们从未打过这样的窝囊仗，士气一天比一天低落。岭南炎热潮湿的气候，数不胜数的虫蛇猛兽，雨季暴涨的洪水，泥泞的道路，水土不服造成的疫病，一切都让以北方战士为主的西路秦军战斗力日益下降。战争的主动权渐渐转移到了西瓯军的手中。

随着战况不断恶化，秦军伤亡病故者数以万计，尸体每天都在增加。一直在苦苦支撑的屠睢意识到不退兵不行了。可是，他在这个泥潭太久，早已错过了撤退的最佳时机。桀骏是个经验老到的猎人，看出了秦军的败象。他暗中集结西瓯军的主力，准备干一票大的。在一个漆黑的夜里，西瓯军发动了空前规模的夜袭。秦军被神出鬼没的敌军打得措手不及，主帅屠睢都在混乱的恶斗中阵亡了。

失去主帅的秦军终于意志崩溃了，数十万士兵仓皇逃往北方，遭到西瓯军无情地追杀。除了少数将领还能冷静地维持本部人马的建制外，其他人已彻底失序，方圆数百里的道路上不是尸体就是溃兵。秦军一退再退，终于逃回到了苍梧郡边塞，但幸存下来的仅有数万人，赵将李牧和楚将项燕都没让秦军这么狼狈过。

屠睢阵亡，苍梧郡又未设置郡守，于是，郡监御史禄作为仅存的长官收拢败兵，代管苍梧郡军务。桀骏率军追击到严关，在试探性进攻受挫后放弃正面强攻，继续以防不胜防的扰袭消耗秦军实力，寻找渗透到苍梧郡的山间小道。这让退守秦城要塞、严关、九嶷山要塞的十余万秦军残部非常困扰。

秦朝第二次南征百越在东线战场大获全胜，在西线战场一败涂地，秦军总共损失大约二十万人马，战争不得不再次中止。从屠睢阵亡之日起，苍梧郡的秦军惶惶不可终日。士兵们连吃饭睡觉都不肯脱下盔甲，宁可缩短弩的使用寿命也不敢松开弩弦。所有人以一级战备的高度警戒状态在前线熬了整整三年。

在这三年中，秦朝高层和坐镇苍梧郡的监御史禄都没闲着。秦始皇带头认真总结经验教训，认为秦军在东线的胜利靠的是相对便利的后勤运输条件与和辑百越的统战政策。西线的惨败在主观上是苍梧郡尉屠睢轻敌冒进和手段残暴所致，客观上是因为后勤短板难以克服。

令始皇帝欣慰的是，苍梧监御史禄提出了一个解决方案——在湘江和漓水之间修一条人工运河，连通长江水系和郁水水系，让中原的船队可以直接从这条运河进入岭南。在接下来的整整三年中，监御史禄组织退守苍梧郡的秦军将士与当地的故楚民、百越民一同开凿这条被后世称为"灵渠"的人工运河。监御史禄以巧夺天工的设计让灵渠成为与蜀中都江堰、关中郑国渠齐名的秦代水利工程。

就在西路秦军开山凿渠的同时，镇守番禺之都的任嚣和赵佗也完成了扬越新道的岭南东段工程，把大秦的全国驰道网延伸到了南海之滨。经过三年的精心治理，南越之地已初步恢复生机，为秦帝国平定整个岭南创造了有利条件。

随着灵渠的竣工，秦军克服了深入岭南最大的阻碍，彻底征服百越的时机成熟。始皇帝在大将军蒙恬北伐匈奴胜利后，发动了第三次南征百越之战。南征军的主帅由平定南越的功臣任嚣来担任，赵佗升任为大军的副将。为了确保胜利，始皇帝打算再给岭南前线补充二十万左右的兵力。可是，帝国目前还在与北方劲敌匈奴开战，各边郡大多兵员紧张，该从哪里抽调人马呢？

始皇帝大兴谪戍卒，任嚣和赵佗开辟岭南三郡

秦朝的兵役制度多种多样，同一地区的驻军士兵往往有不同的来源。有戍边一整年的屯戍卒，有每年服役一个月的更戍卒，有官府招募长期服役的冗募戍卒，有受雇代替他人服役的取庸代戍卒，有因为欠了钱被罚以戍边抵债的罚戍卒，有罪犯被特赦为庶民充军的赦戍卒，还有由地位较低的社会群体强制充军的谪戍卒。从战国时代到秦朝，秦军各类兵员的比重一直在变化。

随着秦灭六国战争的结束，无数从军者都获得了军功爵以及与爵位挂钩的田产和房产，减免徭役的群体在增加。但南征百越和北驱匈奴的大规模战争都需要大量兵员，北驱匈奴之战集结了大量良家子出身的屯戍卒。想从有爵人或者没爵位的平民良家子家庭征兵，已经难以满足扩军需求了。于是，始皇帝决定大量征发谪戍卒以补充南方兵团的兵力。

公元前 214 年，秦廷从全天下征发被抓获的逃犯、倒插门女婿和商贾子弟组建了一支数量庞大的谪戍大军，将其派往岭南前线参加攻打西瓯、骆越的战争。此时，通武侯王贲已经英年早逝。蒙恬在上郡防备匈奴，陇西侯李信坐镇陇西协助蒙恬防守，都走不开。于是，始皇帝把这支军队的指挥权交给了南方兵团主帅任嚣，让他选择在最适合秦军战斗的季节发起总攻，避开瘴疠、暴雨、洪水等岭南战场的不利因素。

逃犯在重视法律政令的秦朝最不受待见，许多逃亡者本来就是为了躲避兵役，强制充军也算是针锋相对的惩罚。赘婿在战国七雄中都受到歧视，倒不是因为他们吃软饭，而是因为他们不是户主，当时是按户口征兵的，赘婿长期以来都在变相逃避兵役。至于商贾，即使家财万贯，社会地位也不高，除非与百家学派和朝廷中人扯上密切关系（始皇帝的前相邦吕不韦就是商家子弟逆袭的典范）。朝廷征兵对象历来以农民为主，商贾很少直接从军参战。这次农户不够用了，于是轮到商户被大量强制充军。

秦自商鞅变法以来奉行农战立国的政策，但参军光不光荣还得看你是以什么形式服役。谪戍卒与其他类型的戍卒有个本质的区别：他们实际上是强

制性的军事移民，终身都要在远离故土的边疆以谪戍卒的身份生活。而良家子出身的屯戍卒在服役期满就可以解甲归田，转为预备役材士等待朝廷下一次号召。换言之，谪戍卒处于大秦军人歧视链的最底层。

由于大批良家子出身的军人死伤在瓯骆战场，第三次南征百越的主力军就是逃亡者、倒插门女婿、商家子弟这些当时社会公认的贪财好利之人。不过话说回来，这三个群体的社会地位低不代表他们不能打。在民风尚武且有普遍征兵制传统的大秦，任何一名身体健康的秦国成年男子都会有至少一次从军经历，完全没接受过军事训练的人几乎不存在。

而且，这次南征虽然是强制充军，但对这三类人而言，盛产珍奇货物的岭南之地未尝不是一个富贵险中求的宝地，特别是那些商贾出身的谪戍卒，听闻屯驻番禺之都的秦军获得了百越人开辟的海上商路，谋求富贵的强烈欲望顿时涌上他们的心头。到头来，这数十万谪戍卒组成的大军，不但没有士气低落，反而比良家子出身的军人更加迫不及待地想打赢这场开辟财路的战争。

秦军主帅任嚣、副将赵佗率领增援部队进驻苍梧郡，与镇守秦城、主持修建灵渠的苍梧郡监御史禄组成了南征军的新统率班底。监御史禄依然负责督办后勤运输。三年来，西路秦军睡觉都要睁一只眼，不敢解甲弛弩。援军的到来让他们喜极而泣，恢复了报仇雪耻之心。

精心研究瓯骆军情多时的监御史禄指出，灵渠运河连通了湘江和漓水，从长江流域南下的秦军船队可以通过灵渠进入漓水，顺着漓水南下到西江。西江的下游是南越地区和无边无际的南海，向上游逆流行舟就能抵达地势相对平坦开阔的布山。布山和中留有大山阻隔，但相距不远。秦军走水路就可以避开西瓯军随处可以设伏打游击的多山地区，凭借船只优势碾压西瓯、骆越的水军，最大限度地发挥秦军的优势。

于是，任嚣和赵佗决定改从水路进攻西瓯国最核心的中留、布山二城，一举端掉西瓯军的老巢。他们把增援部队改造成楼船士，以数量庞大的船队行驶在漓水水道上。秦军吸取了屠睢的失败教训，没有急于进攻，而是水陆并进，逐段逐段地在沿江平原地带修筑补给据点和屯兵的亭障。漓水沿岸虽然也是山连着山，但有水上的舟师主力撑腰，岸上的秦军随时可以得到充足的粮草和兵力支援。当江水进入两岸都是悬崖峭壁的山区时，走陆路的秦军又乘船继续前进。

数十万秦军不断分兵把守水陆交通的要害据点，把后勤补给线保护得跟铁桶一样。桀骏的游击战术靠的是机动灵活的小分队，打了就跑，缺乏打攻坚战的实力和装备。西瓯军试图袭击秦军后方据点，但每一处亭障留守的秦军少则数十、多则数百，壁垒修得很结实，难以攻破。而且，任嚣这次还准备了很多轻骑，在后勤补给线上巡逻。哪里出现状况，骑兵就快速驰援，这让不擅长对抗骑兵的西瓯军感到很头痛。

任嚣和赵佗都明白，西瓯军和骆越军真正的主力只有数万兵马，没必要像屠睢那样急于用绝对优势兵力围歼对手。桀骏的西瓯游击军固然剽悍，但毕竟不是真正的深山猛兽，还是要经常去人类定居点生活。只要不断压缩敌军的活动空间，再进攻其老巢，敌军要么被迫出来打自己不擅长的正面决战，要么放下武器投降。布山地区有着广西最大的冲积平原，那是最适合秦军决战的地方。秦军主力一旦抵达布山，他们将彻底掌控整个战局。

除了稳扎稳打外，秦军此回严格执行和辑百越的统战策略。副将赵佗对行军途中遇到的百越各部父老兄弟姐妹都报以友善的态度，以各种惠政努力软化百越人的敌意。百越百姓从这支秦军中看到了北方的戎狄人、西南的夷人和同属百越系统的东瓯人、闽越人、扬越人以及其他百越部族人。秦朝普遍征兵制并不排斥蛮夷从军，特别是巴蜀、巫黔等地的秦军，本身就包含了大量西南夷人勇士，有军功爵的人比比皆是。

赵佗的统战政策对这场战争影响深远。西瓯人誓死不投降，跟屠睢以暴制暴的高压政策有很大关系。三年鏖战固然让秦军疲惫不堪，但打游击的西瓯人也背上了沉重的包袱。他们多年来只跟其他百越部族发生过频繁的小规模冲突，以举国之兵抗敌数年也是头一遭。落后的生产力让他们经不起消耗战。若不是有岭南的气候和地形等主场优势加持，西瓯国根本支撑不到现在。

如今灵渠已通，秦人以船队运送军队和粮草，完全具备深入岭南腹地的实力。桀骏派出许多善于驾船荡舟的勇士试图进攻秦军船队，然而任嚣和赵佗以平定南越的楼船士精兵为全军先驱，在江面上横冲直撞，造船技术和水战装备落后的西瓯水军无力抵挡。

西瓯军打又打不过，拦又拦不住，在水上和陆上都找不到阻止秦人继续前进的好对策。桀骏手下的战士越打越少，不像秦军有整个帝国的人口做补充。双方的实力此消彼长，西瓯国的命运注定无法改变。随着大军不断推进，任嚣和赵佗身边的兵马越来越少，但归顺秦朝的百越部族越来越多，留给桀骏的时间和活动空间已经不多了。

秦军主力终于抵达了布山，与西瓯国剩余的敌军主力展开决战。秦军以绝对优势兵力包围了布山城，并分兵北上围攻中留城。任嚣和赵佗以军事施压和政治诱降相结合的手段，迫使桀骏等顽抗势力最终选择开城投降。西瓯国从此灭亡，西瓯及附庸它的百越小部落接受了秦朝的统治。任嚣征发了许多投降的百越人做桨手和向导，随秦军舟师一同讨伐西南方的骆越国。

吞并西瓯国让秦军拿到了攻灭骆越国的进攻跳板。骆越国的核心地带临尘（今广西壮族自治区崇左市），与布山的距离大约相当于从函谷关到韩都新郑。由于沿途山多且缺少中原式的驰道，实际要走的路更长，但是西瓯和骆越通水路，所以秦军舟师以布山为中转站，先逆流而上，再转入今天的左江继续逆水行舟。

船队逆流行驶比顺流慢许多，但船运装载的物资和兵力胜过牛马车辆，而且不费粮草。中原的军需物资通过灵渠源源不断地进入南征军走过的航道。由于运输效率的成倍提升，秦军楼船士从水路深入敌境千余里都没再遇到后勤瓶颈。

骆越国高层得知西瓯国被灭的消息后非常震惊，他们本以为有西瓯国的桀骏游击军在，那些北方佬肯定打不到这个僻远的地方。秦军舟师大举入侵，骆越君长知道单凭自己的实力不足以抵抗强敌，就往越南方向远遁。当任嚣和赵佗到底临尘时，没有迁徙的骆越人投降了，骆越君长及贵族则带着残部继续向南逃窜。

骆越君长以为今中越边境的崇山峻岭会让秦朝南征军望而却步，没想到任嚣和赵佗在临尘构筑了新的后援基地后，就挥师继续从陆路追击骆越军。随着后方日益巩固，越来越多的秦军留守部队增援骆越前线。

由逃犯、赘婿、商人组成的谪戍大军经过布山、临尘等地时看到了先头部队缴获的西瓯、骆越特产，冒险逐利的热情顿时高涨起来。他们追随任嚣、赵佗穷追猛打，不惜在荒蛮之地通过采集水果、野菜，打鱼、狩猎补充给养，翻越了中越边境的险峻高山。秦朝南征军将士惊喜地发现，在连绵大山背后居然是一条狭长的沿海平原（今越南红河三角洲）。在秦军的连续追击下，骆越君臣最终未能逃脱，成为秦人的俘虏。

随着骆越国被并入秦朝版图，历时多年的秦平百越之战宣告结束。秦朝在南越之地设置南海郡，以番禺为治所；在西瓯之地设置桂林郡，以布山为治所；在骆越之地设置象郡，以临尘为治所。将近五十万秦朝南征军从此常驻岭南。

秦军南方兵团现任主帅任嚣以平定瓯骆的大功被始皇帝任命为南海郡尉，总领岭南三郡军政大权，被朝野称作"东南一尉"。副将赵佗以将军之职兼任南海郡龙川（今广东省龙川古城）县令，镇抚当时地广人稀的粤东大部分地区。南海郡成为岭南三郡的军政中心。西瓯、骆越等百越方国投降后被秦始皇特许保留，与桂林郡、象郡其他属县并存，都听从大秦南海尉的号令。

南征百越的战争让秦朝付出了统一战争中最沉重的代价，但这场战争的胜利为秦朝开辟了大片南方领土，广东、广西等地从此正式纳入中原王朝的统治，不再被认为是海外之地。为了巩固这块来之不易的新地盘，秦朝高层向岭南三郡投入了大量资源，组织大规模移民与百越人杂处。这些措施利于巩固边疆，也给秦帝国带来了巨大的负担。

数十万中原军民在岭南三郡开荒建城，促进了当地经济和文化的发展。南下军民中有大量被强制充军移民实边的谪戍卒，他们在岭南扎根后，意外发现这个远离中原的地方可以躲避诸侯纷争。岭南三郡军民渐渐变成了一个新的利益共同体，从高层到基层都十分厌战。

秦始皇去世后，天下大乱。南海尉任嚣在病逝前把指挥权交给了赵佗，下令封闭五岭通道，既不帮反秦的诸侯推翻秦朝，也不帮秦二世给帝国续命。秦朝灭亡后，赵佗以原秦朝南方兵团为基础建立了南越国。这又是另一个传奇故事了。

蒙恬大军北驱匈奴，秦并天下的最后一战

南方的百越人给新生的秦帝国造成了很大的伤亡，特别是第二次南征百越之战，算得上是秦始皇军事生涯中排名前三的耻辱（另外两个是败给赵将李牧和楚将项燕）。尽管如此，世人眼中的帝国头号边患不是百越，依然是称霸草原的游牧民族——匈奴。

公元前215年，始皇帝东巡至辽西郡的碣石山，在那里观沧海、刻石记功。这一年，秦朝各郡县都按照他的命令捣毁了原六国大城的城郭，并决通堤防、夷平险阻。始皇帝对此事颇为得意，在碣石山刻石上炫耀了一番。他派韩终、侯公、石生等方士出海寻找仙山，向仙人求不死之药，自己去巡视北方边疆，检查长城沿线对匈奴的备战状况。

当始皇帝结束巡视从上郡回到帝都咸阳时，出海求药的燕国方士卢生带回一则不好的传闻："亡秦者，胡也！"秦始皇果断把这个"胡"字解读成了匈奴，他一直没有忘记这个在秦、赵、燕三国长城以北到处溜达的凶险对手。

早在秦灭六国时，他就开始进行战略布局，让将军蒙恬镇抚北方边疆，防备日益壮大的匈奴势力南下。

匈奴边患日渐严重，大将蒙恬镇边备战

司马迁在《史记》中说匈奴是夏王朝的后裔，这个说法的可信度存疑。可以肯定的是，匈奴兴起于战国晚期。赵武灵王"胡服骑射"时提到的游牧民族边患有东胡、林胡、楼烦，只字不提匈奴，可见匈奴在那时候尚未坐大。可是，到了李牧镇守赵国北边的时候，匈奴经过几十年积累，已经有了十几万名骑兵，成为赵国雁门、代郡地区最大的边患。

李牧通过多年耐心伪装，为匈奴设置了一个大圈套，一战破杀十余万匈奴骑兵。匈奴差点儿被打得灭族，十多年都不敢靠近赵国边城，在秦、赵、燕三国的北方边境游荡。但秦赵双雄连年血战，各自从边疆抽调精兵良将投入中原战场，给匈奴留下了重新崛起的机会。兵力最雄厚的东胡早已被李牧驱逐到了燕国北部，其他有点实力的游牧民族大多做了赵国的仆从军。草原上的秩序出现了空白，匈奴趁机一家独大，吞并了不少较弱的游牧民族部落，把势力范围扩大到了秦国北部的河南地。

凭借阴山与河南地这两个水草丰美、森林茂盛的根据地，匈奴进入了第一个发展高峰，可集结的兵马也大大超过了跟李牧交战之时。中原诸侯不是没见过擅长骑射的游牧民族骑兵，但相对于其他胡人骑兵，匈奴骑兵更加让人头痛。

匈奴人从小训练骑术，毛没长齐时就能骑着羊用弓箭射击飞鸟和老鼠，青少年时能骑马射猎狐狸和野兔，成年后成为披甲的骑兵战士。这种从童年就开始训练的骑射之术，让匈奴军具备很强的机动战能力。

匈奴骑兵打仗时，远距离用弓矢，中距离用名为"铤"的铁制短矛，近距离格斗时用刀。三种武器的组合使用一气呵成，务求不给对手喘息之机。当时，其他游牧民族更多还是靠骑射来与对手交锋，近战以刀剑护体，比匈

奴少了当标枪使用的铤。别小看这个差异，游牧民族的弓箭很难射穿战国七雄步兵的盾牌，而匈奴的铤可以破盾，提高了游牧骑兵的破阵能力。若不是中原的强弩射程更远、精准度更高，李牧部赵军很难在战斗中始终把匈奴军压制在铤的射程范围。

尽管匈奴没有特别复杂的兵法韬略与战阵，但骑兵战术非常灵活。他们看见形势有利就迅速聚集成大兵团猛攻，一旦不利就散开逃走，不以战败逃跑为耻，不会因为杀红了眼就钻进对手的圈套。

匈奴人反而经常在交战不利时诈败，利用一人多马的机动优势跟敌军追兵拉开距离。如果以步兵和战车为主的中原军队穷追不舍，匈奴军就会将其引诱到数百里之外，等到敌军步兵疲惫不堪时再发动攻击。若是敌军不追击，匈奴骑兵就会重新聚拢，趁着敌军放松警惕时杀一个回马枪。善于用兵的李牧就是因为这点才故意示弱多年，把匈奴引入难以突围的绝地再一网打尽。即便如此，匈奴还是保存了火种，再次死灰复燃。

秦始皇在灭齐战争结束后，一度任命蒙恬为内史，但没多久又派他去坐镇上郡，统筹秦昭王长城防线的军务。秦昭王长城是秦灭义渠戎国之后修建的，为上郡、北地郡、陇西郡三地竖起一道屏障。在这道长城北面是著名的河套地区，当时被天下人称作"河南地"，因其处于黄河"几"字形河段之南而得名。民谚"黄河百害，唯富一套"，说的就是这里。匈奴头曼单于将单于庭设在河南地，成为悬在秦朝关中"首都圈"头上的一把达摩克利斯之剑。

河南地只是匈奴这个游牧民族暂时的核心区域。从秦昭王长城以北至阴山山脉，再到燕赵长城以北的广大区域，都是匈奴各部游荡的牧场。若不是另一支游牧民族东胡占据了秦右北平郡至辽东郡以北的地盘，匈奴的活动范围恐怕更广。

不过，秦朝的边防体系十分健全，头曼单于也只是趁着秦灭六国之际盘踞河南地，不敢继续深入秦地。由河南地北渡黄河，就是位于阴山山脉以南的秦朝九原郡和云中郡。此时的秦九原郡只是继承了赵国九原郡的疆域，不包含今内蒙古自治区巴彦淖尔市所在的后套平原（当时叫"北假"）。秦将李信平定云中、九原二郡后，秦廷就在此地巩固城障并部署了重兵。

大将蒙恬坐镇的上郡是秦国最早设置的郡级行政区，包括今天陕西省延安市和榆林市地区。他以上郡边防军为班底，不断囤积物资和扩充军队。上郡军作为大秦第一边防军，有着三个独特的优势。

首先，上郡历来是大秦一等一的兵源地。

上郡曾经处于秦国与魏、赵、义渠、匈奴多方势力交战的第一线。这样复杂的周边形势锤炼出当地人民剽悍好勇的作风，天生就是当兵的料。上郡的农业基础一般，但和北地、陇西一样拥有发达的畜牧业。这里原为西戎盘踞之地，直到西汉时依然盛产马匹和骑士。战国中期的秦国有车千乘、骑万匹，上郡军的轻车士与骑兵是其重要组成部分。

其次，上郡军的指挥官多由名将充当。

秦国第一任上郡守是号称"智囊"的王族名将樗里疾。率兵平定义渠戎国内乱的庶长操做过上郡守，秦国楚系外戚悍将向寿在攻打韩国武始城时的职务也是上郡守，灭蜀名将司马错从秦昭王十九年至二十七年担任上郡守。在秦昭王十二年至二十一年这段时间，司马错多次带兵攻魏，在河东、河内战场摧城拔寨，为秦国拿下河东郡做出了巨大贡献。此后，他还从蜀郡发兵攻打楚国，夺取了黔中之地。

秦军战神武安君白起从秦昭王四十年开始做上郡守，当时秦国在阏与之战中败给了赵国。经过两年多的筹备，时任上郡守的白起攻打韩国，拔城九座，斩首五万，拉开了秦赵争夺上党的序幕。秦王政二年至三年，秦庄襄王的托孤老将王龁成为上郡守。王龁在长平之战第一阶段打得赵国名将廉颇损兵折将，邯郸之战大败的不光彩历史也没法掩盖这点。秦王政即位后头几年，军方元老蒙骜攻打三晋时没少用上郡军。王翦灭赵时更是直接让上郡军作为自己直接指挥的中军出战，与李牧率领的赵军精锐对抗。

最后，上郡拥有秦朝各边郡规模最大的兵器制造业。

秦得上郡后就在这里设置了兵工厂和武器库。上郡兵工厂的所有武器发往哪个县的武库，就会刻其地名。由全国出土的秦兵器铭文可知，大秦北方各郡军队使用的兵器多出自上郡兵工厂，由上郡守督造，这使得蒙恬有强大的产能来准备扩充军队的武器装备。

通过蒙恬的多年经营，上郡军的兵马从几万人扩充到将近十万人，不光有本郡的子弟兵，还有从全国各地招募到边郡长期服役的冗募吏卒。上郡军的将士个个身强力壮、骁勇善战，所以匈奴头曼单于只敢让小股游骑在没有秦军大部队坐镇的边疆城邑打秋风，不敢大举南下进攻秦昭王长城。

蒙恬以上郡为依托，逐步整合了整个黄土高原的边防体系。上郡位于黄土高原的中部地段，像个长长的躯干一样，把西面的北地郡、陇西郡，北面的云中郡、九原郡连为一体。秦朝西北五郡如"丁"字形一样包裹着匈奴控制的河南地与北假地。换言之，秦与匈奴在漫长的边境线上形成了相互制衡的态势。两军不战则已，一开战必定是方圆千里处处起烽烟。

举族为兵的匈奴可以集结将近二十万兵马，但秦朝西北五郡在紧急状态下可以动员三十万以上人员参战。一方具有令人望尘莫及的机动能力，一方具有无与伦比的战争动员能力，双方都忌惮对手特有的军事优势，故而在公元前221年至前216年期间总体上保持着战略相持状态。

当然，秦军斥候间谍没少在塞外活动，匈奴游骑也没少往塞内渗透，找到秦军防守薄弱之处掠劫边城人民。两边的军备都有增无减。不过，随着时间的流逝，秦帝国地大、物博、人多、技术先进的优势越发明显，双方在战略上的平衡逐渐被打破。北伐匈奴的时机越来越成熟。

始皇帝这次巡视北方边疆，意在了解一线战备情况。他从辽西郡一路巡视到上郡，几乎跑遍了大部分长城沿线地区。自从燕王喜和代王嘉的势力被灭后，秦朝北方各郡大体上还算安宁。燕地以北的东胡在秦军灭燕之师南下后也没有大举入侵边郡的挑衅行为。陇西郡以西的月氏人游牧于河西走廊西部张掖至敦煌一带，跟大秦也不是敌对关系。也就是说，帝国不必警惕月氏与东胡两大境外势力，只需要集中兵力对付匈奴即可。

大秦帝国还没走出三年前在百越战场大败的阴影，但"亡秦者，胡也"让始皇帝觉得讨伐匈奴之事不可再耽搁了。他召开朝会讨论对匈奴的战事，谁知朝中众臣出现了分歧。

以丞相李斯为代表的大臣认为，兴兵攻打匈奴得不偿失，应该慎重考虑。在李斯看来，匈奴不修建城郭，经常像候鸟一样迁居。秦军深入胡地，只能依靠后方补给，轻装突击则粮草不足以支撑远征，带着辎重行军又追不上来去如风的匈奴骑兵群。就算夺得了匈奴放弃的地盘，也无法增加人口和财富。这样的战争得不偿失，不宜轻率发动。

李斯是从后勤和治理的角度考虑北伐匈奴的困难。他的发言不无道理，而且瓯骆战场的失败已经让数十万南征军将士陷在了战争的泥潭中。他作为丞相，不能不考虑北方战事带来的风险。要是秦军再打一场劳而无功的战争甚至是大败仗，嬴政的江山社稷恐怕会动摇。

以将军蒙恬为首的武将则力主与匈奴决战。秦军已经备战多年，匈奴边患在不断加重。若是等到好战的匈奴击败东方的东胡和西方的月氏，把万里长城以北的草原、大漠、森林都统一了，它将变成一个更加难以对付的游牧帝国。只有让草原上的游牧势力继续分裂，中原王朝的国家安全才能更有保障。

至于李斯等人担心的问题，蒙恬也早有考虑。他比任何人都熟悉北方边疆情况，方圆数千里的河南地本来就是既适合放牧也适合种田的地方，只是自古以来多被戎狄、诸胡占据。若是夺取了这块比关中八百里秦川更大的土地，再组织大量军民在边疆建城垦田，足以为帝国再打造一个关中。而匈奴失去河南地后，其势力必将大大萎缩，北方边患可以减少一半。

况且，头曼单于把单于庭设在河南地，离咸阳实在太近了，匈奴轻骑没几天就能走完这段路程。只有夺取匈奴的进攻跳板，把大秦的边防线从秦昭王长城延伸到黄河边上，才有足够的战略纵深来拱卫京师。

经过激烈的争论，蒙恬以详细而周密的作战计划说服了其他人。始皇帝拍板任命蒙恬为大将军，授予他调动全国兵马的权力。满朝文武各司其职，像当初支持王翦灭楚一样全力支持蒙恬北伐匈奴。朝廷做出了开战的决定，但朝野中仍有许多人心里犯嘀咕。此时距离发动第三次南征百越之战已经为期不远，如今的大秦真的能同时打赢两场战争吗？

三十万秦军首战河南地，匈奴主力退守阴山

游牧民族的役龄人员（通常是十五至六十岁）最高可占总人口的百分之三十，一般在百分之二十至百分之三十之间。而农耕国家的役龄人员通常占总人口的百分之十至百分之二十五。匈奴总人口相当于秦朝一个大郡的人口，但人人以游牧和射猎禽兽为生，无论男女老少都有骑射功夫，随时可以在牧民和骑寇两种角色之间切换。即使老幼妇孺战力不强，也要当成具有杀人技能的武装牧民来看。

此外，游牧民族与生俱来的机动能力，使他们能够在短时间内迅速聚集起数万名乃至十余万名骑兵。中原军队的大范围跨地域集结通常要花好几个月（郡县制最初就是为了便于就近组织边疆人口抗敌才产生的）。当匈奴在这个方向作战失利时，可以凭借高机动性运动到数百里外，攻打敌军防线的薄弱环节。总之，匈奴能通过以快打慢来形成局部兵力优势，在实战中抵消中原王朝总兵力的数量优势，非常难缠。

因此，与匈奴交战的第一大要点就是设法限制其机动性，压缩其活动范围。如果能把匈奴引诱到塞内战场伏击，自然是再好不过的了。可是李牧用过的招，匈奴人不会再上当，而且蒙恬面对的情况比李牧面对的要麻烦得多。

李牧镇守雁门、代郡时，主要跟匈奴在今山西省的几个盆地对抗。然而，河南地比赵国北方的几个郡加起来都大，大部分地区地势平坦，非常有利于匈奴打机动战。而且那时的河南地还没有毛乌素沙漠和库布齐沙漠，可供匈奴落脚休整的地方更多。如果再加上黄河北岸的阴山、北假等地，匈奴的回

旋余地就更大了。

秦军若是不能做到穷追猛打，让匈奴军先跑到数百里外重新集结再迂回到秦军薄弱之处进攻，后果不堪设想。虽然祖上以养马起家的秦人是个农耕民族，秦军车骑威震山东诸侯，但并非秦军真正的主力。秦军的战术体系是以步兵大军团为核心，以车骑机动部队为羽翼，跟六国军队和百越之师作战时，以步兵为主。面对匈奴的纯骑兵军团，秦军机动性上的劣势暴露无遗。

但是话说回来，秦军也有自己的战术优势。秦军步兵战阵由弩兵和持长兵器近战的甲士组成，战阵布局严密，匈奴骑兵很难从正面撼动。匈奴骑兵固然可以围绕秦军步兵战阵转圈寻找破绽，但还没等跑到骑弓的有效射程，秦步兵的强弩就先射过来了。匈奴的铤若是不能靠近秦军战阵，也没法击穿秦兵的盾牌。

匈奴骑兵冲到秦步兵跟前打肉搏战时会发现，秦人的长铍、长矛、长戟比自己手中的刀剑更有威力。秦人还喜欢把弩手配置在什伍当中，跟矛戟武士配合作战。匈奴骑士挥刀时指不定哪里会冒出一支致命的冷箭。无论远射还是近战，匈奴骑兵都难以正面撼动秦步兵战阵，只有扬长避短把秦步兵拖垮，才能将难以维持战阵完整的秦军彻底击败。

秦军骑兵与轻车协同作战，在平坦地形上具有很强的冲击力。轻车兵装备有比骑兵弓箭射程更远、准头更高（但射速也更慢）的强弩和四米多长的车用长矛，其机动性不如匈奴骑兵，但远射和近战时都能欺负缺乏长兵器的匈奴骑士。秦军骑兵也是弓箭加长剑的配置，不使用长兵器，但纪律性和组织性更强。当秦军的轻车突骑在河南地这种地形与匈奴骑兵正面交手时，匈奴骑兵难以与之争锋。

蒙恬深知此战的关键在于捕捉匈奴的主力军决战。若是不集结数十万大军，就无法对匈奴单于庭实施战略合围，很容易让敌军流窜到别的地方。此外，秦军不仅要在正面决战中击溃敌军，还要能连续追击，让头曼单于来不及重新集结兵马。只有迫使匈奴人疲于奔命，才能挫败他们，先拉开距离再杀回马枪的凶狠战术。毫无疑问，步兵肯定无法完成追击敌军骑兵的任务，只有骑兵才能追上骑兵。

为此，蒙恬多年来在畜牧业发达的西北五郡大量养马，并从各郡征发骑士编入北方兵团，组建了拥有数万人的骑兵队队。数万骑在数十万大军中占据的比重不高，也远少于匈奴骑兵规模。但对蒙恬来说，这支战略机动力量只要运用得当，就足以克敌制胜。

从春天到秋天，秦军一直在暗中集结兵力，积极备战。匈奴上下却麻痹大意，还是把部众分散到各处游牧。此时，匈奴的兵力主要集中在两处。头曼单于的单于庭在河南地，许多臣服于他的匈奴小王也在这里，比如白羊王、楼烦王。这一路匈奴军的战斗力最为强盛，单于直属军队多为甲骑。另一部分精锐在阴山、北假地区活动，守护这个足以决定游牧民族兴衰的战略要地。

头曼单于率领的匈奴主力主要在位于河套平原西南部的西套平原活动。西套平原北起宁夏的石嘴山，南与黄土高原接壤，东临鄂尔多斯高原，西边以贺兰山为界。这个辽阔的平原横跨黄河两岸，土地十分肥沃，冬季较为暖和，小麦、水稻都能种，也适合发展畜牧业，被后世称作"塞上江南"。

西套平原的核心地带离秦朝上郡稍远，直接压在秦北地郡和陇西郡的头上。头曼单于知道蒙恬在上郡治所肤施（今陕西省榆林市南）和高奴（今陕西省延安市）、广衍（今内蒙古自治区准格尔旗勿尔图沟古城附近）等地都部署了重兵，不敢过于靠近上郡。秦北地、陇西二郡也因此直接承受着最重的防守压力。

秋高马肥时，匈奴军力正值全年的巅峰。头曼单于早就得知了秦人在南方战场吃败仗的消息，他看到秦人多年来只守不攻，野心有点小膨胀，准备投入兵马南下秋掠。谁知北地郡的数万名秦军突然先发制人，从陇山东边的朝那（今宁夏回族自治区固原市东）大举杀出。与此同时，陇西郡的秦军也北上塞外，进攻了在秦昭王长城边缘游牧的匈奴部众。秦军的突袭让匈奴措手不及，使一些匈奴小部落丢失了许多牛羊马匹。头曼单于立即派轻骑传令，让附近的匈奴各部火速集结成数万骑，迎击这两路秦军。

陇西和北地是秦朝畜牧业最发达的地区之一，两地骑士的战斗力在秦军中排得上前三甲。虽然其骑兵数量不如敌军多，但凭借轻车、骑兵和步兵多兵种协同作战，还是顶住了头曼单于嫡系部队的猛攻。这个方向的秦军指挥官是陇西侯李信，头曼单于不敢大意。

双方激战多日，未能分出胜负，头曼单于听到了一连串的坏消息：秦昭王长城多个关塞都有大量秦军杀出；离上郡最近的楼烦王和白羊王被蒙恬打得措手不及，率领自己的数万部众向秦军投降；还有一部秦军开始攻打盐池。

盐池在今宁夏回族自治区吴忠市盐池县一带，分布着数十个天然的盐湖，故而得名盐池，是匈奴最重要的经济来源之一。匈奴人用这里出产的盐和羊跟秦人在关市交换粮食、布匹、铁器等生活必需品。头曼单于自然不能放弃这笔战略资源，他迅速脱离李信的纠缠，带着单于庭本部骑兵主力去迎战。他赶到战场时，遭遇了秦朝大将军蒙恬亲自率领的上郡军先锋。

原来蒙恬率领上郡军倾巢而出，兵分几路进攻散在河南地的匈奴部族，自己率领中军直取匈奴在河南地的经济命脉盐池。他令陇西、北地二郡的秦军先行出击，把匈奴主力吸引到西南方，为大军合围聚歼敌军创造条件。咸阳派出的关中兵马也取道北地郡，向西套平原深处穿插。云中、九原二郡的秦军也奉蒙恬之命悄悄渡河南下，从北面夹击匈奴军。

秦朝在进攻河南地的战争中全线开花，共计投入三十万大军。其中，蒙恬直属的上郡军大约十万人，其他四郡以及关中兵马合计约二十万人，里面都包含了众多后勤辎重部队。蒙恬的意图是尽可能在离秦昭王长城较近的地方大量杀伤匈奴。

头曼单于是个狠角色，看到蒙恬手中的部队以步兵居多，马上展开进攻。他想赶在秦军大部队全部到达之前迅速击败蒙恬。秦军把辎重车连在一起当屏障，强弩列队招呼匈奴甲骑，以各种不同射程的弓弩倾泻箭雨。在弩阵背后的是密集的长铍、长矛阵，步兵军阵的两翼与后方各有大量车骑拱卫。

匈奴的弓箭射程不如秦弩远，也没有贴近对手投铤破盾的机会。单于庭直属甲骑迟迟不能从正面突破秦军战阵，想从两翼找突破口，又被秦军强弩和车骑击退。双方激战良久，蒙恬军阵岿然不动，头曼单于的嫡系部队伤亡不小。匈奴军的士气越打越低落。

匈奴斥候向头曼单于报告，秦军后续部队越来越近了。头曼单于不愧是身经百战的资深骑寇，很快判断蒙恬这次是动真格要铲除匈奴了。秦军来势汹汹，匈奴各部尚未完成集结就先后被击溃，白羊王和楼烦王的投降更是让其他匈奴小王战心动摇。头曼单于的嫡系部队作为匈奴的主心骨，必须赶在蒙恬完成合围之前冲出去，与其他匈奴小王的部众会合后再杀个回马枪也不迟。

然而，蒙恬早就料定头曼单于会沿着黄河向北撤退，已经提前准备好骑兵追击。蒙恬让李信等其他将领继续分头攻打西套平原的匈奴余部，自己率领大部分车骑追杀头曼单于的嫡系部队。秦军总共才数万车骑，但对付头曼单于剩余的数万直属甲骑完全够用了。

秋天正是匈奴马力最强的时候，若非现在军心大乱，匈奴本可以发挥最强的战力，但秦军追兵咬得太紧了。蒙恬一路上不管其他匈奴小王的败军，专注追杀敌酋。头曼单于几次停下来休息，还没吃上热乎饭就被秦军追上。

秦军骑兵的正面战斗力比匈奴骑兵强，双方拼弓箭还能打个有来有回，但一旦以刀剑肉搏，匈奴在甲胄和兵器上的装备劣势就变得很明显，完全落于下风，常在电光石火之间中剑坠马。头曼单于的部队不得不逃再逃，根本找不到组织反击的机会。在这场骑兵追逐战中，一个技术问题决定了最终结果。

马匹的体力是有限的，骑兵一日一夜奔袭两百里还行，若是连续数日这样跑，马力就会严重损耗，累死战马也不足为怪。像西汉骑兵名将霍去病那种连续疾行数千里的打法，结果就是每次出征都要牺牲大量军马，连缴获的敌军战马都难逃过劳死的劫数。所以，骑兵一般非常注意保存马匹的体力，宁可让人累着，也不能让马累着。

但是，专业养马的游牧民族不缺马。有些匈奴骑兵能做到一人二马甚至一人多马。他们经常换马骑乘，长途奔袭时骑一匹马，准备与敌军交战时换成另一匹专门用来冲锋陷阵的马。这是匈奴能保持高机动性的奥妙所在。蒙恬为了能死死咬住匈奴骑兵，准备了不少马匹，甚至还征用了从白羊王、楼烦王那里缴获的马匹，但还是不能做到人人两匹马。而且，司马拉的轻车速度还是比骑兵慢一些，让整个车骑部队的奔袭速度受到限制。双方在马力上的差距渐渐拉开了。

秦军车骑至少追击了三天。尽管蒙恬尽了最大的努力，但还是没能全歼匈奴大军中最精锐的单于庭直属部队。头曼单于在丢下多具尸体后，成功北渡黄河与留守阴山的匈奴部众会合。三十万秦军的骑兵集中在蒙恬这一路，其他部队兵力虽多，但很难对败敌穷追猛打。歼灭战还是打成了击溃战。河南地的匈奴各部在受到重创后纷纷四处逃散，活着的人最终又在黄河北岸的阴山与北假地重新会合。

不过，秦军这次全线突袭让匈奴丢下大量牛、羊、马和老弱部众，偌大的河南地上只有投降的匈奴人还活着。蒙恬歼敌数不如李牧多，但也摧毁了匈奴一半战力。大秦的版图扩张数千里，富饶的西套平原若能得到充分开发，将会给帝国增添一大粮仓。蒙恬首战匈奴依然称得上是大获全胜。

秦帝国在河南地设置了"新秦中"。"秦中"指的是关中，由此可见始皇帝是希望把河南地建设成又一个关中。为了巩固这片辽阔的新地盘，蒙恬沿着黄河修筑了许多城塞，并在新秦中设置了十四个新县。这些新县包括位于盐池的朐衍县，今宁夏回族自治区吴忠市的富平县（跟今天的陕西省富平县不是一个地方）。三十万大军进驻沿河城塞，大部分人马在垦田修渠，为下一步攻取阴山及北假地做准备。当年赵武灵王征服过的胡地，蒙恬一寸都不会放过。

蒙恬渡河再战匈奴，头曼单于远遁大漠

河南地的匈奴势力已崩溃，来不及渡河跑路的不是被斩首就是沦为俘虏，被俘者大概率会被充作秦官府的隶臣。匈奴的白羊王和楼烦王因主动"归义"，被特许按照原有编制继续在河南地生活，成了秦帝国新秦中的"葆塞蛮夷"。

秦朝的"葆塞蛮夷"包括许多不同成分的游牧民族。他们可以延续原有的生产生活方式，但必须遵守大秦的法律。白羊、楼烦二部骑兵有义务为大秦巡逻边境，协助新秦中守军驱逐入寇的胡骑。他们若有任何不轨举动，就会被朝廷发兵诛灭。

新秦中的边防体系已构建完毕，秦军可以发动第二轮攻势了。在攻取河南地的第二年春天，蒙恬留下二十万人马据守沿河的各个城塞，等待着朝廷从内地迁徙过来的大量谪戍卒充实边疆。然后，他率领十万之师继续攻打匈奴。

蒙恬吸取上一战的教训，集中了全军的车骑之兵，精心挑选了大量擅长奔跑的步兵锐士，就连后军的辎重部队也配备了精兵强将压阵。这支经过重新整编的北伐大军堪称精锐中的精锐，放眼整个帝国都找不到第二支能与其争锋的精锐之师。

秦军以沿河城塞为后援基地，兵分两路北渡尚未解除冰封的黄河。东路军由位于今内蒙古自治区乌拉特前旗东南的渠搜县进入北假地东部，西路军由位于今内蒙古自治区巴尔淖尔市的临河区进入北假地西部。两军对北假地的匈奴部众形成了左右夹击之势，击破在黄河沿岸放牧的匈奴部众之后合为一军，继续向北进军，逼迫盘踞阴山的头曼单于带主力军出来决战。

话说头曼单于侥幸逃脱追杀后，躲进阴山休养生息，并把散在阴山以北的部众也召了回来。这是他目前为数不多的可以依靠的力量。他也想过向东方的东胡人和西方的月氏人借兵，让三大游牧势力同时在万里长城沿线发难，让蒙恬的三十万大军顾此失彼。可惜，这个宏大的意图落空了。

月氏人跟秦人是贸易伙伴，从西域传入关中的种种物事离不开统治河西

走廊的月氏人经手。月氏人觉得与其跟强秦为敌，不如继续保持和平关系，垄断外贸通商赚钱不香吗？而且，月氏人非常排斥匈奴人，一直提防着匈奴向西扩张，乐于看到蒙恬暴打匈奴。

东胡人在秦灭燕战争中见识了虎狼之师的威武，知道自己不是秦军的对手。东北地区水草丰茂、物产丰富，土地肥沃程度丝毫不亚于阴山，又远离大秦帝都咸阳和蒙恬的北方兵团，东胡人在这里能过上舒服的小日子。他们实在没理由为了帮匈奴而给自己拉仇恨，反而巴不得匈奴与秦人打得两败俱伤，自己就有机会夺取草原霸主的地位。

头曼单于此时聚集所有的能战之兵也不足十万骑。他一度想换个方向打，比如去雁门、代郡，甚至更远的上谷、渔阳郡北方，到蒙恬鞭长莫及的地方去。毕竟，许多匈奴勇士不想跟蒙恬的上郡军起冲突。但是，阴山—北假根据地实在太重要了，这里有森林和铁矿，有掠夺来的中原人口做农奴种粮食。失去阴山意味着匈奴又一个经济命脉被切断，综合实力要再打个对折，今后难以再深入中原。

这一战，秦人输得起，匈奴输不起。头曼单于只得集结剩下的全部兵马与蒙恬的十万北伐军交战。说实话，他并不想在此时跟秦军交战，因为时机不太好。若非蒙恬咄咄逼人，头曼单于也不想做此困兽斗。

春季是一个对匈奴骑兵最不友好的季节。塞外气候寒冷，冬天一到，牛羊马群就没有那么多草可吃。生产力低下的游牧民族年年在秋季南下掠劫或者想办法多从中原人那里换取粮食，根本原因就在于游牧经济的脆弱性。春暖花开时，塞外的草原还没有完全恢复生机，战马普遍缺少牧草，因此要比夏秋季节瘦弱许多。匈奴骑兵的机动性也会因为马力衰弱而直线下滑。

但秦军战马不受季节影响，因为秦马不是靠吃郊野的牧草为生，吃的是刍稿（农作物的秸秆）。秦官府征收的赋税就有刍稿税，平均每顷田每年要交二石刍稿。这个征收实物的税种就是为了供养车骑所用的马匹，春季时的秦马体魄跟秋季时的没有那么大的差距。此消彼长，匈奴军对秦军的马力优势就被抵消了大半。这对头曼单于真是个不利的情况。

北假地形平坦开阔，四通八达，利于机动，谁也无法包围对方。十万秦军中有负责后勤工作的"厮养卒"，匈奴军中也有老弱之兵。总体上看，秦军的战斗兵有数量优势，但匈奴的骑兵至少是秦军车骑的两倍。

按照中原兵法《六韬》的估算，在平原地形上，一辆战车的战斗力相当于十名骑兵或者八十名步兵，一名骑兵的战斗力折合八名步兵。即使在险要地形，一名骑兵的战斗力也相当于四名步兵。匈奴骑兵多，在一定程度上抵消了秦军步兵多的优势，这也是头曼单于还敢顽抗的底气。

但是，当时秦军和匈奴骑兵都不是魏晋南北朝时那种人马都披着重甲、手持马槊像坦克一样冲锋陷阵的具装甲骑。骑兵在战法上斗巧多于斗力，攻破敌阵的尖刀仍是战车。秦军的轻车士是战国七雄中冲击力最强的兵种。按照一车相当于十骑的算法，秦军车骑的实际战斗力反而超过了头曼单于的纯骑兵军团。

蒙恬和李牧一样，按照一车十骑的比例混编轻车和骑兵。当然，这并不是说让十个骑兵围着一辆轻车跑。轻车和骑兵本身各有自己的编队，只是按照一车十骑的比例来组队。如果出动百乘轻车，就用一千人规模的骑兵部队协同作战；如果出动上千乘轻车，就派上万名骑兵打战术配合。蒙恬打算以数万车骑彻底击溃头曼单于。

秦军把数万车骑分为三部分，部署在军阵的左右两翼和后方。头曼单于仗着自己骑兵多，就派一部分骑兵去进攻秦军步兵方阵，又另派骑兵引诱秦军车骑离开阵地，但蒙恬不为所动，以强弩大阵使劲招呼。匈奴骑兵不敢靠得太近，只能在秦军战阵侧后方游走，寻找对方阵型的薄弱环节。然而，这支秦军不仅步兵方阵各方向都配备了众多的弩兵，连车骑都有弩兵队护卫侧翼。

匈奴军不断对秦军步兵方阵施压，试图消耗秦军的箭矢。一旦秦军的强弩射光了所有箭矢，就轮到匈奴甲骑发威了。匈奴军先在冲锋时远远地放一波箭雨，随即拔出铤投向秦军步兵的盾牌，再拔刀去砍阵型被冲乱的秦军步兵。战马快速冲锋会产生很大的冲击力，把步兵撞飞，这时居高临下的骑兵不用费多大力气就能一刀将秦军步兵斩首。

若不是该死的强弩，匈奴骑兵预想的战斗本该是这样。然而，秦弩兵每个人都携带两具弩、四根弩弦、两个装有一百支箭的箭箙和一把长剑，这还不包括辎重车辆上的备用箭支，匈奴想要在短时间内耗尽秦弩兵的箭矢是不可能的。但强弩上弦发箭会消耗秦军士兵的体力，不可能一直不停地射下去。头曼单于在等秦军步兵体力下降到无法组织密集齐射的时刻再发动总攻。

秦军以强弩不断消耗匈奴军的实力和敌军战马的体力，虽然造成的直接杀伤不多，但也让匈奴军一时找不着办法突破防线。真正与敌军接战的秦军不到三分之一，多数兵马在阵内随时准备迎战。无论方阵外侧的士兵们战斗得如何辛苦，方阵内的士兵都谨遵着大将军蒙恬的号令，不等到发起反击的鼓声响起绝不轻举妄动。

就在头曼单于轮番调集匈奴各部的骑兵冲击时，蒙恬一直观察着匈奴军阵的变化。匈奴在头曼大单于之下设有左右贤王、左右谷蠡王、左右大将、左右大都尉、左右大当户、左右骨都侯等。匈奴众大臣都是贵族世袭官职，这些匈奴首领各有部众，多的有数万部众和一万骑兵，少的有上万部众和数千骑兵。头曼单于在军队中设立万骑长，每个万骑长下各设千长、百长、什长等军官。单于庭直属部队数万精骑的实力强于各部。头曼单于先以各小王和大臣的万骑长消耗秦军实力，再由单于庭本部精兵相机发动决胜一击。

蒙恬看穿了对手的意图，在排兵布阵时保留了强大的预备队，避免车骑锐士在与头曼单于的嫡系精锐决战前过早消耗体力和锐气。当步兵方阵危急时，他只是抽调数千车骑出击；击破匈奴某个万骑长下属的骑兵后，他也不做追击，而是命令车骑回归战阵继续与敌军相持。匈奴军暂停进攻重新整队时，秦军也把疲惫的前军换下，让其他体力充沛的部队顶上去维持防线。蒙恬很清楚，匈奴骑兵的续航能力大不如前，比秦军更经不起耗。

随着时间推移，秦军纪律严明的优势越发明显，将士们想扫平匈奴好多年了，这口恶气让他们越战越勇。匈奴各部则因进攻不顺而士气下降，损失较大的部落开始动摇，纷纷想保存实力少流血。头曼单于不傻，意识到战况不妙了。去年战败让匈奴士气受挫，这回集结重兵会战又久攻不克。春季的马匹羸弱，匈奴经不起久战，不如先向北撤退再从长计议。

头曼单于调整部署准备撤军，打算以各小王、大臣的部众掩护自己的嫡系部队撤退，这个举动没能瞒过老辣的蒙恬。蒙恬敏锐地察觉到战机来临，下达了总攻命令。秦军车骑如出笼的猛虎，迅速向匈奴军阵杀去。秦马在春季的体力优势让秦军的进攻势头比匈奴还猛。匈奴骑兵的箭雨不如秦弩兵那么密集，也没有大盾和其他防御器械来阻挡战车。秦军轻车编队如钉耙犁地一般撕破了匈奴骑兵军阵，冲乱了敌兵的行次。秦军骑兵队紧随其后，用弓箭或长剑猎杀队形散乱的匈奴军。

战场上十分混乱，秦军车骑始终保持着较为严整的队形，匈奴各部万骑长被打得秩序大乱，无法有效指挥自己下属的千长、百长。随着头曼单于带头逃跑，匈奴各部再无斗志，争先恐后地拍马走人。

匈奴最后的主力军败了。蒙恬让步兵继续攻略北假地，巩固大军后方，自己率领车骑轻锐穷追不舍。秦军一口气追击数百里，渡过了北河（今乌加河），接连夺取了阳山和赵武灵王多年前设置的高阙塞。黄河与北河夹出来的北假地与整个阴山山脉都被蒙恬远征军占领，秦朝北驱匈奴的战争至此圆满结束。

经此一战，匈奴势力被驱逐到阴山以北的茫茫草原上，帝国北方的边患虽未根除却也大大减轻。蒙恬威震了北方所有的游牧民族，胡人直到蒙恬死后才敢重新南下牧马。秦军的攻势已经达到了后勤的极限，蒙恬没有轻率地出高阙塞继续追击败敌。毕竟，深入一望无际的内蒙古大草原寻找匈奴主力是一件非常危险的事情，后勤完全依赖从中原运输，步兵的机动性也完全无法跟骑兵相提并论。

所以，蒙恬以原先秦、赵、燕三国的长城为基础，重塑了一条万里长城，还修了一条从关中到九原郡的高速"公路"——秦直道。当时的长城是夯土长城，远不如明清长城的防御工事那么完备。但是，秦长城防线本身是一个由长城、亭障、秦直道和边防军基地构成的复合型边防体系。秦帝国把重兵部署在长城沿线，大规模移民实边，还把犯法的官吏发配到边疆修长城。这一系列举措就是为了让秦军具备随时从长城杀向草原深处的能力。

长城防御战略本身是务实而有效的，但秦始皇把这件事做得太急，滥发徭役和谪戍卒。在艰苦的作业环境下，许多修长城的民夫、刑徒和谪戍卒纷纷死去，以至于后人编出了孟姜女的故事来控诉血泪长城，由此造成的一系列社会经济危机最终导致大秦帝国迅速灭亡。尽管如此，蒙恬主持修建的万里长城仍旧是中华民族精神的一个重要象征，他的长城防御战略也被历代中原王朝批判地继承。

第四章

大秦帝国的哀歌

由于这场战争的胜利，秦帝国多延续了两年

公元前 210 年，一代雄主秦始皇在东巡途中突然驾崩。他执政晚年采取的高压政策激化了六国遗老遗少的反抗情绪，而不计代价地用大量谪戍移民开发百越地区与长城沿线各郡的方针让全国广大吏民都背上了沉重的负担。

更糟糕的是，由于他生前没有指定接班人，赵高把丞相李斯拉下水阴谋篡位，拥立始皇帝的小儿子胡亥为新君。他们还沆瀣一气，假传始皇帝圣旨逼迫在帝国军民中颇受爱戴的长公子扶苏自杀，罗织罪名把大将军蒙恬和他的兄弟蒙毅害死，对皇族子弟和统一战争的功臣们进行了大清洗。秦二世上台后假惺惺地大赦罪人，发布命令要减轻黔首负担，但不久后撕下面具，横征暴敛、滥发徭役。

秦二世和奸臣赵高的倒行逆施让帝国完全丧失了人心。二世元年（公元前 209 年）七月，淮阳郡的九百名谪戍卒在蕲县的大泽乡造反，无意中引发了故六国地区的反秦浪潮。领头的是淮阳郡阳城人陈胜和阳夏人吴广。两人是故楚民，是这批秦军谪戍卒的屯长（五十人队长），诈称自己是楚国将军项燕和秦朝长公子扶苏的旧部。他们的目标是推翻"暴秦"。

数十万张楚军攻入关中，秦少府章邯临危受命

此时的秦朝早已不是始皇帝时那个威震四海的大秦帝国了。坐镇岭南的南方兵团和镇守长城的北方兵团把大秦的百万雄师抽走了共计八十万人马，关中"首都圈"又有十万大军坐镇，剩下的兵力摊在广大故六国地区，简直

少得可怜，关东郡县的驻军普遍不多。这让反秦势力获得了一个千载难逢的逆袭良机。

陈胜、吴广起兵后，先攻克了楚将项燕殒命的蕲县，然后一路攻城略地，以图夺取整个淮阳郡。区区九百谪戍卒若是放在秦灭六国时都不够秦军塞牙缝的，可偏偏淮阳郡是当年王翦与项燕决战的地方。当地十分之八九的吏民是楚人，这十多年中只是畏惧始皇帝和秦军老将老帅们的威力，内心并不完全服从大秦的统治。如今令人恐惧的始皇帝和王翦、王贲、蒙恬、李信等人都已去世，秦灭六国的功臣大多遭到清洗，淮阳郡的楚人在老乡陈胜、吴广的激励下也胆肥了。各乡的三老豪杰率领乡民反叛秦朝县廷，杀死秦人县令、县丞，主动接应陈胜、吴广的反秦起义军。

大泽乡起义军一口气夺取了六个县。这些地方的秦军兵力原本完全可以镇压陈胜、吴广，不巧的是，当地驻军有两大来源，一个是淮阳郡各县的故楚吏民，另一个是来自东郡、三川郡、颍川郡的"有罪罚当戍者"。前一社会群体怀着战败者的仇恨，后一社会群体在秦军歧视链中地位只比谪戍卒略高一些。两批人都对朝廷怨气冲天，故而倒戈投靠了陈胜。

结果，陈胜、吴广的军队像滚雪球一样壮大，很快就有了六七百乘战车、千余名骑兵和数万步兵。当他们攻打陈县时，淮阳郡守与陈县县令都不在，只有临时代理坐镇郡府的守丞带兵迎战，结果兵败身死。陈胜、吴广攻占了陈县，并在当地三老、豪杰的拥护下建立了张楚政权。陈胜为张楚王、吴广为张楚假王。

张楚军的胜利，让所有对秦朝不满的故六国人看到了新的希望。那些设在楚地的郡县纷纷叛秦以响应张楚王陈胜，各县吏民攻入县廷杀死县令和县丞，六国的遗老遗少带领郡中少年袭击郡府，杀郡守和郡尉。楚地各郡县的反秦势力都打出楚军的旗号响应张楚政权。一时间，从淮北到江南，到处都是数千人自发建立的楚军。

陈胜看到反秦形势一片大好，就派出许多将军去攻略原六国地。他任命自己的老朋友陈县人武臣为将军，以邵骚为护军，以魏国大梁人张耳、陈余为左校尉和右校尉，率领三千士兵北渡黄河攻取赵地；任命魏人周市带兵攻打秦砀郡、东郡，号召故魏吏民跟楚人一同反秦；任命淮阳郡汝阴人邓宗率兵向南进攻秦九江郡，与各路自发建立的"楚兵"一同光复楚国地盘。假王吴广则奉命率领众将向西进攻秦三川郡的重镇荥阳。

张楚军各部由昔日秦将王翦灭楚时的淮北主战场出发，迅速向各个方向扩张。这个四面出击的战略实际上就是打乱拳，企图利用关东各郡县普遍的反秦情绪来迅速取得胜利。陈胜拒绝了张耳、陈余派人立六国贵族为王的建议，只想着张楚一家独大。殊不知他派出的将军中不少人有私心，后来纷纷自立门户。当然，张楚政权目前正处于高速发展期，内部矛盾尚未暴露，四处出兵也确实点燃了遍地烽火，让大秦朝廷颇为头痛。

秦朝关东郡县缺乏重兵把守，各地驻军不仅兵力少，而且有许多情况类似淮阳郡秦军。这些武装力量大多主动倒戈，只有少部分郡县还站在秦廷这边。天下局势急剧恶化，给位于天下交通中枢的秦三川郡造成了巨大压力。

张楚假王吴广挥师攻打荥阳，秦三川郡守李由把数万名本郡驻军集中起来镇守荥阳。荥阳的东北敖山靠近黄河和济水分流处，关东郡县每年运往关中和北部地区的赋税钱粮都会经过这里。故而秦朝在这里设置了一个名为敖仓的巨型粮仓。敖仓内囤积的粮草数量惊人，足够数十万大军支撑好几年。

三川郡守李由深知敖仓若是被夺取，关东群盗（秦廷对诸反秦义军的称呼）就会获得与朝廷长期抗衡的资本。他一面向咸阳和东郡求援，一面以孤军抵抗吴广率领的张楚军。吴广虽然在起义军中颇有威望，但毕竟只做过秦军的屯长，缺乏指挥大兵团作战的经验。张楚军一路顺风顺水主要靠各郡县守军投诚，真遇到荥阳秦军这种硬骨头就无计可施。

吴广迟迟拿不下荥阳，陈胜只好另想办法。就在这时，楚国陈县人周文自告奋勇请求率军讨伐暴秦。周文又名周章，在陈县父老眼中一直是个贤人，因为他有着不平凡的经历。年少时，他曾经在楚国名臣春申君手下任职，后来又在将军项燕的军队中担任负责观看天时、占卜吉凶的"视日"。陈胜、吴广是冒充楚将项燕的老部下来号召楚人反秦，周文则是根红苗正的正牌项燕老部下。周文自称善于用兵，陈胜对他非常器重，就给了他将军印，命令他带着张楚军主力西征关中。

与陈胜、吴广这种下级军官不同，周文是正儿八经见识过数十万大军怎么打仗的。他按照项燕为将时的军法来约束部队，把那些倒戈的原秦朝郡县地方部队也按照楚军的传统重新整编，此举有效提升了张楚军的组织性。开始走向正规化的张楚军很快吸引了淮阳郡以外的大量楚人来投奔，军力得到了极大扩充。

假王吴广的部队还在荥阳跟秦三川郡守李由死磕。吴广仗着人数优势把荥阳围得水泄不通，用尽各种手段，可就是攻不破荥阳城。周文部张楚军在西行途中不断收罗兵马，军队规模越来越大。但他经过荥阳时没有直接带兵去协助吴广部张楚军，而是继续西行。因为在他看来，荥阳固然是兵家必争之地，但此时天下的要害并不在荥阳。

反秦烽火燃遍整个故六国地区，但秦始皇灭六国之前的老地盘依然忠于秦朝。哪怕是屯兵不多的东郡、三川郡、南阳郡等关外郡县，也在组织仅有的兵力顽抗。秦朝军力最强的北方兵团因大将军蒙恬冤死而士气低落，又被匈奴牵制在边疆，无法全部南下救援。兵力最多的南方兵团则主动关闭了五岭通道，对秦廷与关东群盗两不相帮。此时，关中的兵力远不如始皇帝时雄厚，各地义军又牵制住了关东各郡的秦军，不趁势率领重兵直取关中，就是坐失良机。

周文大张旗鼓地打出西征灭秦的口号，对沿途加入队伍的散兵游勇和不良少年都来者不拒。这支越来越庞大的军队，让沿途各县的秦军战战兢兢，大多主动归顺张楚，包括三川郡部分属县在内的多座城池都被周文顺势拿下，这些降卒也被裹挟着一起攻打关中。

当周文来到函谷关前时，他麾下的人马已经有数十万人。始皇帝生前积极捣毁各地名城重镇的城郭，拆除原六国地区的关防险阻，还修建了高标准的全国驰道网，此举让各路反秦军占了大便宜。周文率军猛攻函谷关，居然还真把这座难攻的要塞拿了下来。这得怪秦二世太刚愎自用。

其实，陈胜、吴广举兵反秦的时候，关东郡县就派使者向秦二世报告说有谪戍卒造反。谁知秦二世不爱听坏消息，下令把这个使者移交司法部门治罪。后来，又有使者进京求援，秦二世询问关东形势。这位使者不敢说真话，只好说关东只是有群盗扰乱治安，各郡的郡守、郡尉正在积极搜捕，已经不足为患。秦二世听了龙颜大悦，就把原本很紧急的军情当成普通的捉拿山贼来处理。

这种掩耳盗铃的态度坑死了镇守函谷关的秦军将士。他们面对十几倍于己的敌军，在缺乏援助的情况下唯有败亡一途。张楚军浩浩荡荡地经过函谷关，没费多大力气就进入了关中平原。同年九月，周文的数十万大军来到了位于今陕西省西安市临潼区东北新丰镇东南的戏水东岸。此时，距离陈胜、吴广发动大泽乡起义才短短两个月，曾经不可一世的大秦帝国突然就摇摇欲坠了。

周文有千乘战车、数十万步兵，远比屯戍咸阳的禁卫军多。光靠咸阳的三万中尉军和守卫王宫的两万卫尉军，不足以应付数量众多的敌军。秦二世在这一年四月从四夷中征发五万材士屯卫咸阳，训练射杀狗马禽兽，其中有不少骑兵。但这支新军才组建五个月，缺乏大兵团作战经验，而且掌握在奸臣赵高集团手中，能否跟五万老禁卫军配合好是个未知数。即使这五万材士没问题，关中所有的常备军也只有十万人。戏水离咸阳不过一两天路程，而想从各郡县征发数十万材官、骑士参战，需要较长时间，根本就来不及。

形势如此危急，秦二世也不得不面对现实了。他赶紧召集大臣商量对策。他的老师赵高弄权有术，精通法律，但不懂带兵打仗。丞相李斯搞间谍战是内行，但对于战场指挥是个外行。帝国最优秀的那批将军不是冤死于他们的迫害，就是拒绝继续效忠朝廷，剩下的武将大多才能平平。

就在群臣束手无策时，少府章邯站出来说话了。少府是为皇室掌管财政和生活用度的职能机构，负责征收山海池泽赋税以供皇家日常起居开支。少府为九卿之一，在秦朝官职中的地位仅次于三公。章邯是凭军功成为秦朝重臣的，有很强的军事能力，甚至可以说是目前朝中唯一能用的大将。

章邯指出眼下还有一个能迅速集结数十万人马的办法。在戏水不远处就是安葬始皇帝的骊山皇陵，在骊山修秦皇陵的徭徒、刑徒、奴隶共有七十余万人，他们在骊山集体劳作多年，几乎人人都服过兵役，有些还得过军功爵。章邯建议，借鉴先君秦昭王在秦楚五年战争中使用的赦戍制度，把骊山刑徒及奴隶出身的人赦免为平民，再发兵器给他们去战斗，就能马上在前线变出数十万大军迎击来势汹汹的张楚军了。

这是一场豪赌。万一拿到兵器的骊山徒阵前倒戈，领着周文的数十万大军攻打咸阳，一切都完蛋了，但其他人也拿不出更好的办法。于是，秦二世只能死马当活马医，下令大赦天下，任命章邯为统兵大将，率领中尉军和数十万骊山徒赦戍军去前线抗敌。秦帝国的生死存亡就看这场大战的结果了。失败的一方将陷入万劫不复的结局。

骊山徒赦戍军让张楚王陈胜饮恨终身

戏水两岸的气氛从未这样紧张过。东岸的张楚军在周文的指挥下摆出了楚军的阵法。周文看到西岸的秦军战阵时，不禁想起了当年秦楚两国在淮北相持的情景。往事不堪回首，复仇就在今朝，但他丝毫不敢轻敌。

其他张楚将领这一路尽打顺风仗，没见识过真正的秦军精锐是什么样子，而周文在十几年前见过。张楚军这数十万人马看着很吓人，可是周文心里很清楚，这种临时拼凑起来的大军素质远不能跟项燕指挥的楚军比。真正靠得住的还是跟着陈胜、吴广夺取陈县的数万淮阳兵，他们既有秦朝兵役制度打下的军事素养，又有坚定的光复楚国之心。后来加入的数十万人，真正能进退的只是少数，大多人只是狂热跟风的投机分子。

周文一看对岸的阵势就知道秦将章邯非等闲之辈。章邯以三万中尉军为骨干，正在加紧对数十万骊山徒赦戍军的整编工作。他从七十余万骊山徒中挑选精壮从军，让剩下的数十万老弱以自由民的身份做后勤保障工作。章邯之所以敢于冒险武装这么多罪犯，是因为了解骊山徒的心理。

这些人渴望结束繁重的徭役，变回自由民，渴望用军功爵换取更高的社会地位。他们并非对帝国没有怨言，只是在关中待太久了，对帝国的强大与法令的严酷产生了畏惧。赦戍卒跟谪戍卒正好相反，不是惩罚性兵役，而是对罪人的特殊奖励。赦戍卒的服役有一定期限，解甲归田即为自由民，甚至可以恢复犯罪前的爵位。对骊山徒而言，推翻帝国的风险太高，不如以赦戍卒的身份镇压关东群盗换取赏赐。这种心态促使他们非常珍惜这次翻身的机会，比张楚军有更强烈的求胜欲望。

章邯的作战方针是稳守反击，先把戏水西岸阵地守住，消耗敌军力量和士气，再伺机击破对方。章邯对骊山徒赦戍军的士气不怀疑，但对其实际战斗力没有太大把握。更重要的是，这支数量庞大的军队还在整编中，可以马上投入战斗的士兵不到一半。中尉军靠得住，可是人数太少，不能让这支宝贵的精兵过早消耗掉。《孙子兵法》说："守则不足，攻则有余。"兵力不足时应该采取守势，兵力有余时应当采取攻势。贸然渡过戏水进攻，若是不能一举击破敌军，秦军想要撤退就很麻烦了。

于是，章邯耐心地等待对手来攻。他知道周文无论是生性谨慎还是喜欢冒险，都会主动打过来。因为张楚军在这场战争中是进攻方，秦军是主场作战的防守方。张楚军没有夺下荥阳的敖仓，只能从沿途攻占的地盘上搞粮食。而秦军握有关中无数粮仓，后勤补给线又很短，可以跟对手耗个一年半载。周文若是不能速战速决，就算数十万张楚军吃饭不成问题，时间久了，关中各地的秦军也将陆续赶到，他们的兵力优势就会荡然无存。

果然，周文挑选了数万兵马为先锋搭建浮桥抢渡戏水。张楚军先头部队以战车开道，步兵紧随其后。章邯没有半渡而击之，而是任由其过河列阵。

他看出周文是个稳健的战场指挥官，只是投入数万兵马做试探性进攻。张楚军先锋作战顺利，后续大军就会马上跟进扩大战果；若是作战失利，周文就会迅速收兵暂避秦军锋芒，用人数优势轮番挑战，把秦中尉军战士的体力和士气消耗掉再发起猛攻。

秦军首战必须胜利，否则这些骊山徒没准就不再继续服从帝国的命令了。章邯以三万中尉军加上数万最先完成整编的骊山徒赦戍军迎战，将其重新编为左、中、右三军。右军是由步兵组成的方阵，兼有一些用于防御的战车，配置骑兵。右军倚靠着骊山这个天然屏障，有效地堵死了张楚军从秦军右侧迂回袭击的可能性。左军倚靠渭水布阵，以机动性极强的轻车骁骑为主，也有用于防守的弩兵和矛戟甲士。中军是车、骑、步多兵种组成的混编部队，兵力最为雄厚且设置了多层阵型以加强防御能力。

章邯从斥候那里得知张楚军仅有千乘战车而没有骑兵，马上意识到敌军大部分步兵都缺乏车骑机动力量的掩护。由于戏水战场的地形十分平坦，能最大限度地发挥轻车的冲击力，所以章邯这次特意增加了战车在军阵中的比例，投入了比敌军更多的轻车部队。秦军步兵虽少，但车骑之军可以少胜多、以快打慢。依照章邯的部署，右军主要任务是防守，左军是克敌制胜的突击力量，中军是组织全军攻防的枢纽。有精锐的中尉军将士领着打仗，赦戍军将士的表现不会差到哪里去。

张楚军先头部队渡河时，秦军已经严阵以待。周文很快摆好了自己的军阵，然后击鼓进军，与章邯部秦军大打出手。周文跟章邯的想法一样，首战必须取得胜利，否则数十万半途加入的兵马很可能军心动摇，乘兴而来败兴而归。他把数万淮阳兵和沿途收罗的较为精锐的士兵合编为先锋军，以战车冲击秦军的中军阵，步兵随后突击。

张楚军中的战车来自原秦朝淮阳郡直属的轻车部队，跟秦中尉军的轻车部队相比，训练水平和实战能力都具有明显差距。秦朝中尉军由全国各地挑选出来的精兵组成，日常训练水平为秦军之冠，只是实战经验不如南北两大边防军那么丰富。看到周文指挥轻车陷阵，章邯不慌不忙地下令以强弩大阵猛射敌军的车马。

少府章邯麾下有一支精锐的佐弋弩兵，由身强力壮的趫张之士和引强之士组成。他们在每年的春季和秋季都有严格的训练考核，射箭命中率不达标者有相应的处罚措施。再加上秦军常以射猎代替军事演习，佐弋弩兵在秦朝各支弩兵中也称得上是精锐。佐弋弩兵与中尉军弩兵、骊山徒戍成军中的弩兵按照号令有序地倾泻箭雨。张楚军的轻车兵始终未能突破防线，伤亡在不断上升。

与轻车协同作战的张楚军步兵此刻脑袋有点蒙，他们自反秦以来没打过这么艰苦的恶仗，有的想继续前进，有的想后退。这心思一杂，进攻队形就变得凌乱了，章邯不失时机地派出一部车骑反冲锋，把张楚军先锋揍了回去。

周文再次组织进攻，把目标改成了章邯的右军阵。他注意到秦右军只有步兵和少数用于防御的战车，便认为这里是秦军防御的薄弱环节。张楚军集中轻车兵和精锐步兵猛攻秦右军阵，企图由此突破秦军防线，迂回到秦军大阵背后袭击。他的想法没什么毛病，可是秦右军的强弩配备比例更高，并且占据了骊山阵地的制高点。张楚军不仅要正面承受敌军的抵抗，还要提防秦军伏兵居高临下地攻击自己的左侧。

就在张楚军跟秦右军激战时，章邯看准机会让左军的车骑部队向周文的中军发起了猛攻。以步兵为主的张楚中军迅速结阵抵抗，但秦军车骑队形紧密，动作迅速，一举冲乱了张楚军的阵型。章邯顺势下令全军出击，带领中军猛攻敌军。张楚军的阵型顿时陷入了混乱，各军的配合纷纷脱节。周文见一时抵挡不住，只得鸣金收兵，尽可能地及时止损。进攻秦右军的张楚军轻车兵对战场形势的突然变化感到猝不及防，被反攻的秦军包围。周文手下最有冲击力的轻车部队损失惨重，被迫撤回戏水东岸。

敌军慌忙败退，不趁机痛打落水狗，简直有罪。章邯立即率数万大军追击，中尉军车骑虽然未能在追杀中擒获敌军大将周文，但成功控制了戏水上的浮桥。经此一役，张楚军缺乏车骑机动力量的弱点暴露无遗，周文最倚重的淮阳兵伤亡很大，剩下的数十万人马军心动摇。章邯看到了扩大战果的希望，就对敌军发起连续进攻，不给敌军喘息的机会。

战场形势发生了根本变化。秦军一扫前期的恐慌心态，对镇压反秦势力充满信心。越来越多的骊山徒赦戍军赶赴前线参与这场追击战。张楚军的狂热气焰被接二连三的失败打灭了。周文意识到不能在人家的主场硬扛，便赶紧率军向东撤退。章邯很老辣，没有穷追猛打，而是不紧不慢地将数十万张楚军逼出函谷关，重新夺回了关中的东大门。

周文大军退出函谷关后，屯驻在位于今河南省三门峡市西南的曹阳亭。章邯没有急着出关进攻张楚军，而是对骊山徒赦戍军进行了整顿。他要像王翦老将军那样，不战则已，战则必胜。

关东地区的形势依然恶劣。张楚军虽然遭遇了前所未有的惨败，但还有数十万部众可用（尽管战斗力在急速下降）。秦三川郡守李由还在死守荥阳与敖仓，张楚军派出许多兵马依然没有啃下这块硬骨头。楚地、赵地、魏地、韩地、燕地和齐地正在被各种反秦势力侵蚀。秦朝南方兵团已经跟朝廷失去联系；北方兵团目前以王翦的孙子王离为主帅，许多到新秦中戍边的士兵因天下大乱而纷纷逃往内地，这支精锐边防军的兵力大不如前。

章邯深知，自己手中包括骊山徒赦戍军在内的关中方面军是挽救帝国最后的希望，他必须确保出关后能够击败所有的反秦诸侯军。为此，章邯准备了两个多月才出关进攻曹阳亭的张楚军。此时的骊山徒赦戍军经过上一次战争的锻炼，战斗力有了显著提高，再加上高涨的士气，又把周文打得连连败退。

张楚军的伤亡数以万计，原先跟风嚷嚷着灭秦的人都怯战了，没法继续坚守阵地。周文只得再次率军东撤，把剩余的兵马屯驻在渑池县（秦昭王和赵惠文王会盟的那个渑池），并派兵扼守函谷关与渑池之间的崤塞，试图凭借险要的地形阻截章邯部秦军的追击。

这个决定本来是可以挽救张楚军的。秦军被拖住了十余日，足够张楚军大部队向淮阳老根据地撤退，最起码也可以跟假王吴广等人的部队合兵一处，共同抗击秦军。奈何周文不想认输，继续逗留在渑池想打个胜仗一雪前耻。殊不知，章邯在这段时间已经从关陇地区调来了许多比骊山徒赦戍军更擅长攻守的精锐部队。双方的实力差距愈加悬殊。

这一年十一月，秦军突破崤塞后与周文的兵马在渑池进行最后的决战。周文拼了老命，然而缺乏战车和骑兵的张楚军难以抵挡秦军轻车骁骑的冲击。张楚军中那些秦朝正规军出身的将士大多在前面的战斗中消耗殆尽，剩下的不是怯战的投机分子，就是空有热血而训练不足的不良少年。张楚军兵败如山倒，被秦军车骑追杀，血流成河。面对这般惨象，周文崩溃了，像他的老上级项燕一样自刎。

章邯击败周文大军后，秦二世派长史司马欣、都尉董翳二人给他当副将，还派了很多关中卒来增援。章邯率领由关中常备军和骊山徒赦戍军组成的关中方面军展开了战略反攻，击败了围攻荥阳的张楚军，帮三川郡守李由解了围。紧接着，他又横扫张楚军各部兵马，打得张楚王陈胜的手下只好叛变，带着陈胜的首级投降秦朝，这距周文的数十万大军覆没才过了短短一个月。

张楚政权在迅速壮大后就急速衰败，令人不禁扼腕，但诸侯反秦之势并未因此平息，陈胜原先任命的侯王将相在故六国地坐大，关东遍地都是大大小小的反秦势力。章邯率领秦朝关中方面军东征西讨，铁腕镇压各路敌军，攻无不克，战无不胜。然而，他即将迎来生命中的第一个劲敌。

定陶之战，秦军史上最后一次大胜仗

说来也耐人寻味，反秦的星星之火首先从当年王翦打赢灭楚战争的淮北地区燃起。最先扯旗反秦的陈胜、吴广冒充楚将项燕的老部下，一度攻入关中的将军周文是项燕的老部下，但各路反秦军中实力最强的是项燕的真正传人——由他儿子项梁和孙子项羽组建的江东子弟兵。

自从淮北战败后，项梁带着侄子项羽一直东躲西藏，最后躲到了江东会稽郡的吴中地区——项氏的老根据地之一。王翦攻下会稽郡后，秦廷只派了秦人做郡守等长吏，属吏大多还是本土的楚人。项氏家族的势力由此渗透进了秦政府，吴中的贤士、大夫皆出自项梁门下。项梁经常操持吴中地区的大型徭役和丧葬，暗中以兵法部勒自己的宾客及子弟。

大泽乡起义爆发后，秦会稽郡守殷通得知周文率领数十万大军攻入函谷关的消息后，就跟项梁叔侄商量合伙反秦的事。结果，项梁让侄子项羽杀死殷通，凭借自己的威望在江东起兵反秦。张楚政权灭亡后，项梁采纳谋士范增的建议，拥立沦落为放羊娃的楚怀王之孙熊心为新的楚怀王，以此号召楚地军民共同反秦。秦将章邯在平定张楚后继续镇压其他反秦诸侯军，他与项梁部楚军注定会有一场血与火的较量。

武信君项梁横空出世，秦将章邯屡战屡败

秦将章邯消灭陈胜后，立即北上攻打魏王咎的反秦军。魏王咎是魏国王族子弟，原本是魏国的宁陵君，秦将王贲灭魏后被剥夺爵位。张楚王陈胜派魏人周市去攻略魏地。周市没有称王的野心，便再三请求陈胜立魏咎为魏王。陈胜最终同意了。魏王咎占据了砀郡、东郡等地盘，控制着黄河两岸的通道。所以，章邯就把魏王咎当成了下一个打击对象，而楚、齐等反秦诸侯则要力保这个盟友不灭。

章邯派出不少兵力继续清剿楚地的反秦军，自己挥师进攻位于临济（今河南省新乡市封丘县东）的魏王咎政权。秦军从秦二世二年（公元前208年）正月开始包围临济，打了很久都没能破城。同年四月，魏王咎派周市向楚、齐求援。

五月，楚将项它和齐将田巴率领各自的兵马跟魏将周市去驰援临济，齐

王田儋随后也率领大军前来。面对齐、魏、楚三方联军，章邯采用夜袭战法破杀周市等人的援军。倒霉的齐王田儋在这场战斗中战死，他的弟弟田荣急忙收拢齐军残兵逃往东阿。时至六月，绝望的魏王咎见大势已去，就跟章邯约定以不屠杀临济百姓为条件开城投降。他选择自焚而死，弟弟魏豹逃到了东阿城。

复辟的魏国势力已破，章邯又率军追击向东阿撤退的魏豹和齐将田荣的残兵，想顺势一举平定齐地。齐人听到齐王田儋战死的消息，就改立末代齐君齐王建的弟弟田假为齐王，以田角为丞相、田间为将军，此举为后来齐国复辟势力的内争埋下了隐患。楚将项它兵败的消息传回了楚国，自号"武信君"的项梁得知田荣被秦军围困在东阿，便亲自率兵救援，准备跟诸侯畏惧的章邯来一场硬碰硬的较量。

项梁自起兵以来，一直没有跟秦军主力交战，胸中积累多年的仇恨无处排解。自从被王翦打败后，他无时无刻不想着复仇，在吴中做"乡贤"的时候日夜琢磨击败秦军的办法。谁知自己精心谋划了那么久，王翦、王贲、李信、蒙恬等秦军良将如今都不在了，暴秦只剩下章邯一个能打的战将。他的心情有些复杂，但对胜利充满了信心。他和侄子项羽早已准备了击败秦军的秘密武器。

同年七月，楚军赶到了东阿，与田荣的齐军合兵一处。章邯有些倒霉，他遇到的这支楚齐联军的阵容颇为强大。武信君项梁为楚军主将，其副将是楚汉相争的两个男主角——西楚霸王项羽和汉高祖刘邦。项羽是秦末最强的军事家之一，刘邦也是个能指挥十万大军的将才。无论哪个单独拎出来，都让章邯感到头痛。楚军司马龙且后来是楚霸王项羽麾下的主力战将之一，刘邦麾下的樊哙、曹参、夏侯婴、周勃等汉初良将也在军中。数来数去，只有齐将田荣的军事才能平平。章邯手下的秦将远不如秦灭六国时那批人那么能干。

当然，此时的天下人并不知道项梁部楚军有多么厉害，项羽、刘邦（以及他的创业伙伴们）还在成长阶段，尚未修炼成王者，目前只有指挥数万兵马的实战经验。秦将章邯也只知道项梁是当年王翦的手下败将，并没有特别高看对手一眼。结果两军一交手，他才发现自己想错了。

项梁部楚军的骨干是江东子弟兵。自从王翦平定江东设会稽郡后，吴中的士大夫们就跟着项梁一直暗中研究如何击败秦军，特别是克制秦军中威力最大的车骑部队。吴越之地有着良好的剑盾步兵传统，由于地理环境限制，战车的运用并不出色，但骑兵是个例外。秦时中国的气候和今天不一样，南方诸侯也普遍以山林湖泽养马，不然战国时代的楚国从哪变出来的车千乘、骑万匹？从淮北到吴越都有楚国的马场，项梁、项羽叔侄的对策就是大力发展骑兵。

论骑射功夫，秦、赵等国的骑兵整体上碾压楚骑，但此时的中原骑兵在近战时用的是长剑，没有配置长矛、大戟之类的长兵器。一方面，当时的骑兵没有马镫，使用的是软马鞍，骑士对马的操控不如有马镫时代的骑兵那么灵活，所以在打法上更多采用弓箭加刀剑的组合；另一方面，中原骑兵从诞生之日起就是跟轻车协同作战（就连赵武灵王的胡服骑兵都归"车骑将军"指挥），有轻车兵使用长矛、大戟在前面破阵，跟随轻车猎杀敌军溃兵的骑兵自然用不着长兵器密集冲锋。

齐军采用车骑混编的传统战术，然而章邯部秦军遇到的这支楚国项氏骑兵与众不同。楚军骑兵不跟战车混编，而且人人都用长戟作战。战国同期的亚历山大大帝的伙伴骑兵与波斯帝国的重骑兵有使用长矛发起密集冲锋的战术，但当时尚未传入中国。所以，楚国项氏独立研发出的这种新战术，对包括秦军在内的各路兵马都产生了冲击。直到楚汉相争时，刘邦以原秦军骑士为基础组建了郎中骑兵，才把项氏楚骑压制住。这是后话。

项羽率领楚军骑兵队冲击秦军战阵，他们只持长戟冲锋而不用弓箭。但楚军和齐军中还有一群善于骑射的骑兵与之协同作战，他们的指挥官叫"楼烦将"，用的是楼烦人的名号，但士兵不全是楼烦雇佣兵，也有中原的骑射手。

两类骑兵分别负责远战和近战，机动力和攻击力互补得很好。

由于没有跟轻车组队冲锋，项氏楚骑的机动性大大超过了章邯部秦军的车骑部队。面对这种新打法，秦军车骑感到很不适应。尽管秦轻车冲击力比楚骑强，正面对冲还是占上风，但楚骑可以灵活地拐弯转向或者分散合拢，先避开秦军轻车的锋芒，再伺机进攻轻车后面的秦骑兵。轻车的转向远不如骑兵方便，拐个弯需要更大的活动半径，重新整队也比骑兵慢。

秦骑兵跟楚军楼烦将的骑射部队拼弓箭不落下风，但跟项氏楚骑打近战吃亏太多。人家用长戟排成密集队形冲锋，而秦军只有九十多厘米长的长剑在手。秦军的剑还没碰到对方，就被对方的长戟刺穿甲衣了。秦骑兵在近战中被打得毫无还手之力，跟轻车配合严重脱节，溃不成军。数量原本就少于骑兵的轻车部队失去了己方骑兵的掩护，顿时陷入了楚军两种骑兵的包围。刘邦麾下的轻车部队也在秦末第一车战高手夏侯婴的指挥下参与进攻，协助项羽部楚军冲锋陷阵。秦军车骑最终寡不敌众，被楚军成建制地消灭。

就这样，秦军引以为傲的车骑突击力量被项梁和项羽击溃。章邯率领凶悍的秦军步兵跟项梁、刘邦、田荣、龙且率领的步兵打得难解难分，项羽击溃秦军车骑后也加入了进攻秦步兵方阵的战团。刘邦的部将樊哙、曹参、周勃等步战能手作战勇敢，率部攻陷秦步兵的战阵。秦军全线崩溃，败局已定。章邯见再打下去无济于事，便赶紧下令撤兵。他以精兵拼死断后，尽力掩护同袍撤退，保留反攻力量，但在楚骑的追击下，秦军伤亡还是很大。

章邯也险象环生，差点儿没突围出去。但是他的运气很好，正当项梁想要追杀他的时候，楚齐联军突然闹起了矛盾。田荣不服齐人拥立的新王，就引兵回齐国攻打齐王假。项梁见劝阻无效，只得带领楚军独自追击秦军败兵。他见章邯损兵折将，毫无招架之力，就派项羽和刘邦南下攻打城阳（今山东省菏泽市定陶区北），自己继续带兵追击章邯。于是，让秦军吃大亏的项氏楚骑主力随项羽南下，章邯因此暂时不用面对最危险的敌人，纵然只能且战且退，也没那么狼狈。

项梁有个宏伟的作战计划。他派项羽、刘邦先一步攻城阳，是为了切断章邯退往定陶的道路，迫使秦军退向秦东郡治所濮阳。当时，黄河北岸的赵国（此时的赵王不是陈胜的部将武臣，而是张耳、陈余拥立的赵王歇）与楚国是盟友关系。项梁派出使者邀请赵国和齐国一同发兵，三方从黄河两岸合围濮阳，章邯部秦军将插翅难飞。

项梁的想法很好，却未能如愿。田荣引兵回齐打跑了齐王假，齐王假流亡到楚国。齐相田角和将军田间逃亡到赵国求救。田荣立兄长田儋的儿子田市为新的齐王，自己做丞相，弟弟田横为将军。楚武信君项梁派使者请求联手攻秦时，田荣要求楚国杀齐王假，赵国杀田角、田间等齐国流亡贵族，否则不会出兵。但楚怀王和赵王歇都不同意，田荣大怒之下不肯出兵，赵国也没出兵相助。楚军只好独自攻打章邯。

项羽和刘邦凭借新战法顺利攻破了城阳，并且纵兵屠城以震慑周边的秦军。项梁把他俩调来一起攻打濮阳。项羽和刘邦率轻锐先一步来到濮阳以东，与正在收拢散兵的章邯大打出手。失去车骑机动力量的秦军步兵难以招架，再次被打得落花流水。士兵们丢盔弃甲，纷纷退守濮阳城。驻守濮阳的秦东郡尉派兵接应，帮助章邯的败军顶住了敌军这一波攻势。连续作战的楚军先锋因长途奔袭十分疲惫，就停止进攻，等待项梁的主力到达再一起攻城。

关东郡县的秦军大多战力不强且意志薄弱，但章邯从关中带来的人马不一样。章邯收拢散兵后很快重整旗鼓，重新组织防御。秦军士兵连吃败仗很憋屈，可并没有想过要投降。特别是项羽、刘邦屠杀城阳军民的举动，让他们不敢不拼死抵抗。刘邦的部将樊哙一度立下攻城先登之功，最终还是被秦军击退。

章邯不愿坐以待毙，趁着项梁的主力军还没赶到时抓紧抢修防御工事。他充分利用骊山徒赦戍卒擅长土木作业的优势，火速挖了一条壕沟引黄河水环绕濮阳城和秦军壁垒。这道环城的水沟大大增加了攻打濮阳城的难度，缺乏攻坚器械的楚军一时拿不出什么好办法，就连项梁都没能找到破敌之策。

但项梁不拘泥于一城一池的得失，而是放眼整个关东战场。他得知章邯出关后分出大量兵马平定张楚和魏王咎的军队，濮阳城中的秦军数量已经不多了，暂时放过濮阳也不要紧。项梁改变战术，先挥师去攻打重镇定陶。定陶秦军离濮阳最近，而且卡在楚齐势力之间。攻略此地可以进一步巩固楚国势力，为攻取魏地奠定了基础。

然而，项羽、刘邦攻打定陶并不顺利。项氏楚骑和江东楚军步兵都以野战破阵见长，攻坚能力平平。刘邦部楚军来源很杂，还不如项羽手下的士兵军事素养高。此时，秦三川郡守李由又率军从荥阳出发来到了魏地重镇雍丘。这座城是秦将蒙骜打下来的，如今成为反秦势力环伺之地。李由部秦军打算以雍丘为基地，进攻楚怀王政权。

于是，项梁赶紧派项羽、刘邦去阻击，自己则带兵攻打定陶。他的作战经验更为丰富，熟悉老楚军的攻城之法，没费多大力气就击破了定陶秦军。到了八月，战场上传来消息，秦三川郡守李由在雍丘被楚军斩杀。项羽和刘邦正在攻打雍丘附近的外黄（今河南省商丘市民权县外黄故城），清剿这一带的秦军势力。

李由之死意味着秦三川郡失去了主心骨，韩魏之地的秦军力量受到重创。定陶秦军已溃败，退守濮阳的章邯部秦军独木难支。两路楚军的进展都非常顺利，楚怀王政权的地盘大大扩张，反秦形势看起来一片大好。楚武信君项梁在诸侯中的威望也达到了巅峰，各方对他的敬畏超过了对秦将章邯的畏惧。然而，战场瞬息万变，大胜之后的大败并不罕见。章邯吃了轻敌的亏，不再轻敌了。项梁却开始犯章邯犯过的错。

章邯夜袭定陶楚营，秦军一举反败为胜

项梁在接连胜利中变得十分骄傲，认为大秦的主力军已经被打败，天底下没有人能战胜自己。楚军士兵在项梁的影响下，也跟着轻视秦军。什么虎狼之师？还不是被江东吴中子弟兵打得满地找牙。于是，在驻守定陶时，楚

军的组织纪律开始变得散漫，不再像过去那样常备不懈、令行禁止，总觉得这个小纰漏没问题，那里不认真也没问题。

楚将宋义对这种不良风气感到担忧，就谏言道："打了胜仗就将帅骄横，士兵怠惰，是要吃败仗的。如今士兵们的警惕性松懈了，秦军的增援部队会日益增加，臣为您感到担心。"但项梁根本听不进去，一不耐烦就把宋义打发去出使齐国。宋义在去齐国的途中恰好遇到了齐国使者高陵君。高陵君询问楚军的情况，宋义预言项梁必败，齐使走慢点可以免死，去早了恐怕会遭遇大祸。

事实证明，宋义说得没错。项梁误以为天下人都反秦，秦朝连骊山徒都用上了，已经无兵可派。殊不知他的盟友赵国发生内乱，就跟秦军援兵有很大关系。项梁把自己手下的精兵强将派到各处略地，看似占了先机，实则错失了集中兵力消灭章邯的良机。顽强的章邯没有丧失斗志，一边等待增援，一边谋划反击行动。一个月后，他终于等到了那支足以翻盘的增援力量。

秦二世二年九月，太行山以东地区基本上被赵、燕、齐、楚等反秦政权瓜分，但太行山以西的郡县基本上还在秦军手中。秦帝国内部政局发生了新的变化。两个月前，位列三公的冯去疾和冯劫因奸臣赵高的陷害被迫自杀，丞相李斯被秦二世下令以酷刑处死，朝中几乎完全被赵高党羽把持。唯一的好消息是，因大将军蒙恬冤死而对二世皇帝、赵高、李斯等人怨气很大的北方兵团终于肯南下中原了。

王贲的儿子王离本是蒙恬的副将，此时作为主帅指挥秦军北方兵团。自从蒙恬死后，匈奴头曼单于又对阴山与河南地虎视眈眈。关东郡县大乱，从齐地向长城守军转输的军需物资也断了。许多谪戍新秦中的军民看到天下大乱，就纷纷逃往内地，匈奴也有部分兵力趁机渗透到蒙恬沿河修筑的要塞。

秦军北方兵团在这两年实力衰退了不少，跟朝廷矛盾又深，处境十分困难，但王离最终还是同意去中原平定各路反叛势力，给千疮百孔的大秦帝国续命。他继承了爷爷王翦的武成侯爵位，又接过了大将军蒙恬留下的重担。

既然不愿以兵变推翻帝国，又不能学任嚣、赵佗割据自立，他就只能出来收拾烂摊子。

大约十万秦军从上郡驻地秘密来到前线，他们走的是还在秦朝手中的河东郡、河内郡。秦东郡虽然多处沦陷，但还控制着不少黄河渡口，所以王离的十万精兵神不知鬼不觉地来到了东郡治所濮阳。这十万精兵是他目前能投入一线战场的全部兵力了。除了王离部北方边防军之外，秦二世又征发了一批关中卒赶赴濮阳增援章邯。

章邯此时手头的兵力非常紧张。大量骊山徒赦戍军此前被派出去跟其他楚军争夺楚魏之间的地盘，主力又被项梁等人重创，他根本无力组织反击。这两批满员齐装的援兵解了章邯的燃眉之急。就这样，屯驻濮阳的秦军再度恢复到数十万的规模，拥有组织大规模决战的本钱。

最令章邯欣喜的还是北方兵团精锐部队的到来。这支北驱匈奴、修筑长城防线的功勋部队，堪称大秦帝国的王牌军，其战斗力连此时的咸阳中尉军都要甘拜下风。更可贵的是，该军拥有整个帝国最能打的轻车骁骑。主帅王离和副将涉间都是蒙恬的老部下，在北驱匈奴时立过大功。虽说两人都没有独立统兵作战的经历，但也不会弱到哪儿去。

按照朝廷的命令，指挥北方兵团的王离、涉间，率领关中卒的长史司马欣、都尉董翳以及坐镇濮阳的东郡尉，都要听从主帅章邯的号令。章邯对众将说起了当前的形势。张楚军败亡后，反秦势力不减反增。楚怀王、赵王歇、燕王韩广、齐国田氏等诸侯都形成了割据政权。

其中，黄河以南最大的楚怀王势力，武信君项梁、项羽、沛公刘邦、魏王咎的弟弟魏王豹等在其门下。黄河以北最大的势力是赵王歇及其心腹张耳、陈余建立的赵。齐国田氏跟同为反秦诸侯的赵、楚两国关系交恶，不会与任何一方联手。其他的反秦军都依附于这些大诸侯。只要将大诸侯击破，就能征服其他中小反秦势力。

位于濮阳的秦军主力目前三面受敌，同时以一敌三是取败之道，只有将敌军各个击破才能杀出一条血路。章邯的想法是先集中兵力击败南方的楚怀王部兵马（主要是项梁的军队），然后再北上灭赵，最后伐齐。

若能击败项梁，楚怀王就失去了顶梁柱，其他楚将的威胁也没那么大了。他对秦军众将特别强调了项梁、项羽和刘邦等人的指挥能力，以及楚军骑兵的新战术。眼下项梁的主力军驻扎在定陶，项羽和刘邦在南边攻打外黄。对秦军威胁最大的项氏楚骑集中在项羽手中，项梁身边的骑兵不多。

由于章邯做了严格的保密措施，王离部秦军援兵抵达濮阳的消息还没被诸侯侦察到。项梁还以为濮阳的秦军没多少兵力，对部下的军纪也不再高标准、严要求了。章邯听到秦军斥候打探到的这些情况顿时大喜，现在正是击败项梁的好机会。若是等楚军各部重新会合，恐怕会演变成一场苦战。

濮阳离定陶大约两百里，比外黄离定陶要远一些。秦军的奔袭若是不够快速和隐秘，项羽和刘邦的部队随时会抽身回师驰援。章邯和王离必须赶在这支楚军察觉之前速战速决，把项梁一举消灭。此战非一击必杀不可，否则秦军难以摆脱三面受敌的困境。

于是，章邯下令让王离、涉间挑选精兵，组建一支数万轻锐之师充当反攻的先锋。长史司马欣、董翳率领大部队在后面依次跟进。他打算采用此前在临济之战击败魏王咎和齐王田儋联军的战术——衔枚夜袭。

"枚"是一种像筷子的器具。古代军队在秘密行军时，为了防止士兵交头接耳扯闲话暴露目标，就会让他们口中衔着一根枚。衔枚夜袭的关键在于隐蔽性。通过隐藏军队的踪迹，悄悄运动到敌军防线的要害位置，出其不意地发动猛攻。章邯对此很有经验，他还让骑兵都用布把马蹄裹好，以免大量骑兵发出的马蹄声引起敌军注意。

据斥候回报，项羽和刘邦攻打外黄城很不顺利，增加了不少伤亡。他们打算绕开外黄，去进攻更大的重镇陈留县。陈留是天下的要冲，囤积了大量粟米。把这些战略物资抢到手，楚军就有更多本钱攻城略地了。攻打定陶、外黄都不顺利，让项羽和刘邦心情很糟，他们下决心一定要攻克陈留。然而，陈留秦军和百姓抵抗异常激烈，双方打得十分胶着。项羽和刘邦的部队完全被牵制在了这里，无暇分身管其他事。章邯果断下令发起长途奔袭。

秦军先后渡过濮水与济水，顺利避开了楚军斥候的耳目，秘密来到定陶附近的菏泽（上古九泽之一，故址在今山东省菏泽市境内）一带休整人马。这个地区当时水网密布，黄河、济水、濮水、沮水流经此地，大野泽、雷夏泽以及菏泽相距不远，具有优越的农耕和渔猎条件，还是华夏文明的发祥地之一。秦军众将士一直潜伏到夜晚，做好了一切战斗准备。

此时此刻，楚武信君项梁还沉浸在之前的几场胜利中，做着带兵踏平秦都咸阳的美梦，对章邯部秦军的动向浑然不觉。他坐镇定陶，等待着侄子项羽和沛公刘邦攻克陈留的好消息。楚军各部兵马在他的严酷训练下都有着不俗的野战能力，但在攻城略地方面还有些欠缺，一遇到坚守不出的城池就半天啃不下来。

现在，秦朝的城邑不像刚开始那么轻易投降了。秦东郡夹在楚、赵、齐三方势力之间，虽然丢了不少属县，但还是像个钉子户一样在顽抗。秦三川郡失去了郡守李由也没投降。项梁坐镇定陶，随时可以攻打西北的濮阳或者增援西南的项羽、刘邦军。他自认为一切尽在掌握中，根本没料到自己已经大难临头。

楚军营垒的哨兵近来多有懈怠，以为方圆百里之内不会有敌军偷袭，巡逻时精神不集中，甚至有人偷偷打瞌睡。士兵们大多解甲弛弩，不再保持随时能战斗的警惕性。思想麻痹的人在战场上注定要遭受血的教训。秦军突然夜袭劫营，顿时让楚军各部极度恐慌，营垒中乱成了一锅粥。

秦军夜袭部队从多个方向同时发起攻击，四处放火烧敌营，让敌军搞不清到底来了多少人马。从睡梦中惊醒的楚兵慌慌张张地披上甲胄，给弩重新上弦，大多数人都还没做好战斗准备，就被冲进军帐的秦兵杀死。有的楚兵无心恋战干脆逃跑，结果被试图努力稳住军心的军官们杀鸡儆猴。等到项梁出幕府重整兵马时，秦军已经击杀了不少楚军。

项梁见大势不好，急忙组织人马突围，谁知章邯和王离在定陶周围埋伏了许多军队。北方兵团的秦骑兵以小队人马在楚军营垒中杀进杀出。这支骑兵跟匈奴打了多年交道，无论是大兵团会战还是小兵群厮杀都是行家里手，战斗力远强于章邯原先的车骑部队。项梁的亲随骑兵固然是精锐，但楚马不如秦马优良，而且在这混乱的夜战状态下也没法以长戟发动密集冲锋，威力大幅度下降。王离的骑兵有更好的单兵战术素养，秦骑在这种混乱的小分队战斗中完全压制住了楚骑。

章邯部秦军打了几次窝囊仗，现在终于得到发泄怒火的机会，士兵们下手一个比一个黑。章邯希望大量消灭项梁部楚军，因为关东群盗太多，此起彼伏。秦帝国的战争动员能力严重退化，无力组建另一支十万人马以上规模的野战军。项梁的兵马如果不能被全部消灭，日后将成为帝国的心腹大患。

秦军将士无情地斩杀所有出现在眼前的敌兵。不管他们是顽抗还是逃跑，只要是个活的就赶尽杀绝。项梁未能趁夜逃脱，被章邯与王离包围了，最终死于乱军中。项梁部楚军只有部分兵马拼死争取得一条生路，他们突围后和张楚军的残部一样，以散兵游勇的形式在楚魏之地苟活。

定陶之战的胜利让秦将章邯再次威震诸侯。正在攻打陈留的项羽和刘邦大吃一惊，楚军士兵们感到很害怕。项羽对秦将章邯和不肯出兵帮助自己叔叔项梁的齐相田荣满腔怨恨，但他也明白此时形势不利，单凭自己率领的精锐骑兵不足以扭转全局，只能暂且忍下这口恶气。项羽和刘邦觉得这一仗打不下去了，便与附近的楚将吕臣引兵东去。三位将军分别退守彭城（今江苏省徐州市铜山区）和砀县，以防秦军攻打楚怀王。

章邯消灭劲敌项梁后见楚军不敢找他报仇，便以为楚地兵马不足为虑，留下东郡尉和王离的军队监视楚军后率军返回濮阳，北渡黄河讨伐赵王歇。他此时还不知道，定陶之战是秦军打赢的最后一场大型战役。此后没多久，秦军就开始走下坡路，总体上胜少败多，而且一个惨痛的悲剧即将降临在秦军众将的头上。

断送大秦帝国最后一线生机的巨鹿之战

楚武信君项梁之死让全天下的反秦势力都心惊胆战。好不容易出了一个能压制秦将章邯的名将，居然在形势大好的时候突然败亡了。关东各地还没被诸侯军攻陷的城池受到鼓舞，抵抗得更加顽强了。连剽悍无双的项羽和多谋善断的刘邦都屡屡攻城失利。

秦军与关东各路诸侯控制的地盘依然呈犬牙交错的格局。百姓时而反秦，时而降秦，就看哪一方军队占上风了。章邯在定陶之战中反败为胜，最新形势看起来似乎对秦帝国更有利一些。

章邯没有继续南下灭楚，而是选择北上灭赵。说到底，他内心深处还是延续了秦始皇灭六国时的思维惯性——重视赵国而轻视楚国。楚将项燕给秦军造成了一场大败，但王翦最终正面战胜了他。赵将李牧两次大败秦军，就连王翦都无法在战场上直接击败他，只能用盘外招来解决。

章邯虽是一流名将，但没能摆脱传统观念的局限性，更担心赵国趁着秦楚大战时突然冒出新的军事天才，没有意识到楚军才是更可怕的对手。这个战略误判让他错过了剿灭楚怀王集团的最佳时机。一场左右大秦帝国最终命运的诸侯大决战即将在赵地打响。

秦将章邯北上攻赵，邯郸沦陷，巨鹿告急

赵王歇得知章邯部秦军大举北上，心里慌得很。他本是赵国王族后裔，秦灭赵之后成了一个默默无闻的小老百姓，但在八个多月前他突然被张耳、陈余这两个魏国大梁人扶上了王位。赵王歇对治国带兵一窍不通，被张耳、陈余当成吸引赵地黔首归附的招牌。他能上位跟赵国此前的内乱有关。

陈胜的部将武臣在张耳、陈余的劝说下自立为赵王时，陈胜本来气得想杀武臣全家，后来被部下劝阻，改派使者祝贺武臣登基，并催他赶紧西入函谷关帮助周文灭秦。但赵王武臣等人有自己的小算盘。就在章邯率领秦朝关

中方面军击杀张楚军统帅周文时，武臣在张耳、陈余的辅佐下大肆派兵略地。

赵将韩广负责攻略燕地，李良攻打秦恒山郡（即中山地，也称常山），张黡进攻秦上党郡，秦朝东北的郡县大多沦陷。更糟糕的是，燕人拥立韩广为王。赵王武臣怒而带着张耳、陈余进攻叛将韩广，结果他被燕军俘虏，好不容易才被放回来，只能承认燕王韩广的地位。

但赵王武臣的霉运还没完。赵将李良平定恒山郡后，又奉命率军攻打秦太原郡。结果，秦军在井陉塞部署了重兵，赵军攻不过去。而且，镇守井陉塞的秦将很狡猾，假借秦二世的名义给李良一封没有封口的策反信。以贵族自居的李良有些心动了，但还没做决定。他回邯郸请求增派更多援军途中，跟赵王武臣的姐姐发生误会，一怒之下派人杀了武臣的姐姐，举兵攻打邯郸。赵王武臣就稀里糊涂被杀死了。

张耳、陈余在赵国朝野多有耳目，提前逃了出来，收拢了数万没有叛变的败兵。他们在门客的建议下拥立真正有赵国王族血统的赵歇为王，以此号召赵人攻打叛将李良。李良被陈余的部队击败，就带着残部南下投靠了章邯。

这次内乱让赵国实力受到了不小的损失，邯郸生灵涂炭。所以，张耳和陈余拥立赵王歇后，把首都迁到了邯郸以北的信都（今河北省邢台市西南），跟楚怀王政权与齐国田氏等反秦势力都保持着友好关系。

赵王歇政权在诸侯混战中休养生息整整九年，才勉强恢复到能动员十万兵马参战的实力。这些部队分别屯驻在邯郸、信都、巨鹿、常山、代地。各地赵军少则万余人，多则数万人，但远不能跟秦、楚、齐的兵力相比。所以，楚武信君项梁邀请赵王歇派兵共同攻打退守濮阳的秦将章邯时，赵王歇、张耳和陈余都没有什么实质性的动作。

由于李良的叛逃，章邯对赵国内部的情况了如指掌，只是腾不出手来灭赵。直到在定陶之战击败项梁部楚军后，他才决定北上灭赵，一举扼杀羽翼未丰的赵国复辟势力。他带着大军从定陶回到濮阳，由此渡河沿着濮阳—安阳—邯郸段驰道进军。为了确保胜利，章邯把原先散在楚地的关中方面军各部集中用于灭赵，又让秦东郡尉和王离率数万兵马继续坐镇定陶—城阳一带，阻止楚军援兵突破东郡防线北上救赵。

将近三十万秦军浩浩荡荡地沿着驰道来到邯郸。其中，二十余万人是章邯的关中方面军，包括最早追随章邯的骊山徒敕戍军和秦二世拨给长史司马欣与都尉董翳的关中卒；另外数万人是王离带来的北方边防军，由部将涉间、苏角指挥。关中方面军的车骑部队在东阿、濮阳的战斗中损失惨重，好在北方边防军拥有大量车骑之兵，让章邯部秦军的作战体系重新变得完整。

不过，两个系统的秦军彼此并不熟悉，在定陶一役是初次并肩作战。两军在很多方面都存在差异，特别是北方边防军，作为秦帝国首屈一指的王牌军，很难与实力不俗但出身低微的骊山徒敕戍军这种杂牌军协同作战。这为后来的战斗埋下了隐患，只是目前尚未暴露出来。

得知章邯已经临近邯郸，赵王歇君臣率领大军从信都撤往更北方的巨鹿（今河北省邢台市平乡县），留下邯郸守军牵制秦兵，为主力部队争取宝贵的布防时间。巨鹿城位于巨鹿泽南方，漳水从巨鹿城东经过，由南向北流。在秦末动乱之前，这里是秦朝巨鹿郡的治所。在巨鹿城东北方不远处就是著名的沙丘宫。无论对赵人还是秦人，沙丘都有些不太吉利，因为赵国最卓越的雄主赵武灵王在这里活活饿死，而千古一帝秦始皇也病逝于沙丘平台。

巨鹿地处开阔的平原，方圆数十里基本无险可守，很容易被南方或者东方来的敌军包围。尽管如此，这座郡级重镇有着自己独特的优势。巨鹿位于秦朝全国高速驰道网的一个重要交通枢纽，南下邯郸、北上常山、东赴齐地的三条驰道均以此为中转站。毫不夸张地说，巨鹿就是赵地驰道的交通中心。赵王歇君臣把主力大军带到巨鹿，就是希望利用此地四通八达的交通优势，方便各个方向的反秦诸侯快速救援。毕竟，大军走驰道的行军速度可比走普通官道要快得多。

此时的天下形势比较微妙，秦帝国与反秦诸侯处于一个脆弱的平衡状态。秦帝国失去了对整个南方兵团的控制，北方兵团也因为内政和供给问题受到削弱。秦灭六国时开辟的关东各郡县反秦了，东郡成为帝国在黄河中下游仅有的基地。而且东郡自身的地盘已经不太完整，能掌握住的民户大大缩水。再加上长期得不到大后方的有力补充，东郡尉军的实力远不如蒙骜初置东郡时那么强悍。

由于章邯集中兵力北上灭赵，黄河以南的中部地区——三川郡、南阳郡——缺少重兵坐镇，马上又成了秦与反秦诸侯拉锯的前沿。这两郡秦军可以动员的兵力比起始皇帝在世时严重下降，不复当年秦将蒙骜东征时的雄厚实力。巴、蜀、汉中、南郡等西南边郡的主力军也被后两次南征百越之战抽空，战争动员能力要打个对折。

也就是说，帝国除了章邯与王离这两大主力军之外，其他各郡县守军的实力锐减到万余人至二三万人不等。反秦诸侯若是能凑齐十万之师，足以横扫秦朝各郡，一路西征攻入关中。不过，前提是章邯统领的三十余万秦军主力不会南下阻拦。想要把秦军主力牵制在黄河北岸，就必须保存赵国。

章邯得知赵军退守巨鹿的消息后，命令王离的副将涉间赶紧率领数万北方边防军日夜兼程奔袭巨鹿。张耳和陈余觉得不能坐以待毙，于是，张耳坐镇城中，陈余与张耳的儿子张敖去北方收拢兵马。陈余在恒山郡地区收得数万常山兵，张敖在代地收得万余代郡兵。他们在巨鹿城的北面安营扎寨、修筑壁垒，跟巨鹿城的主力军形成掎角之势。

秦将涉间的动作十分迅速，没多久就将赵王歇和张耳包围在巨鹿城，控制了巨鹿城以南的交通要道。邯郸沦为一座孤城，章邯率领关中方面军全力攻打邯郸。不提前拔除这个隐患，他没法放手进攻巨鹿。

此时，距离秦灭赵战争已有二十八年。章邯伐赵走的是当年秦将杨端和走过的路线。由于始皇帝下令毁坏六国名城的城郭，邯郸城原有的城防体系遭到了较大破坏。赵王歇君臣重新修整加固了邯郸城郭，但还是无法重复赵国首都昔日的雄伟气象。赵王歇政权的战争动员能力远不能跟老赵国时代相提并论，给邯郸留下的守军最多只有万余人。这点兵力跟十几倍于己的秦军硬拼，结果可想而知。

经过大约一个月的战斗，章邯的部队攻破了邯郸城，剩下的赵国军民全部投降。由于信不过这些叛秦的黔首，怕他们在秦军攻打信都时突然反水，从背后威胁秦军，章邯把所有邯郸吏民都迁徙到了南边的秦河内郡。他还派人夷平了邯郸的城郭，彻底断绝其他反秦势力利用这座大都据守的可能性。擅长土木作业的骊山徒赦戍军漂亮地完成了这项任务。通过这场大拆迁，秦军彻底清除了邯郸周边的不定时炸弹，控制了邯郸至巨鹿的广阔地区。

章邯攻破邯郸城后没有率领大军赶赴巨鹿，而是驻扎在漳水以南、洹水以北的棘原。这一带附近有当年秦将王翦攻取的邺城，秦将桓齮拿下的平阳、武城，临近黄河的棘沟等重镇。太行八陉中的滏口陉通往此地，数十万秦军可以跟秦朝上党郡、河内郡两个后援基地保持联系，获得充足的军需给养。

章邯不愧为秦军最后的名将，他把关中方面军主力驻扎在棘原是个颇有战略眼光的决定。秦军左边依靠太行山，右边有黄河天险，后有洹水做掩护，前有漳水为屏障，有利于防备各个方向的敌军偷袭，这在遍地有反秦势力且交通四通八达的河北战场是一个重要的保命符。章邯要让秦军先立于不败之地，不惧怕诸侯来袭，再去消灭被困住的赵王歇主力军。

章邯让士兵们再次发挥大秦第一施工队的基建能力，建设了一条紧靠河边的甬道，为百里之外包围巨鹿的秦军供应粮草。甬道是两旁有墙或其他障蔽物的驰道或通道。运送物资的辎重车队在甬道中行驶，相对而言不那么容易被敌军车骑进攻。当然，甬道不像长城和壁垒那么坚固，不能完全挡住敌军的袭击，还得有战斗部队保护。它的主要作用是减少防守盲区，提高后勤补给线的安全系数。

就在章邯准备向巨鹿增兵时，传来了坏消息。东郡尉和王离被楚砀郡长沛公刘邦的部队击败，各路诸侯都已经派兵救赵。章邯意识到巨鹿将是秦军与反秦诸侯赌上各自国运的必争之地，各方都要往这里投入重兵决战。

章邯命令王离带着自己的数万兵马火速赶到巨鹿，参与攻城战。他要比诸侯先一步集结更多军队，这样才有底气一举击败诸侯联军，正如当年蒙骜击败五国之师、王翦大破燕代联军。按照章邯的部署，屯驻棘原的二十余万关中方面军负责保护后勤补给线，由战斗力更强的十万北方边防军来围攻巨鹿。王离与副将涉间会师后重新整顿了兵马，开始猛攻巨鹿。他的攻势一轮胜过一轮，赵王歇与张耳打得很艰苦，连连向诸侯告急。

赵王歇早在被围之前就已经向各国请求出兵支援。倘若赵国败亡，燕王韩广的地盘就不保了。秦军主力必定会挥师踏平燕地，然后再南下灭齐，这相当于重打了一遍赵、燕、齐三国。于是，燕王韩广派将军臧荼率兵救赵。齐相田荣跟赵、楚的关系都不好，就没有派兵救赵，坐视秦军包围巨鹿。

其实，在巨鹿战场附近已经有一些诸侯军到位了，但他们跟赵将陈余、张敖一样，在巨鹿北面修筑壁垒，不敢再前进一步。张耳多次命令城北的赵军夹击秦军，但陈余迟迟不敢出击。陈余认为，常山赵军仅有数万人马，代地赵军才万余人，跟数量和战斗力都占绝对优势的王离部秦军正面交手，绝对没有好下场。

张耳大怒，派将军张黡和陈泽出城责骂陈余。陈余被逼急了，就给了张黡、陈泽五千兵马，让他们对秦军发起了试探性进攻。两位将军连同五千士兵只打了一个回合就全军覆灭了。这一仗下来，其他到达战场的诸侯军更加害怕秦军，也不敢出壁垒了，只是眼睁睁地看着王离继续围攻巨鹿。

诸侯军在等待，巨鹿城中的赵王歇君臣也在等待，等待反秦诸侯军中实力最强的楚军到来。就连秦将章邯都知道楚军早就出发了，只是莫名其妙地停滞不前。双方此时都不知道，楚军迟迟不肯北上的原因是突然起了内讧。

楚将宋义领兵救赵，砀郡长刘邦击败秦军二将

项梁在定陶之战兵败身亡后，楚怀王熊心大为震恐，但他没有畏战，反而把位于原秦东海郡盱台（今江苏省淮安市盱眙县）的临时首都迁到了离抗秦前线更近的彭城。他合并了吕臣和项羽的军队，把兵权收归自己手中。楚

怀王还重新整顿了朝局，封沛公刘邦为武安侯，以砀郡长的职务统领楚国砀郡兵；封项羽为长安侯，号为鲁公；任命吕臣为司徒，吕臣的父亲信阳侯吕青为令尹。

按照旧楚国的官制，刘邦担任的郡长相当于秦郡守，有统领一郡军政的权力。吕青担任的令尹相当于秦与山东五国的相邦，是执掌军政大权的首席执政大臣。由此可见，楚怀王熊心想借着武信君项梁阵亡的变数顺势摆脱项氏军事贵族集团的控制。

由于顶梁柱项梁已死，楚国原先的战略方针落空，朝野上下都颇为惊慌。于是，楚怀王与众人商量新的战略方针。眼下章邯没有乘胜追击攻灭楚国，是不幸中的万幸。赵王歇派了好几批使者来向楚国求救。作为反秦诸侯中实力最强的武装割据力量，楚怀王君臣都认为楚人不能输，必须抗秦到底，若是坐视秦兵攻灭诸侯，楚国就会跟当年王翦来袭时那样独木难支。

秦将章邯率领主力军北上灭赵，给了楚国重整旗鼓的喘息时间。楚军各部加起来，再算上可以征发的后备兵员，还是可以拼凑出十几二十万人马。虽然不如秦军的数量多，但联合诸侯之力还是可以一战。

目前秦军主力集中在黄河以北，黄河以南的秦军数量较少且分属多个郡，缺乏统一指挥。再加上奸臣赵高专权的秦二世庙堂瞎折腾，秦朝关中方向的守备力量比张楚王陈胜反秦那时更加薄弱。"秦失其鹿，天下共逐之。"秦朝郡县吏民大多对秦二世与赵高感到心寒，只是害怕反秦诸侯军屠城才拼命抵抗。种种因素综合在一起，给了楚国翻盘的机会。

楚怀王最终拍板，把举国之兵分两军，一军北上与诸侯军一同救赵，另一军向西略地攻入关中。救赵之师以宋义为上将军，项羽为次将，范增为末将，集中了楚军绝大部分主力。宋义预言了项梁的失败，楚国朝野都认为此人有先见之明，故而得到重用。攻秦之师则由砀郡长刘邦指挥。楚怀王还跟众将立了一个盟约，内容是先平定关中秦地的人可以封王。

这个盟约看起来很诱人，但大多数楚将都不想去，因为周文数十万大军攻入关中败了，善于用兵的项梁也败了。秦军现在士气高涨，打得各路诸侯满地找牙。其他楚将更没信心以数万之师去挑战灭秦任务。此时此刻，偌大的楚国只有刘邦愿意接这个任务，并且只有对项梁之死感到无比愤怒的项羽愿意跟刘邦一起攻入关中，以报杀叔之仇。

不过，楚国众将都看出楚怀王熊心想打压项氏，纷纷劝说楚怀王不要同意项羽的请求。他们都说项羽为人剽悍滑贼，在攻打襄城的时候一言不合就屠城，凡是项羽打过的地方无不沦为人间地狱。众将还异口同声地建议让具有仁义之心的宽厚长者去西征秦地，以统战政策来收拢秦朝吏民的人心，唯有沛公刘邦能担此重任。

尽管楚国众将有私心，话却不无道理。项羽、刘邦在定陶之战后期除了在野战中斩杀秦三川郡守李由外，几乎次次攻城都失利，这得怪他们在城阳屠城下手太残暴。刘邦屠城劣迹较少，而且开始反思屠城恶果。项羽还是那个暴脾气，打个仗跟死神过境一样。要是因此把已经对朝廷绝望的秦朝军民再次推向对立面，楚军的处境将会越来越困难，章邯和王离做梦都要笑醒了。

于是，楚怀王没有答应项羽的请求，还是让他做救赵之师的第二把手，辅佐宋义解巨鹿之围。对军事不太内行的楚怀王非常重视跟项氏军事贵族集团不一路的人才，他有意重用宋义和刘邦来遏制项羽。项羽自然也心知肚明，但眼下军情紧急，他一时顾不上个人得失，况且杀死叔父的仇人章邯就在河北战场，正好复仇雪耻。

再看沛公刘邦，他虽有独当一面的指挥权，但手头上的兵力远不如救赵之师多，仅有数万兵马，这是他以各种手段积攒起来的家底。兵员成分复杂，但对他比较忠心，实际上已经成为仅次于项氏军事贵族集团的第二大力量。

楚怀王没有指望两路军队都能获得胜利，只要一路取胜就能让反秦形势大为好转。他把宝押在宋义的救赵之师这边，给了他大约十几万楚军（包括项羽率领的项氏嫡系精锐）。至于攻秦之师，楚怀王让刘邦自己去收拢因战败而散落在各地的陈胜、项梁旧部，以此方式扩充军队。

号为卿子冠军的宋义率领十几万楚军主力来到了安阳。这个安阳不是邺地南边的那个河内郡重镇，而是位于今山东省菏泽市曹县东南的同名城邑。巧得很，项梁的葬身之地定陶就在安阳的北面。安阳的东边是成武（今山东省菏泽市成武县城湖古城），那里屯驻着秦东郡尉的郡兵。王离部数万兵马则屯驻在两处：一是被项羽、刘邦屠灭的城阳以南，一是离城阳不远的杠里。

卿子冠军宋义下令全军就地扎营。楚军救赵之师此后整整四十六天一直没有再挪过窝，既不攻打定陶周边的秦东郡尉、王离部秦军阻援部队，也不绕道赶赴巨鹿战场，就这么干等着。以至于章邯部秦军在此期间完成了攻破邯郸、大规模拆迁、修筑长达百里的运粮甬道等一系列作战目标。这个方向上的秦军阻援部队最终是被刘邦的攻秦之师击退的。

不要奇怪刘邦为什么没有直接西征。项梁旧部大多散落在定陶周边地区，不收拢这些军事素养较高的败兵，刘邦连像陈留、外黄这样的城池都攻不下来。刘邦离开彭城后先回砀郡集结自己麾下的郡兵，然后向北进军到了城阳附近，在位于济水北岸的杠里秦军壁垒旁边针锋相对地构筑壁垒。刘邦军与宋义军相隔数十里，大体在同一个区域，但互不统属。宋义有自己的小算盘，可以按兵不动，可刘邦不行，他有必须跟秦军死磕的理由。

众所周知，楚人刘邦的部下大多来自沛县（今江苏省徐州市沛县）和丰县（今江苏省徐州市丰县），刘邦军的起家班底就是丰沛同乡会。砀郡治所砀县离丰沛集团的老根据地比较近，故而对沛公刘邦比较亲近。但是秦东郡尉和王离两支秦军屯驻的地方离丰沛地区同样不远。秦军阻援部队既可以攻打宋义率领的救赵之师，也随时能袭击刘邦军的老根据地。这是刘邦和他的老伙伴都非常恐惧的事。不击退这一路秦军，刘邦收集项梁败兵的工作难以顺利完成，也没法放心去西征秦地。

两支楚军若是联合行动，可以凭借优势兵力迅速全歼这数万秦军阻援部队，让形势对楚国更加有利。但是宋义打定主意以不变应万变，刘邦只好独自率军迎战这两支秦军。别看刘邦不如年轻的项羽那么生猛，但依然称得上胆识过人，无论面对多么厉害的强敌，都从未失去过斗志。这让刘邦部楚军具备了以弱胜强的主观条件。听闻沛公刘邦到来，那些隐匿在各地的项梁旧部官兵纷纷赶来投奔。他们对老上级的败亡痛心不已，求战欲望非常强烈。这又给刘邦增添了几分战胜秦军的把握。

刘邦的策略是先击破秦东郡尉军，再集中兵力进攻王离部秦军。东郡尉军离刘邦军远，但战斗力弱，而且对楚作战多有失利，容易战胜。王离部秦军离楚军营垒近，但战斗力强，宜避其锋芒。他留下少量兵马在杠里军营故布疑阵，吸引王离部秦军；自己亲率主力部队悄悄南下突袭成武的秦东郡尉军。事实证明，这是一个非常正确的决定。

两支秦军看似距离不远，但中间有济水、菏泽、菏水相隔。东郡尉和王离各管一片，分区防守，并没有合力攻打宋义或刘邦的打算，导致秦军布防缺乏统一规划，给了刘邦可乘之机。东郡尉率领的秦军处于两路楚军之间，对兵力更雄厚的宋义部楚军高度戒备，完全没料到刘邦突然率军渡过菏水南下偷袭。

东郡尉在遭遇偷袭后很快恢复镇定，努力稳定慌乱的军心，组织士兵们反击。他把戍守定陶的部队也调出来，全力迎击刘邦部楚军。很遗憾，他的部队不像章邯部秦军和王离部秦军那么善战，气势完全被刘邦军压制住了。

两军在成武南激战。刘邦的部将樊哙勇猛绝伦（这位可是连项羽都要敬畏三分的猛士），率领所部人马痛击东郡尉的先锋，取得了斩首十四级、捕虏十一人的战绩。曹参、周勃等勇将也受到鼓舞，前赴后继地猛攻秦军战阵。刘邦自己也奋不顾身地带头冲锋，善于骑战的少年勇士灌婴伴随其左右战斗。众将齐心协力，最终大破秦军，打得东郡尉落荒而逃。

宋义部楚军依然纹丝不动，坐视刘邦军与秦东郡尉军激战。好在王离部秦军反应迟钝，也没有来增援。刘邦顺利地消灭了较弱的对手，把成武、定陶等地的秦军全部击溃，王离部秦军的侧翼因此暴露出来。

考虑到王离部秦军的实力较强，刘邦换了一个打法。他派将军曹参率领偏师从成武南边大张旗鼓地前往城阳南边，把王离军的注意力往这个方向吸引；自己则带着樊哙、周勃、灌婴等战将与主力部队悄悄重返杠里军营，趁秦军不备发起进攻。

秦将王离不知是计，就带着主力军跟曹参的偏师大打出手。秦朝北方边防军的战斗力很强，偏偏在此战中没法充分发挥自己的强项。城阳到杠里这一带有雷夏泽、大野泽等湖泊湿地，并不利于车骑驱驰。秦骑兵上回夜袭定陶是以小兵群作战，没遇到太多地形问题。这回在离雷夏泽和大野泽更近的城阳以南地区交战，王离部秦军最擅长的车骑大兵团作战没有施展的余地，只能以少量车骑和步兵应战。

王离很早就从爷爷王翦那里继承了武成侯的爵位，还做过蒙恬的副将，本身具有不错的指挥能力。问题是秦灭六国时他还是个少年，没有在中原战场打仗的经验。他从军后一直跟着大将军蒙恬在黄土高原、河套平原、阴山山脉之类的地方作战，麾下的精兵强将都缺乏在水网密布的地区战斗的经验。曹参部楚军兵力虽少，但非常熟悉这种地形的战斗要点，硬是跟王离部秦军打得难解难分。

就在王离不断增兵想要吃掉曹参部楚军时，刘邦率领楚军攻秦之师的主力突然进攻杠里的秦军。刘邦这回没有动用夏侯婴的轻车兵，也没有集中使用骑兵，只是以最利于在这种环境发挥威力的步兵精锐来破敌。

楚军中的丰沛籍官兵对跟家乡类似的这种地理环境有天然的适应力，攻防进退可谓如鱼得水，再加上人人都怕输给秦军后会导致丰沛老家遭到报复，无不拿出十二分的精神勇往直前。至于刘邦收拢的陈胜、项梁旧部，更是对秦军苦大仇深，不跟敌兵拼命就愧为男子汉。

刘邦的突袭让王离猝不及防。王离部秦军的强项无从发挥，又遇到了这群擅长在水网密布环境作战并且个个跟打了鸡血似的楚军，在战斗中居然被敌军克制住了。王离部秦军的士兵军事素养好，但在指挥官层面不如刘邦军。樊哙和周勃各率麾下步兵与秦军众将争锋，秦军众将力不能敌，败下阵来。

曹参率领的楚军偏师闻讯也向城阳发起总攻。

秦军越打越被动，王离见局势难以扭转，就下令全军撤退，迅速脱离战场。楚军众将顺势攻占了杠里和城阳。刘邦引兵继续追击，在昌邑（今山东省菏泽市巨野县城南昌邑村）遇到了当地著名的大野泽群盗首领彭越。双方一同进攻败退的王离部秦军。然而，王离以精兵断后，楚军交战失利。

这次受挫让刘邦意识到，自己在平原地带跟秦朝北方边防军交战占不到便宜。他见好就收，不再继续追击，此后专心执行西略秦地的战略使命。王离吃了败仗，非常窝火，但章邯下令让他赶赴巨鹿战场，他只好火速北上。这支秦军把怨气撒在巨鹿赵军头上，让赵王歇、张耳等人天天都担心看不见第二天的太阳。

秦军阻援部队和刘邦部楚军都离开了，宋义率领的楚军救赵之师跟前再无阻碍。然而，宋义仍旧按兵不动，就算王离猛攻巨鹿城时都不动如山，让反秦诸侯们等得心急火燎。秦军主力在巨鹿主战场有明显的优势，赵国奄奄一息，胜利的天平正在迅速向秦朝一方倾斜。如果楚军主力中再没有人挺身而出的话，反秦大业岌岌可危。

项羽怒杀宋义夺兵权，秦军的运粮甬道遭遇危机

卿子冠军宋义坐视王离部秦军北上，既没有派兵追击，也毫无前进的意思。这支秦军精锐加入包围巨鹿的行列，让赵军伤亡不断增加。赵国若是灭亡，黄河以北的反秦势力都会跟着土崩瓦解。到那时，就算楚国能够在关东一家独大，想要对抗仍然握有半个天下的秦朝还是非常吃力。说不定那些原先投降反秦诸侯的郡县又会见风使舵。

在大军逗留安阳四十六天后，楚军次将项羽终于忍不住了。他向宋义进谏道："我听说秦军把赵王包围在巨鹿城里，现在应该抓紧时间引兵渡河，赶往巨鹿城下。楚军从外面进攻，与赵军里应外合，一定能击破秦军。"

然而，宋义对此不以为然。他认为，现在大力讨伐秦军并不能挽救赵国。

他的计谋是坐山观虎斗，让秦军跟赵军杀个你死我活。秦军若是打赢了，也已经师老兵疲，以逸待劳的楚军可以趁机将其击破；秦军若是打输，那更好了，救赵之师也不用北上，直接西行灭秦，他就可以争得关中王的名号。

宋义对项羽说："披坚执锐，我不如你；运筹帷幄，你不如我。"他还特意下了一道军令："凡是那些凶猛如虎、狠刚如羊、贪婪如狼，性格强横而不服从指挥的，一律斩首。"虽然卿子冠军没有直接点名，但军中上下人人都知道这道军令是针对次将项羽的。项羽暂且只好忍气吞声。

宋义的话看似有几分道理，而且他按兵不动的架势表面上跟秦将王翦的战术有几分相似，其实根本就不是这么回事。王翦搞相持作战，从来都是把大军推进到敌军非守不可的兵家必争之地，让敌军进退不得，只得按照他的节奏来打仗，可宋义此时离巨鹿战场远得很，连黄河都没渡过，对秦军毫无威胁。说白了，宋义只是懂得兵法计谋，真刀真枪的战阵指挥并非他的长处。所以，他才想出这个油滑的对策，企图坐等胜利从天而降。

无论楚军众将心中如何忐忑，宋义都不着急，仗着自己受楚怀王熊心的器重而以权压人。当然，他在这些天也不是毫无作为。他通过齐国使者高陵君跟齐国搭上了线，把自己的儿子宋襄派去齐国做了丞相。为了给儿子送行，身为三军统帅的他竟然到了与安阳相距数百里的薛郡无盐县（今山东省泰安市东平县）。

要知道，兵法上公认的最佳进攻时机之一就是大将离开指挥部期间。古代军队打仗高度依赖将帅指挥，士兵不具有积极主动的思考能力，只会根据各级指挥官的号令来作战。在许多著名战例中，战败一方往往是因为将帅所在的指挥部被端掉，剩下的士兵因为群龙无首而选择投降。所以，自私的宋义把救赵之师的十几万官兵置于危险中，楚军中所有的老行伍都对此非常不满。幸亏这一带的秦已经战败撤退，否则楚军主力的命运难料。

卿子冠军大人让全体将士不满的事情还不止这一件。时间已经到了冬十一月，安阳天气寒冷且下起了大雨，楚军士兵们冻得够呛。这一年天下处处都在打仗，农业生产受到严重影响，粮食大大减产，用当时的话来说就是"岁饥民贫"，就算宋义真想效仿王霸的相持战法，楚国的粮草库存也经不起长期消耗。士兵只能吃一半是大豆、一半是蔬菜的混杂食物，吃不上粟米、小麦。将士们饥寒交迫，宋义自己却天天和地位显赫的贵族人士饮酒聚会，没想着改善士兵们的饮食、保暖等问题。

时间一长，军营中处处弥漫着士兵们的怨气。项羽对敌方军民十分残暴，但对手下的士兵非常爱护。他忍无可忍了，认为宋义的破秦妙计根本行不通。楚军现在给养越来越困难，只有引兵渡河到巨鹿，从赵国军民那里搞到粮食才能解决后勤危机，一起合力击败秦人。强大的秦军攻打才复辟没几年的赵国，不可能攻不下来。当赵王歇君臣对反秦诸侯彻底绝望时，说不定会直接向秦将投降。秦军根本不会有什么惨重的伤亡，只会因为吞并了赵地的人力和物力而变得更强大。到那时，楚军再无任何胜算。

项羽认为，叔父项梁之死让楚国实力受损，楚怀王为了救赵抗秦之事坐不安席，把兵权交给卿子冠军宋义。然而，宋义手握上将军的权力，却上不顾国家安危，下不体恤士兵，只顾着满足私欲。这样的人不配做社稷之臣。

项羽把心一横，在早朝拜见上将军宋义时冷不防地拔剑砍掉了其人头。他假传圣旨，对外宣称是宋义与齐国勾结图谋反叛楚国，楚怀王下了一道密令让他铲除国贼。项羽在军中素来有威望，人人都怕他，谁也不敢提出半点质疑。他们的求生欲很强，便一起对项羽说道："最先拥立楚王的是将军您的家族，今天将军是在诛灭乱臣。"

楚军众将共同拥立项羽为假上将军（代理上将军），并派杀手去齐地刺杀了宋义的儿子宋襄。楚将桓楚奉假上将军项羽的命令把这件事上报楚怀王。楚怀王见木已成舟，就顺势正式任命项羽为上将军，并把当阳君英布和蒲将军的军队也划归项羽指挥。

得到完整指挥权的楚上将军项羽下令全军立即北上救赵。他粗中有细，没有直接沿着章邯、王离从濮阳渡河去赵国的路线进军，而是走了另一条有点绕远的路线。楚军从安阳向东北进军，进入了秦朝在薛郡、济北郡修的驰道，然后从平原津西渡黄河，从齐赵之间的驰道抵达巨鹿以东的漳水东岸地区。

这条北上的道路似乎有些绕，但因为是秦朝的驰道，反而比走一般的官道更快。顺便说一下，陈胜、吴广等淮阳郡谪戍卒不直接北上，而先东行至四川郡蕲县的大泽乡再北上，也是为了上当时的驰道。项羽选择的行军道路避开了把守黄河南岸渡口的秦军，也不必跟驻守棘原的二十余万章邯部秦军碰面，这样就能避免提前与秦军决战，在抵达巨鹿之前最大限度地保存实力。

听闻项羽率领楚军主力救赵，齐国也有军队出来助拳。齐相田荣跟项羽关系不好，又怨恨盟友宋义父子死于项羽之手。但是齐国田氏内部并非铁板一块，齐将田都认为齐国和赵国是唇亡齿寒的关系，就率兵跟项羽走了。齐王建的孙子田安看到项羽准备渡河救赵，也带着济北数城的守军一同投靠楚军。

项羽手头的兵力更加雄厚了，跟包围巨鹿的王离部秦军相比，还略占上风，但跟所有秦军比仍有明显的劣势。好在楚、赵、齐、燕等反秦诸侯投入巨鹿战场的兵力总和达到了四十余万人，比章邯和王离的兵马加起来还多。项羽想号召诸侯一同攻秦，却发现这些诸侯作壁上观、畏敌如虎，都不肯出兵。闹不好山东列国合纵攻秦失败的剧本又要重演一次。

关键时刻，项羽没有胆怯，反而怀着必死之心与秦军决一死战。当然，他并不是只知道强攻硬打的莽夫，很快察觉到秦军作战部署的弱点。章邯部秦军与王离部秦军相距百里，两军的配合不如始皇帝灭六国时代的老秦军那么严密。只要能切断两支秦军之间的联系，诸侯军就可以跟巨鹿城内的赵军里应外合，包围王离部秦军。但想要实现这个目标，必须有人先站出来击败秦军，给那些被秦兵吓破了胆的诸侯重新壮壮胆。

叔父项梁的败亡让时年二十四岁的项羽不再年轻气盛，他深知此时带着全军跟秦军正面较量没什么胜算，得避实击虚。项羽以当阳君英布和蒲将军为先锋，让他们带着两万锐卒先渡过漳水救巨鹿。

当阳君英布是九江郡六县人，曾经在关中服徭役修骊山皇陵，与骊山徒中的豪杰结交，带着他们一起逃亡到楚地做起了山盗，章邯手下的骊山徒赦成卒也算是他的旧识。大泽乡起义爆发后，号称鄱君的秦朝九江郡番阳县令吴芮举兵反秦。吴芮在九江郡的故楚民与百越人中有很高的威望。群盗首领英布也加入了鄱君的队伍，聚集了数千兵马。鄱君吴芮非常欣赏这个勇敢豪迈的小伙子，就收了英布做女婿。

数年的山盗生涯让英布养成了灵活机动的游击战思想。后来他投奔楚武信君项梁，又习得了正规战打法，成长为秦末的一代名将。英布的部众包含楚兵、原九江郡番阳县秦军以及从百越各部挑选出来的勇士，这些人作战勇猛、快捷、灵动，常能以少胜多。他追随项梁东征西讨时，常勇冠三军。项羽看中了英布的特长，故而挑选他和蒲将军作为全军的先锋。这支楚军先遣队的任务是切断秦军的粮道。

数十万攻赵的秦军有三条可选的后勤补给线。第一条，从河内郡大后方和邺地征集粮草，运至漳水的三户津（今河北省邯郸市磁县西南古漳水上）装船顺流而下运到巨鹿东，或者走陆路从棘原直接运到巨鹿城下的王离军营。第二条起于秦朝设在荥阳的巨型粮仓敖仓，以船队沿河而下运至白马津上岸，再由陆路运输至漳水三户津，由此船运或陆运输送给王离军营。第三条是从上党郡调运粮草，经过滏口陉抵达漳水三户津，然后继续以船运或陆运输送到王离军营。

其实，三条补给线只是起点不同，要害地段都在棘原到巨鹿这百余里。章邯没有选择从三户津走水路运粮，而是选择陆路运输并为此修筑甬道。他的考虑是巨鹿城离漳水岸边码头有十余里，若是不分出一部分兵力把守，可能会被诸侯军袭击，不如在平原上修陆路甬道，防备大军随时上前保护。遗憾的是，章邯的想法正中英布下怀。

英布和蒲将军渡河后带着两万楚军锐卒在方圆百里之内灵活游走。他们这里打一下，那里攻一攻，多次破坏章邯修的甬道，打死打伤不少秦军辎重部队的厮养卒。然而，王离专注于攻城和戒备北方的诸侯军，就没有派兵来剿灭这支楚军。他认为以章邯的优势兵力足以解决一切问题，用不着自己分心。殊不知，这个既死板又麻痹大意的想法让两支秦军主力部队的配合变得越来越脱节。

负责保护甬道的章邯派出数万兵马去驱逐楚军，他的主力部队屯驻在漳水南岸的棘原，也要渡河过去才能跟敌军交战。结果秦军在渡漳水时被英布、蒲将军的部队半渡而击，伤亡惨重。章邯不甘示弱，再派出援军继续攻打敌军。他就不信了，区区两万楚军还能反了天不成？然而，结果完全出乎他的意料。

章邯的关中方面军中有大量骊山徒赦戍卒，他们都听说过英布从骊山工地越狱的辉煌事迹，甚至有些秦军军官还是英布结交的豪杰。这些秦军吏卒还没开打，气势就先弱了三分。可惜在你死我活的战场上，老想着侥幸活下来的人反而容易战死，只有视死如归、全力一搏的人才更容易战胜对手活着回家。

楚将英布及其部众比其他楚军更加不怕死，故而常能在与各路敌军交战时占得上风。英布和蒲将军在漳水北岸多次与秦军交战，每次战斗都能将拥有人数优势的章邯军击退。几个回合下来，秦军损失虽然不大，但章邯的部将们一个个都不愿意再跟英布对战，就连长史司马欣和都尉董翳也是如此。

章邯拍案大怒，却也无可奈何。项羽的楚军主力还在漳水东岸虎视眈眈，他也不敢投入全部兵力直接进攻项羽。毕竟，他手下的这二十余万兵马一路走来非常不容易，战斗意志没法跟十几年前的老秦军相提并论。关中方面军的士气被打没了，投入再多兵力也是去送死。章邯越打越保守，导致秦军逐渐丧失了巨鹿战场的主动权。

就这样，章邯部秦军与王离部秦军之间的运粮甬道最终被楚军切断了。王离部秦军除了战争前期囤积在巨鹿城下的辎重外，再没有收到新调运来的粮草。好在这些粮草足够近十万大军再消耗一个多月，不至于让围攻巨鹿的秦军马上崩溃。

王离此时攻打巨鹿城已经杀红了眼，把其他事情都抛之脑后了。他从军以来习惯跟匈奴这种灵活机动的对手交战，攻打坚固的城池是他父亲王贲和他爷爷王翦的强项，却是他的短板。诸侯军始终作壁上观，让他误以为没有人敢动真格救援巨鹿，只要攻破巨鹿城就能让诸侯军不战而溃。即使楚将英布、蒲将军的两万锐卒切断了秦军粮道，他也没有真正害怕，还觉得自己破城后回身一击就能大破敌军。

谁知，巨鹿城里看似奄奄一息、缺兵少粮的赵军硬是挺住了。王离越是心急就越是啃不下巨鹿城。秦朝北方边防军的将士固然善战，但在这种强攻蛮打的消耗战中付出了较大的伤亡，实力不断下降。就在这时，巨鹿战场的双方兵力对比发生了重大变化。项羽率领的楚军主力突然大举渡河，王离部秦军顿时陷入了孤立。决定秦军和反秦诸侯军命运的生死关头即将来临。

破釜沉舟加九次激战，项羽摧毁了秦军最后的主力

楚将英布、蒲将军屡败秦军的消息很快传遍四方，赵将陈余得知此事后赶紧派人到项羽的军营请求出兵救赵。项羽通过观察英布先遣队跟秦军交战的情况，已经摸清了章邯部秦军的虚实。他确认章邯的兵力虽多但已经丧失战心，不用再顾虑。全军出击的条件成熟了。

于是，项羽引兵渡过漳水，等所有士兵全部上岸后，立即下了一道特别的军令：全体将士把煮饭用的釜全部砸烂，把漳水渡口上的船只全部凿沉，把扎营时居住的房屋全部烧掉，每个人只带三天的干粮。这道命令在不久后催生了一个成语——破釜沉舟。

楚军士兵虽然纳闷，但不敢不执行上将军项羽的命令。他们的心头默默流血，接下来三天如果不能击败秦军就要完蛋了。大家既没法埋锅造饭，也没地方遮风避寒（此时正值寒冬腊月，巨鹿的天气冷飕飕的），就连撤回漳

水东岸的退路都没有了。无论大家多么忌惮秦军的战斗力，都只能向死而生。楚军士兵们这么想，项羽也这么想。他就是要制造出置之死地而后生的严峻形势。

春秋时，秦穆公手下的名将孟明视奉命讨伐晋国，他一过黄河就焚船，把秦军的退路断绝了。于是，士兵们只能舍生忘死地战斗，最终大破晋军。项羽虽然从小不是很爱学习，却也是叔父项梁精心栽培的良将，知道这个战例。他认为想要彻底战胜秦人，就得比秦人做得更狠。不光要沉舟，连住房和炊具都要毁掉，只给全军上下三天决胜负的时间。与王离部秦军这一战，楚军不成功便成仁。

楚军主力来到巨鹿城下后，王离部秦军急忙布阵应战。秦军转换阵型很快，不愧是大秦帝国的精锐。项羽也摆好了自己的战阵。在巨鹿北面，来救援巨鹿的诸侯军数量很多，设置了十余个壁垒，但所有诸侯军都不敢出营参战，在当吃瓜观众，哪怕是多次向楚军求救的赵将陈余、张敖也龟缩不出。项羽对这些胆小鬼非常轻蔑，他要让天下人看看，楚国的男儿和虎狼秦兵谁才是最不怕死的猛士。

项羽主动向秦军发起进攻，王离也毫不客气地展开对攻。王离非常自信，觉得秦朝北方边防军在开阔的平原上是没有对手的。可是他很快就被项羽打脸教做人了。秦军士兵久久没有攻克巨鹿城，已经变得心浮气躁，而且缺乏真正的锐气。楚军士兵一想到自己的性命已经进入三天倒计时，无不抱着与敌军同归于尽的决然气势去战斗。

楚军喊杀声响亮整齐，震撼天地。每个人都被身边的同伴鼓舞了，头脑中不再有什么顾忌，一往无前，以一当十。这支楚军的骨干是项氏家族的江东子弟兵，有着吴越人敢死轻生的暴脾气。他们在项羽的严格训练下，变得特别擅长快速突击，最不擅长的就是旷日持久的相持战。用现在的说法就是进入状态快，只要打疯了就拦不住，但后劲不足。所以，项羽绞尽脑汁要最大限度地发挥楚军前三回合锐气十足的强项。

项羽率领的精锐骑兵手持长戟奋勇突击，楚军楼烦将的骑射手也以独立的编队与冲击型骑兵并肩作战。王离听章邯说起过这种新式骑兵战术，但他自恃善用车骑，没把这事太放在心上。他率领秦军车骑迎击楚骑，到真正交手的时候才意识到项羽骑兵的厉害，在第一波对攻中吃了亏。

骑兵冲击敌阵后，都要重新整理队形，然后再马上打下一个回合。这时，秦军在骑术和战马方面的优势就显现出来了。王离好歹做过秦朝北方边防军的副将，对骑兵的使用也是老手，他很快重整队形跟项羽的骑兵再战。这支秦骑兵是大将军蒙恬留下的遗产，每个骑士的骑射功夫和马上剑术都过硬，而且吃苦耐劳，打得了长途奔袭，跟匈奴最精锐的单于庭骑兵正面交战也能陷阵。

项羽的冲击型骑兵固然难对付，但王离不跟楚骑硬碰硬，而是率部迂回侧翼以骑射应战。秦军这个打法倒是有点像匈奴。项羽的冲击型骑兵在近战格斗时能把秦军骑士刺落马下，但骑射能力不佳，对方一拉开距离就够不着了，而楚军楼烦将的骑射部队被数量众多的秦骑兵压制住了。双方骑兵都在不断周旋，消耗敌军，寻找一击必杀的机会。遗憾的是，秦军步兵拖了王离的后腿。

论士兵的军事素养，王离部秦军步兵不差，但秦二世上台后对大将军蒙恬及其部下进行了大清洗，导致秦军将领的整体水平下降，跟项羽麾下的战将们拉开了差距。无论是当阳君英布、蒲将军，还是龙且等楚将都有很强的能力。他们身先士卒，率领楚军步兵猛攻秦军步兵战阵。

秦军士兵在气势上被对手压倒了，一时间没能顶住楚军步卒的冲锋，阵型被撕开了缺口。楚军众将顺势带队陷阵，把秦军防线打得大乱。王离看到再打下去对秦军不利，趁着伤亡还不大就急忙鸣金收兵。他派精锐壮士以强弩和长铍阵断后，好不容易才稳住局面。围城的秦军也随之撤退，在巨鹿附近重新聚拢，准备下一回合的战斗。

双方第一回合交战，项羽取得了漂亮的胜利，一举打破了秦军对巨鹿城的包围，楚军以一当十的勇猛把诸侯军吓得不轻。项羽在获胜后召集各诸侯的将军开联合作战会议。各国将领进入楚军大营的辕门时无不跪着用膝盖向前移动，谁都不敢仰视楚上将军项羽。魏王豹也带着魏军加入战团。于是，诸侯共同推举项羽为诸侯联军的上将军。

至此，项羽手头的兵力总共达到了四十余万人，形成了对王离部秦军的绝对优势。他立即下令所有诸侯军从不同方向进兵，把王离部秦军包围在巨鹿之下。据斥候回报，章邯部秦军还是不敢大举北上救援。被围的王离部秦军兵马虽多，但已被切断了粮道，不到两个月就会不战自溃。

王离战败后心急火燎、羞愤难当，直到被诸侯联军包围时才冷静下来。他非常懊恼自己没有在项羽主力军到达之前就攻克巨鹿城，或者先以少量兵马围城，集中主力把那些作壁上观的诸侯军先击破。无论哪种情况，都不至于落到现在这个地步。他根本没料到，楚军胆敢独自进攻并且还获得了胜利，更没想到那些畏秦如虎的诸侯军居然也敢跟秦军叫板了。

后悔是无济于事的，当务之急是率领这不足十万的人马迅速突围，跟棘原的章邯部秦军会合，这样秦军就能集结成三十余万人的大兵团。虽然人数处于劣势，但胜负尚未可知。王离并不期待章邯手下那些骊山徒赦戍卒能突然发飙，从南边攻破楚军的包围圈。假如这支友军真有这个实力，围攻巨鹿城的将士们就不会被包围了。唯一的希望在自己手中。

还没等王离动手，楚军就率领诸侯兵先发制人。为了全歼这支秦朝最精锐的北方边防军，项羽决定以连续进攻来加速敌军的消耗，早一点儿结束这场秦与楚的宿命对决。当年秦将王翦打得爷爷项燕自杀，灭掉了大楚，逼得叔父项梁带着年幼的自己东躲西藏。如今王翦的孙子被项燕的孙子包围，推翻强秦不再是遥远的梦想。对项羽来说，这是老天爷赏赐的复仇机会，所以他攻打王离比任何人下手都狠。

然而，王离这边也是退无可退，秦军将士便疯狂拼杀。秦军车骑数量还有不少，楚军骑兵一时也没法获得压倒性胜利。战马和人的体质不一样，经不起太过频繁的战斗。更重要的是，寒冬腊月并不是一个适合战马奔驰的季节，双方骑兵都难以发挥出最高水平。两军打了一阵后不得不让骑兵下去休整，保存实力，以步兵甲士决一死战。

秦楚两军打得非常激烈，彼此的士兵打急眼了不惜同归于尽。秦人和楚人争强斗狠，其他诸侯军就像是遇到了神仙打架，不敢轻易加入战团。但这些人数众多的敌军在一旁压阵，迫使秦军不得不分出许多兵力来警戒，没法全力迎战楚军。第二回合的最终结果是，楚军通过积极进攻挫败了秦军突围的图谋，但秦军也给楚军造成了不小的伤亡。

双方总体上还是处于胶着之势，但形势对诸侯联军越来越有利。在这个天寒地冻的季节，项羽的部队从赵国及其他诸侯那里得到了大量军需物资。楚军士兵们吃得饱、穿得暖，住得安然，跟宋义领兵时的生活状态那叫一个天一个地，众人的士气和求胜欲望都在不断上升。另一方面，赵军、齐军、魏军、燕军的恐秦症也逐渐被治愈，就等着秦军筋疲力尽时乘人之危下黑手。

秦军的状况一天比一天糟糕。章邯尝试过跟王离里应外合，但总是被诸侯联军的阻援部队击败。他的部下们患上了恐楚症，不从战场上开小差悄悄溜走就不错了，没法指望他们做更多的事。章邯的情况很糟糕，王离的日子更不好过。成千上万的伤兵缺少足够的药品救治，粮食也只能省着吃。车骑部队比步兵消耗的物资多几倍，战马没有足够的刍稿，大冬天的也没有野草可以食用，掉膘的速度可想而知。

越发不利的现状让秦军将士们非常不满。他们是北驱匈奴的功勋部队，有着属于自己的骄傲，宁可战死沙场也不想坐以待毙。王离挑选精锐，又与楚军展开激战。楚军是诸侯联军的核心，只要楚军败了，实力远不如楚军的赵、齐、燕、魏等军就会失去战心。巨鹿战场现在就是拼意志的时候，谁的战斗意志先垮掉，谁就会成为万劫不复的失败者。秦军的处境更危险，但在决出最终结果之前，王离部秦军不甘心就此认输。

时间一晃就到了春正月。这本是一个春暖花开、万物复苏的好时候，但巨鹿战场上弥漫着浓浓的血腥味和死亡气息，在此地搏命的数十万人根本没有心思去迎接春天的到来。秦军与诸侯联军在这一个多月中又先后交战了六次。王离麾下的人马锐减了数万人，秦将苏角战死。诸侯联军的伤亡还能从自己的大后方不断补充，秦军的兵员、武器装备、粮草打一点少一点。

秦弩虽然性能优良，但箭矢已经全部耗尽。折断的秦矛、秦戟比比皆是，秦兵们不得不从死去的同袍那里寻找还能凑合着再用两下的装备。人人都因为吃不饱饭而变得骨瘦如柴。车骑部队全部改成了步兵，因为战马都被宰来给幸存的将士们充饥了。王离部秦军不再有任何机动力量，弩兵也丧失了远程打击能力，只能拔出腰中的长剑跟敌军打白刃战。

眼看秦军已经穷途末路，项羽便让士兵们吃饱饭，然后对秦军发起了第九次战斗。这一回，秦军几乎没什么像样的抵抗，只是单方面被诸侯联军屠戮。秦军主帅王离战至筋疲力尽，最终沦为项羽的俘虏；秦军副将涉间不肯投降，以自焚的方式结束了生命。秦朝北方边防军最后的血脉从这个世界上消失。

巨鹿之战以反秦诸侯的辉煌胜利告终。项羽一战封神，成为天下人畏惧的不世名将。他率领补充、休整完毕的四十余万诸侯联军乘胜追击，继续消灭章邯的二十余万秦军。项羽没想到打章邯比打王离还费劲，尽管楚军几乎次次都能击败对手，却迟迟不能全歼这支士气低落的秦军。直到奸臣赵高图谋杀害前线大将的阴谋败露，走投无路的秦将章邯、长史司马欣、都尉董翳才被迫投降。

项羽起初不想接受投降，最后还是因为联军粮草不足改变了态度。从王离军败到项羽受降，整整花了六个月时间。章邯率领的关中方面军投降，标志着秦朝失去了最后一支主力部队。这二十余万降卒的下场并不好，被项羽全部坑杀。大秦帝国再也没有任何自救能力，不久之后被先一步攻入关中的沛公刘邦军攻灭。

秦朝灭亡后，项羽自立为西楚霸王，大肆分封诸侯。可是没过多久，原先一同反秦的诸侯就反目成仇，开始了新一轮动乱。被封为汉王的刘邦也采纳韩信的计谋，挥师北定三秦，前朝军民纷纷归顺刘邦。大量原秦军官兵被改编为汉军，成为替汉高祖刘邦东征西讨平天下的"关中卒"。这又是另一段史诗了。

大事记

秦庄襄王三年（公元前 247 年），秦将蒙骜攻占魏国的高都、汲与赵国的榆次、新城、狼孟等三十七城，秦将王龁攻取赵国上党郡，秦国初置太原郡。河外大战因此爆发，魏公子信陵君指挥魏、赵、韩、燕、楚五国联军击败蒙骜，秦将败退回函谷关。

秦始皇元年（公元前 246 年），年仅十三岁的秦王政即位为王，委国事大臣。故赵吏民在新设的太原郡治所晋阳起兵反秦，秦将蒙骜击定之。

秦始皇二年（公元前 245 年），秦将麃公攻占魏国的卷县，斩首魏军三万。赵将廉颇夺取魏国的繁阳。

秦始皇三年（公元前 244 年），秦将蒙骜攻韩国，拔十三城。秦将王龁去世。赵孝成王去世，赵悼襄王即位，赵将廉颇离赵入魏。岁大饥。

秦始皇四年（公元前 243 年），秦将蒙骜夺取魏国的畼、有诡。秦质子从赵国回到了秦国，赵太子也回到了赵国。关东的蝗灾蔓延到关中，天下瘟疫横行。秦王政下令，百姓纳粟千石，拜爵一级。信陵君与魏安釐王去世。赵将李牧攻取燕国的武遂、方城。

秦始皇五年（公元前 242 年），秦将蒙骜取魏国的酸枣、燕、虚、长平、雍丘、山阳等二十城，初置东郡。赵相邦与魏丞相举行鲁柯之盟。赵将庞煖击败燕军，燕将剧辛去世。

秦始皇六年（公元前 241 年），赵将庞煖组织赵、魏、韩、楚、燕五国合纵攻秦，拔秦寿陵，但在蕞城受挫。秦将蒙骜反攻击败联军，攻占魏国的朝歌，吞并卫国。卫君角及其支属从首都濮阳徙居河内郡的野王城。赵将庞煖转兵攻打齐国，夺饶安城。楚考烈王在春申君的建议下迁都寿春，仍命名为"郢"。

秦始皇七年（公元前 240 年），秦将蒙骜攻龙、孤、庆都，还兵攻汲，卒于军中。

秦始皇八年（公元前 239 年），秦王政派王弟长安君成蟜攻赵，成蟜在上党郡谋反，叛乱被镇压。参与叛乱的军吏皆被斩，吏民被迁徙到陇西郡临洮县。帝太后的宠臣嫪毐被封为长信侯，山阳地与太原郡为其封地。魏国把邺地进献给赵国。

秦始皇九年（公元前 238 年），亲政的秦王政平定长信侯嫪毐发动的叛乱，秦军攻占魏国的垣、蒲阳、衍。韩王安即位。李园杀春申君。

秦始皇十年（公元前 237 年），秦相邦吕不韦被免职，赵悼襄王与齐王建入秦。秦王政下逐客令，后采纳楚人李斯的谏言收回逐客令，任命魏人尉缭为邦尉。

秦始皇十一年（公元前 236 年），赵国攻燕，夺渔阳城，赵悼襄王去世。秦将王翦、桓齮、杨端和联手攻取赵国的阏与、橑杨以及邺地。

秦始皇十二年（公元前 235 年），秦王政发四郡兵助魏击楚，秦国文信侯吕不韦卒。赵王迁即位。

秦始皇十三年（公元前 234 年），秦将桓齮攻打赵国平阳城，杀赵将扈辄，斩首赵军十万。

秦始皇十四年（公元前 233 年），秦将桓齮攻打赵国的赤丽、宜安。赵将李牧在肥下伏击秦军，秦军桓齮大败。韩非出使秦国，死于云阳。韩王安对秦国俯首称臣。

秦始皇十五年（公元前 232 年），秦国大兴兵，分两路攻赵。秦将李信出太原，夺取赵国云中、九原等郡。秦将桓齮出邺，在番吾与赵将李牧再度交手，兵败身死。来秦国做人质的燕太子丹从咸阳逃回燕国。

秦始皇十六年（公元前 231 年），秦国迫使韩王安割让韩南阳郡，内史腾率兵进驻南阳。

秦始皇十七年（公元前 230 年），内史腾攻韩，得韩王安，尽纳其地。韩国灭亡，秦国在韩地设颍川郡。

秦始皇十八年（公元前 229 年），秦国兴兵攻赵，主将王翦率兵在井陉关与赵将李牧对峙，副将杨端和、羌瘣围攻赵都邯郸。

秦始皇十九年（公元前 228 年），赵王迁听信谗言害死李牧，秦军三将趁机灭赵，俘虏赵王迁。赵国灭亡，赵公子嘉带领赵国残部逃到代郡，自立为代王。楚幽王卒，立其弟哀王。楚哀王被庶兄负刍杀死，楚王负刍即位。

秦始皇二十年（公元前 227 年），燕使荆轲刺杀秦王政失败，秦将王翦、辛胜攻燕，燕、代发兵攻击秦军，秦军破敌于燕国南易水之西。

秦始皇二十一年（公元前 226 年），内史腾出镇南郡，秦将王贲攻楚淮北，夺十城。王翦攻占燕国蓟都，燕王喜远遁辽东，李信率兵追击，得燕太子丹首级。王翦回到频阳老家。旧韩贵族在新郑反秦，秦昌平君受命迁徙郢陈。

秦始皇二十二年（公元前 225 年），王贲水攻魏都大梁，俘虏魏王假，秦国在魏地设砀郡。秦将李信与蒙武伐楚，昌平君在郢陈反秦，楚将项燕趁机大破秦师。

秦始皇二十三年（公元前 224 年），秦王政复起王翦，王翦、蒙武率领六十万大军与楚将项燕对峙，大破楚师，俘虏楚王负刍。

秦始皇二十四年（公元前 223 年），项燕拥立昌平君为楚王，在淮南继续反秦，王翦、蒙武将其平定，昌平君与项燕兵败身死。楚国灭亡。

秦始皇二十五年（公元前 222 年），王贲、李信攻打辽东，俘虏燕王喜，还师灭代，虏代王嘉。燕、代两国灭亡。王翦发动第一次南征百越之战，平定楚国江南地，降越君，设置会稽郡，秦军把南方战线推至五岭地带。

秦始皇二十六年（公元前 221 年），蒙恬与王贲夹击齐国，齐王建投降，齐国灭亡。秦国初并天下。秦王政更帝号为"始皇帝"，分天下为三十六郡，规定书同文，车同轨，统一度量衡、文字与货币。

秦始皇二十七年（公元前 220 年），始皇巡陇西、北地，在渭南修建信宫，治驰道。

秦始皇二十八年（公元前 219 年），始皇东行郡县，在泰山封禅，作琅琊台，立石刻，颂秦德。遣徐福发童男童女数千人，入海求仙人。在彭城派人下泗水寻找失落的周鼎未果。至湘山祠时派刑徒三千人砍伐湘山树。

秦始皇二十九年（公元前 218 年），始皇东游，在阳武博浪沙险些遇刺，令天下大索十日，后登芝罘，刻石。秦苍梧郡尉屠睢率领五十万大军发动第二次南征百越之战，吞并东瓯、闽越，秦将任嚣、赵佗率部击败南越，攻克番禺之都。屠睢攻打西瓯、骆越，杀死西瓯君译吁宋，但被西瓯新君桀骏偷袭而死。西路秦军大败，退守严关，与百越军对峙。

秦始皇三十年（公元前217年），天下无大事，监御史禄带着秦朝南征军修灵渠。

秦始皇三十一年（公元前216年），始皇帝在咸阳微服出巡，在兰池遇盗，武士击杀盗，关中大索二十日，米价暴涨至每石一千六百钱。秦朝南征军在修灵渠。

秦始皇三十二年（公元前215年），始皇来到渤海边上的碣石山，留下碣石时刻，派燕人方士卢生求羡门、高誓，又派韩终、侯公、石生求仙人不死之药。始皇巡视北方边郡的防务，卢生从海上归来，因奏录图书曰"亡秦者，胡也"，始皇派将军蒙恬率领三十万大军北驱匈奴，夺取河南地。秦朝南征军在修灵渠。

秦始皇三十三年（公元前214年），始皇从全天下征发被抓获的逃犯、倒插门女婿和商贾子弟补充南征军。秦将任嚣、赵佗发动第三次南征百越之战，平定整个岭南。秦朝在岭南设南海、桂林、象郡三郡。蒙恬渡过黄河，攻取高阙、阳山、北假，匈奴往北退却七百里，秦朝修建万里长城。

秦始皇三十四年（公元前213年），违法的官吏被派去北方修长城或者谪戍到岭南三郡。始皇采纳李斯的建议，行焚书令。

秦始皇三十五年（公元前212年），秦朝修建秦直道，开始大修阿房宫与骊山帝陵。坑儒事件发生。

秦始皇三十六年（公元前211年），东郡有陨石，有人在陨石上刻"始皇帝死而地分"，始皇把在石头附近居住的人全部抓起来处死，并用火烧毁这块石头。

秦始皇三十七年（公元前210年），始皇最后一次出游，在云梦望祀葬在九嶷山的舜帝，到会稽祭祀禹帝，在东海以连弩射杀一条巨鱼，至平原津而病，病故于沙丘平台。赵高与丞相李斯合谋篡改始皇遗诏，大杀功臣与宗室。皇长子扶苏与大将军蒙恬先后死去。

秦二世元年（公元前 209 年），七月，戍卒陈胜、吴广在大泽乡率先举兵反秦，建立张楚政权。武臣自立为赵王，魏咎为魏王，田儋为齐王。沛公刘邦在沛县反秦，旧楚贵族项梁在会稽郡反秦。

秦二世二年（公元前 208 年），张楚军将领周文率数十万大军攻入关中。秦朝少府章邯指挥骊山徒赦戍军在戏水之战大破张楚军，又在长史司马欣、董翳的协助下击败各路反秦军。楚武信君项梁在定陶之战中先胜后败，被章邯所杀。秦二世在赵高的撺掇下诛杀丞相李斯、冯去疾，将军冯劫。

秦二世三年（公元前 207 年），巨鹿之战爆发，项羽杀主将宋义夺权，指挥楚军及其他诸侯军围歼秦将王离的兵马，迫使秦将章邯率部投降。赵高杀死秦二世，又被秦王子婴杀死。沛公刘邦一路西征，攻入关中，秦王子婴投降，秦朝灭亡。

参考文献

史料

[1] 司马迁 . 史记 [M]. 北京 : 中华书局，2011.

[2] 刘向 . 战国策 [M]. 北京 : 中华书局，2015.

[3] 左丘明 . 左传 [M]. 上海 : 上海古籍出版社，2016.

[4] 武经七书 [M]. 北京 : 中华书局，2007.

[5] 吕不韦 . 吕氏春秋 [M]. 北京 : 中华书局，2011.

[6] 荀况 . 荀子 [M]. 北京 : 中华书局，2011.

[7] 商鞅 . 商君书 [M]. 北京 : 中华书局，2016.

[8] 孙膑 . 孙膑兵法 [M]. 郑州 : 中州古籍出版社，2015.

[9] 郦道元 . 水经注 [M]. 北京 : 中华书局，2016.

[10] 常璩 . 华阳国志译注 [M]. 成都 : 四川大学出版社，2007.

[11] 墨翟 . 墨子 [M]. 北京 : 中华书局，2015.

著作

[1] 杨宽，战国史 [M]. 上海 : 上海人民出版社，2003.

[2] 张分田 . 秦始皇传 [M]. 北京 : 人民出版社，2003.

[3] 张金光 . 秦制研究 [M]. 上海 : 上海古籍出版社，2004.

[4] 林剑鸣 . 秦史稿 [M]. 北京 : 中国人民大学出版社，2009.

[5] 后晓荣 . 秦代政区地理 [M]. 北京 : 社会科学文献出版社，2009.

[6] 后晓荣 . 战国政区地理 [M]. 北京 : 文物出版社，2013.

[7] 王学理 . 解读秦俑 : 考古亲历者的视角 [M]. 北京 : 学苑出版社，2011.

[8] 王子今 . 秦汉交通史新识 [M]. 北京 : 中国社会科学出版社，2015.

[9] 孙闻博 . 秦汉军制演变史稿 [M]. 北京：中国社会科学出版社，2016.

[10] 金大伟 . 春秋军阵研究 [M]. 北京：中国社会科学出版社，2016.

[11] 苏力 . 大国宪制——历史中国的制度构成 [M]. 北京：北京大学出版社，2018.

[12] 朱本军 . 战国诸侯疆域形势图考绘 [M]. 北京：北京大学出版社，2019.

[13] 杨振红 . 从秦"邦""内史"的演变看战国秦汉时期郡县制的发展 [J]. 中国史研究，2013.

[14] 游逸飞 ."郡县同构"与"令出多门"——包山简所见战国楚国郡县制 [J]. 兴大历史学报，2016.

[15] 董灏智 . 楚国郢都兴衰史考略 [D]. 东北师范大学，2008.